5訂版

英単語ターゲット

大学入試
出る順

お茶の水女子大学名誉教授 宮川幸久 編
ターゲット編集部

はじめに

　大学入試を突破するためには、どのくらいの英単語をどのように覚えればよいのだろうか？——だれもが一度は疑問に思うことと思います。もちろん、一つでも多くの単語をゆっくりと地道に覚えられればよいのですが、時間がいくらあっても足りない皆さんにとって、それはむずかしいことでしょう。結局のところ、大学入試によく出題される単語を効率よく覚えることが合格への近道になるのです。

　ターゲットシリーズは、刊行されてから実に数十年もの間、皆さんの先輩方にあたる多くの高校生・受験生に使われてきました。こんなにも長く愛されている理由は、ずばり「頻度」と「一語一義」を貫いたコンセプトです。そのため、過去5か年の最新の大学入試問題をコンピューターで徹底分析、よく出題される見出し語を選び出し、それに対応する最も頻度の高い意味を掲載しました。それがターゲットシリーズなのです。

　本書『英単語ターゲット1900』を使えば、入試に「出る順」に、最も覚えておくべき意味とセットで1900語を覚えることができます。見出し語の選定やその意味の確定にあたっては、コンピューター分析に頼るだけでなく、大学受験のプロである現場の先生方や入試問題に精通しているスタッフが一丸となって調査し、悩み抜いた末、最もふさわしいものに決めています。

　また本書は、センター試験〜国公立2次試験・難関私大受験レベルの語に焦点を当てています。ぜひ繰り返し使って1900語すべてを自分のものにしてください。本書が皆さんの大学合格の一助になることを心より願っています。

　最後に、ターゲットシリーズの生みの親であり、英語教育に多大な貢献をされてきた故 宮川幸久先生に心からの敬意と謝意を表します。

ターゲット編集部

CONTENTS

- WEB上での音声ファイルダウンロードについて 4
- 『ターゲット1900』でできること！ 6
- ターゲットシリーズラインナップ 9
- 本書の構成と使い方 10
- オススメ学習法 12
- 本書で使っている発音記号とその音の具体例 14

Part 1 常に試験に出る基本単語800
- Section 1 18
- Section 2 44
- Section 3 70
- Section 4 96
- Section 5 122
- Section 6 148
- Section 7 174
- Section 8 200
- コラム① 知っておくと便利 重要語根①

Part 2 常に試験に出る重要単語700
- Section 9 228
- Section 10 252
- Section 11 276
- Section 12 300
- Section 13 324
- Section 14 348
- Section 15 372
- コラム② 知っておくと便利 重要語根②

Part 3 ここで差がつく難単語400
- Section 16 398
- Section 17 420
- Section 18 442
- Section 19 464

INDEX 486

WEB上での音声ファイルダウンロードについて

本書に掲載されている見出し語(英語)と見出し語の意味(日本語)の音声は,音声ファイルの形で無料でダウンロードして学習することができます。

■ 手順について

①パソコンからインターネットで専用サイトにアクセス

下記の URL を入力してアクセスし,『英単語ターゲット1900[5訂版]』を選んでクリックしてください。

http://tokuten.obunsha.co.jp/target/

②パスワード入力

画面の指示に従って下記のパスワードを入力してください。

target1900

③ファイルをダウンロード

リストの中からダウンロードしたい音声ファイルをクリックし,ダウンロードしてください。
※詳細は実際のサイト上の案内をご参照ください。

④ファイルの解凍,再生

音声ファイルは ZIP 形式にまとめられた形でダウンロードされますので,解凍後,デジタルオーディオプレイヤーなどでご活用ください。
※デジタルオーディオプレイヤーへの音声ファイルの転送方法は,各製品の取扱説明書やヘルプをご参照ください。

【注意】
・音声ファイルは MP3 形式となっています。音声の再生には MP3 ファイルを再生できる機器などが別途必要です。
・ご使用機器,音声再生ソフト等に関する技術的なご質問は,ハードメーカーもしくはソフトメーカーにお願いいたします。
・本サービスは予告なく終了されることがあります。

■ ダウンロードできる音声の要素について

無料ダウンロードサービスでダウンロードできる音声ファイルの内容は，本書14～16ページの**本書で使っている発音記号とその音の具体例**のほか，1900見出し語に関する下記の2パターンの音声です。これから取り組まれる学習方法に合った音声をご利用ください。

①見出し語の音声

全1900見出し語を順に読み上げています。(英語のみ)
厳選された1900語を最もコンパクトな形で通して聞けるのがこのパターンです。全1900語を短時間で聞くことができますので，何度でも繰り返して聞いてください。
単語の後のポーズで自分でも発音してみたり，単語を聞いてすぐに意味を思い浮かべてみたりといったトレーニングにもおすすめです。

② 見出し語とその意味（日本語）がセットになった音声

1つの見出し語につき「見出し語（英語）＋見出し語の意味（日本語）」を1セットにし，全1900見出し語分を順に読み上げています。
見出しの英単語とその意味となる日本語が収録されていますので，本が手元になくても，音声だけで「単語＋意味」を確認することができます。通学途中などの隙間学習に最適です。

※ 音声はストリーミング再生も可能です。詳しくは専用サイトをご覧ください。

■ 例文の音声——別売り音声について

見出し語に加え，例文の音声も収録した別売りの音声CDとオーディオブック（音声ダウンロード販売）もご用意いたしました。ぜひご活用ください。

・音声CDの詳しい内容についてはこちら
 http://www.obunsha.co.jp/product/detail/033918
・オーディオブックについてはこちら
 http://passnavi.evidus.com/target1900

もしくは

| パスナビ ターゲット | 検索 | で検索！

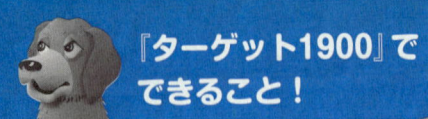

『ターゲット1900』でできること！

効果的に覚える5つの工夫
1. 「出る順」に並んだ厳選の1900語＆例文
2. 中心的な意味を覚える！「一語一義」主義
3. 段階的に学習できる「パート」×「セクション」
4. よく出るフレーズで覚える！「ターゲットフレーズ」
5. どこでも使える「ハンディタイプ」

単調な「単語暗記」を楽しく効果的に！

受験生は時間がないんです！

「単語暗記って、単調、つまらない、続かない。」
「ほかの教科も勉強しないと。とにかく時間がない！」
そんな風に思ったことありませんか？

英単語学習は、英語学習の中で文法と並んで柱となるものです。文法がわかっても単語を知らなければ、文章は理解できません。でも、何も工夫をしないと単調で味気ないものですよね。

そこで「ターゲット1900」では、「単語学習」を何とか楽しく、効果的に、実りあるものにしようと考えました。1984年の刊行時より、30年近くにわたり研究を重ね、磨き上げてきたのです。しかも、情報は最新の入試問題を丁寧に分析してあります。

その結果が、最初に掲げた「効果的に覚える5つの工夫」です。本書でぜひ実りある「単語学習」に取り組んでみてください。

効果的に覚える5つの工夫

単語学習の苦痛から解放します

❶「出る順」に並んだ厳選の1900語&例文

最新入試データ分析を基に選び出された1900語とその例文が「出る順」に並んでいます。頭から覚えていくことで効率的に学習できます。

◆旺文社だからできること
『全国大学入試問題正解』を長年刊行しているので,信頼のおける入試問題データベースで分析ができます。これまで30年にわたる分析のノウハウがあるからこそ,自信を持って1900語を厳選できます。

ほとんどを実際の大学入試問題から採用した実戦的な例文は,熟語や構文読解の力もつくようになっています。またPart 3 については,難単語を最後までペースダウンせず学習できるように例文を短いフレーズにしました。
※入試問題出典の英文は,適宜改変を行って掲載しています。

◆ノウハウに裏打ちされた「出る順」だからこそ意味がある!
入試に「出る順」であることを第一優先にして編集してありますが,各セクション内で品詞ごとにまとめたりといった工夫がしてあります。

❷中心的な意味を覚える!「一語一義」主義

1つの英単語につき,入試で出題されやすい中心的な意味をまずは覚えてください。これを押さえておけば,文脈の中で意味を推測・判断できるようになります。

> improve ⇔ を向上させる;よくなる

1つの単語(一語)⇔1つの意味(一義)

中心的な意味を核にして覚えることで,ほかの意味にも対応できます!

❸ 段階的に学習できる「パート」×「セクション」

まずは「絶対覚えてほしいパート1」から「差がつくパート3」まで段階的に覚えていけばよいので効率的です。さらに各パートは100語区切りのセクションに分かれていますので、毎日の学習の目安になります。

パート	セクション	内訳
1 常に試験に出る基本単語800	1～8	動　詞 320語 名　詞 303語 形容詞 153語 副　詞・その他 24語
2 常に試験に出る重要単語700	9～15	動　詞 280語 名　詞 266語 形容詞 154語
3 ここで差がつく難単語400	16～19	動　詞 140語 名　詞 147語 形容詞 113語

❹ よく出るフレーズで覚える！「ターゲットフレーズ」

入試分析の結果、よく狙われるフレーズを掲載しています。使われやすいフレーズが単語とあわせて覚えられるので長文読解・英作文にも効果的です！

> **TG** provide *A* with *B*「AにBを与える」

❺ どこでも使える「ハンディタイプ」

時間のない受験生のために！

①コンパクトな新書サイズ

②軽くて持ち運びに便利

③開きやすいので片手で持てる

ターゲットシリーズ ラインナップ

国公立2次・難関私大にチャレンジするなら！
～英単語ターゲット1900シリーズ～

英単語ターゲット1900 ［5訂版］
準拠CD（5枚組み）
カード版　Part 1 Part 2
実戦問題集
書き覚えノート

センター試験突破を目指す！
～英単語ターゲット1400シリーズ～

英単語ターゲット1400 ［4訂版］
カード版
実戦問題集
書き覚えノート

大学受験への足がかりに！
～英単語ターゲット1200シリーズ～

英単語ターゲット1200
書き覚えノート

中学～高校基本の単熟語をまとめて覚える！

基本英語・熟語ターゲット1100 ［改訂新版］

熟語を重点的にマスター！
～英熟語ターゲット1000シリーズ～

英熟語ターゲット1000 ［4訂版］
準拠CD（5枚組み）
カード版
実戦問題集

『ターゲット1900』の基礎単語・重要単語計1,500語を『英文』で覚える！

英文で覚える
英単語ターゲットR
英単語ターゲット1900レベル

※1900／1400／1200／R それぞれの親本は無料音声ファイルダウンロードサービスつき。
2017年8月現在

本書の構成と使い方

Section
100語区切りで1〜19まであります。

品詞
各セクションは，品詞ごとに単語をグルーピングしています。

見出し語
入試データベースを分析した厳選1900語です。

発音記号
見出し語の読み方を表す記号です。

発音・アクセント 発 ア
入試に狙われる注意すべき語に，それぞれのアイコンをつけています。

コロケーション
見出し語がよく結び付く前置詞などを示します。

チェックボックス
覚えた単語にはチェック☑をつけられるようにしています。

ID 番号
見出し語の順番を表す番号です。1から1900まであります。

TC
よく狙われるフレーズを示しています。

意味
第一に覚えておくべき見出し語の意味を赤字にしています。そのほかにも覚えておきたい意味は黒字にしています。

▶
補足説明や関連する表現などを示しています。

派生語・関連語
見出し語に関連する語や派生語を示しています。

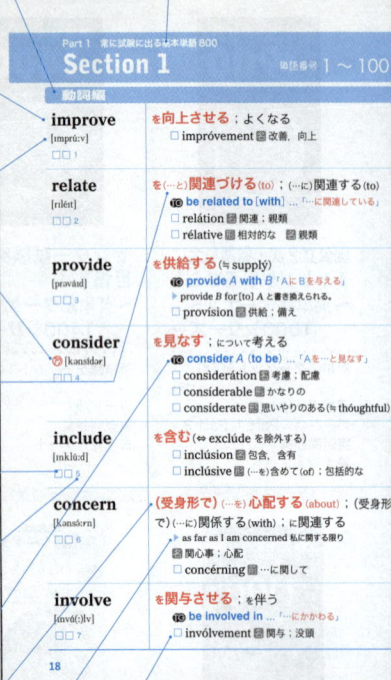

Part 1 常に試験に出る基本単語800
Section 1　　単語番号 1〜100

動詞編

improve
[imprúːv]
1
- を向上させる；よくなる
- □ impróvement 图 改善, 向上

relate
[riléit]
2
- を(…と)関連づける(to)；(…に)関連する(to)
- TC be related to [with] ... 「…に関連している」
- □ relátion 图 関連；親戚
- □ rélative 圏 相対的な 图 親類

provide
[prəváid]
3
- を供給する (≒ supply)
- TC provide A with B 「AにBを与える」
- ▶ provide B for [to] A と書き換えられる。
- □ provísion 图 供給；備え

consider
[kənsídər]
4
- を見なす, について考える
- TC consider A (to be) ... 「Aを…と見なす」
- □ considerátion 图 考慮；配慮
- □ consíderable 圏 かなりの
- □ consíderate 圏 思いやりのある(≒ thóughtful)

include
[inklúːd]
5
- を含む (⇔ exclúde を除外する)
- □ inclúsion 图 包含, 含有
- □ inclúsive 圏 (…を)含めての(of)；包括的な

concern
[kənsə́ːrn]
6
- (受身形で) (…を)心配する(about)；(受身形で)(…に)関係する(with)；に関連する
- ▶ as far as I am concerned 私に関する限り
- 图 関心事；心配
- □ concérning 前 …に関して

involve
[inválv]
7
- を関与させる；を伴う
- TC be involved in ... 「…にかかわる」
- □ invólvement 图 関与；没頭

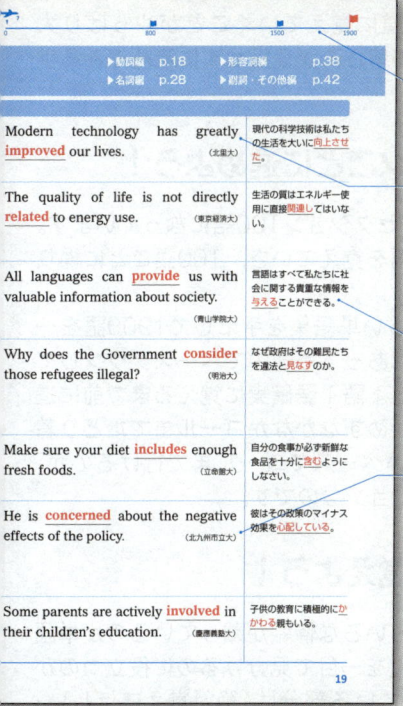

ゲージ
どこまで単語を覚えたかが一目でわかります。

例文
見出し語とその意味（赤字部分）を効果的に覚えるための例文です。見出し語は赤字にして下線を引いています。

訳文
例文の訳です。見出し語に対応する部分は赤字にして下線を引いています。

出典
実際の入試問題の英文から採用したもの（改変含む）に表示しています。

●品詞の表示
動 動詞　名 名詞　形 形容詞　副 副詞　前 前置詞　接 接続詞　代 代名詞

●関連情報の表示
⇔ 反意語　≒ 同意語・類義語　＝ 代替語　米 アメリカ式英語　英 イギリス式英語
(~s) 複数形　　(the ~) 冠詞 the を伴う

●語句表示
[　] 言い換え可能　　(　) 省略可能・補足説明
do 原形動詞　*to do* 不定詞　*doing* 動名詞・現在分詞
done 過去分詞形　　*one, oneself* 人を表す
A, B 対照的な語句，主に人 (*one* の代わり) を表す

オススメ学習法　これでターゲット1900は君のモノになる！

単語学習は，コツコツ地道に覚えていくことがやっぱり大事。そんな中でも受験生の皆さんが挫折せずに継続できる学習法，お教えします！

その1　セクションごとに進めよう！

ターゲット1900は，1セクション100語になっています。1セクションごとに単語を覚えていき，100語ごとに繰り返して進めましょう！
なぜかと言うと――新しい単語集を手にして1900語を一気に覚えたい人…意欲はあっても途中でペースダウンしてしまいがちです。また，1語1語確実に覚えるまで前に進めない人…ペースがつかめずなかなかゴールまでたどり着けません。――ほどよいペースでゴールまで行けるのが，100語区切りの1セクションなのです。

その2　赤字から覚えよう！

1つの単語に対し，いろいろな情報が載っているのが単語集です。重要度や優先度を一目で見分けるのに役立つのが「色」です。赤字になっている部分は「絶対覚えてほしい」という大事な部分なので，まずは赤字から覚えましょう！
役立つのが「赤セルシート」。これをページの上に載せると赤字部分が見えなくなるので，本当に覚えているかどうかを確認しやすいのです！

赤字	青字	黒字
・中心的な意味 ・例文中の見出し語 ・例文中の見出し語に対応する意味	・ターゲットフレーズ	・赤字以外にも覚えておくべき意味 ・派生語や関連語 ・補足説明や関連表現

赤字が覚えられたら，青字・黒字に取り組んでみましょう。⓰や，見出し語に対して2番目に覚えておくべき意味や，派生語などの部分のことです。「単語の意味を記憶に定着させるための補助」のように思えば，無理なく頭に入ってくるはずです。

その3　五感を使おう！

「英単語を見て意味を確認する」という基本的な学習法に，「五感」を刺激することも加えると記憶が定着しやすくなります。無料でダウンロードできる音声や別売CD・オーディオブックの音声（詳しくはp.4〜5を参照）を上手に活用しましょう。音声を聞くことに加え，実際に声に出して発音してみるとより学習効果がアップします。また，単語を何度も書きながら覚えるのも効果的です。CDとオーディオブックには例文（英語のみ）の音声も収録されていますので，ディクテーション（聞き取った英語を書き取ること）素材として活用すれば，リスニング力アップにもつながります。

公式アプリも活用しよう！

●単語学習をサポートするアプリで，学習効果がさらにアップ！

公式アプリ「ターゲットの友」
(iOS/Android 対応)
※無料アプリ（一部アプリ内課金あり）

機能① 単語の定着度をチェック！
書籍掲載の英単語を，四択／タイピング形式でテストできます。

機能② スマホで手軽にリスニング！
書籍掲載の英単語音声を確認することができます。

機能③ 毎日学習する習慣が身につく！
朝と夜のミニテストやカレンダーなどで，モチベーションを高めます。

〜公式サイトからダウンロード！〜
【URL】http://www.obunsha.co.jp/pr/tg30

| ターゲットの友 | 検索 |

＊本サービスは予告なく終了されることがあります。

本書で使っている発音記号とその音の具体例

※本書で使用している発音記号は原則として『オーレックス英和辞典』(旺文社)に準拠していますが、一部ネイティブスピーカーの意見に基づき修正を加えた箇所もあります。

母音

#	記号	例1	例2	例3
1	iː	people [píːpl]	tea [tiː]	week [wiːk]
2	i	happy [hǽpi]	study [stʌ́di]	India [índiə]
3	ɪ	city [síti]	give [gɪv]	rich [rɪtʃ]
4	e	friend [frend]	egg [eg]	many [méni]
5	æ	cat [kæt]	apple [ǽpl]	act [ækt]
6	ɑː	palm [pɑːlm]	father [fɑ́ːðər]	calm [kɑːm]
7	ʌ	country [kʌ́ntri]	sun [sʌn]	come [kʌm]
8	əːr	world [wəːrld]	girl [gəːrl]	learn [ləːrn]
9	ə	arrive [əráɪv]	woman [wúmən]	today [tədéɪ]
10	ər	center [séntər]	percent [pərsént]	river [rívər]
11	ɔː	tall [tɔːl]	all [ɔːl]	draw [drɔː]
12	ʊ	wood [wʊd]	look [lʊk]	put [pʊt]
13	uː	moon [muːn]	cool [kuːl]	rule [ruːl]
14	eɪ	take [teɪk]	day [deɪ]	break [breɪk]
15	aɪ	high [haɪ]	like [laɪk]	fly [flaɪ]

16	ɔɪ	oil [ɔɪl]	noise [nɔɪz]	enjoy [ɪndʒɔ́ɪ]
17	aʊ	house [haʊs]	down [daʊn]	loud [laʊd]
18	oʊ	home [hoʊm]	go [goʊ]	moment [móʊmənt]
19	ɪər	here [hɪər]	near [nɪər]	clear [klɪər]
20	eər	hair [heər]	bear [beər]	care [keər]
21	ɑːr	heart [hɑːrt]	hard [hɑːrd]	large [lɑːrdʒ]
22	ɔːr	door [dɔːr]	support [səpɔ́ːrt]	war [wɔːr]
23	ʊər	poor [pʊər]	pure [pjʊər]	tour [tʊər]

子音

1	p	pen [pen]	play [pleɪ]	keep [kiːp]
2	b	book [bʊk]	club [klʌb]	absent [ǽbsənt]
3	m	milk [mɪlk]	room [ruːm]	summer [sʌ́mər]
4	t	tree [triː]	stand [stænd]	meet [miːt]
5	d	sad [sæd]	desk [desk]	dream [driːm]
6	n	tennis [ténɪs]	one [wʌn]	night [naɪt]
7	k	cloud [klaʊd]	cook [kʊk]	class [klæs]
8	g	good [gʊd]	sugar [ʃʊ́gər]	pig [pɪg]

9	ŋ	think [θɪŋk]	ink [ɪŋk]	king [kɪŋ]
10	tʃ	teacher [tíːtʃər]	kitchen [kítʃən]	catch [kætʃ]
11	dʒ	bridge [brɪdʒ]	join [dʒɔɪn]	strange [streɪndʒ]
12	f	life [laɪf]	laugh [læf]	phone [foʊn]
13	v	voice [vɔɪs]	drive [draɪv]	every [évri]
14	θ	three [θriː]	mouth [maʊθ]	birthday [bɔ́ːrθdèɪ]
15	ð	this [ðɪs]	mother [mʌ́ðər]	smooth [smuːð]
16	s	sea [siː]	west [west]	bus [bʌs]
17	z	zoo [zuː]	surprise [sərpráɪz]	easy [íːzi]
18	ʃ	special [spéʃəl]	she [ʃi]	fish [fɪʃ]
19	ʒ	vision [víʒən]	treasure [tréʒər]	usual [júːʒuəl]
20	h	hand [hænd]	hope [hoʊp]	head [hed]
21	l	light [laɪt]	tell [tel]	little [lítl]
22	r	rain [reɪn]	right [raɪt]	true [truː]
23	w	wind [wɪnd]	work [wəːrk]	swim [swɪm]
24	hw	white [hwaɪt]	whale [hweɪl]	while [hwaɪl]
25	j	young [jʌŋ]	year [jɪər]	use [juːz]

Part 1

常に試験に出る
基本単語

800

すべての受験生に必須の最
重要800語。すでに知って
いる単語でも油断せず、き
ちんと確認しよう。

Section 1	18
Section 2	44
Section 3	70
Section 4	96
Section 5	122
Section 6	148
Section 7	174
Section 8	200

Part 1 常に試験に出る基本単語800
Section 1
単語番号 1 ~ 100

動詞編

improve [ɪmprúːv] 1
を**向上させる**；よくなる
□ impróvement 名 改善, 向上

relate [rɪléɪt] 2
を(…と)**関連づける**(to)；(…に)関連する(to)
🆃🅶 be related to [with] ... 「…に関連している」
□ relátion 名 関連；親類
□ rélative 形 相対的な 名 親類

provide [prəváɪd] 3
を**供給する**(≒supplý)
🆃🅶 provide A with B 「AにBを与える」
▶ provide B for[to] A と書き換えられる。
□ provísion 名 供給；備え

consider [kənsídər] 4
を**見なす**；について考える
🆃🅶 consider A (to be) ... 「Aを…と見なす」
□ considerátion 名 考慮；配慮
□ consíderable 形 かなりの
□ consíderate 形 思いやりのある(≒thóughtful)

include [ɪnklúːd] 5
を**含む**(⇔exclúde を除外する)
□ inclúsion 名 包含, 含有
□ inclúsive 形 (…を)含めて(of)；包括的な

concern [kənsə́ːrn] 6
(受身形で) (…を)**心配する**(about)；(受身形で)(…に)関係する(with)；に関連する
▶ as far as I am concerned 私に関する限り
名 関心事；心配
□ concérning 前 …に関して

involve [ɪnvá(ː)lv] 7
を**関与させる**；を伴う
🆃🅶 be involved in ... 「…にかかわる」
□ invólvement 名 関与；没頭

▶動詞編 p.18	▶形容詞編 p.38
▶名詞編 p.28	▶副詞・その他編 p.42

Modern technology has greatly **improved** our lives. （北里大）	現代の科学技術は私たちの生活を大いに<u>向上させた</u>。
The quality of life is not directly **related** to energy use. （東京経済大）	生活の質はエネルギー使用に直接<u>関連して</u>はいない。
All languages can **provide** us with valuable information about society. （青山学院大）	言語はすべて私たちに社会に関する貴重な情報を<u>与える</u>ことができる。
Why does the Government **consider** those refugees illegal? （明治大）	なぜ政府はその難民たちを違法と<u>見なす</u>のか。
Make sure your diet **includes** enough fresh foods. （立命館大）	自分の食事が必ず新鮮な食品を十分に<u>含む</u>ようにしなさい。
He is **concerned** about the negative effects of the policy. （北九州市立大）	彼はその政策のマイナス効果を<u>心配している</u>。
Some parents are actively **involved** in their children's education. （慶應義塾大）	子供の教育に積極的に<u>かかわる</u>親もいる。

Section 1 動詞編

produce
[prədjúːs]
□□ 8
を**生産する**；を取り出す
- 名 [próudjuːs] 農産物, 生産物
- □ prodúction 名 生産；提出
- □ próduct 名 製品, 産物
- □ prodúctive 形 生産的な；豊かな

allow
発 [əláu]
□□ 9
を**許す**；を与える；(…を)考慮に入れる(for)
- 熟 allow *A* to *do*「Aが～するのを許す」
- □ allówance 名 手当, 小遣い；許容量

require
[rɪkwáɪər]
□□ 10
を**要求する**；を必要とする
- 熟 require *A* to *do*「Aに～することを要求する」
- □ requírement 名 必要条件；必要なもの；要求

appear
[əpíər]
□□ 11
…**のように見える**；現れる
- 熟 appear to *do*「～するように見える」
- □ appéarance 名 出現；外観

tend
[tend]
□□ 12
傾向がある；を世話する
- 熟 tend to *do*「～する傾向がある」
- □ téndency 名 傾向

agree
[əgríː]
□□ 13
意見が一致する；同意する
- 熟 agree with …「…と同意見である」
- ▶ agree to … …に同意する, 応じる
- □ agréement 名 合意；協定
- □ agréeable 形 感じのよい

describe
[dɪskráɪb]
□□ 14
について**述べる**
- □ descríption 名 記述, 描写
- ▶ beyond description 言葉で言い表せないほど
- □ descríptive 形 (…を)描写した(of), 記述的な

add
[æd]
□□ 15
を(…に)**加える**(to)
- ▶ add to … …を増す, 増大させる
- □ addítion 名 追加；足し算
- ▶ in addition その上, さらに
- □ addítional 形 追加の

China **produces** more than 45 billion pairs of chopsticks every year. （東京女子大）	中国は毎年450億膳を超える箸を生産する。
His pride didn't **allow** him to ask for help. （和光大）	彼の自尊心が助けを求めることを許さなかった。
Federal law **requires** companies to give pension rights to their employees. （九州産業大）	連邦法は会社に対し，従業員に年金の権利を与えるように要求している。
Caffeine **appears** to have some protective effect against liver damage. （慶應義塾大）	カフェインには肝臓の損傷に対する保護的効果があるように見える。
Many pianists **tend** to be children of wealthy families. （関西外国語大）	多くのピアニストは裕福な家庭の子供である傾向がある。
I **agree** with the idea that doctors should do their best to help patients. （慶應義塾大）	医師は患者を助けるために最善を尽くすべきだという考えに私は同意見だ。
The article **describes** possible risks associated with the use of cellphones. （青山学院大）	その記事は携帯電話の使用に関連する潜在的危険について述べている。
Glaciers would melt and **add** more water to the oceans. （大阪経済大）	氷河が溶けて，もっと多くの水を海に加えるだろう。

Section 1 動詞編

depend
[dɪpénd]
頼る；…次第である
- **depend on ...**「…に頼る」
  - ▶ depending on ... …によって，…に従って
  - □ depéndence 名 依存
  - □ depéndent 形 (…に)依存した(on)

encourage
[ɪnkə́ːrɪdʒ]
を励ます(⇔ discóurage にやる気をなくさせる)
- **encourage A to do**「Aに〜するように励ます」
  - □ encóuragement 名 奨励，助長

exist
[ɪgzíst]
存在する；生存する
- □ exístence 名 存在(≒ béing)；生存

reduce
[rɪdjúːs]
を減らす；を(…に)変える(to)
- □ redúction 名 減少，削減

adapt
[ədǽpt]
適応する；を(…に)適合させる(to)
- **adapt to ...**「…に適応する」
  - □ àdaptátion 名 適応，順応
  - □ adáptable 形 (…に)適応できる(to)

compare
[kəmpéər]
を比較する；を(…に)例える(to)
- **compare A with [to] B**「AをBと比較する」
  - □ compárison 名 比較
  - □ compárative 形 比較の
  - □ comparable [ká(ː)mpərəbl] 形 匹敵する

increase
⑦ [ɪnkríːs]
増加する(⇔ decréase 減少する)；を増やす
- 名 [ínkriːs] 増加，増大
  - □ incréasingly 副 ますます，いよいよ

suggest
[səgdʒést]
を提案する；を暗示する
- **suggest (to A) that ...**
  「(Aに)…するように提案する」
  - □ suggéstion 名 提案；示唆
  - □ suggéstive 形 暗示的な；きわどい

Asian farmers **depend** on the rain that comes with the monsoons. （慶應義塾大）	アジアの農民はモンスーンに伴う雨に頼っている。
Healthcare professionals **encourage** children to take up regular physical activity. （獨協大）	保健管理のプロは子供に規則的な身体活動をするように励ます。
Many of the conveniences we take for granted did not **exist** a few decades ago.	我々が当たり前だと思っている便利なものの多くは，数十年前には存在しなかった。
Reducing pain and worry helps patients heal faster. （東京経済大）	苦痛と心配を減らすことは患者がより早く治る助けとなる。
You need to **adapt** to the manners and customs of the country you visit. （清泉女子大）	自分が訪れる国の風俗習慣に適応する必要がある。
Compare the railroad networks in the 19th century with the cellphone networks of today. （県立広島大）	19世紀の鉄道網を今日の携帯電話通信網と比較せよ。
The time it takes me to get to work has not **increased** dramatically. （関西大）	私が職場に行くのに要する時間は劇的に増えはしなかった。
Ken **suggested** to Jane that she take a Japanese course. （神戸学院大）	ケンはジェーンに日本語コースをとるように提案した。

23

1 Section 1 動詞編

cost
[kɔːst]
□□ 24

(費用)がかかる；を犠牲にさせる
- **cost A B**「A(人)にB(金額)がかかる」
- ▶ 活用：cost - cost - cost
- 名 費用；犠牲, 損失

share
[ʃeər]
□□ 25

を共有する；を分担する
- **share A with B**「AをBと分かち合う」
- 名 分け前；分担

wonder
[wʌ́ndər]
□□ 26

かなと思う；(…に)驚嘆する(at)
- **wonder if [whether] ...**「…かどうかと思う」
- 名 驚くべきこと[人・物]；驚異
- ▶ (It is) no wonder ... …なのも不思議ではない, 道理で…
- □ wónderful 形 すばらしい

argue
[ɑ́ːrɡjuː]
□□ 27

と主張する(≒ claim, maintain)；議論する
- **argue that ...**「…と主張する」
- □ árgument 名 論争；論拠

realize
[ríːəlàɪz]
□□ 28

に気づく；を実現する
- **realize that ...**「…ということに気づく」
- □ rèalizátion 名 理解；実現
- □ reálity 名 現実(性)

control
[kəntróʊl]
□□ 29

を管理する；を制御する
- 名 管理, 支配；制御；抑制

affect
[əfékt]
□□ 30

に影響を及ぼす(≒ ínfluence)；を感動させる
- □ afféction 名 愛情
- □ afféctionate 形 愛情のこもった

find
[faɪnd]
□□ 31

とわかる；を見つける
- **find A (to be) ...**「Aが…とわかる」
- ▶ 過去形・過去分詞形 found と別の動詞 found「を設立する」を区別。
- □ fínding 名 (通例 ～s)(研究などの)結果, 成果

When oil goes up by a dollar a barrel, it <u>costs</u> us an additional $7.4 billion. (大分大)	石油の価格が1バレルにつき1ドル上昇すると、私たちにはさらに74億ドル<u>かかる</u>。
Language makes it possible to <u>share</u> knowledge with others. (工学院大)	言語は他人と知識を<u>分かち合う</u>ことを可能にする。
I was <u>wondering</u> if you'd like to go and see a movie with me. (佛教大)	君が僕と一緒に映画を見に行きたいかなって<u>思っていたんだけど</u>。
Some people <u>argue</u> that globalization brings only superficial change. (鳥取大)	グローバル化は表面的な変化しかもたらさないと<u>主張する</u>人たちもいる。
Rebecca <u>realized</u> that her mother had still not recovered. (東京大)	レベッカは、母がまだ回復していないことに<u>気づいた</u>。
The government <u>controlled</u> the trade in salt. (中央大)	政府は塩の取引を<u>統制した</u>。
Heat from the sun <u>affects</u> winds and climate. (愛知工業大)	太陽の熱は風と気候に<u>影響を及ぼす</u>。
I <u>found</u> the dictionary extremely difficult to use at first. (センター試験)	最初私はその辞書が極めて使いづらいと<u>わかった</u>。

Section 1 動詞編

notice
[nóʊtəs] 32
に気づく
- 名 通知；掲示；注目
- □ nóticeable 形 顕著な；注目に値する

avoid
[əvɔ́ɪd] 33
を避ける
- ▶ avoid *doing* ～することを避ける
- ▶ cannot avoid *doing* ～せずにはいられない (≒ cannot help *doing*)
- □ avóidance 名 回避

force
[fɔːrs] 34
に強いる；を強要する
- 🔟 **force** *A* **to** *do*「Aに～することを強いる」
- 名 力；影響力；軍隊
- □ fórcible 形 強制的な
- □ enfórce 動 (法律など)を実施する；を(…に)強制する(on)

offer
[ɔ́(ː)fər] 35
を提供する，申し出る
- ▶ offer customers a choice 顧客に選択の機会を与える
- 名 提案，提供；付け値

demand
[dɪmǽnd] 36
を要求する
- ▶ demand that *A* (should) *do* Aに～するように要求する
- 名 要求，請求；需要(⇔ supply 供給)
- □ demánding 形 骨の折れる，手のかかる

claim
[kleɪm] 37
と主張する；を自分のものだと主張する
- 名 主張；権利(の主張)；要求

deal
[diːl] 38
(deal with で)を処理する
- 🔟 **deal with** ...「…を処理する，扱う」
- 名 取引；処遇；密約；量
- ▶ a great deal of ... 大量の…

store
[stɔːr] 39
を保存する；を蓄える
- 名 店；蓄え；蓄積
- ▶「デパート」は a department store, 「コンビニ」は a convenience store と言う。

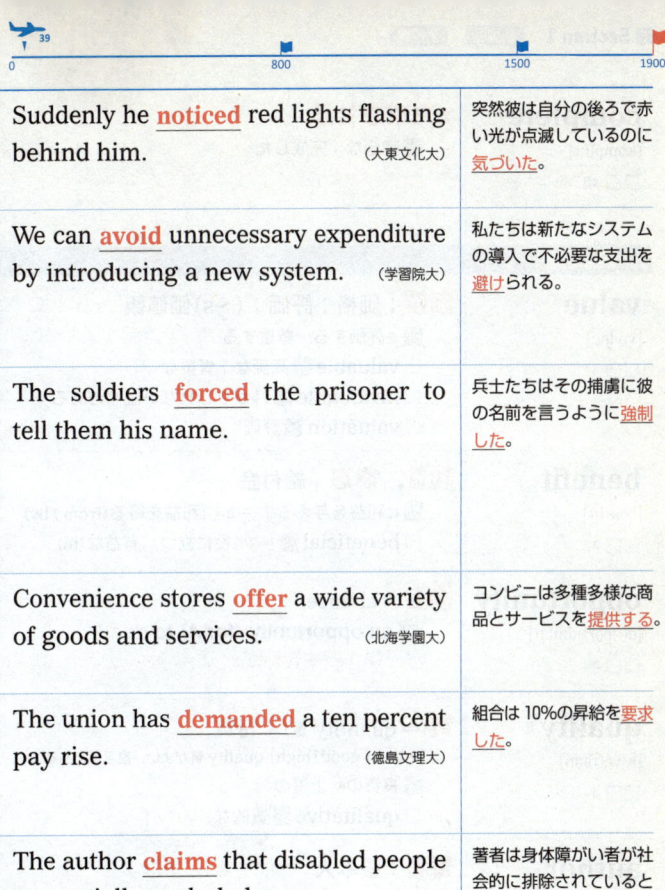

Suddenly he <u>noticed</u> red lights flashing behind him. （大東文化大）	突然彼は自分の後ろで赤い光が点滅しているのに<u>気づいた</u>。
We can <u>avoid</u> unnecessary expenditure by introducing a new system. （学習院大）	私たちは新たなシステムの導入で不必要な支出を<u>避け</u>られる。
The soldiers <u>forced</u> the prisoner to tell them his name.	兵士たちはその捕虜に彼の名前を言うように<u>強制した</u>。
Convenience stores <u>offer</u> a wide variety of goods and services. （北海学園大）	コンビニは多種多様な商品とサービスを<u>提供する</u>。
The union has <u>demanded</u> a ten percent pay rise. （徳島文理大）	組合は10%の昇給を<u>要求した</u>。
The author <u>claims</u> that disabled people are socially excluded. （早稲田大）	著者は身体障がい者が社会的に排除されていると<u>主張する</u>。
I have to <u>deal</u> with all sorts of problems every day. （長崎大）	私は毎日あらゆる種類の問題を<u>処理し</u>なければならない。
Computers can <u>store</u> huge amounts of information. （芝浦工業大）	コンピューターは大量の情報を<u>保存する</u>ことができる。

Section 1 動詞編 名詞編

complete
[kəmplíːt]
40

を完成させる
形 完全な；完成した

名詞編

value
[vǽljuː]
41

価値；価格；評価；(〜s)価値観
動 を評価する，尊重する
- váluable 形 高価な；貴重な
- inváluable 形 はかりしれない価値のある
- vàluátion 名 評価

benefit
[bénɪfɪt]
42

利益，恩恵；給付金
動 に利益を与える；(…から)利益を得る(from / by)
- bèneficial 形 (…に)役に立つ，有益な(to)

opportunity
[ɑ̀(ː)pərtjúːnəti]
43

機会 (≒ chance)
🔟 an opportunity (for A) to do
「(Aが)〜する機会」

quality
[kwɑ́(ː)ləti]
44

質 (⇔ quántity 量)；特質
▶ be of good [high] quality 質がよい，高品質である
形 良質の，上質の
- quálitàtive 形 質的な

author
発 [ɔ́ːθər]
45

著者；張本人
▶ writer は「(職業としての)作家，記者，書き手」を表す。

technology
[teknɑ́(ː)lədʒi]
46

科学技術；応用技術
▶ high technology 高度先端技術
▶ high-tech 形 ハイテクの
- tèchnológical 形 (科学)技術の，技術的な

environment
発 [ɪnváɪərənmənt]
47

環境 (≒ surróundings)
- envìronméntal 形 環境の；環境保護の

The contractor <u>completed</u> the project two years ahead of schedule. (南山大)	その請負業者は予定よりも2年早くそのプロジェクトを<u>仕上げた</u>。
Copies of great paintings have little commercial <u>value</u>. (早稲田大)	偉大な絵画の複製にはほとんど商業的<u>価値</u>はない。
The medicinal <u>benefits</u> of green tea have long been known. (東海大)	緑茶の医学的<u>恩恵</u>は昔から知られている。
Student government offers an <u>opportunity</u> for students to acquire social skills. (法政大)	学生自治は学生が社会的技能を獲得する<u>機会</u>を与える。
The principal purpose of technology is to improve the <u>quality</u> of life. (県立広島大)	科学技術の主たる目的は生活の<u>質</u>を向上させることである。
The <u>author</u> thinks education should involve all aspects of one's life. (慶應義塾大)	<u>著者</u>は教育が人の人生のあらゆる側面にかかわるべきだと考えている。
Asia has energetically accepted Western science and <u>technology</u>. (亜細亜大)	アジアは西洋の科学と<u>科学技術</u>を精力的に受け入れてきた。
An important cultural difference can be found in the attitude to the <u>environment</u>. (早稲田大)	ある重大な文化的差異は<u>環境</u>に対する態度の中に見いだすことができる。

1 Section 1 名詞編

view
[vjuː]
48

(…についての)**見解**(on / about)；眺め
- a [*A*'s] point of view 観点[Aの観点]

動 を見る；を見なす
- view *A* as *B* AをBと見なす

situation
[sìtʃuéɪʃən]
49

状況；(人の置かれた)立場
- □ sítuated **形** (…に)位置する(in)

effect
[ɪfékt]
50

(…に対する)**影響，効果**(on / upon)；結果
- **TG** have an effect on ... 「…に影響を与える」
- □ efféctive **形** 効果的な，有効な

influence
ア [ínfluəns]
51

(…に対する)**影響(力)**(on)
- have an influence on ... …に影響を与える

動 に影響を及ぼす，を左右する
- □ influéntial **形** 大きな影響を及ぼす，有力な

term
[təːrm]
52

(専門)用語；(~s)条件；(~s)間柄；学期
- in terms of ... …の観点から(すると)；…の言い方で
- be on ... terms with *A* A(人)と…な仲である
- □ términal **形** (病気・病人が)末期の；終点の
- □ tèrminólogy **名** (専門)用語
- □ lòng-térm **形** 長期の

skill
[skɪl]
53

技能；熟練
- □ skilled **形** 熟練した
- □ skíllful **形** 熟練した；巧みな

theory
発 [θíːəri]
54

理論，学説；原理；推測
- in theory 理論上は(⇔ in practice 実際は)
- □ thèorétical **形** 理論(上)の

issue
[íʃuː]
55

問題(点)；発行(物)；発表
- the latest issue of ... …の最新号[版]

動 を発行する；(声明など)を出す

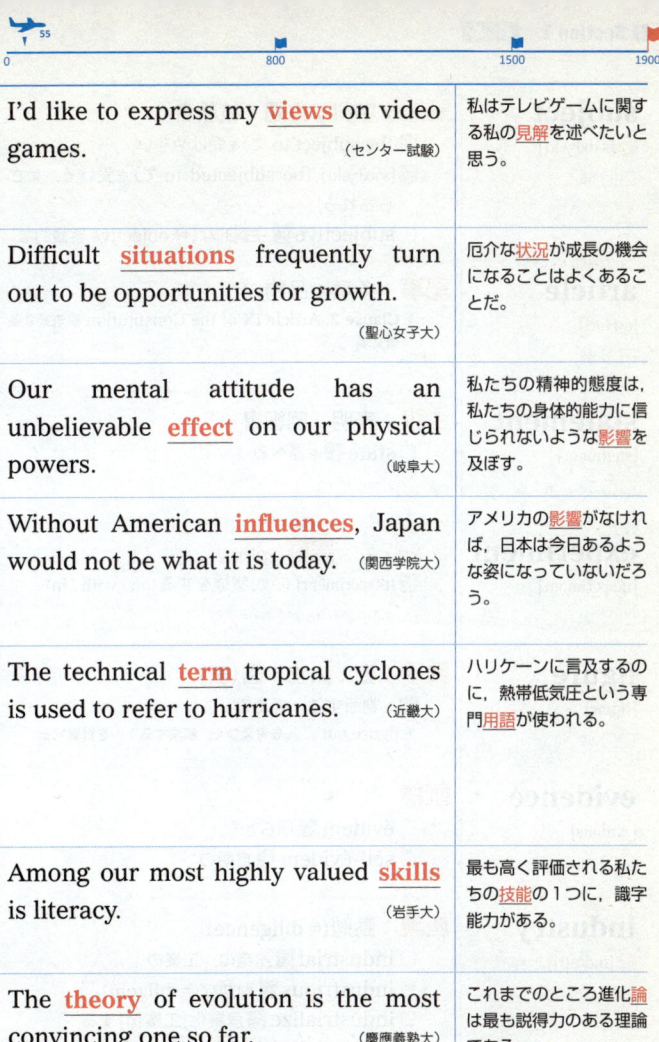

I'd like to express my <u>views</u> on video games. （センター試験）	私はテレビゲームに関する私の<u>見解</u>を述べたいと思う。
Difficult <u>situations</u> frequently turn out to be opportunities for growth. （聖心女子大）	厄介な<u>状況</u>が成長の機会になることはよくあることだ。
Our mental attitude has an unbelievable <u>effect</u> on our physical powers. （岐阜大）	私たちの精神的態度は，私たちの身体的能力に信じられないような<u>影響</u>を及ぼす。
Without American <u>influences</u>, Japan would not be what it is today. （関西学院大）	アメリカの<u>影響</u>がなければ，日本は今日あるような姿になっていないだろう。
The technical <u>term</u> tropical cyclones is used to refer to hurricanes. （近畿大）	ハリケーンに言及するのに，熱帯低気圧という専門<u>用語</u>が使われる。
Among our most highly valued <u>skills</u> is literacy. （岩手大）	最も高く評価される私たちの<u>技能</u>の1つに，識字能力がある。
The <u>theory</u> of evolution is the most convincing one so far. （慶應義塾大）	これまでのところ進化<u>論</u>は最も説得力のある理論である。
Improper mobile phone use in public places is a social <u>issue</u>. （西南学院大）	公共の場所での携帯電話の不適切な使用は社会<u>問題</u>である。

Section 1 名詞編

subject
[sʌ́bdʒekt] 56
話題；学科；主題；被験者
- 形 (be subject to で) を受けやすい
- 動 [səbdʒékt] (be subjected to で) を受ける，にさらされる
- □ subjéctive 形 主観的な (⇔ objéctive 客観的な)

article
[áːrtɪkl] 57
記事；条項；品物
- ▶ Clause 2, Article IX of the Constitution 憲法第9条第2項

statement
[stéɪtmənt] 58
主張；声明；明細書
- □ state 動 を述べる

experiment
[ɪkspérɪmənt] 59
(…を使っての) 実験 (with)
- 動 [ɪkspérɪmènt] (…の) 実験をする (on / with / in)

figure
[fígjər] 60
数字；姿；人物；図(表)
- 動 と判断する，考える
- ▶ figure out ... …を考えつく，解決する；…を計算する

evidence
[évɪdəns] 61
証拠
- □ évident 形 明らかな
- □ sèlf-évident 形 自明の

industry
[índəstri] 62
産業；勤勉 (≒ díligence)
- □ indústrial 形 産業の，工業の
- □ indústrious 形 勤勉な (≒ díligent)
- □ indústrialìze 動 産業化[工業化]する
- □ indùstrializátion 名 産業化，工業化

economy
[ɪká(ː)nəmi] 63
経済；節約
- □ èconómic 形 経済(上)の
- □ èconómical 形 経済的な
- □ èconómics 名 経済学

Human language can cope with any **subject** whatsoever. (弘前大)	人間の言語はどんな話題でも処理することができる。
Wikipedia is growing rapidly in its number of **articles** and users. (東京外国語大)	「ウィキペディア」は記事と利用者の数において急速に拡大している。
The **statement** that an infant actively looks for stimuli is not surprising. (順天堂大)	幼児は積極的に刺激を追い求めるという主張は、驚くには当たらない。
Scientists conduct **experiments** to confirm their ideas. (青山学院大)	科学者は自らの考えを裏付けるために実験を行う。
We should not rely too much on **figures** and statistics. (明治大)	私たちは数字や統計に頼りすぎてはならない。
Researchers have found scientific **evidence** of the health benefits of laughter. (上智大)	研究者は笑いの健康効果を示す科学的証拠を発見した。
The restaurant **industry** is now America's largest private employer. (横浜市立大)	レストラン産業は今ではアメリカ最大の民間雇用主である。
Misuse of the environment may have negative consequences for the local **economy**. (慶應義塾大)	環境の利用の仕方を誤ると、地域経済に否定的な結果をもたらすことがある。

1 Section 1 名詞編

medicine [médəsən] □□ 64	医薬(≒ mèdicátion)；医学 ▶ take a medicine 薬を飲む □ médical 形 医学の，医療の
matter [mǽtər] □□ 65	問題；(~s)事態；(the ~)困難；物質 ▶ as a matter of fact 実のところは ▶ What's the matter? どうしたの。(≒ What's wrong?) 動 重要である，問題となる
material 発 [mətíəriəl] □□ 66	材料；資料；生地 形 物質の；物質的な(⇔ spíritual 精神的な) □ matérialìsm 名 唯物論；物質主義
species 発 [spíːʃiːz] □□ 67	(生物の)種；種類 ▶ 単複同形。 ▶ an endangered species 絶滅危惧種
practice [prǽktɪs] □□ 68	(社会の)慣習；実践；練習 ▶ in practice 実際には(⇔ in theory 理論上は) ▶ put ... into practice …を実行に移す 動 を習慣的に行う；を練習する；に従事する □ práctical 形 実際的な；事実上の □ práctically 副 事実上；ほとんど
focus [fóʊkəs] □□ 69	焦点；関心の的 ▶ in [out of] focus 焦点が合って[ずれて] 動 を(…に)集中させる(on)；(…に)焦点を絞る(on)
memory [méməri] □□ 70	記憶(力)；(…の)思い出(of) □ mémorìze 動 を暗記する，記憶する
right [raɪt] □□ 71	権利；右；正しいこと ⓰ **the right to** do 「〜する権利」 形 正しい；適切な(⇔ wrong 誤った)；右の

In China, traditional herbal **medicines** are often used. （桜美林大）	中国では伝統的な漢方薬が頻繁に使用される。
Staying fit is a **matter** of what kind of food is consumed. （清泉女子大）	健康を保つとはどんな食物を食べるかの問題である。
The shirt was made of a flammable **material** and so it immediately caught fire.	そのシャツは可燃性の材料で作られていたため，すぐに引火してしまった。
Some **species** of chestnut grow only ten meters. （静岡大）	クリの種には10メートルまでしか成長しないものもある。
One of the traditional **practices** of the Maori people is fishing. （北海道大）	マオリ人の伝統的な慣習の1つは魚を捕ることである。
The **focus** of the meeting was on finding new markets.	その会議の焦点は新たな市場を見つけることだった。
The breathtaking view still remains vivid in my **memory**.	その息をのむような光景は，いまだに私の記憶の中に鮮やかに残っている。
Parents should have the **right** to help determine the curriculum. （関東学院大）	親はカリキュラムの決定を手助けする権利を持つべきである。

Section 1 名詞編

accord
[əkɔ́ːrd]　72

一致；合意，協定
- **in accord with ...**「…と一致して」
- of one's own accord 自発的に
- 動 (人)に(地位など)を与える；(…と)一致する(with)
- according to ... …によると；…に従って
- in accordance with ... …と一致して

thought
[θɔːt]　73

考え；思考
- at the thought of ... …を考えて
- □ thóughtful 形 考えにふける；思慮深い

interest
[íntərəst]　74

(…に対する)**興味**(in)；利子；利害
- **have an interest in ...**「…に興味を持っている」
- 動 に興味を起こさせる
- □ ínteresting 形 興味深い
- □ ínterested 形 興味を持った

account
[əkáunt]　75

説明；勘定；口座
- on account of ... …のせいで，…のために
- take ... into account …を考慮する
- 動 (account for で)を説明する；(割合)を占める
- □ accóuntable 形 (…の)(説明)責任がある(for)

cause
[kɔːz]　76

原因(⇔ efféct 結果)；理由；大義
- 動 を引き起こす，の原因となる
- cause A to do A に〜させる

sound
[saund]　77

音；響き，印象
- 動 (形容詞を続けて)…に聞こえる，響く
- That sounds great. それはいいね[いい話だね]。
- 形 健全な；安定した；(眠りが)深い

individual
[ìndivídʒuəl]　78

個人
- 形 個々の；個人の
- □ indivìduálity 名 個性，特性
- □ indivìdualístic 形 個人主義(者)の

The plan is in complete **accord** with the committee's proposal. (亜細亜大)	その計画は委員会の提案と完全に一致している。
We all want someone to understand our **thoughts** and feelings. (大阪府立大)	私たちは皆だれかに自分の考えや気持ちを理解してほしいと思っている。
I have a deep **interest** in Japanese culture and customs. (札幌大)	私は日本の文化と習慣に深い興味を持っている。
She gave the police a full **account** of the incident. (早稲田大)	彼女は警察にその事件の詳しい説明をした。
Stress is a common **cause** of illness. (松山大)	ストレスは病気の一般的な原因の1つである。
There are a large number of words in English which express **sounds**. (慶應義塾大)	英語には音を表す語がたくさんある。
What can we as **individuals** do to make the world a better place? (名城大)	世界をよりよい場所にするために、私たちは個人として何をすることができるか。

Section 1 形容詞編

形容詞編

certain
[sə́:rtən]
79

確信して；確かな；ある；一定の
- **be certain of ...**「…を確信している」
- □ cértainly 副 (文修飾)確かに
- □ cértainty 名 確信；確実性
- □ ùncértain 形 自信がない；はっきりしない

possible
[pá(:)səbl]
80

可能な；可能性のある
- □ pòssibílity 名 可能性，見込み
- □ impóssible 形 不可能な

likely
[láɪkli]
81

ありそうな (⇔ unlikely ありそうもない)
- ▶ A is likely to do A は〜しそうだ (≒ It is likely that A ...)
- □ líkelihòod 名 可能性，見込み

available
[əvéɪləbl]
82

手に入る；利用できる；手が空いている
- ▶ He is not available at the moment. 彼は今，手がふさがっている。
- □ avàilabílity 名 (入手)可能性
- □ ùnaváilable 形 入手[利用]できない

social
[sóʊʃəl]
83

社会的な；社交の
- □ socíety 名 社会；協会
- □ sócialìze 動 を社会化する
- □ sóciable 形 社交的な

public
[pʌ́blɪk]
84

公の (⇔ prívate 私的な)；公開の
名 一般大衆
- ▶ in public 人前で，公然と
- □ publícity 名 周知，評判；宣伝，広告

physical
[fízɪkəl]
85

身体の；物質的な；物理学の
- □ phýsics 名 物理学

scientific
[sàɪəntífɪk]
86

科学的な；(自然)科学の
- □ scíence 名 (自然)科学，学問
- □ scíentist 名 科学者

No one is **certain** of the precise reasons why whales sing. (立命館大)	だれもクジラが歌う正確な理由を確信していない。
The new system made it **possible** to manufacture the products more cheaply.	新しいシステムはより安価にその製品を作り出すことを可能にした。
The trend is **likely** to continue, and become more widespread. (滋賀大)	その傾向は続き、もっと普及しそうである。
The back issues of this magazine are widely **available** over the Internet. (法政大)	この雑誌のバックナンバーはインターネットで広く手に入る。
Like many other **social** trends, a falling birthrate creates problems. (関西大)	ほかの多くの社会的傾向同様、少子化は種々の問題を生み出す。
However quiet they are, parks are **public** places. (慶應義塾大)	どんなに閑静であろうとも公園は公の場所である。
Much of our **physical** activity involves tools and instruments. (東京大)	私たちの身体的活動の多くは道具や器具を必要とする。
Scientific study is divided into pure science and applied science. (電気通信大)	科学的研究は純粋科学と応用科学に分けられる。

Section 1 形容詞編

common
[ká(:)mən] 87

普通の；共通の；一般の
- common sense 常識
- have ... in common …を共通して持つ
- a common belief 広く信じられていること, 通念

图 共[公]有地；(~s)平民；下院

general
[dʒénərəl] 88

全般的な；一般的な

图 (陸軍の)大将；将軍
- in general 一般に, たいてい
- □ génerally 副 (文修飾)一般的に

particular
[pərtíkjulər] 89

特定の；特別の；(…について)やかましい(about)

图 (~s)詳細；個々の点, 項目
- □ particularly 副 とりわけ(≒ in particular)

similar
[símələr] 90

似ている；同様の
- **be similar to ...**「…と似ている」
- □ similárity 图 類似；類似点
- □ símilarly 副 同様に, 同じく

various
[véəriəs] 91

さまざまな；いくつかの
- □ varíety 图 変化, 多様性
- □ váried 形 さまざまな
- □ váry 動 さまざまである

native
[néitiv] 92

出生地の；原産の；生得の
- **native language**「母語」
- a native speaker ネイティブスピーカー, 母語話者
- be native to ... …の原産である

图 その土地[国]に生まれた人

patient
[péiʃənt] 93

忍耐強い；勤勉な

图 患者
- □ impátient 形 いらいらして；(…を)待ちきれない(for)
- □ pátiently 副 辛抱強く, 気長に
- □ pátience 图 忍耐(力)

Gold has a density greater than that of any other <u>common</u> metal. （東北学院大）	金はほかのどの普通の金属の密度より高い密度を持っている。
If Americans ate better, their <u>general</u> health would be better. （愛知大）	もしアメリカ人がもっとまともな食事をとるなら，彼らの全般的な健康状態は向上するだろう。
Social concerns with literacy are not confined to a <u>particular</u> class. （岩手大）	識字能力に対する社会の関心は，特定の階級に限られてはいない。
A chimpanzee is <u>similar</u> to a human being in many ways. （筑波大）	チンパンジーは多くの点で人間に似ている。
Immigrants bring with them <u>various</u> aspects of their cultural heritage. （関東学院大）	移民は自らの文化的遺産のさまざまな側面を持ち込む。
Nobody learns all the words in his or her <u>native</u> language. （成蹊大）	だれも自分の母語のすべての語を覚えるわけではない。
Those who have overcome hardship become <u>patient</u> and forgiving of others. （立教大）	つらい経験を乗り越えた人は我慢強くなり，他人に寛大になる。

41

Section 1 形容詞編 | 副詞・その他編

recent
[ríːsənt]
94

最近の
- récently 副 (通例完了形, 過去形とともに)最近

副詞・その他編

even
[íːvən]
95

…さえ；(比較級の前で)いっそう
- even if ... 熟 たとえ…だとしても(仮定)
- even though ... 熟 ではあるけれども(譲歩)
- 形 平らな；一定の；偶数の(⇔ odd 奇数の)

yet
[jet]
96

(文頭で)それでも；(否定文で)まだ；(疑問文で)もう
- be [have] yet to do まだ〜していない

rather
[rǽðər]
97

かなり；むしろ；それどころか
- would rather do むしろ〜したい，〜する方がいい
- A rather than B B ではなくむしろ A

instead
[instéd]
98

その代わりに；そうではなくて
- instead of ... …の代わりに

simultaneously
[sàiməltéiniəsli]
99

(…と)同時に(with)；一斉に
- simultáneous 形 同時に起こる
- simultaneous interpretation 同時通訳

each
[iːtʃ]
100

それぞれ；どれもこれも
- 形 (単数可算名詞の前で)それぞれの，各
- 代 (…の)それぞれ，めいめい(of)

The nuclear family is a fairly **recent** phenomenon. (帝塚山大)	核家族はかなり最近の現象である。
Even conservative doctors have come to recognize the benefits of folk medicine. (桜美林大)	保守的な医師でさえ，民間療法の利点を認めるようになった。
Many people criticized her way of thinking. **Yet**, she always stuck to what she believed in.	多くの人が彼女の考え方を批判した。それでも彼女は常に自分の信じていることに固執した。
The jacket he is wearing looks **rather** expensive.	彼の着ているジャケットはかなり高そうに見える。
He ended up not studying at all and just playing his games **instead**. (名古屋工業大)	彼は結局全く勉強しなくなり，その代わりにただゲームをするだけになった。
The two massive demonstrations were held **simultaneously** in different parts of the country.	2つの大規模なデモが，その国の別の場所で同時に起こった。
The six satellites have **each** had different characteristics. (センター試験)	その6つの人工衛星はそれぞれ異なる特徴を持っている。

43

Part 1 常に試験に出る基本単語 800
Section 2
単語番号 101 〜 200

動詞編

challenge
[tʃǽlɪndʒ]
101

に**異議を唱える**;(人)に挑む
- 名 難題;異議;挑戦
- □ chállenging 形 やりがいのある

determine
[dɪtə́:rmɪn]
102

を**決定する**;を正確に知る
- □ detérmined 形 (〜することを)決意した(to do)
- □ detèrminátion 名 決意;決定

manage
[mǽnɪdʒ]
103

を**どうにか成し遂げる**;を管理する
- 熟 **manage to** *do*「なんとか〜する」
- □ mánagement 名 管理, 経営;(the 〜)経営者側
- □ mánager 名 管理者, 経営者

maintain
[meɪntéɪn]
104

を**維持する**;と主張する
- □ máintenance 名 維持;扶養

refer
[rɪfə́:r]
105

言及する;関連する;参照する
- 熟 **refer to ...**「…に言及する」
- ▶ refer to ... で「…に関連する;…を参照する」という意味にもなる。
- ▶ refer to *A* as *B* *A*を*B*と呼ぶ
- □ réference 名 言及;参照

approach
[əpróʊtʃ]
106

に**近づく**, に取り組む
- ▶ approach *A* *A*に近づく
- ▶ approach to *A* は誤り。
- 名 接近;取り組み方;研究法

advance
[ədvǽns]
107

進歩する;進む;を進める
- 名 進歩;前進;進行
- ▶ in advance 前もって
- □ advánced 形 進歩した, 高度の

44

▶動詞編 p.44	▶形容詞編 p.62
▶名詞編 p.54	▶副詞・その他編 p.66

Scientists need to be prepared to **challenge** assumptions or hypotheses. （東京理科大）	科学者は前提や仮説に異議を唱える用意をしておく必要がある。
The exact date of the conference has to be **determined**.	その会議の正確な日程が決定されなければならない。
She **managed** to deliver the bad news to her colleagues. （立命館大）	彼女はその悪い知らせをどうにか同僚たちに伝えることができた。
Each couple must have two children to **maintain** the population at its present size. （福井大）	現在の人口を維持するには，それぞれの夫婦が2人の子供をもうけなければならない。
He could only **refer** to what he already knew. （明治学院大）	彼は自分がすでに知っていることにしか言及できなかった。
The man **approached** the old man and asked him the way to the station.	その男は老人に近づき，駅までの道を尋ねた。
As medicine **advanced**, people came to live longer. （神戸学院大）	医療が進歩するにつれて人々はより長生きするようになった。

1 Section 2 動詞編

express [ɪksprés] 108
を表現する
▶ express oneself 自分の考えを述べる
形 急行の；速達の；至急の
名 急行；速達便
□ expréssion 名 表現；表情
□ expréssive 形 表現に富む

spread [spred] 109
を広める；広がる
▶ 活用：spread - spread - spread
名 広まり；蔓延；分布

occur [əkə́ːr] 110
起こる；心に浮かぶ；現れる
▶ It occurred to her that ... …という考えが彼女の心に思い浮かんだ
□ occúrrence 名 発生；出来事

observe [əbzə́ːrv] 111
に気づく；を観察する；を遵守する
□ òbservátion 名 観察；所見
□ obsérvance 名 遵守；儀式

recognize [rékəgnàɪz] 112
を識別できる；を認める
□ rècognítion 名 見分けがつくこと；認識；承認

suppose [səpóʊz] 113
と思う；と仮定する
▶ be supposed to do 〜することになっている
□ suppósedly 副 たぶん，おそらく
□ sùppósition 名 推測；仮定

regard [rɪgɑ́ːrd] 114
を見なす；を見る；を評価する
🔵 regard A as B 「AをBと見なす」
名 配慮，考慮；尊敬
▶ with [in] regard to ... …に関して(は)
▶ regardless of ... (前置詞的に)…にかかわりなく

treat [triːt] 115
を扱う；を治療する
名 もてなし；楽しみ；お祝い
□ tréatment 名 処遇；治療(法)

Japanese speakers **express** modesty by using certain fixed expressions. （中京大）	日本人の話し手は一定の定型表現を使って謙遜を表す。
Warmer temperatures allow bugs and rats to **spread** diseases. （東海大）	気温が上昇すると虫やネズミが病気を広めることが可能になる。
Seventy percent of road deaths every year **occur** in developing countries. （神戸大）	毎年、道路事故死の70%が発展途上国で起きている。
When scientists **observe** something happening, they try to develop a theory. （摂南大）	科学者は何か起こっていることに気づくと、仮説を展開しようとする。
Not having seen her for a long time, I did not **recognize** her. （東京経済大）	長い間会っていなかったので、私は彼女だとわからなかった。
I **suppose** I must have left it somewhere. （早稲田大）	私は、それをどこかに置き忘れたに違いないと思う。
The human heart is also **regarded** as the seat of emotions. （北里大）	人間の心臓はまた感情が宿る場所と見なされている。
She **treats** me with nothing but contempt. （金沢大）	彼女はただ軽蔑をもって私を扱う。

Section 2 動詞編

search
[sə:rtʃ] 116

捜す；を捜索する；を詳しく調べる
- **search for ...**「…を捜す」
  - search A for B A(場所)をB を求めて捜索する
- 名 捜索, 探索；(データの)検索
  - in search of ... …を捜して, 求めて

prove
[pru:v] 117

を証明する；わかる, 判明する
- prove (to be) ... …であることが判明する
- □ proof 名 証拠(≒ évidence), 証明

establish
[ɪstǽblɪʃ] 118

を設立する；を確立する
- □ estáblished 形 確立した, 定着した
- □ estáblishment 名 確立；設立；組織

mention
[ménʃən] 119

に言及する；と言う
- 名 (…についての)言及, 記載(of)

represent
[rèprɪzént] 120

を表す；を代表する
- □ rèpreséntative 名 代表者, 代議士 形 (…を)代表する(of)；代理の

prefer
[prɪfə́:r] 121

の方を好む
- **prefer A to B**「BよりAを好む」
- □ préference 名 好み；優先(権)
- □ préferable 形 望ましい, 好ましい

apply
[əpláɪ] 122

申し込む；(…に)適用される(to / in)；を(…に)適用[応用]する(to)
- **apply for ...**「…に申し込む」
- □ àpplicátion 名 申し込み；適用
- □ ápplicant 名 応募者, 志願者
- □ appliance 名 (家庭用の)器具

seek
[si:k] 123

を追い求める；(助けなど)を要請する
- 活用：seek - sought - sought
- seek to do 〜しようと(努力)する

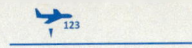

People will always <u>search</u> for the chance of a better life. （龍谷大）	人々は常によりよい生活の可能性を探すものだ。
Recent studies have <u>proved</u> this belief to be false. （福島大）	最近の研究は、この考えが間違いだと証明した。
Some of them want to <u>establish</u> their own state. （兵庫県立大）	彼らの中には、自分たち自身の国を設立したいと思う者がいる。
He has <u>mentioned</u> one positive aspect of video games. （センター試験）	彼はテレビゲームの1つの肯定的側面に言及した。
Each hiragana and katakana <u>represents</u> a certain sound. （慶應義塾大）	それぞれのひらがなとカタカナはある特定の音を表す。
I <u>prefer</u> tipping to a set service charge. （早稲田大）	私は決まったサービス料金よりチップを渡す方が好きだ。
My sister has not yet heard from the company about the job she <u>applied</u> for. （神奈川大）	姉は応募した仕事に関してその会社からまだ返事をもらっていない。
Some people <u>seek</u> happiness and fulfillment in their work. （中京大）	仕事に幸福と充足を追い求める人もいる。

Section 2 動詞編

publish
[pʌ́blɪʃ] 124

を出版する；を公表する
□ pùblicátion 名 出版(物)；公表

perform
[pərfɔ́ːrm] 125

を行う；を演じる，演奏する
□ perfórmance 名 公演；実行；性能；実績

gain
[geɪn] 126

を獲得する；(を)増す
▶ gain entrance [entry] to ... …に入場する，入学する
名 増加；利益(を得ること)

fit
[fɪt] 127

(に)適合する；を(…に)はめ込む(in / into)；を(…に)合わせる(to)
形 (…に)適した(for)；元気で
□ fítness 名 健康；適合

contain
[kəntéɪn] 128

を含む；の収容能力がある；を抑える
□ contáiner 名 容器；コンテナ

supply
[səpláɪ] 129

を供給する
🆎 **supply A to [for] B**「BにAを供給する」
▶ supply B with A と言い換えられる。
名 供給(⇔ demánd 需要)；(~plies)生活必需品

prepare
[prɪpéər] 130

を準備する；を調理する；(…のために)準備をする(for)
□ prèparátion 名 準備；調理

bear
[beər] 131

に耐える(≒ stand, endúre)；を負う；を産む；を運ぶ
▶ 活用：bear - bore - borne [born]
▶ bear ... in mind …を心に留める
▶ bear [have] responsibility for ... …に責任を負う
▶ be born 生まれる

Bill's new book will be **published** at the end of this month. (中央大)	ビルの新しい本は今月末に出版される。
In the laboratory students can **perform** their own experiments. (中部大)	その実験室で学生たちは自らの実験を行うことができる。
The traders **gained** more than ten percent profit from this system. (早稲田大)	商人たちはこの制度から10％以上の利益を得た。
It is up to the judges to find the punishment that **fits** the crime. (島根大)	その犯罪に適合する罰を見つけるのは判事たちの責任である。
This company makes chocolate which **contains** vegetable fats. (武蔵大)	この会社は植物性脂肪を含むチョコレートを作っている。
We **supply** background music to companies around the world. (岩手大)	我が社は世界中の会社にBGMを供給しています。
I want you to **prepare** a report on February's sales. (阪南大)	君には2月の売り上げに関する報告書を準備してほしいと思っている。
I can't **bear** the noise any longer. (駒澤大)	私はもうこれ以上この騒音に耐えられない。

1 Section 2 動詞編

prevent
[prɪvént]
132

を妨げる；を防ぐ
- **prevent A from doing**「Aが〜するのを妨げる」
  ▶ keep [stop] A from doing と同義。
- □ prevéntion 名 阻止，予防；妨害
- □ prevéntive 形 予防の 名 予防手段

object
[əbdʒékt]
133

(…に)反対する(to)
- 名 [á(:)bdʒekt] 物，対象；目的
- □ objéction 名 反対；異議
- □ objéctive 形 客観的な 名 目標

decline
[dɪkláɪn]
134

衰退する；減少する；を断る
- ▶ decline his offer 彼の申し出を辞退する
- 名 衰退；下落

replace
[rɪpléɪs]
135

に取って代わる；を取り替える
- ▶ replace A with B AをBと取り替える
- □ replácement 名 取り替え；交替

connect
[kənékt]
136

をつなぐ；を(…と)関連づける(with)
- **connect A to [with] B**
  「AをBとつなぐ，結び付ける」
- □ connéction 名 関連；結合，接続
- ▶ in connection with ... …に関連して

attend
[əténd]
137

に出席する；(の)世話をする；(…に)精を出す(to)
- □ atténtion 名 注意；注目；配慮
- ▶ pay attention to ... …に注意を払う
- □ atténdance 名 出席
- □ atténtive 形 注意深い

survive
[sərváɪv]
138

生き延びる；を切り抜けて(生き)残る；より長生きする
- ▶ survive one's husband 夫より長生きする
- □ survíval 名 生存；存続

I don't know what is **preventing** me from skating better. (神奈川大)	なぜもっと上手にスケートをすることができないのかわからない。
The experts **objected** to her incorrect claims about Japanese culture. (上智大)	専門家たちは，日本文化に関する彼女の不正確な主張に異議を唱えた。
Many kinds of amphibians are **declining** or have become extinct. (明治大)	多くの種類の両生類が衰退しているか絶滅してしまった。
Latin **replaced** the Celtic language of France 2000 years ago. (名古屋外国語大)	ラテン語は2000年前，フランスのケルト語に取って代わった。
In Canada, schools and libraries are **connected** to the Internet. (上智大)	カナダでは学校と図書館はインターネットと結ばれている。
She wishes to **attend** the teleconference.	彼女はテレビ会議に出席したいと思っている。
The crew **survived** 101 days at sea on a small raft. (茨城大)	乗組員たちは，小さないかだに乗って海で101日間生き延びた。

Section 2 動詞編 名詞編

respect
[rɪspékt]
139

を尊敬する；を尊重する
图 尊敬，敬意；考慮；点
- with respect to ... …に関して
- in this respect この点で
- □ respéctful 形 敬意を表する
- respectable「立派な」, respective「それぞれの」との違いに注意。
- □ respéctively 副 それぞれ

waste
[weɪst]
140

を浪費する
🆃 waste A on B 「AをBに浪費する」
图 無駄，浪費；廃棄物
- a waste of time 時間の無駄
- □ wásteful 形 無駄の多い

名詞編

advantage
発 [ədvǽntɪdʒ]
141

利点（⇔ dìsadvántage 不利な点）；優勢；有利, 得
- take advantage of ... …を利用する；…につけ込む
- □ àdvantágeous 形 有利な

resource
[ríːsɔːrs]
142

(通例 ~s) 資源；(通例 ~s) 資金；才覚
- human resources 人的資源
- □ resóurceful 形 工夫に富む

medium
発 [míːdiəm]
143

(情報伝達の)媒体；手段
- 複数形は media [míːdiə]。
- the media (単数・複数扱い) マスメディア, マスコミ
- 形 中間の，平均の

method
[méθəd]
144

方法；体系；秩序
- □ methódical 形 秩序立った

attitude
ア [ǽtətjùːd]
145

(…に対する)考え方 (toward / to)；態度
- take a positive attitude toward [to] ... …に積極的な態度をとる

Everyone on the selection committee **respects** you. (北里大)	選考委員会の全員があなたのことを尊敬しています。
She did not want to **waste** money on expensive jewels. (亜細亜大)	彼女は高価な宝石に金を浪費したくなかった。
He has the **advantage** of good health. (上智大)	彼には健康という強みがある。
The sustainable use of natural **resources** is of concern to us all. (名城大)	天然資源の持続可能な利用は私たち全員の関心事である。
The Internet is a very convenient and democratic **medium**. (甲南大)	インターネットは非常に便利で民主的な情報伝達媒体である。
The professor devised a new **method** of teaching English.	その教授は新しい英語教育方法を考案した。
Sometimes people change their **attitudes** toward agricultural practices. (慶應義塾大)	時として人々は、農業のやり方に対する考え方を変える。

Section 2 名詞編

structure
[strʌ́ktʃər] 146
構造；体系；構造物
- 動 を組織立てる，体系化する
- □ strúctural 形 構造(上)の

function
[fʌ́ŋkʃən] 147
機能；関数
- 動 機能する，作用する
- □ fúnctional 形 機能の，機能的な

feature
発 [fíːtʃər] 148
特徴；(〜s)顔つき；特集記事[番組]
- 動 を呼び物にする；を主演させる；を特集する

aspect
ア [ǽspèkt] 149
(物事の)側面；観点；様相
- ▶ from this aspect この観点[見地]から

content
ア [kɑ́(ː)ntent] 150
内容；中身；コンテンツ
- ▶ content [kəntént]「形 満足して 動 を満足させる 名 満足」と区別。

detail
発 [díːteɪl] 151
(〜s)詳細(な情報)，細部
- 熟 in detail 「詳細に」
- □ détailed 形 詳細な

range
[reɪndʒ] 152
範囲；射程距離；並び
- 動 渡る，及ぶ；(動植物が)分布する

region
[ríːdʒən] 153
地域；領域；部位
- □ régional 形 地域の；局部的な

trade
[treɪd] 154
貿易；商売，取引
- ▶ conduct [carry on] trade 商売をする
- 動 取引をする；を交換する
- ▶ trading company 商社
- □ tráder 名 貿易業者；商人

The **structure** of small cells filled with air makes cork elastic. （九州産業大）	空気が詰まった小さな細胞から成る構造がコルクを弾力性のあるものにしている。
Public services are essential to the everyday **functions** of society.	社会の日常の機能には公共サービスが不可欠である。
One of the inescapable **features** of modern life is fast food. （日本大）	現代生活の避けることのできない特徴の1つはファーストフードである。
It is necessary for us to discuss the negative **aspects** of democracy. （早稲田大）	私たちが民主主義の否定的側面を論ずることは必要である。
Parents should check the **content** of video games. （センター試験）	親はテレビゲームの内容を確認するべきだ。
Microscopes enable us to observe minute objects in great **detail**. （中央大）	顕微鏡のおかげで，私たちはごく小さな物体をとても詳細に観察できる。
The cat hears a much wider **range** of sounds than humans do. （明星大）	猫には人間よりずっと広範囲の音が聞こえる。
Climate change will bring water shortages to many **regions**. （青山学院大）	気候変動は多くの地域に水不足をもたらす。
Originally, the term "barrier-free" was associated with encouraging international **trade**. （早稲田大）	元来「バリアフリー」という語は国際貿易の奨励と結び付いていた。

Section 2 名詞編

habit
[hǽbɪt] 155

習慣，癖
- **be in a habit of** *doing*「〜する習慣[癖]がある」
▶ habit は個人的な無意識の癖，custom は社会的習慣を表すことが多い。
□ habítual 形 習慣的な；常習的な

cell
[sel] 156

細胞；小個室；電池
▶ fuel cell 燃料電池
▶ cellphone 携帯電話 (= cell phone, cellular phone, mobile phone)
□ céllular 形 細胞の

fuel
[fjúːəl] 157

燃料；勢いを増加させるもの
▶ fossil [nuclear] fuel 化石[核]燃料
動 に燃料を供給する；をあおる

bill
[bɪl] 158

請求書；米 勘定書(≒英 check)；法案
▶ pass a bill 法案を可決する
動 に請求書を送る

charge
[tʃɑːrdʒ] 159

料金；世話；管理；告発
▶ in charge of ... …を管理[担当]して
▶ in the charge of ... …に世話をされて
▶ take charge of ... …を担当する，引き受ける
動 (金額)を請求する，(人)に(…の代金として)請求する(for)；を(…のかどで)告訴する(with)

fine
[faɪn] 160

(…に対する)**罰金**(for)
動 (人)に(…のかどで)罰金を科する(for)
形 見事な；元気で；晴れた；細かい

temperature
[témpərətʃər] 161

温度；体温；熱
▶ have a temperature [fever] 熱がある
▶ 36℃ = thirty six degrees Celsius 摂氏36度

decade
[dékeɪd] 162

10年間
▶ for decades 数十年の間

People can get into the <u>habit</u> of spending more money than they have. (明治大)	人々は自分が持っているより多くの金を使う<u>習慣</u>に陥る可能性がある。
Stem <u>cells</u> are useful for medical purposes. (慶應義塾大)	幹<u>細胞</u>は医療目的の役に立つ。
About 40% of the <u>fuel</u> we use today is ethanol. (中央大)	私たちが今日使用する<u>燃料</u>の約40%はエタノールである。
It says on this <u>bill</u> that you ordered twelve assorted sandwiches. (同志社大)	この<u>請求書</u>には、あなたがサンドイッチの12点盛り合わせを注文したとある。
The room <u>charge</u> at the hotel was much too high. (札幌学院大)	そのホテルの部屋の<u>料金</u>はひどく高かった。
I had to pay a huge <u>fine</u> for speeding. (立教大)	私はスピード違反で重い<u>罰金</u>を払わなければならなかった。
Since 1970, the Earth's average <u>temperature</u> has risen nearly 0.7°C. (青山学院大)	1970年以来、地球の平均<u>気温</u>はほぼ0.7度上昇した。
We are less energy-efficient than we were two <u>decades</u> ago. (大分大)	私たちは、<u>二十年</u>前に比べエネルギー効率が悪くなっている。

Section 2 名詞編

emotion
[ɪmóʊʃən]
163

感情, 情動; 感動
- emótional 形 感情的な; 感動的な

explanation
[èksplənéɪʃən]
164

説明; 解釈; 理由
▶ whatever the explanation 説明[理由]はどうであれ
- expláin 動 を説明する

solution
[səlúːʃən]
165

解決(策); 溶液
- solve 動 を解く; を解決する
▶ solve a problem 問題を解く

degree
[dɪgríː]
166

程度; 度; 学位; 等級
▶ to a [some] degree ある程度(≒ in some degree)

access
[ǽkses]
167

接近, 利用(の機会)
🆎 **access to ...**
「…(へ)の接近・入手・利用(の機会・方法・権利)」
動 にアクセスする; に接近する

contrast
⑦ [káː)ntræst]
168

(…との)対照(with / to)
🆎 **in contrast to [with] ...**「…と対照をなして」
動 [kəntrǽst] を対比させる; 対照をなす

status
[stéɪtəs]
169

地位; 状態
▶ *one's* marital status ~の婚姻状況(独身, 既婚など)

surface
発 [sə́ːrfəs]
170

表面; 外見
▶ come to the surface 浮上する; 明らかになる
形 外面の, 表面上の; 地上の

conflict
⑦ [káː)nflɪkt]
171

争い; 論争; 不一致
▶ be in conflict with ... …と一致しない, 矛盾している
動 [kənflíkt] (…と)対立する, 相反する(with)

I had such a complex rush of **emotions** but no one to tell. (上智大)	私はそのような複雑な感情の高まりを感じたが、それを伝える人がいなかった。
Often scientific **explanations** accepted as true are later disproved. (電気通信大)	真実だと受け入れられている科学的説明が、後に誤りであると証明されることはよくある。
Eco-tourism might offer one possible **solution**. (南山大)	エコツーリズムが、1つの可能な解決策を提供するかもしれない。
Brazil and India are collectivist countries, though in different **degrees**. (滋賀大)	ブラジルとインドは、程度は異なるものの、集産主義的国家である。
They have **access** to excellent educational opportunities. (九州国際大)	彼らにはすばらしい教育を受ける機会がある。
In **contrast** to the cold land in which they live, the people have warm hearts. (宇都宮大)	暮らしている寒い土地とは対照的に、この人々は温かい心を持っている。
In our company, it is unacceptable for a person with high **status** to arrive late. (近畿大)	私たちの会社では地位の高い人が遅れて到着することは許されない。
Clouds help keep the Earth's **surface** cool. (千葉大)	雲は地球の表面を涼しく保つのに役立っている。
Conflicts should be dealt with through politics and not violence. (早稲田大)	紛争は暴力ではなく政治により処理されるべきである。

61

Section 2 名詞編 / 形容詞編

audience
[ɔ́ːdiəns] 172

(集合的に)聴衆；視聴者
▶ a large [small] audience 大勢の[少ない]聴衆

clay
[kleɪ] 173

粘土
▶ a clay court (テニスの)クレーコート

epoch
[épək] 174

時代；画期的な出来事
▶ mark an epoch in ... …に一時期を画する
☐ époch-màking 形 画期的な

profit
[prά(ː)fət] 175

利益；収益(率)；得
▶ net [gross] profit 純利益[粗利益]
動 (…から)利益を得る(from / by)；のため[益]になる
☐ prófitable 形 利益になる；有益な

income
[ínkʌm] 176

収入
▶ an annual income 年収
▶ per capita income 1人あたりの所得

ancestor
[ǽnsèstər] 177

先祖(⇔ descéndant 子孫)；先駆者；原型
☐ ancéstral 形 祖先の

crop
[krɑ(ː)p] 178

(しばしば 〜s)作物；収穫高
▶ gather [harvest, reap] a crop 作物を収穫する
動 を短く刈り込む；を収穫する

形容詞編

significant
[sɪɡnífɪkənt] 179

重要な；意義深い
▶ It is significant to do 〜することが重要である
☐ signíficance 名 重要性；意味
▶ a matter of great significance とても重大な問題

The <u>audience</u> gave the young singer a standing ovation. （中京大）	<u>聴衆</u>はその若い歌手に総立ちで拍手を送った。
<u>Clay</u> is often found in lake beds and riverbeds. （東洋大）	<u>粘土</u>はしばしば湖底や河床に見いだされる。
His invention marked the beginning of a new <u>epoch</u> in the mobile phone industry.	彼の発明は携帯電話産業における新<u>時代</u>の始まりを画した。
She will join us provided we divide all the <u>profits</u> equally. （関西外国語大）	私たちがすべての<u>利益</u>を均等に分けるという条件で，彼女は私たちに加わるだろう。
When the family loses its main <u>income</u>, there are few safety nets to catch them. （名古屋市立大）	家族が主要な<u>収入</u>を失ったとき，彼らをとらえる安全網はほとんどない。
The ability to face danger used to help our <u>ancestors</u> to survive. （甲南大）	危険と向き合う能力は，私たちの<u>先祖</u>が生き残る助けとなった。
When there is a long drought or war, <u>crops</u> are ruined. （龍谷大）	長い干ばつや戦争が起こると，<u>作物</u>が台無しになる。
A <u>significant</u> factor in the formation of character is the influence of the group. （獨協大）	人格形成における<u>重要な</u>要因は集団の影響である。

Section 2 形容詞編

necessary
[nésəsèri] 180

必要な (≒ esséntial)
▶ It is necessary that A (should) *do* Aが〜することが必要である
图 (〜saries) 必要品；生活必需品
□ necéssity 图 必要(性)；(〜ties) 必需品
□ nècessárily 圖 (否定文で) 必ずしも(…ない)

appropriate
[əpróupriət] 181

(…に)適切な (for / to)
動 を(…に)当てる (for / to)

correct
[kərékt] 182

正しい；適切な
動 を訂正する；を直す
□ corréction 图 訂正, 修正

worth
[wə:rθ] 183

の価値がある；(〜する)に値する (*doing*)
▶ This novel is worth reading again. この小説はもう一度読むに値する。(≒ It is worth [worthwhile] reading this novel again.)
□ wórthy 形 (…に)値して (of)

positive
[pá(:)zətɪv] 184

積極的な；肯定的な；明確な；確信して

plastic
[pléstɪk] 185

柔軟な；プラスチックの, ビニールの
图 プラスチック(製品)

political
[pəlítɪkəl] 186

政治(上)の
□ pólitics 图 政治(活動)；政治学
□ pólicy 图 政策, 方針
□ pòlitícian 图 政治家

official
[əfíʃəl] 187

公式の；公用の；役所の
图 役人；役員, (担当)職員
□ óffice 图 事務所；公職；役所
□ ófficer 图 将校；警官

To understand the content of a book, it is **necessary** to read between the lines. （明治学院大）	本の内容を理解するためには行間を読むことが必要だ。
There's no more **appropriate** birthday gift for him than a humorous book. （立命館大）	彼にはユーモア本以上に適切な誕生日プレゼントはない。
It is a very tough question with no single **correct** answer. （京都大）	それは正しい答えが1つだけとは限らない非常に難しい質問だ。
Television broadcasting rights can be **worth** millions of dollars. （摂南大）	テレビの放映権は何百万ドルもの値段になる可能性がある。
This article emphasizes the young woman's **positive** way of life. （松山大）	この記事はその若い女性の積極的な生き方を強調している。
The professor says that even the adult brain is very **plastic**. （立教大）	その教授は成人の脳でさえ非常に柔軟であると言っている。
The adjective "green" has been abused by various **political** movements. （成蹊大）	「緑の」という形容詞はさまざまな政治運動によって濫用されてきた。
There are no **official** data on the number of cars in the city.	市内の車の台数に関する公式なデータはない。

Section 2 　形容詞編　副詞・その他編

private
発アク [práɪvət]
188

私的な(⇔ públic 公の)；民営の
图 兵卒
□ prívacy 图 プライバシー，私的自由

ancient
発 [éɪnʃənt]
189

古代の；昔からの
▶ ancient times 古代
图 古代の人，昔の人

due
[djuː]
190

(支払)期日で；予定された；しかるべき
▶ due to ... (前置詞的に)…のせいで，…が原因で
▶ be due to *do* ～する予定である，～するはずである

complex
発アク [kɑ̀(ː)mpléks]
191

複雑な；複合(体)の
图 [kɑ́(ː)mpleks] 複合体[施設]，団地；コンプレックス
▶ an inferiority complex 劣等感
□ compléxity 图 複雑(性)

mobile
発 [móʊbəl]
192

可動[移動]式の；流動性のある
▶ mobile (tele)phone 携帯電話
□ mobílity 图 可動[移動]性

blank
[blæŋk]
193

空白の；無表情な；がらんとした
▶ a blank DVD (disk) 空のDVDディスク
图 空白，余白；(心の)空白，空虚
□ blánkly 副 ぼんやりと，うつろに

male
[meɪl]
194

男性の(⇔ fémale 女性の)；男らしい
图 男性(⇔ fémale 女性)；雄

副詞・その他編

therefore
[ðéərfɔːr]
195

それゆえに
▶ so「それで，だから」より堅い。類語に accordingly「したがって」，consequently「その結果」などがある。

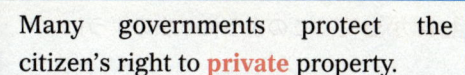

Many governments protect the citizen's right to **private** property. （青山学院大）	多くの政府は市民の私的財産に対する権利を保護している。
In the **ancient** world, names were believed to be closely linked to one's personality. （関西学院大）	古代世界において名前は人の人格と密接に関連していると考えられていた。
The report is **due** on Wednesday, but I haven't even started to write it. （明治大）	レポートは水曜日が期日だが，私はまだ書き始めてさえいない。
The Silk Road is a name for a **complex** network of ancient trade routes. （東京女子大）	シルクロードは複雑な古代の貿易経路網を表す名前である。
Mobile libraries provide a valuable service for elderly people.	移動図書館は高齢者に有益なサービスを提供する。
I left the box for "English name" **blank**. （神戸市外国語大）	私は「英語名」の欄を空白にしておいた。
Women's job opportunities are hampered mainly by **male** prejudices. （東京農工大）	女性の雇用機会は主に男性の偏見によって阻害されている。
Americans' consciousness of danger has increased and **therefore** children are safer than they once were. （早稲田大）	アメリカ人の危険に対する意識は高まり，それゆえに子供は昔よりも安全である。

Section 2 副詞・その他編

thus [ðʌs] □□ 196	**したがって**；このように；次のように
eventually [ɪvéntʃuəli] □□ 197	**結局(は)** ▶ 「途中でいろいろあっても最終的には」を意味する。finally は「(順番として)最後に」を表す。 □ evéntual 形 結果として起こる
otherwise [ʌ́ðərwàɪz] □□ 198	**さもなければ**；その他の点では；違った風に ▶ She might think otherwise. 彼女は別のことを考えている[そうは考えていない]かもしれない。
despite [dɪspáɪt] □□ 199	**…にもかかわらず** (≒ in spite of) ▶ despite や in spite of の後ろに現れる名詞句・代名詞は、事実か、話者が事実と認識している事柄を表す。 ▶ despite the fact that … …という事実にもかかわらず
both [boʊθ] □□ 200	**両方とも**；両方の ▶ both A and B A と B と両方 ▶ His parents are both doctors. 彼の両親は2人とも医師である。

機関を表す略語(1)
ICJ   the International Court of Justice   国際司法裁判所
ICPO   the International Criminal Police Organization 国際刑事警察機構(通称 Interpol　インターポール)

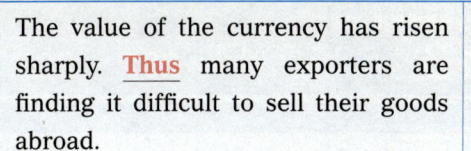

The value of the currency has risen sharply. **Thus** many exporters are finding it difficult to sell their goods abroad.	通貨の価値が急激に上昇した。したがって多くの輸出業者は製品を海外で売るのに苦労している。
Edison began with less than a dozen employees but **eventually** employed several hundred. (神戸大)	エジソンは12人に満たない従業員から始めたが、最終的には数百人を雇用した。
Pull this handle; **otherwise** the machine won't work. (駒澤大)	この取っ手を引っ張ってください。さもなければ機械は作動しません。
There was no apparent improvement in her health **despite** all the medication. (清泉女子大)	あらゆる薬物療法にもかかわらず、彼女の健康にはなんら目立った改善はなかった。
I have two brothers, who **both** are married.	私には2人の兄弟がいて、彼らは両方とも結婚している。

OECD the Organization for Economic Cooperation and Development
経済協力開発機構
OPEC the Organization of Petroleum Exporting Countries
石油輸出国機構

Part 1 常に試験に出る基本単語 800
Section 3
単語番号 201 〜 300

動詞編

succeed
[səksíːd]
□□ 201

(…に)**成功する**(in)；(…を)継承する(to)
- □ succéss 名 成功
- □ succéssful 形 (…に)成功した(in)
- □ succéssion 名 連続；継承, 相続
- □ succéssive 形 連続的な

identify
発 [aɪdéntəfàɪ]
□□ 202

を**特定する**；を(…と)同一視する(with)
- □ idèntificátion 名 身元確認；(…との)同一視 (with)
- □ idéntity 名 身元, 正体；自己同一性
- □ idéntical 形 同一の；よく似た

reflect
[rɪflékt]
□□ 203

を**反映する**；(を)反射する；(を)熟考する
- ▶ reflect on … …を熟考する
- □ refléction 名 映った姿；反射；反映；熟考
- □ réflex 名 反射(作用) 形 反射的な

assume
[əsjúːm]
□□ 204

を**当然のことと思う**；を手に入れる；を引き受ける
- □ assúmption 名 仮定；前提

estimate
発 [éstɪmèɪt]
□□ 205

と**推定する**；を見積もる；を評価する
- 名 [éstɪmət] 見積もり；評価
- □ èstimátion 名 評価；見積もり
- □ éstimàted 形 見積もりの

define
[dɪfáɪn]
□□ 206

を**定義する**；を規定する
- 熟 **define A as B**「AをBと定義する」
- □ dèfinítion 名 定義；限定

indicate
アク [índɪkèɪt]
□□ 207

を**指し示す**；を述べる
- □ ìndicátion 名 徴候；指示；表示

▶動詞編 p.70	▶形容詞編 p.90
▶名詞編 p.80	▶副詞編 p.94

Without your help, I would not have **succeeded**. (大東文化大)	あなたの助けがなかったら、私は成功しなかったでしょう。
I cannot **identify** which substances cause my allergies. (関西外国語大)	どの物質が私のアレルギーを引き起こすのか特定することができない。
The novelist's happy childhood was **reflected** in many of his works.	その作家の幸福な幼少期は、彼の作品の多くに反映されていた。
Many people **assume** that chemical plants inevitably cause pollution.	化学工場は必ず汚染を引き起こすと思い込んでいる人がたくさんいる。
It is **estimated** that the famine killed a third of the population. (慶應義塾大)	飢饉が人口の3分の1を死に追いやったと推定されている。
Sociolinguistics is often **defined** as the study of language and society. (法政大)	社会言語学はしばしば言語と社会の研究と定義される。
DNA evidence **indicates** that chimpanzees and humans share a common ancestor. (神戸大)	DNA鑑定は、チンパンジーと人間が共通の先祖を有していることを示している。

Section 3 動詞編

reveal
[rɪvíːl]
208

を明らかにする；を見せる
- be revealed as [to be] ... …であることが明らかになる
- □ rèvelátion 名 新事実；暴露；啓示

attempt
[ətémpt]
209

を試みる，企てる
- 🆃🅲 attempt to do「～しようと試みる」
- attempted robbery 強盗未遂
- 名 試み，企て

respond
[rɪspá(ː)nd]
210

反応する；答える
- 🆃🅲 respond to ...「…に反応する」
- respond to A で「A(質問など)に答える」の意味にもなる。
- □ respónse 名 反応；応答，答え
- □ respónsible 形 (…に)責任のある(for)
- □ respònsibílity 名 責任，責務

associate
[əsóʊʃièɪt]
211

を結び付けて考える；(…と)交際する(with)
- 🆃🅲 associate A with B
  「AをBと結び付けて考える」
- 名 [əsóʊʃiət] 仲間　形 [əsóʊʃiət] 準…，副…
- □ assòciátion 名 協会；交際；連想

examine
[ɪgzémɪn]
212

を調べる；を診察する；を尋問する
- □ exàminátion 名 試験；検査
- medical examination 健康診断

address
[ədrés]
213

(問題など)を扱う；に演説する；(手紙など)を(…あてに)出す(to)
- The letter was addressed to me. その手紙は私あてだった。
- 名 住所；演説

trust
[trʌst]
214

を信頼する；を託する
- 名 信頼，信用；委託

Psychology can **reveal** the facts about our sensory processes. （専修大）	心理学は私たちの感覚作用に関する事実を明らかにすることができる。
For centuries, people have **attempted** to predict the future. （北海道大）	何世紀もの間，人々は未来を予測しようと試みてきた。
There is a strong social aspect to the way people **respond** to humor. （小樽商科大）	人々がユーモアに反応する仕方には強い社会的側面がある。
Lack of sleep is **associated** with a variety of serious health problems. （学習院大）	睡眠不足はさまざまな深刻な健康問題と結び付けて考えられる。
Consumers usually **examine** information from many sources when buying a car. （北海学園大）	消費者は車を買うときに，たいてい多くの情報源からの情報を調べる。
The linguist **addressed** the question of what tag questions meant in context. （学習院大）	その言語学者は，文脈の中で付加疑問が何を意味しているかという問題を取り上げた。
Politicians who make empty promises are not **trusted**. （関西外国語大）	空約束をする政治家は信頼されない。

Section 3 動詞編

doubt
[daʊt] 215
を疑う；(…では)ないと思う(that 節)
▶ suspect「…ではないかと疑う，考える」と区別。
名 疑い
▶ no doubt たぶん，おそらく
□ dóubtful 形 疑わしい；疑わしく思う
□ undóubtedly 副 疑いもなく，確かに

ignore
[ɪgnɔ́ːr] 216
を無視する
□ ígnorant 形 無知な；気づかない
□ ígnorance 名 無知

refuse
[rɪfjúːz] 217
を拒む；を断る
🔡 **refuse to** *do*「〜することを拒む」
名 [réfjuːs] 廃棄物，くず
□ refúsal 名 拒絶；辞退

complain
[kəmpléɪn] 218
(と)不平[苦情]を言う；訴える
▶ complain of [about] ... …のことで不平を言う
□ compláint 名 不平，苦情

decrease
[dì(ː)kríːs] 219
減少する(⇔ incréase 増加する)；を減らす
名 [díːkriːs] 減少，下落
▶ on the decrease 次第に減少して

vary
[véəri] 220
さまざまである
▶ vary with the season 季節により変動する
□ váried 形 さまざまな
□ vàriátion 名 変化，変動；変異

emerge
[ɪmə́ːrdʒ] 221
現れる；明らかになる；台頭する
□ emérgence 名 出現，発生
□ emérgency 名 緊急(事態)

match
[mætʃ] 222
と合う；に匹敵する
名 試合；好敵手；(…と)よく合う物[人] (for)
▶ I am no match for him. 私は彼にはかなわない。

They started to <u>doubt</u> if they could succeed. (関西大)	彼らは成功できるかどうか<u>疑い</u>始めた。
Most companies do not think they can <u>ignore</u> the damage to the environment. (小樽商科大)	ほとんどの企業は環境への害を<u>無視する</u>ことはできないと考えている。
In spite of his good intentions, they <u>refused</u> to accept his donations. (立教大)	彼の善意にもかかわらず、彼らは彼の寄付を受けることを<u>拒んだ</u>。
Many older people <u>complained</u> that the young are less courteous. (岩手大)	多くの年配者たちは、若者たちは昔ほど礼儀正しくないと<u>不平を述べた</u>。
The average crime rate has <u>decreased</u> by 15% since last year. (慶應義塾大)	昨年以来、平均犯罪発生率は15%<u>減少した</u>。
The answers to these questions <u>vary</u> from person to person. (大阪商業大)	これらの質問に対する答えは人により<u>さまざまである</u>。
AIDS <u>emerged</u> as a serious new disease in the 1980s. (北里大)	エイズは1980年代に新しい重い病気として<u>現れた</u>。
I wonder if our image of Japan <u>matches</u> reality. (横浜国立大)	日本に対する私たちのイメージは現実と<u>合っている</u>のだろうか。

75

Section 3 動詞編

stick
[stɪk] 223

を動けなくさせる；(…に)くっつく (to / on)
- **be stuck in ...**「…にはまって動けない」
- ▶ 活用：stick - stuck - stuck
- ▶ stick to ... …に固執する
- 名 棒；ステッキ

hide
[haɪd] 224

を隠す (≒ conceal)；隠れる
- ▶ 活用：hide - hid - hidden
- □ híding 名 隠す[隠れる]こと

attract
[ətrǽkt] 225

を引きつける
- ▶ attract his attention [notice] 彼の注意を引く
- □ attráction 名 魅力；呼び物；引力
- □ attráctive 形 魅力的な

promote
[prəmóʊt] 226

を促進する；(受身形で)昇進する
- ▶ He was promoted to account executive. 彼は顧客担当役員に昇進した。
- □ promótion 名 昇進；(販売)促進

satisfy
[sǽtɪsfaɪ] 227

を満足させる；を満たす
- ▶ be satisfied with ... …に満足している
- □ sàtisfáction 名 満足；納得
- □ sàtisfáctory 形 満足のいく
- □ sátisfied 形 満足した

earn
[əːrn] 228

を稼ぐ；を得る；をもたらす
- ▶ earn one's living 生計を立てる
- □ éarnings 名 所得；収益

preserve
[prɪzə́ːrv] 229

を保持する；を守る；を保存する
- 名 ジャム；自然保護区
- □ prèservátion 名 保護；保存

enable
[ɪnéɪbl] 230

(人)にとって(~するのを)可能にする (to do)
- **enable A to do**「Aが~するのを可能にする」
- □ enábling 形 特別の権限を与える

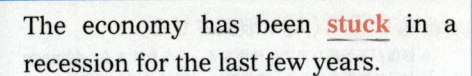

The economy has been **stuck** in a recession for the last few years.	経済はここ数年，不景気から抜け出せないでいる。
The museum **hid** the fact that he financed the exhibition. (慶應義塾大)	その博物館は，彼が展示会に融資したという事実を隠した。
One other field that **attracts** people interested in language is linguistics. (津田塾大)	言語に関心がある人々を引きつけるもう1つ別な分野は，言語学である。
The government launched a campaign to **promote** physical exercise among children.	政府は，子供たちの間で運動を促進するキャンペーンを開始した。
Instant ramen **satisfies** more than 100 million people a day worldwide. (関西外国語大)	インスタントラーメンは世界中で1日に1億以上の人を満足させている。
Scientists often **earn** money by publishing their findings on their own website. (法政大)	科学者が自分のウェブサイト上で研究成果を発表してお金を稼ぐことはよくある。
English still tends to **preserve** its older forms. (早稲田大)	英語はいまだにその古い形態を保持する傾向がある。
The garden activities **enable** children to understand science more deeply. (東京経済大)	庭での活動は，子供が科学をより深く理解することを可能にする。

Section 3 動詞編

destroy
[dɪstrɔ́ɪ]
231

を破壊する；(人)を破滅させる
▶ 修復が不可能なまでに破壊することを意味する。damage は「に損傷を与える」を意味し、壊れたものは修復可。
- destrúction 名 破壊，破滅
- destrúctive 形 破壊的な

tear
発 [teər]
232

を引き裂く；裂ける
▶ 活用：tear - tore - torn
▶ tear ... to [into] pieces …をずたずたに引き裂く
- 名 裂け目；裂く[裂ける]こと

suffer
[sʌ́fər]
233

苦しむ；患う；(苦痛など)を経験する
- **suffer from ...** 「…で苦しむ、…の病気を患う」
▶ be suffering from the flu インフルエンザにかかっている
- súffering 名 苦しみ；苦痛

survey
アク [sərvéɪ]
234

を調査する；を概観する
- 名 [sə́ːrveɪ] (意識・統計)調査；概観
▶ conduct a survey 調査を行う

divide
[dɪváɪd]
235

を分ける；分かれる
- **divide A into B** 「AをBに分ける、分割する」
- divísion 名 分割；部門；割り算

conduct
アク [kəndʌ́kt]
236

を実施する
- 名 [kɑ́(ː)ndʌkt] 行動；遂行
- condúctor 名 指揮者；添乗員；(伝)導体
▶ semiconductor 半導体

graduate
[grǽdʒuèɪt]
237

(…を) 卒業する (from)
- 名 [grǽdʒuət] 卒業生；大学院生
- gràduátion 名 卒業；卒業式

contribute
アク [kəntríbjət]
238

寄与[貢献]する；(を)寄付する；(を)寄稿する
- **contribute to ...** 「…に寄与する、…の一因となる」
▶ contribute to ... で「…に寄付する；…に寄稿する」の意味にもなる。
- còntribútion 名 寄付(金)；貢献；寄稿作品

We **destroy** ecosystems and extinguish species without realizing it. (慶應義塾大)	私たちは知らないうちに生態系を破壊し、種を絶滅させる。
Who **tore** the poster on my door? (松山大)	だれが私のドアにあったポスターを引き裂いたの？
His company is **suffering** greatly from a shortage of skilled workers.	彼の会社は熟練労働者の不足にひどく苦しんでいる。
The government will **survey** schools nationwide to examine the scholastic ability of students.	政府は、学生の学力を調べるために全国の学校を調査する予定だ。
The world is **divided** into internationally agreed time zones. (京都工芸繊維大)	世界は国際的に合意された標準時間帯に分けられている。
I'm **conducting** a survey on how people spend their free time. (北里大)	私は人々が自由時間をどのように使うかに関する調査を行っている。
After he **graduated** from university, he worked for an American company. (清泉女子大)	彼は大学を卒業した後、アメリカの会社に勤めた。
The popularity of video games **contributes** to children's inactive lifestyles. (法政大)	テレビゲームの人気が子供の不活発な生活様式の一因となっている。

Section 3　動詞編　名詞編

desire
[dɪzáɪər]　239

を強く望む
- desire to do 〜したいと強く望む
- 名 欲求，願望
- □ desírable 形 望ましい

relax
[rɪlǽks]　240

くつろぐ；緩む；をくつろがせる；を緩める
- □ rèlaxátion 名 くつろぎ；気晴らし；緩和
- □ reláxed 形 くつろいだ

名詞編

target
[tá:rgət]　241

（到達）目標；的(まと)
- hit a target 的[標的]に当たる
- 動 を目標[対象]とする

aim
[eɪm]　242

目的
- 動 を(…に)向ける(at)；(…を)目標とする(at)
- aim to do 〜しようと目指す
- be aimed at ... …を対象にしている

principle
[prínsəpəl]　243

主義，信条；原則，原理
- principal「主要な」と同音。
- in principle 原則的には；理論的には

norm
[nɔ:rm]　244

規範；標準
- set a norm ノルマを設定する
- □ nórmal 形 標準の；正常な

strategy
[strǽtədʒi]　245

戦略
- strategy は「（全体の）戦略」，tactics は「（個々の）戦略」を表す。
- adopt [work out] a strategy 戦略を採用する[立てる]
- □ stratégic 形 戦略の

track
[træk]　246

跡；軌道；英(鉄道の)番線；走路
- keep track of ... …を見失わないようにする；…に注意している (⇔ lose track of ... …を見失う)
- 動 の(足)跡を追う；をたどる

Most of us <u>desire</u> power, but we try to hide this desire. (埼玉大)	私たちのほとんどが権力を欲するが，私たちはこの願望を隠そうとする。
Maybe you should take a break and <u>relax</u> for a bit. (金沢工業大)	よかったら一休みして少しの間くつろいだらどう。
He set himself the <u>target</u> of learning ten new words a day.	彼は1日に10個の新しい単語を学ぶことを目標にした。
Making a profit is the <u>aim</u> of most companies. (小樽商科大)	利益を得ることがほとんどの企業の目的である。
Some of the men refused the food, saying that it went against their religious <u>principles</u> to eat meat.	男性たちの何人かは，肉を食べることは宗教的信条に反すると言って，食べ物を拒んだ。
Social <u>norms</u> may change over time. (早稲田大)	社会的規範は時間がたてば変わるかもしれない。
The bank adopted a <u>strategy</u> of offering more services aimed at older customers.	その銀行は，年配客向けにより多くのサービスを提供するという戦略を採用した。
Students should keep <u>track</u> of how they spend their time every day. (早稲田大)	学生は毎日自分がどのように時間を過ごしているかをたどるべきである。

Section 3 名詞編

progress
[prá(:)grəs] 247
進歩；前進
- make progress 「進歩する」
- [prəgrés] 進歩する；前進する
- progréssive 形 進歩的な

personality
[pə̀:rsənǽləti] 248
個性，性格
- a TV personality テレビタレント
- pérsonal 形 個人の，私的な

characteristic
[kæ̀rəktərístɪk] 249
(しばしば ～s)特徴
- 形 特有の，特徴的な
- be characteristic of ... …に特有である
- cháracter 名 性格；登場人物；文字

manner
[mǽnər] 250
方法；物腰；(～s)作法
- in a ... manner 「…な方法で」

device
[dɪváɪs] 251
装置，機器；方策
- devise [dɪváɪz] 動 を考案する

origin
[ɔ́(:)rɪdʒɪn] 252
起源；源
- She is of Italian origin. 彼女はイタリアの出身だ。
- in origin 元来は，起源は
- oríginal 形 最初の；独創的な；原作の
- oríginàte 動 起こる，始まる

gene
[dʒí:n] 253
遺伝子
- gene manipulation [recombination] 遺伝子操作 [組み換え]
- genétic 形 遺伝子の；遺伝(学)の
- genome [dʒí:noʊm] 名 ゲノム

atmosphere
[ǽtməsfìər] 254
大気；雰囲気
- àtmosphéric 形 大気(中)の

It doesn't seem like I'm making a lot of *progress* in English composition. （高知大）	私は英作文がそれほど進歩していないようだ。
His aim was to prove the theory that environment makes *personality*. （琉球大）	彼の狙いは「環境が人格を形成する」という理論を証明することであった。
One important *characteristic* in fashion is that it is always changing.	ファッションの重要な特徴の1つは、常に変化しているということだ。
He was annoyed by the casual *manner* in which the waiter served their order.	彼はそのウェイターが彼らの注文したものを出す際の無頓着なやり方にいらいらした。
The folding techniques of *origami* can be applied to electrical *devices*. （津田塾大）	「折り紙」の折る技術は電気機器に応用することができる。
Several theories of the *origins* of language have been proposed. （名古屋学院大）	言語の起源に関するいくつもの理論が提唱されてきた。
Some diseases are thought to be related to our *genes*. （亜細亜大）	いくつかの病気は遺伝子と関連があると考えられている。
Small meteors usually burn up completely in the *atmosphere*. （愛知工業大）	小さな隕石はたいてい大気中で完全に燃え尽きる。

83

Section 3 名詞編

trend
[trend]
255

傾向；流行
動 傾く

phenomenon
発 ア [fəná(:)mənà(:)n]
256

現象
▶ 複数形は phenomena [fəná(:)mənə]。
□ phenómenal 形 並はずれた

context
ア [ká(:)ntekst]
257

状況, 背景；文脈
▶ in context 状況に照らして，文脈の中で
□ contéxtual 形 文脈上の

circumstance
ア [sə́:rkəmstæns]
258

(通例 ~s)状況, 事情；境遇
▶ in [under] certain circumstances 特定の状況では
□ cìrcumstántial 形 状況に基づく

pain
[peɪn]
259

苦痛；苦悩；(~s)骨折り
▶ have a pain in one's leg 足が痛む
▶ take pains 骨を折る，苦労する
□ páinful 形 苦痛な；骨の折れる

struggle
[strʌ́gl]
260

闘い；懸命の努力
熟 **a struggle for ...**「…を求める闘い」
▶ a struggle for survival 生存競争
動 奮闘する；もがく

pollution
[pəlú:ʃən]
261

汚染
▶ air pollution 大気汚染
□ pollúte 動 を汚染する

threat
発 [θret]
262

脅威；兆し，恐れ；脅迫
□ threaten [θrétən] 動 (を)脅す；の恐れがある
▶ threaten to do ~すると脅す；~する恐れがある
□ thréatening 形 威嚇的な
□ thréatened 形 絶滅の危機にさらされている

The recent <u>trend</u> is for parents to spend less time with their children. （西南学院大）	最近の傾向は，親が以前ほど子供と一緒に時間を費やさないことである。
One disturbing recent <u>phenomenon</u> is the rise in obesity in wealthy societies.	1つの気がかりな最近の現象は，豊かな社会における肥満の増加である。
Linguistics is the study of language systems in cultural and social <u>contexts</u>. （津田塾大）	言語学は文化的，社会的背景における言語体系の研究である。
Due to <u>circumstances</u> beyond our control, we have to close down this store. （福岡大）	不可抗力の事情により，この店を閉めなければならない。
Most parents would do anything to free their children from <u>pain</u>. （岐阜大）	たいていの親は子供を苦痛から解放するためには何でもするだろう。
The <u>struggle</u> for civil rights was not simply a movement to benefit African-Americans. （慶應義塾大）	市民権を求める闘争は，単にアフリカ系アメリカ人の利益になる運動にとどまらなかった。
The damage to the environment may be mainly due to overconsumption and <u>pollution</u> by the rich. （九州大）	環境被害は主に富裕層による過剰消費と汚染のせいであるかもしれない。
The U.S. warned other countries about the <u>threat</u> of avian flu. （摂南大）	アメリカは鳥インフルエンザの脅威に関して他国に警告した。

Section 3 名詞編

disaster
[dɪzǽstər]
263

災害；惨事
▶ cause a disaster 災害を引き起こす
□ disástrous 形 悲惨な；壊滅的な

consequence
[ká(:)nsəkwens]
264

(通例 ~s) 結果；重大性
▶ in consequence 結果として；したがって(≒ as a consequence)
□ cónsequènt 形 結果として起こる
□ cónsequèntly 副 その結果として, したがって

revolution
[rèvəlúːʃən]
265

革命；回転；(天体の)公転 (⇔ rotátion 自転)
▶ the Industrial Revolution 産業革命
□ revólve 動 回る
□ rèvolútionàry 形 革命の

majority
[mədʒɔ́(ː)rəti]
266

大部分；多数派 (⇔ minórity 少数派)
▶ a [the] majority of ... 「…の大部分」
□ májor 形 大きい[多い]方の；主要な 動 を専攻する 名 専攻科目

mass
[mæs]
267

かたまり；大量；一般大衆
▶ a mass of ... 大量の…；…の大部分
形 大量の；大規模な；大衆(向け)の
▶ the mass media マスメディア
□ mássive 形 大きくて重い；非常に多い

stock
[stɑ(ː)k]
268

在庫品；蓄え；株
動 を店に置いている；に(…を)仕入れる, 補充する (with)

wealth
[welθ]
269

富；資源；富裕(状態)
▶ a wealth of ... 大量の…, 豊富な…
□ wéalthy 形 裕福な；豊富な

literature
[lítərətʃər]
270

文学；文献；印刷物
□ líteràry 形 文学[文芸]の；文語の

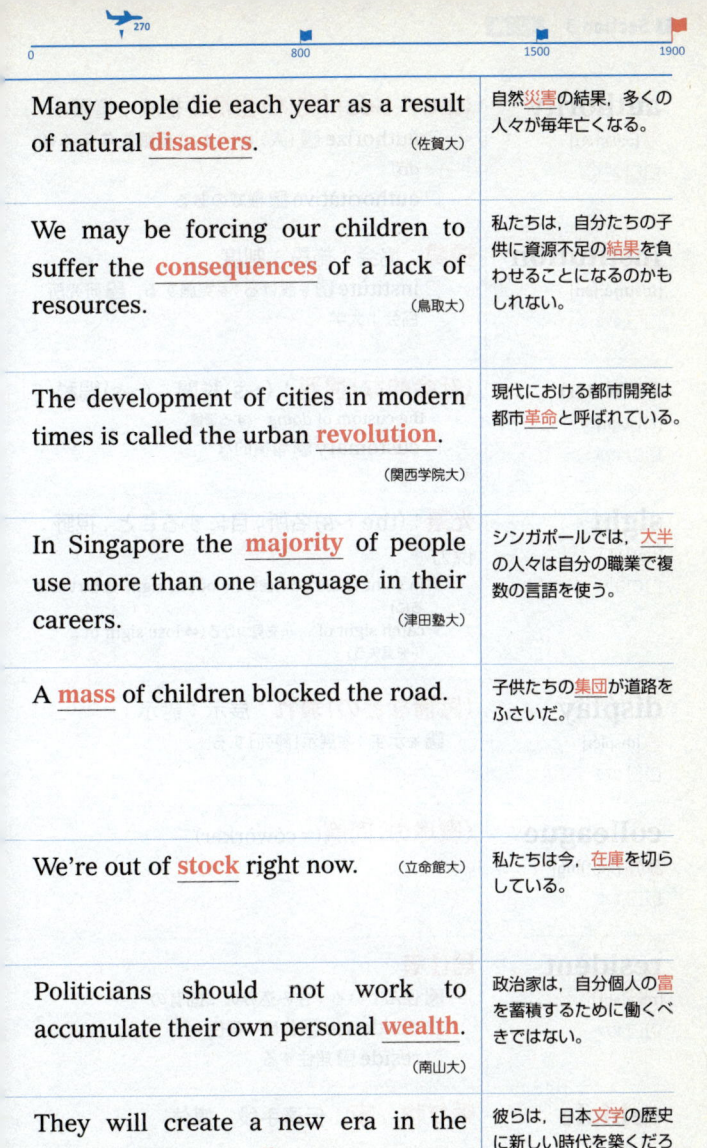

Many people die each year as a result of natural <u>disasters</u>. (佐賀大)	自然災害の結果，多くの人々が毎年亡くなる。
We may be forcing our children to suffer the <u>consequences</u> of a lack of resources. (鳥取大)	私たちは，自分たちの子供に資源不足の結果を負わせることになるのかもしれない。
The development of cities in modern times is called the urban <u>revolution</u>. (関西学院大)	現代における都市開発は都市革命と呼ばれている。
In Singapore the <u>majority</u> of people use more than one language in their careers. (津田塾大)	シンガポールでは，大半の人々は自分の職業で複数の言語を使う。
A <u>mass</u> of children blocked the road.	子供たちの集団が道路をふさいだ。
We're out of <u>stock</u> right now. (立命館大)	私たちは今，在庫を切らしている。
Politicians should not work to accumulate their own personal <u>wealth</u>. (南山大)	政治家は，自分個人の富を蓄積するために働くべきではない。
They will create a new era in the history of Japanese <u>literature</u>. (早稲田大)	彼らは，日本文学の歴史に新しい時代を築くだろう。

Section 3 名詞編

authority
[ə:θɔ́:rəti] 271
(the ~ties)(関係)当局；権威；権限
- áuthorìze 動 (人)に(~する)権限を与える(to do)
- authóritàtive 形 権威のある

institution
[ìnstɪtjú:ʃən] 272
機関；協会；施設；制度
- ínstitùte 動 を設ける；を実施する 名 研究所；協会；大学

custom
[kʌ́stəm] 273
(社会的な)慣習；(~s)税関；(~s)関税
▶ the custom of doing ~する習慣
- cústomàry 形 習慣的な

sight
[saɪt] 274
光景；(the ~s)名所；目にすること；視野；視力
▶ in sight 目に見える範囲に(⇔ out of sight 見えないところに)
▶ catch sight of ... …を見つける(⇔ lose sight of ... …を見失う)

display
[dɪspléɪ] 275
(感情などの)表れ；展示；誇示
動 を示す；を展示[陳列]する

colleague
[kɑ́(:)li:g] 276
(職場の)同僚(≒ cówòrker)

resident
[rézɪdənt] 277
居住者
形 住んでいる；住み込みの；固有の
- résidence 名 住居；居住
- resíde 動 居住する

vehicle
[ví:əkl] 278
乗り物, 車；伝達手段, 媒体

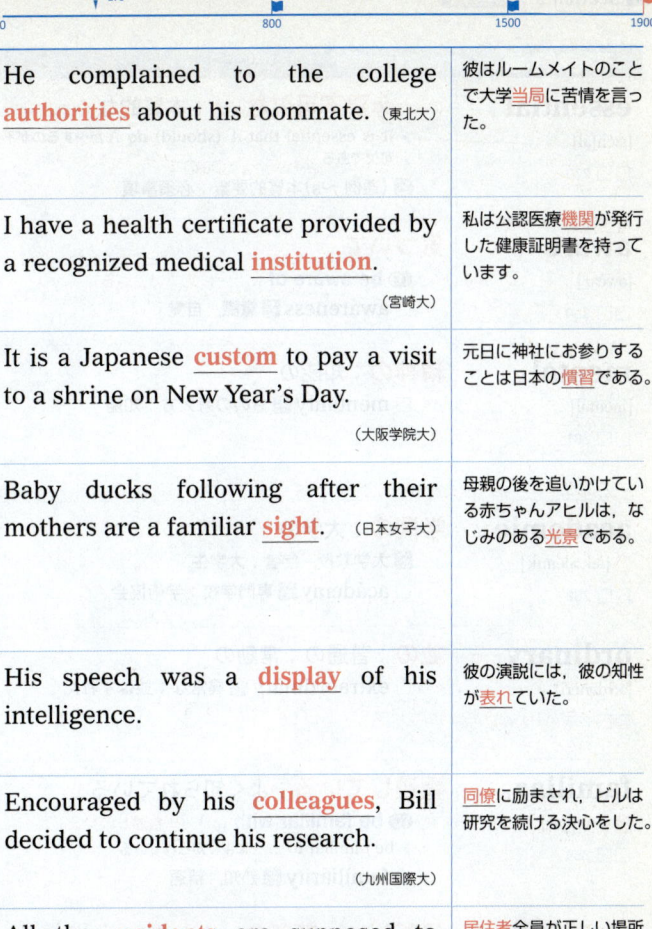

He complained to the college **authorities** about his roommate. (東北大)	彼はルームメイトのことで大学当局に苦情を言った。
I have a health certificate provided by a recognized medical **institution**. (宮崎大)	私は公認医療機関が発行した健康証明書を持っています。
It is a Japanese **custom** to pay a visit to a shrine on New Year's Day. (大阪学院大)	元日に神社にお参りすることは日本の慣習である。
Baby ducks following after their mothers are a familiar **sight**. (日本女子大)	母親の後を追いかけている赤ちゃんアヒルは、なじみのある光景である。
His speech was a **display** of his intelligence.	彼の演説には、彼の知性が表れていた。
Encouraged by his **colleagues**, Bill decided to continue his research. (九州国際大)	同僚に励まされ、ビルは研究を続ける決心をした。
All the **residents** are supposed to dispose of waste in the right place. (学習院大)	居住者全員が正しい場所にごみを捨てることになっている。
There will be no motor **vehicles** powered solely by gasoline engines. (青山学院大)	ガソリンエンジンだけで動く自動車はなくなるだろう。

Section 3 形容詞編

形容詞編

essential
[ɪsénʃəl]
279

(…に)**必要不可欠な**(to);本質的な
▶ It is essential that A (should) *do* Aが~するのが不可欠である
名 (通例 ~s)本質的要素;必須事項

aware
[əwéər]
280

気づいて
🆎 be aware of ... 「…に気づいている」
□ awáreness 名 意識, 自覚

mental
[méntəl]
281

精神の;知能の
□ mentálity 名 ものの考え方;知能

academic
[ækədémɪk]
282

学問の;大学の
名 大学教授, 学者;大学生
□ acádemy 名 専門学校;学術協会

ordinary
[ɔ́ːrdənèri]
283

並の;普通の;常勤の
□ extraórdinary 形 異常な;並はずれた

familiar
[fəmíljər]
284

精通している;よく知られている
🆎 be familiar with ... 「…に精通している」
▶ be familiar to ... …によく知られている
□ famìliárity 名 熟知, 精通

novel
[ná(ː)vəl]
285

目新しい, 斬新な
名 小説

specific
[spəsífɪk]
286

特定の;明確な, 具体的な;(…に)特有の(to)
名 (通例 ~s)詳細, 細部
□ specifically 副 特に;具体的には
□ spècificátion 名 詳述;(~s)仕様書;明細書

Educating young people properly is **essential** to the country's prosperity. (中央大)	若者を適切に教育することは国の繁栄にとって不可欠である。
I was not **aware** of her being a famous movie star. (中京大)	私は彼女が有名な映画スターであることに気づかなかった。
Many experts agree that we should pay as much attention to **mental** illnesses as to physical ones.	多くの専門家は，身体の病気と同様に精神的な病気にも注意を払った方がよいということで意見が一致している。
The **academic** tradition of universities is important for their survival. (千葉大)	大学の学問的伝統はその大学の存続にとって重要である。
Green cars will become inexpensive enough for **ordinary** people to buy. (電気通信大)	エコカーは一般の人が購入できるくらい安くなるだろう。
I'm not very **familiar** with the story of this opera. (同志社大)	私はこのオペラのストーリーにはあまり精通していない。
Children tend to comment on things that are **novel** or dramatic. (中央大)	子供は，新しいあるいは劇的なことに関して何か言う傾向にある。
The millionaire created the fund with the **specific** aim of helping poor children go to college.	その大富豪は，貧しい子供たちが大学へ行くことを手助けするという特定の目的を持つ基金を設立した。

91

Section 3 形容詞編

chemical
[kémɪkəl] 287

化学の, 化学的な
- 名 化学薬品[製品]；薬物, 麻薬
- □ chémistry 名 化学；化学的物質
- □ chémist 名 化学者；英 薬剤師

financial
[fənǽnʃəl] 288

財政(上)の；財界の
- ▶ have financial problems [difficulties] 財政問題を抱えている
- □ fináncially 副 財政的に(は)
- □ fínance 名 財政

active
[ǽktɪv] 289

活動的な；効力のある；積極的な
- □ actívity 名 活動；活発, 活気
- □ áctivàte 動 を活性化する
- □ act 動 行動する；演じる 名 行為；法令；(劇などの)幕
- □ áction 名 行為；働き；作用

negative
[négətɪv] 290

否定の(⇔ affírmative 肯定の)；消極的な
(⇔ pósitive 積極的な)；負の
- 名 否定的な言葉[答え・態度]

direct
[dərékt] 291

直接の(⇔ indiréct 間接の)；率直な
- 副 直接に；真っすぐに
- 動 を指揮[監督]する；に指図する；を向ける
- □ diréction 名 方向；方針；指示；監督
- ▶ in the direction of ... …の方向に
- □ diréctor 名 指導者；重役；監督

obvious
発 [á(:)bviəs] 292

明らかな(≒ clear)
- ▶ state the obvious わかりきったことを言う

current
ア [kə́:rənt] 293

現在の；現代の；通用している
- 名 流れ；風潮；電流
- □ cúrrently 副 現在(は)

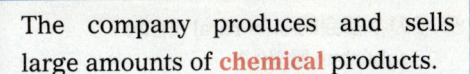

The company produces and sells large amounts of <u>chemical</u> products. (神奈川大)	その会社は大量の化学製品を生産し販売している。
Most painters and musicians could not survive without <u>financial</u> support. (西南学院大)	多くの画家や音楽家は財政的援助なくしてはやっていけないだろう。
Our brain is <u>active</u> even while we are asleep. (関西学院大)	私たちの脳は，私たちが眠っている間でさえも活動している。
When asked if they approved of the government, most people gave a <u>negative</u> answer.	政府に賛成かと尋ねると，多くの人が否定的な答えを出した。
The Neanderthal people are probably not <u>direct</u> ancestors of modern humans. (千葉大)	ネアンデルタール人はおそらく現代の人類の直接の先祖ではないだろう。
It was <u>obvious</u> from the beginning that such a contradictory plan would fail. (中央大)	そのような矛盾した計画が失敗することは最初から明らかだった。
These countries will be able to improve their <u>current</u> economic situation. (山口大)	これらの国々は現在の経済状況を改善することができるだろう。

Section 3 形容詞編 / 副詞編

urban
[ə́ːrbən] 294
都市の；都会的な(⇔ rúral 田舎の)
- subúrban 形 郊外の
- súburb 名 近郊, 郊外
- ùrbanizátion 名 都市化

副詞編

furthermore
[fə́ːrðərmɔ̀ːr] 295
さらに
▶ moreover, in addition, what is more と言い換えられる。

likewise
[láikwàiz] 296
同様に(≒ in the same way)

though
[ðou] 297
(文中, 文末で)けれど
▶ although にはこの副詞の用法はない。
接 (…は〜する)けれども(≒ althóugh)

nevertheless
[nèvərðəlés] 298
それにもかかわらず(≒ nònethelèss)

thereby
[ðèərbái] 299
それによって

hence
[hens] 300
それゆえに(≒ thérefòre)
▶ 後の文は動詞句が削除されて名詞句だけが現れることもある。

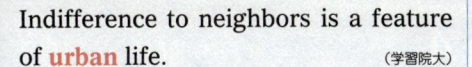

Indifference to neighbors is a feature of **urban** life. （学習院大）	隣人に対する無関心は都市生活の特徴である。
In summer in Japan, temperatures are high; **furthermore**, it's very humid.	日本の夏は気温が高い。その上、とても湿気がある。
Our partner university sends students to study with us and, **likewise**, we send students to study with them.	我々の提携大学は私たちとともに学ぶために学生を派遣し、同様に、我が校も彼らとともに学ぶため学生を派遣している。
That sounds like a good idea. Isn't it rather risky **though**?	それはいい考えのようだ。でもかなり危険ではないのか。
We had not expected to win, but **nevertheless** we were disappointed by our defeat.	我々は勝利を期待してはいなかったが、それでも敗北にはがっかりした。
We take skilled people from other countries and **thereby** increase their problems. （宮崎大）	他国から能力のある人々を連れてくると、それによってその国の問題を増加させてしまう。
Social factors such as gender and class affect how people perceive one another, and **hence** how they talk. （慶應義塾大）	性別や階級といった社会的要因は、人々が互いにどう理解するかに影響し、それゆえに、彼らがどう話すかに影響する。

Section 4 単語番号 301～400

Part 1 常に試験に出る基本単語800

動詞編

appreciate [əpríːʃièit] 301	**を正当に評価する**；を鑑賞する；を感謝する □ apprèciátion 名 評価；鑑賞；感謝；(価格などの)上昇
admit [ədmít] 302	**(を)認める**；に(…への)入場[入学など]を認める (to / into) □ admíssion 名 入場(許可)；入場料；容認；告白
predict [prɪdíkt] 303	**を予言[予測]する** □ predíction 名 予言，予測，予報
acquire [əkwáɪər] 304	**を得る**；を習得する □ àcquisítion 名 獲得，習得；買収 □ acquíred 形 後天的な
adopt [ədá(:)pt] 305	**を採用する**；(態度など)をとる；を養子にする ▶ A's adopted son [daughter] A の養子[養女] □ adóption 名 採用；養子縁組
purchase [pə́ːrtʃəs] 306	**を購入する** 名 購入；購入物 ▶ make a purchase 購入する
afford [əfɔ́ːrd] 307	**を持つ[する]余裕がある**；を与える ▶ 通例，can などとともに否定文・疑問文で用いる。 🆃🅶 **cannot afford to** *do*「～する余裕がない」 □ affórdable 形 手ごろな，安価な
consume [kənsúːm] 308	**を消費する**；を食べる，飲む □ consúmption 名 消費；消費量 □ consúmer 名 消費者

| ▶動詞編 p.96 | ▶形容詞編 p.114 |
| ▶名詞編 p.106 | ▶副詞・その他編 p.118 |

Van Gogh's genius as a painter was not truly **appreciated** until after his death.	ヴァン・ゴッホの画家としての才能は彼の死後まで真に評価されることはなかった。
They wanted him to **admit** he had stolen the bike. (大東文化大)	彼らは彼に自転車を盗んだことを認めてほしかった。
Doctors say they cannot **predict** when this influenza will appear again. (摂南大)	医者はいつこのインフルエンザが再び現れるか予測できないと言う。
I interviewed several people so that I could **acquire** the necessary information. (愛知大)	私は必要な情報を得ることができるように数人の人と面談した。
She has **adopted** the idea that money counts for everything. (東京電機大)	彼女は何事にも金が物を言うという考えを採用した。
I **purchased** this bike because I was attracted by its design. (立命館大)	私はデザインに引かれて，この自転車を購入した。
Japan cannot **afford** to fall behind other countries in the race to develop new technology. (上智大)	日本は新しい技術の開発競争で他国に後れをとる余裕はない。
People **consume** more convenience foods than ever before. (同志社大)	人々はかつてないほど多くのインスタント食品を消費している。

Section 4 動詞編

remove [rɪmúːv] 309
を取り除く;を解雇する
- □ remóval 名 除去;切除;解雇

suit [suːt] 310
に適する;に似合う;を適合させる
- ▶ be suited to [for] ... …に適している,向いている
- 名 スーツ;(民事)訴訟(= láwsùit)
- ▶ file a suit (against ...) (…に)訴訟を起こす
- □ súitable 形 (…に)適した(to / for)

expand [ɪkspǽnd] 311
(を)拡大する;(を)詳説する
- □ expánsion 名 拡大,拡張;詳述

extend [ɪksténd] 312
を伸ばす,延ばす;伸びる;及ぶ
- □ exténded 形 伸びた;拡大した
- ▶ an extended family 拡大家族(⇔ a nuclear family 核家族)
- □ exténtˊ 名 程度,範囲
- ▶ to some extent ある程度まで
- □ exténsion 名 延長,拡張;内線
- □ exténsive 形 広大な;広範囲にわたる

explore [ɪksplɔ́ːr] 313
(を)調査する;(を)探検する
- □ èxplorátion 名 探検;探究
- □ explórer 名 探検家;調査者

judge [dʒʌdʒ] 314
(を)判断する;に判決を下す
- ▶ judge A (to be) B A を B と判断する, 推定する
- ▶ judging from [by] ... …から判断すると
- 名 裁判官;審査員
- □ júdgment 名 判断;裁判;判決

demonstrate [démənstrèɪt] 315
を論証[証明]する;デモをする
- □ dèmonstrátion 名 実証;実演(説明);デモ

Doctors **removed** part of the tumor and treated the rest with radiation. （大阪府立大）	医者は腫瘍の一部を取り除き、残りを放射線で治療した。
People use objects in ways that **suit** their modern life styles. （早稲田大）	人々は現代の生活様式に適する方法で物を使用している。
Our company plans to **expand** business in Asia, in particular in China. （中央大）	我が社はアジア、特に中国で事業を拡大する計画である。
The company has decided not to **extend** regular business hours. （長崎大）	その会社は通常の勤務時間を延長しないことに決定した。
The first step to dealing with stress is **exploring** your situation. （早稲田大）	ストレスに対処する第一段階は自分の状況を調査することである。
Like it or not, you will be **judged** by your personal appearance. （立命館大）	好むと好まざるとにかかわらず、あなたは自身の外見で判断されるだろう。
He **demonstrated** that reading is as much fun as talking. （愛知教育大）	彼は読書がおしゃべりと同じくらいとても楽しいことを証明した。

Section 4 動詞編

insist
[ɪnsíst] 316

(を)**強く主張する**
- insist on [upon] ... 「…を強く主張する」
- ▶ insist that A (should) do A が~するように強要する
- □ insístence 图 主張；強要
- □ insístent 形 強く言い張る；しつこい

appeal
[əpíːl] 317

訴える；抗議する；上訴する
- appeal to ... 「…に訴える」
- 图 訴え，懇願；上訴
- □ appéaling 形 魅力的な
- □ appéllate 形 上訴の

convince
[kənvíns] 318

を納得[確信]させる
- convince A that ... 「A に…と確信させる」
- ▶ convince A to do A に~するよう納得させる
- □ convíncing 形 納得のいく

settle
[sétl] 319

を解決する；(に)移り住む
- ▶ be settled (in ...) (…に)落ち着く，居を定める (≒ settle oneself)
- ▶ settle down 落ち着く，静まる；身を固める
- ▶ settle down to do 腰を据えて~することに取り掛かる
- □ séttlement 图 解決；合意；入植(地)

aid
[eɪd] 320

を援助する，助ける
- 图 援助；助手；補助器具

educate
[édʒəkèɪt] 321

を教育する；に教える；(能力など)を養う
- ▶ educate A to do A に~するように教える
- □ èducátion 图 教育；教養

engage
[ɪngéɪdʒ] 322

を従事させる；を(…として)雇う (as)；(…に)従事する (in / with)
- engage A in [on] B 「A を B に従事させる」
- □ engágement 图 婚約；取り決め；雇用(期間)
- □ engáged 形 従事して；婚約して

China is the largest country in the world to **insist** on a single time zone. (山形大)	中国は，単一の時間帯を<u>主張する</u>世界で最も大きな国である。
Nowadays many films try to **appeal** to audiences of all ages. (東京工業大)	今日では多くの映画があらゆる年齢の観客に<u>訴える</u>よう努力している。
He is **convinced** that robots will replace personal computers. (神奈川大)	彼はロボットがパソコンに取って代わると<u>確信している</u>。
How useful is it in our personal lives to **settle** differences by arguing? (お茶の水女子大)	議論によって相違点を<u>解決する</u>ことは，私たちの私生活においてどれほど有用なのか。
These devices are designed to **aid** communication. (甲南大)	これらの装置は情報伝達を<u>助ける</u>ように設計されている。
It costs a fortune to **educate** children properly.	子供を適切に<u>教育する</u>には大金がかかる。
He managed to **engage** his son in construction work.	彼はなんとか息子を建設作業に<u>従事させた</u>。

Section 4 動詞編

combine
[kəmbáin]
323

を結び付ける；(…と)結び付く(with)
□ còmbinátion 名 結合, 組み合わせ

organize
[ɔ́ːrɡənàɪz]
324

を組織する；を準備する
□ òrganizátion 名 組織；構成

operate
[á(ː)pərèɪt]
325

を操作する；機能する；手術する
□ òperátion 名 活動；操作；手術

recall
[rɪkɔ́ːl]
326

を思い出す；を呼び戻す
名 記憶(力)；想起；召還；リコール

rely
[rɪláɪ]
327

頼る (≒ depend)
🔵 rely on [upon] ... 「…に頼る」
□ relíance 名 頼ること, 依存
□ relíable 形 信頼できる, 頼りになる

amaze
[əméɪz]
328

をびっくりさせる
▶ be amazed at [by] ... …にとても驚く
□ amázing 形 驚くべき

confuse
[kənfjúːz]
329

を混同する；を当惑させる
🔵 confuse A with B 「AをBと混同する」
□ confúsion 名 混乱；混同；当惑
□ confúsed 形 当惑した；混乱した
□ confúsing 形 混乱させるような, 紛らわしい

blame
[bleɪm]
330

を責める；の責任を負わせる
🔵 blame A for B 「AをBのことで責める」
▶ be to blame 責任がある
▶ blame A on B Aの責任をBに負わせる

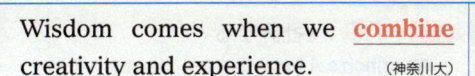

Wisdom comes when we **combine** creativity and experience. (神奈川大)	英知とは創造性と経験を結び付けたときに生じるものだ。
A good company can **organize** all of its workers well to deal with a serious problem. (神戸大)	すぐれた企業は深刻な問題に対処するために、社員全体をうまく組織することができる。
As a young man he had learned how to **operate** a crane.	若いころに、彼はクレーンを動かす方法を学んだ。
Most people cannot **recall** anything that happened before the age of two. (早稲田大)	ほとんどの人は2歳になる前に起きたことを何も思い出すことができない。
A real friend is someone that you can **rely** on in times of need. (中央大)	真の友人とは、まさかの時に頼れる人である。
I was **amazed** to learn that the little child knows what NGO means. (名古屋外国語大)	その幼い子がNGOが何を意味するかを知っているとわかってひどく驚いた。
Do not **confuse** being close to power with actually having power. (明治大)	権力の近くにいるということを実際に権力を持っていることと混同してはならない。
There is no point **blaming** them for this accident. (奈良女子大)	この事故のことで彼らを責めても仕方がない。

Section 4 動詞編

criticize
[krítəsàɪz] 331

を**批判する**;を批評する
- **criticize A for B**「AをBのことで批判[非難]する」
- críticism 名 批評, 批判
- crític 名 批評家;批判者
- crítical 形 批判的な;決定的な

behave
[bɪhéɪv] 332

振る舞う;作用する
- behave *oneself* (子供が)行儀よくする
- behávior 名 行動;作用;作動
- behávioral 形 行動の

encounter
[ɪnkáʊntər] 333

に遭遇する;に(思いがけず)出会う
名 遭遇, (偶然の)出会い

select
[səlékt] 334

を選ぶ, 精選する
形 選抜された;えり抜きの
- seléction 名 選抜;選ばれた物[人];精選品
- natural selection 自然淘汰

flow
[floʊ] 335

流れる;(…から)生じる(from)
- flow は規則動詞。「飛ぶ」の fly - flew - flown と区別。
名 流れ, 循環;よどみない動き

evolve
[ɪvá(:)lv] 336

(徐々に)発展する;進化する
- èvolútion 名 進化;発展;展開

freeze
[fri:z] 337

凍る;態度を硬くする;を凍らせる
- 活用:freeze - froze - frozen
名 (資産などの)凍結, 据え置き
- fréezing 形 凍るように寒い 名 凍結, 冷凍

release
[rɪlí:s] 338

を放出する;を解放する;を発表する
名 放出;解放;発表

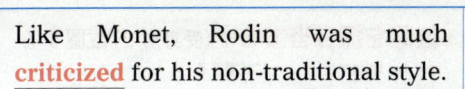

Like Monet, Rodin was much **criticized** for his non-traditional style. (学習院大)	モネと同様にロダンは彼の非伝統的スタイルのために大いに批判された。
Students learn and **behave** best in a structured atmosphere. (北里大)	学生たちは組織化された環境の中で最もよく学習し行動する。
Many writers **encounter** difficulty in finding a subject to write about. (駒澤大)	多くの作家は書くべき主題を見つけることの難しさに遭遇する。
What is it like being **selected** for the national volleyball team? (学習院大)	バレーボールのナショナルチームの一員に選ばれるというのはどんなものですか。
Some people argue that wealth **flows** naturally to the poorest countries through the global economy. (埼玉大)	富はグローバル経済を通して最も貧しい国々に自然に流れると言う人たちもいる。
The early Indo-European languages later **evolved** into many other languages, such as Greek and Latin. (名古屋学院大)	初期のインド・ヨーロッパ語族は後にギリシャ語やラテン語のような多くのほかの言語に発展した。
Water usually **freezes** at about 0 degrees. (松山大)	水は普通、約0度で凍る。
Most experts agree that we are **releasing** too much carbon into the atmosphere.	ほとんどの専門家は、私たちが大気中に過剰な炭素を放出しているということを認めている。

Section 4 動詞編 名詞編

locate
[lóukeɪt] 339
の位置を探し当てる；(受身形で)位置する
▶ be located in ... …に位置する
□ locátion 名 位置, 場所

advertise
[ǽdvərtàɪz] 340
を宣伝する；(…を求める)広告を出す(for)
□ àdvertísement 名 広告
□ ádvertìsing 名 (集合的に)広告

名詞編

imagination
[ɪmædʒɪnéɪʃən] 341
想像(力)
□ imágine 動 を想像する；と思う, 推察する
□ imáginàry 形 想像上の, 架空の
□ imáginative 形 想像力に富んだ
□ imáginable 形 想像できる

perspective
[pərspéktɪv] 342
観点；大局観；遠近法
▶ get the situation in perspective 状況を大局的にとらえる

confidence
[kά(:)nfɪdəns] 343
自信；信頼；秘密
□ confíde 動 を打ち明ける；信頼する
□ cònfidéntial 形 秘密の；打ち解けた
□ cónfident 形 確信して；自信に満ちた

achievement
[ətʃíːvmənt] 344
業績；達成, 成就
□ achíeve 動 を達成する；を成就する

reward
[rɪwɔ́ːrd] 345
報酬；報い
動 に報いる, 返報する
□ rewárding 形 満足が得られる, 報われる

corporation
[kɔ̀ːrpəréɪʃən] 346
(大)企業；法人
□ córporate 形 法人の；会社の；共同の

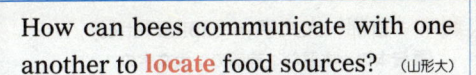

How can bees communicate with one another to <u>locate</u> food sources? （山形大）	ハチはどうやって互いに情報伝達を行い，食料源の位置を探し当てられるのか。
It is no longer permitted to <u>advertise</u> cigarettes on television. （中央大）	タバコをテレビで宣伝することは，もはや許可されていない。
The only way to solve new problems is to use our <u>imagination</u>.	新たな問題を解決する唯一の方法は，我々の想像力を使うことだ。
In a historical <u>perspective</u>, human beings have lived without large cities most of the time. （関西学院大）	歴史的観点から見ると，人間はほとんどの間大きな都市を持たずに暮らしてきた。
It is very important to have <u>confidence</u> when talking in public. （上智大）	人前で話すときに自信を持つことは，とても重要である。
The press described Einstein's theories as the greatest <u>achievement</u> in history. （東京薬科大）	マスコミはアインシュタインの理論は歴史上最も偉大な業績と述べた。
Being skillful in a second or third language often brings financial <u>rewards</u>. （津田塾大）	第2もしくは第3言語に堪能であると，しばしば金銭的報酬を得られる。
The success of a <u>corporation</u> lies in its ability to make effective use of its assets. （慶應義塾大）	企業の成功はその資産を有効に使う能力にかかっている。

Section 4 名詞編

capital
[kǽpətəl] 347

資本；首都；大文字（= capital letter）
形 資本の；主要な；首都の；大文字の
▶ capital punishment 死刑（≒ death penalty）
□ cápitalism 名 資本主義
□ cápitalist 形 資本主義の 名 資本主義者；資本家

client
発 [kláɪənt] 348

顧客（≒ cústomer）；（弁護士などの）依頼人

crisis
[kráɪsɪs] 349

危機
▶ 複数形は crises [kráɪsiːz]。
▶ crisis management 危機管理
□ crítical 形 危機的な；決定的な

harm
[hɑːrm] 350

害
TG **cause [do] harm (to ...)** 「（…の）害になる」
動 を傷つける；を損なう
□ hármful 形 有害な（⇔ hármless 無害な）

victim
[víktɪm] 351

犠牲(者)，被害者
▶ fall victim to ... …の犠牲[えじき]になる
□ víctimize 動 を犠牲にする

option
[á(ː)pʃən] 352

選択(の自由)；選択肢
□ opt 動 （〜する方を）選ぶ，決める（to do）

campaign
発 [kæmpéɪn] 353

運動；軍事行動
▶ 社会的・政治的・商業的な運動。特に選挙運動を指すことが多い。
▶ an advertising campaign 広告キャンペーン
動 （社会的・政治的な）運動をする

court
[kɔːrt] 354

裁判所，法廷；裁判；宮廷；中庭
▶ go to court 裁判に訴える

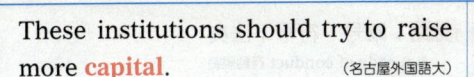

These institutions should try to raise more <u>capital</u>. （名古屋外国語大）	これらの機関はもっと多くの資本を募る努力をすべきだ。
Telecommuters keep in touch with <u>clients</u> through e-mail and phone calls. （明海大）	在宅勤務者はEメールや電話を通して顧客と連絡を取る。
Our company survived the <u>crisis</u> that hit the economy last year. （名城大）	我が社は昨年の経済を直撃した危機を乗り越えた。
Athletes should not take drugs that can cause serious <u>harm</u>. （千葉工業大）	運動選手は深刻な害を引き起こしかねない薬物を使用してはならない。
At the meeting, the experts talked about ways to help <u>victims</u> of crime. （東京都市大）	会議で、専門家たちは犯罪被害者を助ける方法について話し合った。
You have the <u>option</u> of accepting early retirement if you like.	あなたがよいなら、早期退職を受け入れるという選択もある。
The goal of the <u>campaign</u> was increasing awareness of the benefits of quitting smoking. （関西大）	その運動の目的は、禁煙のメリットに対する意識を高めることだった。
On the day of the trial, the <u>court</u> was full of curious spectators.	公判の日、裁判所は好奇心の強い傍聴人でいっぱいだった。

Section 4 名詞編

code
[koʊd] 355

規範；暗号，符号；法典
▶ a code of conduct 行動規範
動 を暗号にする；を法典化する
□ encóde 動 を暗号化する

criminal
[krímɪnəl] 356

犯罪者，犯人
形 犯罪の；罪になる
□ crime 名 (法律上の)罪，犯罪
▶ commit a crime 罪を犯す
▶ 宗教・道徳上の罪は sin と言い，その罪人は sinner.

agriculture
[ǽgrɪkʌ̀ltʃər] 357

農業；農学，畜産
□ àgricúltural 形 農業の；農学の

religion
[rɪlídʒən] 358

宗教；信条；信仰(心)
▶ practice one's religion 宗教の教えを実践する
□ relígious 形 宗教の；敬虔な

philosophy
[fəlá(:)səfi] 359

哲学；原理；人生観
□ phìlosóphical 形 哲学(者)の
□ philósopher 名 哲学者

conference
[ká(:)nfərəns] 360

会議；協議
▶ a press conference 記者会見
□ confer [kənfə́:r] 動 相談する；協議する；を(…に)授与する(on)

document
[dá(:)kjumənt] 361

(公)文書；記録，資料
動 を記録する；を(証拠書類で)立証する
□ dòcumentátion 名 証拠書類(提出)；文書による裏付け

statistics
[stətístɪks] 362

統計；統計学
▶「統計」の意味では複数扱い，「統計学」の意味では不可算。
□ statístical 形 統計(上)の；統計学(上)の

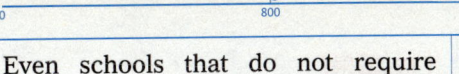

Even schools that do not require uniforms generally have a dress **code**. （関西学院大）	制服を義務付けていない学校でさえ一般に服装規定がある。
The charity helps **criminals** learn useful skills while they are in prison.	その慈善団体は犯罪者が刑務所に入っている間に，役に立つ技術を学ぶ手助けをしている。
All of the land that is suitable for **agriculture** is in use. （慶應義塾大）	農業に適した土地のすべてが使われている。
Some **religions** do not allow their followers to eat meat. （中部大）	信者が肉を食べることを許さない宗教もある。
Philosophy does not offer definite answers to all of life's great questions. （慶應義塾大）	哲学は人生の大きな疑問のすべてに対して明確な答えを与えるわけではない。
He will represent Japan at the international **conference**. （東京女子大）	彼はその国際会議に日本代表として出席する予定だ。
Long ago the role of the library was to store important **documents**. （公立はこだて未来大）	昔，図書館の役割は重要な文書を保管することだった。
Sometimes **statistics** can make trivial findings seem important. （関西学院大）	時々，統計は取るに足らない成果を重要であるように見せることがある。

111

Section 4 名詞編

analysis
[ənǽləsɪs] 363

分析(結果)
- 複数形は analyses [ənǽləsìːz]。
- in the final [last] analysis 結局
- □ ánalỳze 動 を分析する
- □ ánalyst 名 分析家；アナリスト

hypothesis
[haɪpɑ́(ː)θəsɪs] 364

仮説；憶測
- 複数形は hypotheses [haɪpɑ́(ː)θəsìːz]。
- □ hỳpothétical 形 仮定の

notion
[nóʊʃən] 365

概念, 観念；見解；意向
- have a notion that ... …という考えを持っている

stereotype
[stériətàɪp] 366

固定観念；決まり文句
- 動 を型にはめる, 固定観念で見る
- □ stèreotýpical 形 定型化した(≒ stéreotỳped)

review
[rɪvjúː] 367

(書物などの)論評；再調査；復習
- 動 を論評する；を見直す；を復習する
- □ revíewer 名 評論家, 批評家

vocabulary
[voʊkǽbjʊlèri] 368

語彙

organ
[ɔ́ːrɡən] 369

臓器；組織
- □ orgánic 形 有機体の；有機栽培による；臓器の
- □ órganism 名 有機体, 生物；有機的組織体

gender
[dʒéndər] 370

(社会的・文化的)性別
- gender role 性別役割
- gender discrimination 性差別

fossil
[fɑ́(ː)səl] 371

化石；時代遅れの人[物]
- 形 化石の
- fossil fuel 化石燃料

The assessment is based on an **analysis** of trends between 1990 and 2010. (山口大)	この評価は1990年から2010年の間の傾向の分析に基づいている。
The use of the **hypothesis** is common in scientific investigation. (慶應義塾大)	科学的調査において仮説を用いることはよくある。
Sometimes science turns up **notions** that are stranger than any science fiction. (東京大)	時として科学はどんなSFよりも奇妙な概念を発見することがある。
We hold extraordinarily negative **stereotypes** of aging. (法政大)	私たちは年を取ることに関し,非常に否定的な固定観念を持っている。
I don't think your **review** does justice to this film. (西南学院大)	あなたの論評はこの映画を正当に評価していないと思う。
By eighteen months most children have an active **vocabulary** of around 250 words. (学習院大)	生後18か月までには,ほとんどの子供は250語ほどの表現語彙を持っている。
People sometimes have to wait years for an **organ** transplant.	人々は時に臓器移植のために何年も待たなければならない。
Many government forms still require us to write down our **gender** when we fill them out. (早稲田大)	役所の書類の多くは記入するとき,いまだに性別を書くことを必須としている。
The **fossils** of prehistoric mammals were found in various states in the US. (同志社大)	アメリカのさまざまな州で先史時代の哺乳動物の化石が見つかった。

Section 4 名詞編 形容詞編

glacier
[gléɪʃər] 372

氷河
- glácial 形 氷河(期)の

laboratory
[lǽbərətɔ̀ːri] 373

実験室，研究室
▶ 口語では lab [læb] と略す。

virus
[váɪərəs] 374

ウイルス；(感染症の)病原体
- víral 形 ウイルスの[による]

occasion
[əkéɪʒən] 375

場合，時；行事；機会
▶ on occasion(s) 時々，折にふれて
- occásional 形 時折の；臨時の
- occásionally 副 時々

minister
[mínɪstər] 376

大臣；(プロテスタント系の)聖職者
TG the prime minister「総理大臣」
▶ カトリック系およびキリスト教以外の聖職者は priest，英国国教会では vicar。
- mínistry 名 省

presence
[prézəns] 377

存在；出席；面前
▶ A's presence A の存在(≒ the presence of A)
- présent 形 存在している；出席している；現在の

substance
[sʌ́bstəns] 378

物質；実質；趣旨
- substántial 形 実質的な；(数量が)かなりの

形容詞編

creative
[kri(ː)éɪtɪv] 379

創造的な，独創的な；創造力のある
- crèatívity 名 創造性[力]
- creáte 動 を創造する；を生み出す
- creature [kríːtʃər] 名 生物

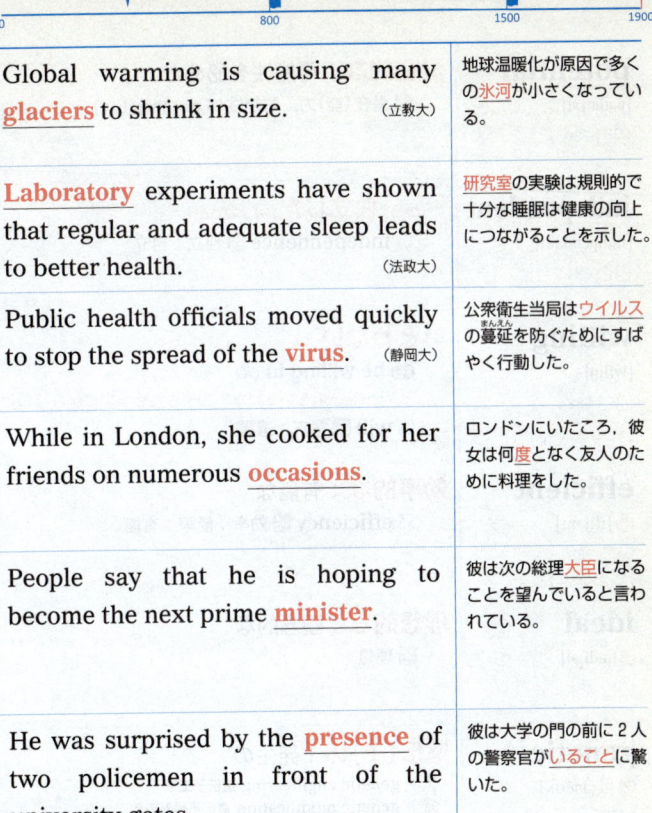

Global warming is causing many **glaciers** to shrink in size. （立教大）	地球温暖化が原因で多くの氷河が小さくなっている。
Laboratory experiments have shown that regular and adequate sleep leads to better health. （法政大）	研究室の実験は規則的で十分な睡眠は健康の向上につながることを示した。
Public health officials moved quickly to stop the spread of the **virus**. （静岡大）	公衆衛生当局はウイルスの蔓延を防ぐためにすばやく行動した。
While in London, she cooked for her friends on numerous **occasions**.	ロンドンにいたころ、彼女は何度となく友人のために料理をした。
People say that he is hoping to become the next prime **minister**.	彼は次の総理大臣になることを望んでいると言われている。
He was surprised by the **presence** of two policemen in front of the university gates.	彼は大学の門の前に2人の警察官がいることに驚いた。
Diamonds are the hardest of all **substances**. （南山大）	ダイアモンドはあらゆる物質の中で最も硬い。
Physics is far more **creative** than people generally recognize. （専修大）	物理学は人々が一般的に認識しているよりもずっと創造的である。

1 Section 4 形容詞編

potential [pəténʃəl] 380
潜在的な；可能性を秘めた
- 名 潜在(能)力，可能性(≒ potèntiálity)

independent [ìndɪpéndənt] 381
(…から)独立した(of / from)
- □ ìndepéndence 名 独立；自立

willing [wɪ́lɪŋ] 382
いとわない
- 熟 **be willing to** *do*
  「〜するのをいとわない，〜してもかまわない」
- □ will 名 意志；遺言

efficient [ɪfɪ́ʃənt] 383
効率的な；有能な
- □ efficiency 名 効率；能率；有能

ideal [aɪdíːəl] 384
理想的な；観念的な
- 名 理想

genetic [dʒənétɪk] 385
遺伝(子)の；発生の
- ▶ genetic engineering 遺伝子工学
- ▶ genetic modification 遺伝子組み換え
- □ genétics 名 遺伝学；遺伝的特徴

entire [ɪntáɪər] 386
全体の，全部の(≒ whole)；完全な
- □ entírely 副 全く，完全に

relative [rélətɪv] 387
相対的な(⇔ ábsolùte 絶対的な)；比較上の；(…と)関連した(to)
- ▶ relative to … …に関して；…のわりに
- 名 親類(≒ relátion)
- □ rélatively 副 比較的

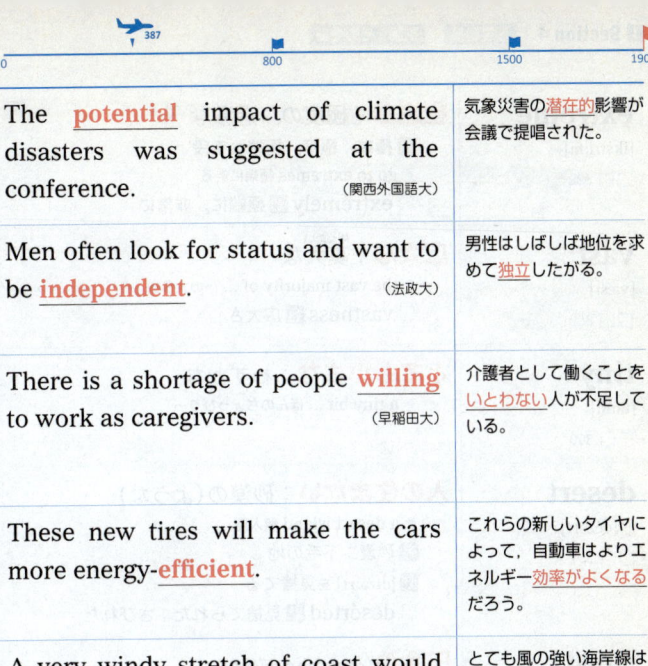

The **potential** impact of climate disasters was suggested at the conference. （関西外国語大）	気象災害の潜在的影響が会議で提唱された。
Men often look for status and want to be **independent**. （法政大）	男性はしばしば地位を求めて独立したがる。
There is a shortage of people **willing** to work as caregivers. （早稲田大）	介護者として働くことをいとわない人が不足している。
These new tires will make the cars more energy-**efficient**.	これらの新しいタイヤによって，自動車はよりエネルギー効率がよくなるだろう。
A very windy stretch of coast would be **ideal** for a wind turbine. （香川大）	とても風の強い海岸線は風力タービンには理想的であろう。
Some people say that willpower can't change our **genetic** makeup. （青山学院大）	意志の力は私たちの遺伝子構造を変えることができないと言う人もいる。
The **entire** scene was broadcast for only ten seconds. （青山学院大）	その全場面は10秒間しか放送されなかった。
The **relative** status of children and adults has changed dramatically. （旭川医科大）	子供と大人の相対的な地位は劇的に変化してきた。

Section 4 形容詞編 副詞・その他編

extreme
[ɪkstríːm]
388

極端な；極度の，過激な
- 名 極端；極度，極端な手段
- ▶ go to extremes 極端に走る
- □ extrémely 副 極端に，非常に

vast
[væst]
389

広大な；莫大な
- ▶ the vast majority of ... …の大多数
- □ vástness 名 広大さ

tiny
[táɪni]
390

とても小さな；わずかな
- ▶ a tiny bit ... ほんのちょっぴり…

desert
発 [dézərt]
391

人の住まない；砂漠の（ような）
- ▶ a desert island 無人島
- 名 砂漠；不毛の地
- 動 [dɪzə́ːrt] を見捨てる
- □ desérted 形 見捨てられた；さびれた

rural
[rúərəl]
392

田舎の（⇔ úrban 都会の）
- ▶ rural area 田園地帯，農村地域
- □ rústic 形 田舎の；素朴な

previous
発 [príːviəs]
393

以前の，前の
- ▶ a previous appointment [engagement] 先約
- □ préviously 副 以前に，前に

legal
[líːɡəl]
394

法律の；合法の（⇔ illégal 違法の）
- □ legálity 名 適法，合法性
- □ lègislátion 名 （集合的に）法律；立法

副詞・その他編

nowadays
[náʊədèɪz]
395

近ごろは（≒ these days, todáy）
- ▶ nowadays, these days, today は通例，現在形の動詞とともに用いられる。

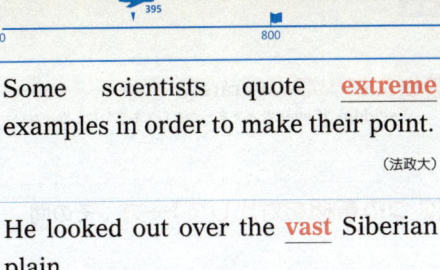

Some scientists quote **extreme** examples in order to make their point. (法政大)	自分の主張を通すために,極端な例を引用する科学者もいる。
He looked out over the **vast** Siberian plain.	彼は広大なシベリアの平原を見渡した。
Often only a **tiny** difference separates winners and losers. (九州国際大)	しばしばほんの小さな相違が勝者と敗者を分ける。
Even alone on a **desert** island, one is always responsible for one's actions. (慶應義塾大)	無人島でたった1人でも,人は常に自分の行動に責任がある。
Cycling is the most popular means of transportation in **rural** Africa. (東京工業大)	自転車はアフリカの田舎では最も親しまれている交通手段である。
The Internet has made people today much more informed than **previous** generations. (公立はこだて未来大)	インターネットのおかげで,今日の人々は前の世代の人々よりもずっと多くの情報を得られるようになった。
We need to rethink the **legal** criteria by which innocence and guilt are determined. (慶應義塾大)	私たちは無罪か有罪かを決める法的基準を再考する必要がある。
Children **nowadays** are not allowed to experience danger. (早稲田大)	今日,子供たちは危険を経験することを許されていない。

Section 4 副詞・その他編

seldom [séldəm] 396
めったに…ない (≒ rárely)
▶ seldom, if ever たとえあったとしてもまれにしか…ない

meanwhile [míːnhwàil] 397
(2つの事柄を対比して)一方；その間

latter [lǽtər] 398
(the ~)(二者のうちの)後者 (⇔ the former 前者)
▶ 受ける名詞が単数なら単数扱い，複数なら複数扱い。
形 後者の(⇔ fórmer 前者の)；後半の

versus [və́ːrsəs] 399
(A versus B で) A 対 B；A か B か
▶ vs. または v. と略される。

all [ɔːl] 400
すべて(のもの)；全く
▶ They are all happy. 彼らはみんな幸せだ。(≒ All of them are happy.)

機関を表す略語(2)：米国
CIA　the Central Intelligence Agency　中央情報局
FBI　the Federal Bureau of Investigation　連邦捜査局

Lincoln **seldom** offered precise historical detail in his speeches. (同志社大)	リンカーンは自分の演説でめったに正確な歴史的詳細を述べなかった。
The Earth's own natural resources are slowly reducing year by year; **meanwhile**, the population is growing. (大阪電気通信大)	地球自体の天然資源は、年々ゆっくりと減少しているが、一方、人口は増えている。
Water is not the same as "mizu" because the former can refer to hot or cold water, unlike the **latter**. (センター試験)	英語の「water」は日本語の「水」と同じではない、というのも前者は後者と異なり温水、冷水のどちらも指す可能性があるからである。
They discussed the merits of commuting by bicycle **versus** those of commuting by car.	彼らは自転車通勤の利点対車による通勤の利点について議論した。
That's **all** I had to say. (青山学院大)	それが私が言わなければならなかったすべてである。(＝私が言いたかったのは以上だ。)

FDA	the Food and Drug Administration	食品医薬品局
FRB	the Federal Reserve Board	連邦準備制度理事会
NSC	the National Security Council	国家安全保障会議

Part 1 常に試験に出る基本単語 800
Section 5

単語番号 401 〜 500

動詞編

perceive
[pərsíːv]
401

を知覚する
- perceive A as [to be] B AをBと理解する，わかる
- ☐ percéption 名 知覚，認識

expect
[ikspékt]
402

を予期する；を期待する
- expect A to do Aが〜すると思う
- ☐ èxpectátion 名 期待；予想；見込み

intend
[inténd]
403

を意図する
- 🆃🅲 intend to do 「〜するつもりである」
- intend A to do Aに〜させるつもりである
- ☐ inténtion 名 意図，意向
- ☐ inténtional 形 意図的な

request
[rikwést]
404

を要請する；に(〜するように)頼む(to do)
- request that A (should) do Aが〜するように要請する[頼む]
- 名 要請，懇願；頼み事
- at A's request Aの依頼により(≒ at the request of A)

remind
[rimáind]
405

に思い出させる
- 🆃🅲 remind A of B 「AにBを思い出させる」
- remind A that ... Aに…ということを気づかせる
- ☐ remínder 名 思い出させるもの

inspire
[inspáiər]
406

(人)を触発する；を喚起する
- 🆃🅲 inspire A to do
「〜するようAを触発する[奮起させる]」
- ☐ inspíred 形 霊感を受けた(ような)
- ☐ ìnspirátion 名 創造的刺激(となるもの)

fascinate
発 [fǽsinèit]
407

を魅了する
- ☐ fàscinátion 名 魅力；魅了

▶動詞編 p.122　▶形容詞編 p.140
▶名詞編 p.132

What we <u>perceive</u> is not exactly equal to what we receive from our senses. (専修大)	私たちが<u>知覚する</u>ものは，私たちが五感から受け取るものと完全に等しいわけではない。
A natural disaster often occurs when you least <u>expect</u> it. (立命館大)	自然災害は，しばしば最も<u>予期し</u>ないときに起こる。
I have no idea what Mary <u>intends</u> to do. (甲南大)	メアリーが何を<u>するつもり</u>か私には見当もつかない。
He strongly <u>requested</u> an increase in salary. (國學院大)	彼は昇給を強く<u>要請した</u>。
Whenever I hear that song, it <u>reminds</u> me of the days when I was young. (摂南大)	その歌は，聞くたびに，私が若かった日々を<u>思い出させる</u>。
The actions of volunteers can <u>inspire</u> people to help others. (埼玉大)	ボランティアの行動は，他人を助けるように人々を<u>触発する</u>可能性がある。
There was scarcely anything she did that did not <u>fascinate</u> me. (関西外国語大)	彼女がすることで私を<u>魅了し</u>ないものはほとんどなかった。

Section 5 動詞編

emphasize
[émfəsàiz] 408
を強調する；を重視する
- émphasis 图 強調, 重視
- ▶ put [place, lay] emphasis on ... …に重点を置く

recommend
[rèkəménd] 409
を勧める
- **recommend that A (should) do**
  「Aが～するように勧める」
- rècommendátion 图 勧告；推奨, 推薦

propose
[prəpóuz] 410
を提案する；をもくろむ；結婚を申し込む
- **propose that A (should) do**
  「Aが～するように提案する」
- propósal 图 提案, 提議
- pròposítion 图 主張；提案；命題

distinguish
[dɪstíŋgwɪʃ] 411
を区別する
- **distinguish A from B**
  「AをBと区別する, 見分ける」
- ▶ distinguish between A and B AとBとを区別する, AとBとの違いを認める

complicate
[ká(ː)mpləkèit] 412
を複雑にする
- cómplicated 形 複雑な
- còmplicátion 图 複雑にする要因；紛糾

transform
[trænsfɔ́ːrm] 413
を変える；変わる
- **transform A into [to] B**「AをBに変える」
- trànsformátion 图 変化, 変質

credit
[krédət] 414
(功績など)を(…に)帰する(to)；を信じる
- **credit A to B**「A(の功績)をBのおかげと思う」
- ▶ credit B with A と言い換えられる。
- 图 評判；功績；信用；貸付金

reserve
[rɪzə́ːrv] 415
(判断など)を保留する；を予約する；を取っておく
- 图 蓄え；遠慮；保護区
- resérved 形 遠慮した；予約した
- rèservátion 图 予約；遠慮

To **emphasize** your own inferiority is polite in Japanese. （北海学園大）	自分が劣っていることを強調することは日本語では礼儀にかなっている。
The doctor **recommended** she do more exercise every day. （日本大）	医師は彼女に毎日もっと運動するように勧めた。
The professor **proposed** that the student be given a scholarship. （青山学院大）	教授はその学生に奨学金が与えられるように提案した。
At first glance, it is hard to **distinguish** sugar from salt. （東京経済大）	ちょっと見たところでは砂糖を塩と区別するのは難しい。
There are many different factors that **complicate** this system. （千葉大）	このシステムを複雑にする多くの異なる要因が存在する。
Designers **transform** raw material into a visually appealing product. （早稲田大）	デザイナーは素材を視覚に訴える製品に変える。
Dmitry Mendeleev **credited** his discovery of the periodic table to a dream. （東京工業大）	ドミトリー・メンデレーエフは周期表の発見を夢のおかげとした。
She **reserved** judgment on the sensitive issue. （神戸大）	彼女はその微妙な問題に対する判断を保留した。

Section 5 動詞編

oppose
[əpóuz] 416

に反対する；を対抗[対比]させる
- □ oppósed 形 反対で，逆で
- ▶ as opposed to ... …に対して，…とは対照的に
- □ òpposítion 名 反対，対立；抵抗
- ▶ in opposition to ... …に反対して；…に対して
- □ opposite [á(:)pəzɪt] 形 反対の 名 反対のもの 前 …の向かい側に

deny
[dɪnáɪ] 417

を否定する；を拒む
- ▶ deny *doing* 〜することを否定する，〜していないと言う
- ▶ deny A B A に B を与えない (≒ deny B to A)
- □ deníal 名 否定；拒否

reject
[rɪdʒékt] 418

を拒否する
- □ rejéction 名 拒絶；拒否

ban
[bæn] 419

を(法的に)禁止する；を締め出す
- ▶ ban A from *doing* A に〜することを禁じる
- 名 禁止(令)；(世論による)非難

frighten
[fráɪtən] 420

(人)を怖がらせる
- ▶ be frightened at [by] ... …にぎょっとする，おびえる
- ▶ be frightened of ... …を怖がっている
- □ fríghtening 形 恐ろしい
- □ fright 名 激しい恐怖

participate
⑦ [pɑːrtísɪpèɪt] 421

参加する
- 🆂 **participate in ...**「…に参加する」
- ▶ take part in ... と同義。
- □ partìcipátion 名 参加；関与
- □ partícipant 名 参加者；関係者

compete
[kəmpíːt] 422

競う；匹敵する
- 🆂 **compete with [against] ...**
  「…に対抗して競う，競争する」
- □ còmpetítion 名 競争，競合
- □ compétitive 形 競争力のある

There are some people who **oppose** stricter gun control.	より厳しい銃規制に反対する人がいる。
We cannot **deny** the possibility that he may decline our offer. （佐賀大）	彼が我々の申し出を断るかもしれないという可能性は否定できない。
Some people **reject** scientific ideas that conflict with their religious beliefs. （摂南大）	自分の宗教的信念と矛盾する科学的な考えを拒否する人もいる。
The use of chemical weapons has been **banned** internationally. （東京経済大）	化学兵器の使用は国際的に禁止されている。
At first, the little girl was **frightened** by her neighbor's big dog.	最初，その幼い少女は近所の大きな犬におびえていた。
Patients **participate** in making decisions about their own medical treatment. （静岡県立大）	患者は自分の治療に関する決定を下すことに参加する。
Developing countries can **compete** with developed countries in the new economy. （慶應義塾大）	新しい経済体制で発展途上国は先進国と競うことができる。

Section 5 動詞編

overcome
[òuvərkʌ́m]
423
を克服する
- 活用：overcome - overcame - overcome
- be overcome by [with] ... …に圧倒される

arise
[əráɪz]
424
生じる
- **arise from [out of]** ... 「…から生じる」
- 活用：arise - arose - arisen [ərízən]

generate
[dʒénərèɪt]
425
を生み出す
- □ gènerátion 名 発生, 発電；世代
- □ géneràtor 名 発電機

obtain
[əbtéɪn]
426
を得る
- obtain permission from ... …から許可を得る

employ
[ɪmplɔ́ɪ]
427
を雇う；を使う
- □ emplóyment 名 職；雇用；使用
- □ ùnemplóyment 名 失業(率)
- □ emplòyée 名 従業員(⇔ emplóyer 雇い主)

import
⑦[ɪmpɔ́ːrt]
428
を輸入する(⇔ expórt を輸出する)；を取り入れる
- 名 [ímpɔːrt] 輸入(品)；趣旨
- □ ìmportátion 名 輸入

handle
[hǽndl]
429
を処理する；を論じる；を商う
- 名 取っ手, 柄；付け入る機会

repair
[rɪpéər]
430
を修理する(≒ fix)；を修復する
- have A repaired A を修理してもらう
- 名 修理；(健康などの)回復

cure
[kjúər]
431
を治す；を除去する；(病気が)治る
- cure A of B A(人)から B(病気・悪癖など)を取り除く
- 名 治療(法), 薬；治癒, 回復

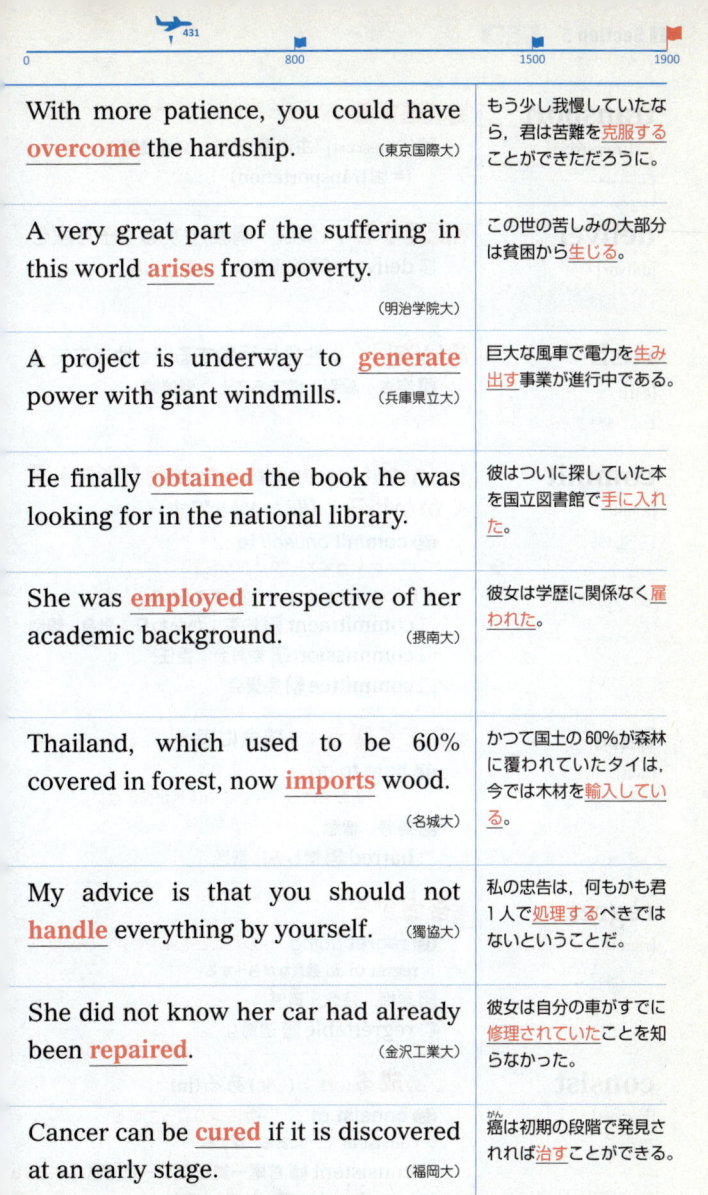

With more patience, you could have **overcome** the hardship. (東京国際大)	もう少し我慢していたなら，君は苦難を克服することができただろうに。
A very great part of the suffering in this world **arises** from poverty. (明治学院大)	この世の苦しみの大部分は貧困から生じる。
A project is underway to **generate** power with giant windmills. (兵庫県立大)	巨大な風車で電力を生み出す事業が進行中である。
He finally **obtained** the book he was looking for in the national library.	彼はついに探していた本を国立図書館で手に入れた。
She was **employed** irrespective of her academic background. (摂南大)	彼女は学歴に関係なく雇われた。
Thailand, which used to be 60% covered in forest, now **imports** wood. (名城大)	かつて国土の60%が森林に覆われていたタイは，今では木材を輸入している。
My advice is that you should not **handle** everything by yourself. (獨協大)	私の忠告は，何もかも君1人で処理するべきではないということだ。
She did not know her car had already been **repaired**. (金沢工業大)	彼女は自分の車がすでに修理されていたことを知らなかった。
Cancer can be **cured** if it is discovered at an early stage. (福岡大)	癌は初期の段階で発見されれば治すことができる。

1 Section 5 動詞編

transport
[trænspɔ́:rt]
432

を輸送する
图 [trǽnspɔ:rt] (主に 圏) 輸送；交通機関 (≒ 圏 trànsportátion)

deliver
[dilívər]
433

を配達する；(演説・講義)をする；子を産む
□ delívery 图 配達(物)；発言；出産

rush
[rʌ́ʃ]
434

急いで行く；性急に行動する；をせき立てる
图 突進, 殺到；慌てること；混雑時

commit
[kəmít]
435

(commit oneself または受身形で) 深くかかわる；(罪など)を犯す
🆎 **commit oneself to ...**
「…に献身する，深くかかわる」
▶ be committed to ... と言い換えられる。
□ commítment 图 約束；かかわり；献身, 傾倒
□ commíssion 图 委員会；委任
□ committee 图 委員会

hate
[heit]
436

をひどく嫌う；を残念に思う
🆎 **hate to do**
「〜するのを嫌う，〜するのは気が進まない」
图 嫌悪, 憎悪
□ hátred 图 憎しみ, 憎悪

regret
[rigrét]
437

を後悔する
🆎 **regret doing** 「〜したことを悔やむ」
▶ regret to do 残念ながら〜する
图 後悔, 残念, 遺憾
□ regréttable 厖 遺憾な

consist
[kənsíst]
438

(…から)成る (of)；(…に)ある (in)
🆎 **consist of ...** 「…から成り立っている」
▶ consist in ... …にある，存する
□ consístent 厖 首尾一貫した；一致[両立]する
□ consístency 图 (首尾)一貫性

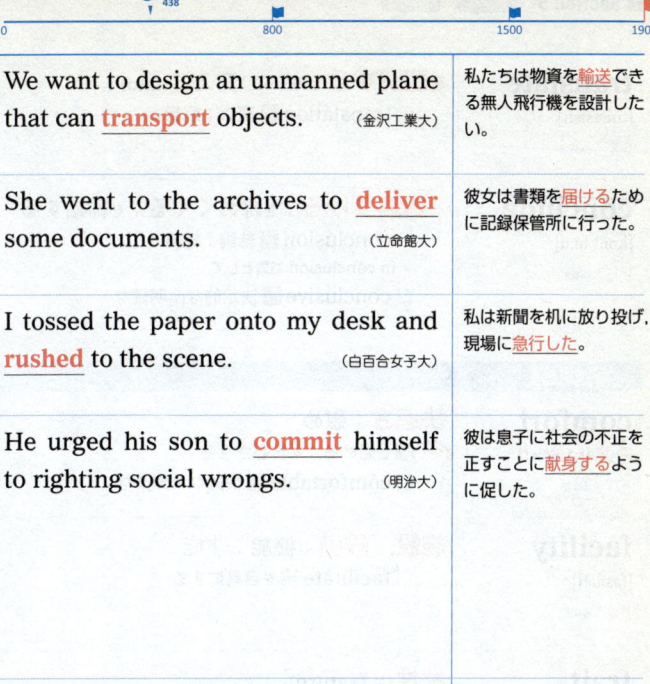

We want to design an unmanned plane that can <u>transport</u> objects. （金沢工業大）	私たちは物資を輸送できる無人飛行機を設計したい。
She went to the archives to <u>deliver</u> some documents. （立命館大）	彼女は書類を届けるために記録保管所に行った。
I tossed the paper onto my desk and <u>rushed</u> to the scene. （白百合女子大）	私は新聞を机に放り投げ、現場に急行した。
He urged his son to <u>commit</u> himself to righting social wrongs. （明治大）	彼は息子に社会の不正を正すことに献身するように促した。
I <u>hate</u> to part with this old car, but it doesn't work anymore. （日本大）	私はこの古い車を手放すのは気が進まないが、それはもう動かない。
I <u>regret</u> saying such terrible things to my brother. （立命館大）	私は弟にそんなひどいことを言ったことを後悔している。
The nuclear family <u>consists</u> of only parents and their children. （東洋大）	核家族は両親とその子供のみから成る。

Section 5 動詞編 名詞編

translate [trǽnsleɪt] 439
を翻訳する；を(…に)変える(into)
- translation 名 翻訳；解釈

conclude [kənklúːd] 440
と結論づける；を締めくくる；を締結する
- conclusion 名 結論；締結
  ▶ in conclusion 結論として
- conclusive 形 決定的な，明確な

名詞編

comfort 発 ア [kʌ́mfərt] 441
快適さ；慰め
動 を慰める；を安心させる
- cómfortable 形 快適な；気楽な

facility [fəsíləti] 442
施設，設備；機能；才能
- facílitàte 動 を容易にする

trait [treɪt] 443
特性(≒ féature)
▶ a genetic trait 遺伝特性[形質]

humanity [hjuːmǽnəti] 444
人類；人間性；人情
- húman 形 人間の；人間的な 名 人間
- humane [hjuːméɪn] 形 人間味のある
- humànitárian 形 人道主義の

tribe [traɪb] 445
部族
- tríbal 形 部族の，種族の

elite [ɪlíːt] 446
(通例 the ~)(集合的に)エリート
▶ ×He is an elite. は誤り。He is one [a member] of the elite. と言う。
形 エリートの，えり抜きの

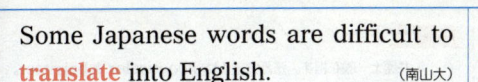

Some Japanese words are difficult to **translate** into English. (南山大)	日本語の中には英語に訳しにくいものもある。
We **concluded** that the new learning method was quite effective. (早稲田大)	私たちは,その新しい学習法はとても効果的だと結論づけた。
In choosing a new home, most people look for **comfort**. (西南学院大)	新しい家を選ぶ際,たいていの人は快適さを求める。
The hospital has new **facilities** to treat seriously injured patients. (芝浦工業大)	その病院には重傷患者を治療する新しい設備がある。
Children have different **traits** that make up their personalities. (西南学院大)	子供はその人格を構成する種々の特性を持っている。
It is regrettable that **humanity** is destroying biodiversity. (慶應義塾大)	人類が生物多様性を破壊しているのは残念なことだ。
The conflict among the **tribes** in the country is far from being over. (獨協大)	その国の部族間の紛争はとうてい終わったとは言えない。
A century ago, a doctor was considered to be a member of social **elite**. (慶應義塾大)	1世紀前,医師は社会的エリートの一員であると考えられていた。

Section 5 名詞編

lawyer
[lɔ́ːjər] 447

弁護士
▶ 弁護士一般を指す。法廷弁護士は counselor, barrister。事務弁護士は attorney, solicitor。

category
[kǽtəgɔ̀ːri] 448

部類；区分
- cátegorìze 動 を分類する
- sùbcátegory 名 下位区分

version
[və́ːrʒən] 449

(本・製品などの)版；解釈
▶ the latest version of ... …の最新版[型]

diversity
[dəvə́ːrsəti] 450

多様性；相違点
- divérse 形 多様な；異なる
- bìodivérsity 名 生物多様性

proportion
[prəpɔ́ːrʃən] 451

割合；部分；釣り合い
▶ in proportion to ... …に比例して；…のわりには
▶ in proportion バランスがとれて

instrument
[ínstrəmənt] 452

器具；楽器(= musical instrument)

innovation
[ìnəvéɪʃən] 453

革新；新機軸
- ínnovàte 動 革新する
- ínnovàtive 形 革新的な

weapon
[wépən] 454

兵器，武器
▶ weapons of mass destruction 大量破壊兵器

dialect
[dáɪəlèkt] 455

方言
▶ dialect に代わって variety「変種」が用いられることがある。例：the American variety of English「アメリカ英語」

Lawyers generally specialize in civil or criminal cases. （大分大）	弁護士は一般的に民事あるいは刑事事件を専門とする。
There are three main **categories** of warfare: limited war, civil war, and total war. （秋田大）	戦争には主に3種類がある。局地戦，内戦，総力戦である。
Articles in online newspapers are often shortened **versions** of the originals. （南山大）	オンライン新聞の記事は元の記事の縮約版であることが多い。
The big issue here is the lack of **diversity** in our modern diet. （北海道大）	ここで大きな問題なのは，私たちの現代的な食事には多様性が欠けていることである。
The **proportion** of consumer spending on services has actually declined. （法政大）	消費者のサービス支出の割合は実際には低下してしまった。
Thomas devised a number of useful surgical **instruments**. （北里大）	トマスはいくつもの有用な手術器具を考案した。
Twenty five million digital books will be made thanks to technological **innovation**. （法政大）	技術革新のおかげで2500万もの電子書籍が作られることになる。
A lot of people wish there would be no **weapons** in the world.	多くの人々がこの世に兵器などなくなればいいのにと願っている。
In Tokyo you can hear **dialects** from all over Japan. （高知大）	東京では日本中の方言を聞くことができる。

Section 5 名詞編

barrier [bǽriər] 456	(…に対する)**障壁**(against / to);防壁;境界線 □ bàrrier-frée 形 障壁がない;(段差などの)障害がない
myth [mɪθ] 457	**作り話**;神話 □ mythólogy 名 (集合的に)神話;(根拠の薄い)通説
ritual [rítʃuəl] 458	**儀式**;(日常の)習慣的行為 形 儀式の;儀式的な □ rite 名 儀式
routine 発 [ruːtíːn] 459	**決まり切った仕事**;いつもの手順 🆃🅖 **(a) daily routine**「日課」 形 決まり切った;日常の
emergency [ɪmə́ːrdʒənsi] 460	**緊急(事態)** 🆃🅖 **in an emergency**「緊急の場合は」 □ emérgent 形 緊急の;新興の
alarm [əláːrm] 461	**不安**;警報 ▶ express[feel, cause] alarm 不安を表す[抱く, 引き起こす] 動 をぎくりとさせる;に警戒させる
harvest [háːrvɪst] 462	**収穫(物)**;漁獲高 動 を収穫する;(成果など)を収める
grain [greɪn] 463	**穀物**;粒;きめ ▶ a grain of ... (否定文で)ほんのわずかな…(もない)
quantity [kwá(ː)ntəti] 464	**量**(⇔ quálity 質) ▶ large [small] quantity of ... 多[少]量の… □ quántitàtive 形 量の, 量的な

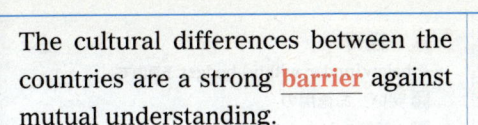

The cultural differences between the countries are a strong **barrier** against mutual understanding.	国家間の文化的相違は相互理解に対する強力な障壁である。
It is a total **myth** that men are better drivers than women. (法政大)	男性が女性より車の運転が上手というのは、全くの作り話である。
Initiating a **ritual** is often difficult, but maintaining it is relatively easy. (お茶の水女子大)	儀式を創始することはしばしば困難であるが、それを維持することは比較的容易である。
When he was home, he followed a daily **routine**. (宇都宮大)	家にいるとき、彼は毎日の日課に従った。
Please be sure to contact us in an **emergency**.	緊急の場合は必ず私たちに連絡してください。
The effects of recent changes in eating habits are causing **alarm**. (北海道大)	食習慣における最近の変化の結果が不安を引き起こしている。
A poor **harvest** could lead to widespread starvation. (龍谷大)	凶作に見舞われれば広範囲にわたる飢餓が起こりかねない。
Their diet consists mostly of **grain**, corn, beans, potatoes, and fruit. (日本大)	彼らの食事は主に穀物、トウモロコシ、豆、ジャガイモ、果物から成る。
The quality of water is as important as its **quantity**. (東京電機大)	水の質はその量と同じくらい重要である。

Section 5 名詞編

budget
[bʌ́dʒət] 465
予算；経費
▶ below [under, within] budget 予算内で
形 安い，お徳用の
動 を予算に計上する

expense
[ɪkspéns] 466
(〜s) 経費；費用；犠牲
▶ at the expense of ... …を犠牲にして；…の費用で
□ expénd 動 を費やす
□ expénsive 形 高価な；ぜいたくな

insurance
[ɪnʃʊ́ərəns] 467
保険；保険料；保険金
形 保険の
□ insúre 動 に保険を掛ける

loan
[loʊn] 468
貸付金，融資；貸し付け
動 (人)に(金など)を貸し付ける

contract
[ká(:)ntrækt] 469
契約(書)；協定
動 [kəntrǽkt] を契約する；(協定・同盟など)を結ぶ；を縮小する
□ cóntractor 名 契約者，請負業者

mammal
[mǽməl] 470
哺乳動物
□ mammálian 形 哺乳類の

infant
[ínfənt] 471
乳児；幼児
形 幼児の；初期の
□ ínfancy 名 幼年期；初期

protein
[próʊtiːn] 472
たんぱく質
▶ animal [vegetable] protein 動物性[植物性]たんぱく質
▶ 「炭水化物」は carbohydrate，「脂肪」は fat と言う。

tissue
[tíʃuː] 473
(生物の)組織；ティッシュペーパー
▶ muscular [nervous] tissue 筋肉[神経]組織

Due to **budget** cuts, we have to cut overtime pay. (青山学院大)	予算の削減のせいで，残業代を減らさなければならない。
This amount of money is not enough to cover both tuition and living **expenses**. (青山学院大)	この額のお金では授業料と生活費の両方を賄うには十分でない。
Many part-timers are now entitled to health **insurance**. (北海道大)	今では多くのパート従業員に健康保険に加入する資格がある。
Microfinance offers small **loans** to low-income clients. (獨協大)	マイクロファイナンス（少額貸付制度）は，低所得の顧客に少額の貸付金を提供している。
They will not sign the shipping **contract** unless those conditions are met. (青山学院大)	彼らはそれらの条件が満たされない限り出荷契約には署名しないだろう。
One characteristic of **mammals** is that the female produces milk for her young.	哺乳動物の1つの特徴は，雌が子のために乳を出すということである。
Infants tend to follow the direction of others' eyes. (同志社大)	乳児は他人の目の方向を追う傾向がある。
Eating food high in **protein** helps us to develop muscular bodies. (センター試験)	たんぱく質に富む食物を食べることは，筋肉質の体を発達させる助けとなる。
MRIs are good for looking at soft **tissue** in the body. (岡山理科大)	MRI（磁気共鳴映像法）は体の中の軟部組織を見るのに有効である。

Section 5 　名詞編　形容詞編

fault
[fɔːlt]　474

(通例 one's ～)責任；欠点；誤り
▶ find fault with ... …の欠点を指摘する
　動 を非難する

neighborhood
[néɪbərhùd]　475

地域；近所
□ néighbor 名 隣人；近隣地域　動 に隣接する

vote
[voʊt]　476

投票；投票結果；(the ～)選挙権
　動 投票する；を投票で決める
▶ vote for [in favor of] ... …に賛成の投票をする (⇔ vote against ... …に反対の投票をする)

duty
[djúːti]　477

義務；職務；関税
▶ on duty 勤務時間中で (⇔ off duty 勤務時間外で)

psychology
発 [saɪká(ː)lədʒi]　478

心理学
□ psỳchológical 形 心理的な；心理学(上)の
□ psychólogist 名 心理学者
□ psychiatrist [saɪkáɪətrɪst] 名 精神科医

形容詞編

intelligent
[ɪntélɪdʒənt]　479

聡明な；知能を有する
□ intélligence 名 知能；秘密情報；情報機関

conscious
発 [ká(ː)nʃəs]　480

意識して，気づいて (≒ awáre)
⓶ be conscious of ...
　「…を意識している，…に気づいている」
□ cónsciousness 名 意識

cognitive
ア [ká(ː)gnətɪv]　481

認知の
▶ cognitive ability 認知力
□ cognítion 名 認識，知覚

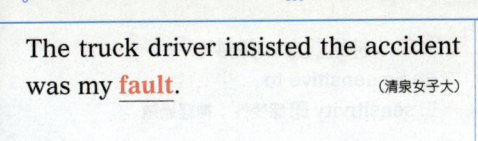

The truck driver insisted the accident was my **fault**. (清泉女子大)	トラック運転手は事故が私の責任であると言い張った。
It was her dream to live in a respectable **neighborhood**. (明治大)	高級住宅地域に住むことが彼女の夢であった。
In political elections actual **votes** are cast anonymously. (慶應義塾大)	政治選挙において実際の投票は無記名で行われる。
Doctors have **duties** to society, as well as to patients. (慶應義塾大)	医師には患者に対してだけではなく、社会に対する義務もある。
She entered California State University to study child **psychology**. (南山大)	彼女は児童心理学を学ぶためカリフォルニア州立大学に入学した。
They are not only attractive but also **intelligent**.	彼らは魅力的なだけでなく聡明でもある。
People in England are said to be very **conscious** of class differences. (熊本県立大)	イギリスの人々は階級の相違を非常に意識していると言われる。
Few areas of science arouse as much controversy as **cognitive** neuroscience. (慶應義塾大)	認知神経科学ほど論議を呼ぶ学問分野はほとんどない。

Section 5 形容詞編

sensitive
[sénsətɪv] 482
敏感な；神経質な；微妙な
- be sensitive to ... 「…に敏感である」
- □ sènsitívity 名 感受性；神経過敏

accurate
[ækjərət] 483
正確な；精密な
- □ áccuracy 名 正確さ；精度

strict
[strɪkt] 484
厳格な；(規則などが)厳しい
- □ strictly 副 厳格に；厳密に
- ▶ strictly speaking 厳密に言えば

severe
[sɪvíər] 485
(人・規律などが)厳しい；猛烈な
- □ severity [sɪvérəti] 名 厳しさ；深刻さ

actual
[æktʃuəl] 486
実際の
- □ áctually 副 実際に；(文修飾)実は

visual
[víʒuəl] 487
視覚の；目に見える
- □ vísualìze 動 を想像する

false
[fɔːls] 488
誤った；うその；偽の
- □ fálsify 動 を偽造する；を歪曲する

illegal
[ɪlíːgəl] 489
違法の, 不法の (⇔ légal 合法の)
- 名 (主に米)不法入国者

violent
[váɪələnt] 490
暴力的な；(人・気質が)激しい
- □ víolence 名 暴力；激しさ

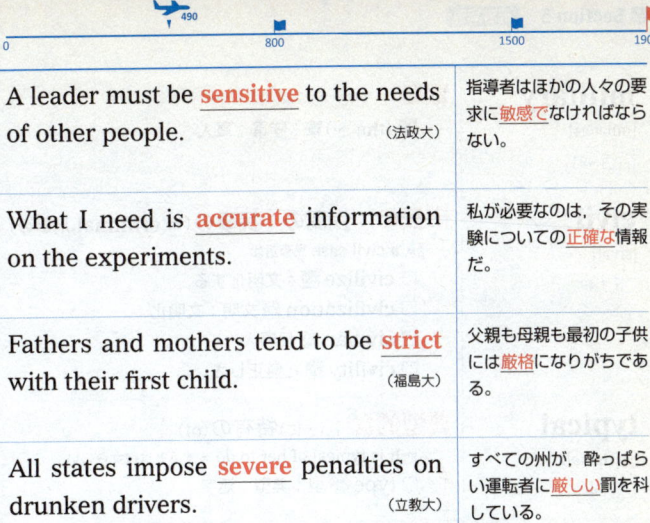

A leader must be **sensitive** to the needs of other people. (法政大)	指導者はほかの人々の要求に敏感でなければならない。
What I need is **accurate** information on the experiments.	私が必要なのは、その実験についての正確な情報だ。
Fathers and mothers tend to be **strict** with their first child. (福島大)	父親も母親も最初の子供には厳格になりがちである。
All states impose **severe** penalties on drunken drivers. (立教大)	すべての州が、酔っぱらい運転者に厳しい罰を科している。
In most **actual** situations in American speech, commands are disguised as questions. (長崎大)	アメリカで言葉が話される実際の状況の大半において、命令は質問を装って発せられる。
Visual information is memorized in a part of the brain called the hippocampus. (静岡県立大)	視覚情報は海馬と呼ばれる脳の部位に記憶される。
An illusion is an idea which you think is true but is in fact **false**. (上智大)	錯覚とは自分では正しいと思っているが、実際は誤った観念のことである。
Talking on the cell phone while driving is **illegal** in many places in the U.S. (甲南大)	運転中に携帯電話で話すことはアメリカの多くの場所で違法である。
The rate of **violent** crime has risen over the last ten years. (早稲田大)	暴力犯罪の発生率はこの10年間に上昇した。

143

Section 5 形容詞編

military
[mílətèri] 491
軍の
名 (the ~)軍；陸軍；軍人

civil
[sívəl] 492
市民の；民間の；民事の（⇔ críminal 刑事の）
▶ a civil case 民事訴訟
- cívilìze 動 を文明化する
- cìvilizátion 名 文明；文明化
- civílian 名 民間人
- civílity 名 礼儀正しさ

typical
発 [típikəl] 493
典型的な；(…に)特有の(of)
▶ It is typical of her to do ~するとは彼女らしい
- type 名 型；典型；活字

universal
[jù:nivə́:rsəl] 494
普遍的な；宇宙の；万能の
名 普遍的特性[行動様式]
- únivèrse 名 宇宙；全世界

constant
ア [ká(:)nstənt] 495
絶え間ない；一定の
- cónstantly 副 絶えず，頻繁に

fundamental
発 [fʌ̀ndəméntəl] 496
基本的な；必須の
名 (通例 ~s)(…の)基本，原理(of)
- fùndaméntalism 名 原理主義

primary
[práiməri] 497
最も重要な；第一の；初等(教育)の
名 (通例 ~ries)最も重要な事物
- primárily 副 主として；初めに

rare
[reər] 498
珍しい，希少な
▶ rare earth レアアース，希土類元素(= rare-earth element)
- rárely 副 めったに…ない
- rárity 名 珍品；珍しさ

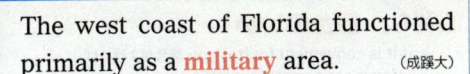

The west coast of Florida functioned primarily as a **military** area. (成蹊大)	フロリダ州の西海岸は主に軍用地として機能した。
The government's plan ran into strong opposition from **civil** rights campaigners. (明海大)	政府の計画は市民権運動家からの強力な反対に遭った。
This temple is a **typical** example of ancient Japanese architecture. (関西大)	この寺院は日本の古代建築の典型例である。
Education is a **universal** human right. (京都大)	教育は普遍的な人権である。
The growth of industrial society had given rise to a **constant** search for new sources of energy.	産業社会の発展は，新たなエネルギー源の絶え間ない追求を生んだ。
Didn't Plato remark that the **fundamental** attitude of the philosopher is wonder? (日本大)	哲学者の基本的な態度は驚嘆の念であるとプラトンは言わなかったか。
The minister said his **primary** concern was to raise educational standards in schools.	大臣は，最大の関心事は学校の教育水準を上げることだと言った。
We have to take measures to save **rare** species from extinction. (岡山理科大)	希少種を絶滅から守る方策をとる必要がある。

Section 5 形容詞編

convenient [kənvíːniənt] 499
便利な, 都合のいい
▶ if it is convenient for [to] you 都合がよければ
▶ ×if you are convenient は誤り。
□ convénience 名 便利, 便宜

enormous [inɔ́ːrməs] 500
巨大な, 莫大(ばくだい)な

機関を表す略語(3):国連
- **IAEA** the International Atomic Energy Agency 国際原子力機関
- **IBRD** the International Bank for Reconstruction and Development 国際復興開発銀行(通称 the World Bank 世界銀行)
- **ILO** the International Labor Organization 国際労働機関
- **IMF** the International Monetary Fund 国際通貨基金
- **WHO** the World Health Organization 世界保健機関

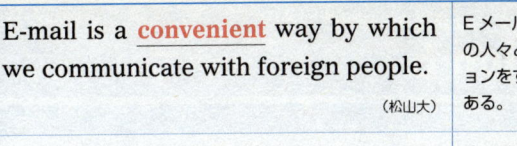

E-mail is a **convenient** way by which we communicate with foreign people. (松山大)	Eメールは私たちが外国の人々とコミュニケーションをする便利な方法である。
Australia is an **enormous** country, most of which is sparsely inhabited. (日本大)	オーストラリアは広大な国であり，その大半にはあまり人が住んでいない。

UNHCR the United Nations High Commissioner for Refugees
国連難民高等弁務官(事務所)
UNICEF the United Nations Children's Fund
国連児童基金(ユニセフ)
(当初は the United Nations International Children's Emergency Fund だったが略称はそのまま残された)

Part 1 常に試験に出る基本単語 800
Section 6
単語番号 501〜600

動詞編

concentrate
⑦ [ká(:)nsəntrèit]
□□ 501

(を)**集中する**
🔟 **concentrate on ...**「…に集中する」
▶ concentrate A on B A(注意など)をBに集中する
□ còncentrátion 名 集中，専念

---

investigate
[ɪnvéstɪgèɪt]
□□ 502

を**調査する**；を究明する；(…を)調査する(into)
□ invèstigátion 名 調査，捜査
▶ the Federal Bureau of Investigation (米国)連邦捜査局(FBI)
□ invéstigàtor 名 捜査員

---

adjust
[ədʒʌ́st]
□□ 503

を**調整する**；を適合させる；順応する
▶ adjust A to B AをBに適合させる
▶ adjust to ... …に順応する
□ adjústment 名 調整；(…への)適応(to)

---

arrange
[əréɪndʒ]
□□ 504

の**段取りをつける**；を手配する；を配置する
▶ arrange for A to do A が〜するよう取り計らう
□ arrángement 名 手配；配置；整理；取り決め

---

alter
🈭 [ɔ́ːltər]
□□ 505

を**変える**；変わる(≒ change)
□ àlterátion 名 変更

---

confirm
[kənfə́ːrm]
□□ 506

を**確認する**
□ cònfirmátion 名 確認；承認
□ confírmed 形 根深い

---

absorb
[əbzɔ́ːrb]
□□ 507

を**吸収する**；を併合する
▶ be absorbed in ... …に夢中である
□ absórption 名 吸収；合併

▶動詞編 p.148　　▶形容詞編 p.166
▶名詞編 p.158

I cannot concentrate on reading while people around me are talking. （関西大）	私は周りの人が話していると読書に集中することができない。
The police are still investigating the accident. （東京大）	警察はまだその事故を調査している。
It's quite difficult to adjust the brightness of my computer screen. （センター試験）	私のコンピューター画面の輝度を調整するのはかなり困難だ。
We have arranged new projects to develop more powerful engines. （電気通信大）	我々は，より強力なエンジンを開発する新プロジェクトの段取りをつけた。
Industrialization altered the pace of people's lives. （慶應義塾大）	工業化は人々の生活のペースを変えた。
The postal clerk confirmed my identity before handing me the express letter. （立命館大）	郵便局員は速達の手紙を渡す前に私の身元を確認した。
One tree can absorb ten pounds of carbon dioxide every year. （明星大）	1本の木は毎年10ポンドの二酸化炭素を吸収できる。

Section 6 動詞編

expose
[ɪkspóʊz] 508
をさらす；を暴露する；を露出する
- **expose A to B**「AをBにさらす」
- expósure 名 さらされること；暴露；露出

transfer
[trænsfə́ːr] 509
を移す；を伝える；移る；乗り換える
- 名 [trǽnsfəːr] 移動；乗り換え

abandon
[əbǽndən] 510
を捨てる；を放棄する
- abándonment 名 遺棄，放棄

injure
[índʒər] 511
を傷つける；を損なう (≒ hurt)
- **be injured**「けがをする[している]」
- ínjury 名 けが；損傷
- injúrious 形 有害な

recover
[rɪkʌ́vər] 512
回復する；を取り戻す
- **recover from ...**「…から回復する」
▶ recover oneself 意識[正気]を取り戻す
- recóvery 名 回復；復旧；回収

praise
[preɪz] 513
を(…のことで)賞賛する (for)；賛美する
- 名 賞賛；賛美

favor
[féɪvər] 514
に賛成する；を好む；をひいきする
- 名 親切な行為；好意；支持
▶ Will you do me a favor? お願いがあるのですが。(≒ May I ask you a favor?)
▶ in favor of ... …に賛成して；…に有利になるように
- fávorable 形 (…に)好意的な (to)；好都合の
- fávorite 形 お気に入りの 名 大好きな物[人]

celebrate
[séləbrèɪt] 515
を祝う；を挙行する
- cèlebrátion 名 お祝い；祝賀会；賞賛

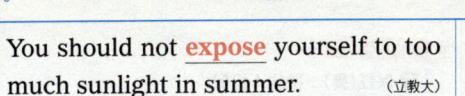

You should not **expose** yourself to too much sunlight in summer. （立教大）	夏，日光に過度に身を<u>さらす</u>べきではない。
The Internet allows us to **transfer** money from one bank account to another. （宮城教育大）	インターネットは，私たちが1つの銀行口座から別の口座に金を<u>移す</u>ことを可能にする。
I **abandoned** the broken bike and walked back home.	私は故障した自転車を<u>捨てて</u>歩いて帰宅した。
Apart from a small cut to his face, he was not **injured**.	彼は顔のかすり傷を除けば<u>けがをして</u>いなかった。
Biodiversity provides the resilience to **recover** from climate disasters. （上智大）	生物多様性は気候災害から<u>回復する</u>復元力を与えてくれる。
The Internet has been **praised** as "the world's greatest tool for democratization." （桜美林大）	インターネットは「世界で最もすぐれた民主化の道具」であると<u>賞賛されてきた</u>。
Many people in the country **favor** harsher penalties for drug crimes.	その国の多くの人が，薬物犯罪に対してより厳しい刑罰を科すことに<u>賛成している</u>。
My grandfather **celebrated** his seventieth birthday last Sunday.	祖父は先週の日曜日に70回目の誕生日を<u>祝った</u>。

Section 6 動詞編

guarantee
[gæ̀rəntíː]
516
を保証する
- 名 保証(書);確約;担保

ensure
[ɪnʃʊ́ər]
517
を確実にする(≒ make sure);を守る
- TC **ensure that ...**「確実に…するようにする」
- □ insúre 動 に保険をかける

award
[əwɔ́ːrd]
518
を授与する;を裁定する
- ▶ award *A B* A(人)にB(賞など)を与える(≒ award *B* to *A*)
- 名 (…の)賞(for);授与

grant
[grænt]
519
を与える;を認める
- ▶ take ... for granted …を当然のことと思う
- ▶ Granted [Granting] that ... 仮に…としても
- 名 授与されたもの;助成金, 奨学金

permit
[pərmít]
520
を許可する(≒ allów)
- ▶ permit *A* to *do* Aに〜するのを許す
- 名 [pə́ːrmɪt] 許可証, 免許証
- □ permíssion 名 許可

disappoint
[dìsəpɔ́ɪnt]
521
を失望させる;(希望など)をくじく
- ▶ be disappointed in [with, at, by] ... …に失望する
- □ disappóintment 名 失望, 落胆

embarrass
[ɪmbǽrəs]
522
に恥ずかしい思いをさせる
- □ embárrassment 名 当惑, 困惑

bother
[bá(ː)ðər]
523
を悩ます;(…を)気にかける(about / with)
- ▶ bother to *do* わざわざ〜する(≒ bother *doing*)
- ▶ Don't bother. それには及びません。
- 名 面倒;厄介な事[人]
- □ bóthersome 形 厄介な

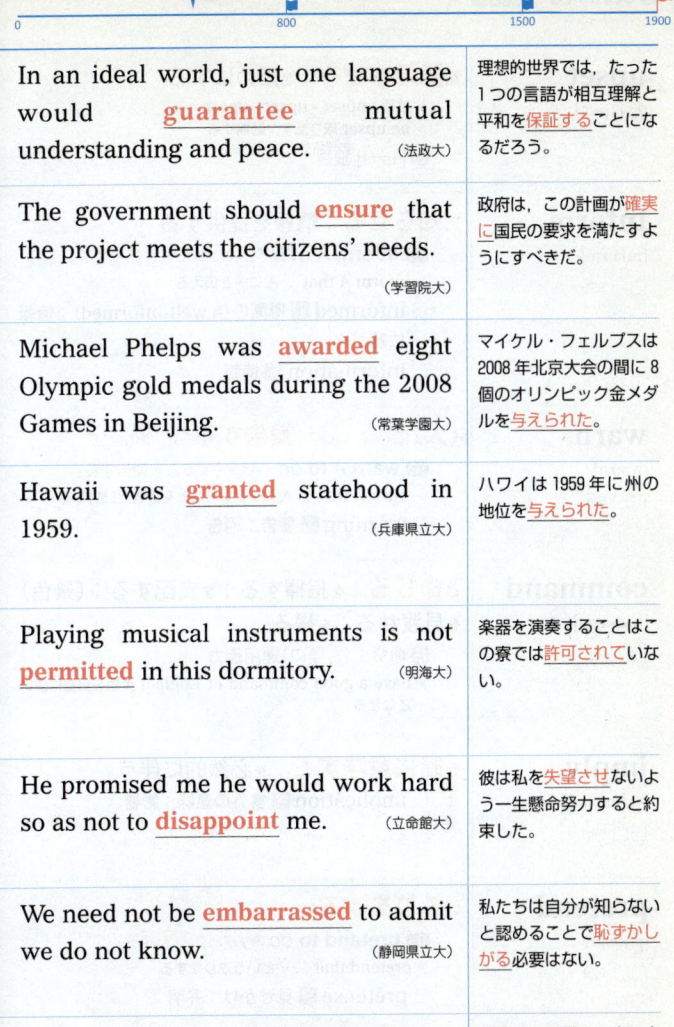

In an ideal world, just one language would **guarantee** mutual understanding and peace. (法政大)	理想的世界では，たった1つの言語が相互理解と平和を保証することになるだろう。
The government should **ensure** that the project meets the citizens' needs. (学習院大)	政府は，この計画が確実に国民の要求を満たすようにすべきだ。
Michael Phelps was **awarded** eight Olympic gold medals during the 2008 Games in Beijing. (常葉学園大)	マイケル・フェルプスは2008年北京大会の間に8個のオリンピック金メダルを与えられた。
Hawaii was **granted** statehood in 1959. (兵庫県立大)	ハワイは1959年に州の地位を与えられた。
Playing musical instruments is not **permitted** in this dormitory. (明海大)	楽器を演奏することはこの寮では許可されていない。
He promised me he would work hard so as not to **disappoint** me. (立命館大)	彼は私を失望させないよう一生懸命努力すると約束した。
We need not be **embarrassed** to admit we do not know. (静岡県立大)	私たちは自分が知らないと認めることで恥ずかしがる必要はない。
As long as I am healthy, being a bit overweight doesn't **bother** me. (北海学園大)	健康である限り，少し太りすぎであることは私を悩ませはしない。

Section 6 動詞編

upset
[ʌ́psét]
524

を動揺させる；をだめにする
- 活用：upset - upset - upset
- be upset 取り乱す, 動揺する
- 形 [ʌ́psét] 狼狽 (ろうばい)

inform
[ɪnfɔ́ːrm]
525

に知らせる；情報を提供する
- **inform A of B**「BについてAに知らせる」
- inform A that ... Aに…と伝える
- □ infórmed 形 博識の(≒wèll-infórmed)；情報に基づく
- □ ìnformátion 名 情報

warn
[wɔːrn]
526

(人)に(…について)警告する(of / against)
- **warn A to do**「Aに〜するよう警告する」
- warn A that ... Aに…ということを警告[注意]する
- □ wárning 名 警告；通告

command
[kəmǽnd]
527

と命じる；を指揮する；を支配する；(景色)を見渡せる；を操る
- 名 命令；(言語の)運用能力
- have a good command of English 英語を自在に使いこなせる

imply
[ɪmpláɪ]
528

を暗に意味する；を必然的に伴う
- □ ìmplicátion 名 言外の意味；影響

pretend
[prɪténd]
529

のふりをする
- **pretend to do**「〜するふりをする」
- pretend that ... …というふりをする
- □ préten se 名 見せかけ；弁明

interpret
[ɪntə́ːrprət]
530

を解釈する；(を)通訳する
- **interpret A as [to be] B**「AをBと解釈する」
- □ ìnterpretátion 名 解釈；通訳
- □ intérpreter 名 通訳者；解説者

Something you wrote in your e-mail **upset** your friend. （センター試験）	あなたがEメールに書いたことがあなたの友人を<u>動揺させた</u>。
I **informed** the company of my new phone number last week. （摂南大）	私は先週，会社に私の新しい電話番号を<u>知らせた</u>。
The police are **warning** the public to be on the alert for suspicious packages. （青山学院大）	警察は一般人に，不審な荷物に警戒するように<u>警告している</u>。
"Go outside at once and wash your filthy hands," her mother **commanded**. （首都大学東京）	「すぐ外に出て，あなたの汚い手を洗いなさい」と彼女の母は<u>命じた</u>。
The very idea of a society **implies** that its members have responsibilities. （慶應義塾大）	社会というまさにその考えが，その成員に責任があることを<u>暗に意味している</u>。
Being reluctant to answer the door, he often **pretends** to be out. （兵庫県立大）	来客の応対に出るのが嫌で，彼はよく外出している<u>ふりをする</u>。
I **interpreted** his silence as a sign of dissatisfaction.	私は彼が黙っていることを不満のしるしと<u>解釈した</u>。

155

Section 6 動詞編

react
[riækt]
531

反応する；化学反応を起こす
- react to ... 「…に反応する」
- reáction 反応；反発

interact
[ìntərǽkt]
532

影響し合う；相互に作用する
- interact with ...
  「…と互いに影響し合う，交流する」
- ìnteráction 相互作用

differ
[dífər]
533

異なる
- differ from ... 「…と異なる」
- dífference 相違(点)
  ▶ make no difference 差を生じない；重要でない
- dífferent 異なる

breathe
[briːð]
534

呼吸する；を吸う
- bréathing 呼吸；息遣い
- breath [breθ] 呼吸，息

stare
[steər]
535

(を)じっと見る
- stare at ... 「…をじっと見る」
  ▶ stare ... in the face …の顔をじっと見つめる
- じっと見つめること

breed
[briːd]
536

を飼育する，繁殖させる；繁殖する；生じる
  ▶ 活用：breed - bred - bred
  ▶ be bred to do 〜するように育てられる
- 品種，系統；種類

melt
[melt]
537

溶ける；なごむ；を溶かす
- 溶解(物)；雪解け(期)

invest
[invést]
538

(を)投資する，に(…を)与える(with)
- invest A in B 「A(金など)を B に投資する」
  ▶ invest in ... …に投資する
- invéstment 投資；投入
- invéstor 投資家

Monkeys often **react** to drugs in the same way that humans do. （甲南大）	サルは人間と同じように薬剤に反応することがよくある。
Living things **interact** with each other and with their environment. （岡山理科大）	生物はほかの生物同士と，また自らの環境と互いに影響し合う。
Weather satellites **differ** from Landsat satellites in the types of information they collect. （関西外国語大）	気象衛星がランドサット（地球資源探査衛星）と異なるのは，それが集める情報の種類においてである。
When we laugh, we **breathe** quickly. （徳島文理大）	私たちは笑うときには速く呼吸している。
Americans don't like it if you just **stare** at them silently. （中京大）	アメリカ人は，相手が黙って自分を凝視するのを好まない。
Some zoos are trying to **breed** rare animals.	希少動物を繁殖させようとしている動物園がある。
I hear that the snow at the top of Mt. Kilimanjaro is **melting**. （弘前大）	キリマンジャロ山頂の雪が溶けつつあると聞いている。
Our company has **invested** a lot of money in the new project. （立命館大）	我が社はこの新しい事業に大金を投資してきた。

Section 6 動詞編 名詞編

manufacture
[mænjufǽktʃər]
539
を製造する；をでっち上げる
图 製造, (大量)生産；(〜s)製品
□ mànufácturer 图 製造業者

construct
[kənstrʌ́kt]
540
を建設する；を構成する
图 [kɑ́(:)nstrʌkt] 建造物, 構成物；構成概念
□ constrúction 图 建設(工事)；建造物；構成

名詞編

wisdom
発 [wízdəm]
541
知恵；学識
□ wise 形 賢明な；博識の

insight
ア [ínsàɪt]
542
洞察力, 見識
▶ give A insights into B B に対する洞察力を A に与える
□ ínsightful 形 洞察に満ちた

discipline
発 [dísəplɪn]
543
規律, しつけ；訓練；懲戒；学問分野
▶ self-discipline 自己訓練
動 をしつける, 訓練する

habitat
[hǽbɪtæt]
544
生息地；(人の)居住地
□ hàbitátion 图 居住

territory
[térətɔ̀:ri]
545
領土；(活動などの)領域
□ tèrritórial 形 領土の；土地の

colony
[kɑ́(:)ləni]
546
植民地；居留地；(動植物の)コロニー
□ colónial 形 植民地の
□ cólonìze 動 を植民地化する

district
ア [dístrɪkt]
547
地区；行政区
▶ a district court 地方裁判所
▶ the District of Columbia コロンビア特別区(D.C.)

In ancient Egypt, perfume was already <u>manufactured</u> in factories. （成城大）	古代エジプトでは香水がすでに工場で<u>製造されていた</u>。
The government does not have sufficient funds to <u>construct</u> the new airport. （南山大）	政府には新空港を<u>建設する</u>十分な財源がない。
Human growth is a process of experimentation, ultimately leading to <u>wisdom</u>. （拓殖大）	人間の成長とは実験の過程であり、最終的には<u>知恵</u>につながる。
I want my son to grow up to be a man of <u>insight</u>.	息子には<u>洞察力</u>のある人間に育ってほしい。
He regarded his father's <u>discipline</u> as key to his success. （中部大）	彼は父親の<u>しつけ</u>が自らの成功の秘訣だと見なした。
These birds will become extinct unless we preserve their natural <u>habitat</u>. （兵庫県立大）	これらの鳥は私たちがその自然の<u>生息地</u>を保護しなければ絶滅するだろう。
A state has a <u>territory</u> and an organized government. （兵庫県立大）	国家は<u>領土</u>と組織化された統治機関を持つ。
As the British <u>colonies</u> gained independence, English continued to be used. （県立広島大）	英領の<u>植民地</u>が独立を獲得するのと並行して、英語は使われ続けた。
There are more casual clothing stores in this once superstylish <u>district</u> in Tokyo. （東京理科大）	東京のかつてとてもおしゃれであったこの<u>地区</u>にカジュアルな服飾品店が増えている。

Section 6 名詞編

shelter
[ʃéltər] 548

避難(所)，保護
- find [take] shelter「避難する」
- provide shelter for ... …を保護する
- food, clothing and shelter 衣食住
- 動 を保護する；をかくまう

landscape
[lǽndskèip] 549

風景；領域
- 名詞＋-scape で「…の景色」という意味の語を作る。
  例：snowscape「雪景色」

inhabitant
[ɪnhǽbətənt] 550

住民；生息動物
- inhábit 動 に居住する
- A is inhabited by B A(場所)には B が住む

depression
[dɪpréʃən] 551

憂うつ；うつ病；不況；低気圧
- depréss 動 を意気消沈させる
- depréssed 形 ふさぎ込んだ；不況の

nerve
[nəːrv] 552

神経；(〜s)神経過敏；(〜する)度胸(to do)
- get on A's nerves A をいらいらさせる
- have the nerve to do ずうずうしくも〜する
- nérvous 形 心配して；神経質な

wound
[wuːnd] 553

(銃弾・刃物などによる)傷；痛手
- 動 を傷つける；を害する
- be seriously [badly] wounded 重傷を負っている
- wound は規則動詞。wind [waɪnd]「を巻く」の過去形・過去分詞形 wound [waʊnd] と区別。

symptom
[símptəm] 554

症状；兆候(≒ sign)
- a subjective symptom 自覚症状

therapy
[θérəpi] 555

療法；心理療法
- thérapist 名 治療士
- thèrapéutic 形 治療の

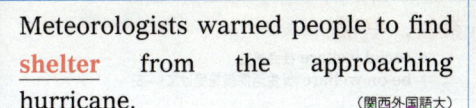

Meteorologists warned people to find **shelter** from the approaching hurricane. （関西外国語大）	気象学者は接近中のハリケーンから避難するように人々に警告した。
The Australian **landscape** is beautiful beyond description.	オーストラリアの風景は言葉では言い表せないくらい美しい。
The continual aftershocks terrified the village **inhabitants**. （北里大）	繰り返し起こる余震が村の住民を怖がらせた。
He was in a state of **depression** following an argument with his girlfriend.	彼はガールフレンドとの口論の後で憂うつになった。
The **nerves** can detect subtle changes of temperature and pressure. （東京医科歯科大）	神経は気温や気圧の微妙な変化を感知することができる。
Surgeons can use robotic devices to repair **wounds**. （大阪大）	外科医はロボット装置を使って傷を修復することができる。
Experienced doctors would never miss **symptoms** of such illnesses. （早稲田大）	経験豊富な医師ならこれらの病気の症状を見落とすことは決してないだろう。
Why did music **therapy** work so well for these patients? （京都工芸繊維大）	なぜ音楽療法はこれらの患者にはよく効いたのだろうか。

Section 6 名詞編

welfare
[wélfèər] 556
福祉, 幸福
- social welfare 社会福祉
- be on welfare 米 生活保護を受けている

incident
[ínsɪdənt] 557
出来事, 事件；紛争
形 (…に)付随する, つきものの(to)
- incidéntal 形 付随的な
- incidéntally 副 (文修飾)ところで

witness
[wítnəs] 558
目撃者(≒ éyewìtness)；証人；証拠, 証言
- give[bear] witness to ... …の証言をする, …の証拠となる
動 を目撃する

glance
[glæns] 559
(…を)ちらっと見ること(at)
⑯ **at a glance**「すぐに, ちょっと見ただけで」
- take a glance at ... …をちらっと見る
動 (…を)ちらっと見る(at)

ray
[reɪ] 560
光線
- X-ray X線

ingredient
[ɪngríːdiənt] 561
成分, 材料；要素

agent
[éɪdʒənt] 562
仲介者, 代理人；薬剤
- ágency 名 代理店；(行政府の)局, 庁

fee
[fiː] 563
料金；謝礼
- 入場・入会のための料金や各種専門職に払う料金。
- charge a fee 料金を請求する

sacrifice
[sǽkrɪfàɪs] 564
犠牲；いけにえ
- at the sacrifice of ... …を犠牲にして
動 を犠牲にする；(を)いけにえとしてささげる

We are all responsible for each other's security and <u>welfare</u>. (聖心女子大)	私たちは皆，お互いの安全と<u>福祉</u>に責任がある。
In this neighborhood, we have had no terrible <u>incidents</u> for a long time. (近畿大)	この地域では長い間大きな<u>事件</u>は起きていない。
Mary showed herself to the police as a <u>witness</u> to the accident. (南山大)	メアリーはその事故の<u>目撃者</u>として警察に出頭した。
Kanji is very useful to express an idea at a <u>glance</u>. (慶應義塾大)	漢字は<u>一目見て</u>概念を表すのに非常に役立つ。
Many people use skin cream to protect their faces from the <u>rays</u> of the sun.	多くの人が太陽<u>光線</u>から顔を保護するためにスキンクリームを使用する。
He wanted to know the calories and <u>ingredients</u> of the food. (國學院大)	彼はその食品のカロリーと<u>成分</u>を知りたがった。
One of our rental <u>agents</u> will be with you in a moment. (上智大)	我が社の賃貸<u>仲介者</u>の1人がすぐに参ります。
Some people climbed over the fence to avoid paying the entrance <u>fee</u>. (京都外国語大)	入場<u>料</u>の支払いから逃れるために塀を乗り越えた者もいた。
He made a lot of <u>sacrifices</u> to accomplish his goal.	彼は目標を達成するため，多くの<u>犠牲</u>を払った。

Section 6 名詞編

burden
[bə́:rdən] 565

負担；(重い)義務；積み荷
動 に負担をかける；を悩ます

layer
[léiər] 566

層
▶ the ozone layer オゾン層
動 を層にする

row
🔊 [rou] 567

列；(建物が並ぶ)通り
▶ 同じつづりの row [rau]「口論」, row [rou]「こぐ」と区別。
▶ a row of houses 家並み
▶ (for) five days in a row 5日続けて

instruction
[ɪnstrʌ́kʃən] 568

(通例 〜s)指示；(〜s)(製品の)使用書
☐ instrúct **動** に指示する；に(…を)教える(in / on)
☐ instrúctive **形** ためになる
☐ instrúctor **名** 指導員

editor
[édətər] 569

編集者
▶ an editor in chief 編集長
☐ édit **動** を編集する
☐ edítion **名** (刊行物の)版
☐ èditórial **名** 社説 **形** 編集の

stuff
[stʌf] 570

(漠然と)物；素材；素質
動 を(…に)詰める(in / into)；を(…で)いっぱいにする(with)
▶ a stuffed animal 縫いぐるみの動物

mission
[míʃən] 571

使命；(外交)使節団
☐ míssionàry **名** 宣教師 **形** 伝道の, 布教の

procedure
🔊 [prəsí:dʒər] 572

手続き；(一連の)措置

In most countries, people fight over the tax **burden** on citizens. (上智大)	たいていの国で、人々は国民に対する税負担について激論を戦わす。
The brain has two halves and is covered with thin **layers** of skin. (松山大)	脳には2つの半球があり、何層もの薄い皮膜で覆われている。
Flowers were planted in **rows** on each side of the path. (立命館大)	小道の両側には花が幾列も植えられていた。
The work was done according to his **instructions**. (慶應義塾大)	その仕事は彼の指示に従ってなされた。
There are cases where **editors** change phrases and content in translations. (関西大)	編集者が翻訳に際して言葉遣いや内容を変える場合がある。
We throw away lots of **stuff**, which is a serious problem. (広島経済大)	私たちは多くの物を捨てるが、これが深刻な問題となっている。
The filmmaker's **mission** is to get the viewer to see things in a particular way. (神戸市外国語大)	映画制作者の使命とは、観客にある特定の方法で物事を見てもらうことである。
The government wants to create a **procedure** to prove the identity of every citizen. (立命館大)	政府はすべての国民の身元を証明するための手続きを考案したがっている。

165

Section 6 名詞編 形容詞編

immigration [ìmɪgréɪʃən] 573	**(外国からの)移住**(⇔ èmigrátion (外国への)移住);入国管理事務所(= immigration control) □ ímmigrant 名 (外国からの)移住者 □ ímmigràte 動 (外国から)移住する 　(⇔ émigràte (外国へ)移住する) □ migrate [máɪgreɪt] 動 移住する;渡る
hybrid [háɪbrɪd] 574	**ハイブリッド車**;(動植物の)雑種;混成物 形 ハイブリッドの;雑種の;混成の
opponent [əpóʊnənt] 575	**(試合・論争などの)相手**,反対者 形 反対の;対立する
outcome [áʊtkʌ̀m] 576	**結果**(≒ resúlt)
equality アク [ɪkwá(:)ləti] 577	**平等,対等** ▶ equality of opportunity 機会均等 □ équal 形 (…と)等しい(to / with);平等の;(…に)耐えられる(to) 名 同等の人[物] 動 に等しい;に匹敵する ▶ She is equal to the task. 彼女はその仕事をこなす能力がある。
reputation [rèpjutéɪʃən] 578	**評判** ▶ have a reputation for ... …だという評判がある □ repúte 動 (be reputed to be で)…であると評される
形容詞編	
capable [kéɪpəbl] 579	**能力がある**;有能な TG **be capable of ...** 「…の能力がある, …ができる」 □ càpabílity 名 能力;性能;可能性 □ capácity 名 収容能力

Through **immigration**, England and the USA are adding to their workforce. （追手門学院大）	イギリスやアメリカは移住により自国の労働者人口を増やしている。
Hybrids are heavier than other cars because of their batteries. （金沢工業大）	ハイブリッド車はそのバッテリーのせいでほかの車よりも重い。
You should acknowledge your **opponent**'s good performance when he or she wins. （早稲田大）	相手が勝ったときは相手の出来のよさを認めるべきだ。
The teacher asked us to predict the **outcome** of the experiment. （中央大）	先生は私たちに実験の結果を予想するよう求めた。
In Sweden and Denmark, emphasis is placed on gender **equality** at work. （明治学院大）	スウェーデンやデンマークでは職場における男女平等が重視されている。
He had a wonderful **reputation**, but he was really a thief. （電気通信大）	彼の評判はすばらしかったが、実は彼は泥棒であった。
The Kepler probe launched by the US is not **capable** of detecting life itself. （早稲田大）	アメリカが打ち上げたケプラー探査機は生命そのものは探知できない。

Section 6 形容詞編

proper
[prá(:)pər] 580
適切な；正式の；(…に)固有の(to)
- próperty 名 財産；不動産；所有権；特性

sufficient
[səfíʃənt] 581
(…に；〜するのに)**十分な**(for；to do)
(⇔ ìnsuffícient 十分でない)
- sufficiency 名 十分なこと；十分な数[量]
- sèlf-sufficiency 名 自給自足

reasonable
[rí:zənəbl] 582
合理的な；分別のある；(値段が)手ごろな
- réason 名 理由；理性；分別 動 (合理的に)判断する，(論理的に)思考する

linguistic
[lɪŋɡwístɪk] 583
言語の
- linguístics 名 言語学
- línguist 名 言語学者

verbal
[vá:rbəl] 584
言葉の；口頭での；逐語的な
▶ verbal communication 言葉による意思疎通
- vérbally 副 口頭で；言葉で
- nònvérbal 形 言葉によらない

bilingual
[baɪlíŋɡwəl] 585
2言語を使う
▶ a bilingual dictionary 2言語辞典(英和辞典など)
名 2言語を話す人

contemporary
[kəntémpərèri] 586
現代の；同時代の；同年輩の
▶ contemporary art 現代芸術
名 同時代の人；同年輩の人

conventional
[kənvénʃənəl] 587
従来の；月並みな
- convéntion 名 慣習；伝統的手法；大会

overall
[òʊvəró:l] 588
全体的な
副 (文修飾)全体的に言えば(≒ génerally)；全体で

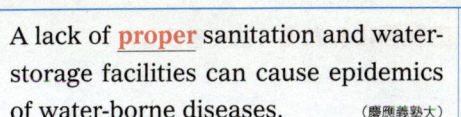

A lack of **proper** sanitation and water-storage facilities can cause epidemics of water-borne diseases. (慶應義塾大)	適切な衛生設備と水貯蔵施設を欠いているせいで，水を媒介とする病気が流行しかねない。
I don't have **sufficient** space on my current computer for music files. (早稲田大)	私が今使っているコンピューターには音楽ファイルを入れるのに十分な空きがない。
His argument seemed **reasonable** at first. (早稲田大)	彼の論点は，最初は合理的だと思えた。
The professor spoke about the **linguistic** development of infants.	その教授は幼児の言語的な発達について講義した。
There are two ways of communication: **verbal** and nonverbal.	コミュニケーションには2つの方法が存在する。言葉によるものと言葉によらないものである。
Bilingual people can usually switch from one language to the other with ease. (東京学芸大)	2言語を話す人は普通，簡単に1つの言語からもう1つの言語に切り換えることができる。
This national museum has numerous works of **contemporary** art.	この国立美術館には多数の現代美術作品がある。
Science sometimes requires the courage to question **conventional** wisdom. (岐阜大)	科学は時に従来の通念を疑問視する勇気を必要とする。
The nationwide scholastic tests measure only part of children's **overall** abilities. (上智大)	全国学力テストは子供の全体的能力の一部しか測定しない。

1 Section 6 形容詞編

widespread
[wáidsprèd] 589

広範囲にわたる；広く普及した

domestic
[dəméstɪk] 590

家庭の；国内の；(動物が)飼いならされた
- ▶ the domestic market 国内市場
- ▶ domestic products 国産品
- □ domésticàte 動 を飼いならす；を家庭的にする

distant
[dístənt] 591

遠い；隔たった
- ▶ in the distant past 遠い過去に
- □ dístance 名 距離；遠方
- ▶ at a distance 距離を置いて，離れて
- ▶ in the distance 遠くに

nuclear
発 [njúːkliər] 592

核の，原子力の
- TG **nuclear energy**「核エネルギー，原子力」
- ▶ a nuclear plant 原子力発電所
- ▶ a nuclear family 核家族
- □ núcleus 名 核，中心；母体

thick
[θɪk] 593

厚い(⇔ thin 薄い)；太い；濃い
- ▶ be thick with ... …でいっぱいで
- □ thícken 動 を厚く[太く・濃く]する；厚く[太く・濃く]なる

contrary
[ká(ː)ntrèri] 594

(…と)反対の (to)
- 名 (the ～)反対，逆(のこと)
- ▶ on the contrary とんでもない；それどころか
- ▶ to the contrary それと反対の趣旨で，それと逆に

virtual
[vɚ́ːrtʃuəl] 595

仮想の；事実上の
- ▶ a virtual impossibility ほとんど不可能なこと
- ▶ virtual reality 仮想現実，バーチャルリアリティー
- □ vírtually 副 事実上，ほとんど

aggressive
[əgrésɪv] 596

攻撃的な；意欲的な
- □ aggréssion 名 侵略；侵害

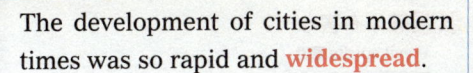

The development of cities in modern times was so rapid and <u>widespread</u>. (関西学院大)	現代における都市の発達はとても急速で広範囲にわたるものだった。
Being exposed to <u>domestic</u> violence may cause emotional problems in children. (岐阜大)	家庭内暴力にさらされることが，子供の心の問題を引き起こすこともある。
A horse came running up from a <u>distant</u> field. (センター試験)	1頭の馬が遠くの野原から走ってやって来た。
We are discussing whether or not we should use <u>nuclear</u> energy to make electricity. (大分大)	私たちは電気を発生させるのに核エネルギーを使うべきかどうかについて議論している。
The old man was sitting in his favorite chair, holding a <u>thick</u> book. (センター試験)	老人は厚い本を抱えて，お気に入りの椅子に座っていた。
<u>Contrary</u> to his expectations, Peter ran out of money halfway through his vacation. (上智大)	ピーターは自らの予想に反して休暇の途中で金がなくなってしまった。
In "chat rooms", subscribers can have <u>virtual</u> conversations with each other. (慶應義塾大)	「チャットルーム」（電子談話室）では会員は互いに仮想会話ができる。
Many drivers feel that using their horns can be interpreted as being <u>aggressive</u>. (慶應義塾大)	多くの運転手は，クラクションを鳴らすことが攻撃的であると解釈されかねないと感じている。

Section 6 形容詞編

evil [íːvəl] 597	**邪悪な**；有害な ▶ evil spirits 悪霊 **名** 害悪；悪 ▶ a necessary evil 必要悪
elementary [èlɪméntəri] 598	**初級の**；基本的な **TC elementary school**「小学校」 ▶ 英 では primary school と言う。 □ élement 名 要素；元素；(the ~s) 自然の力
annual [ǽnjuəl] 599	**1年間の**；年1回の，例年の ▶ an annual meeting 年次大会 □ ánnually 副 毎年，年に1回
immediate [ɪmíːdiət] 600	**即座の**；当面の；すぐそばの；直接の □ immédiately 副 すぐに；直接に ▶ immediately before [after] ... …の直前 [直後] に

病気を表す略語
ADHD Attention Deficit Hyperactivity Disorder　注意欠陥多動性障害
AIDS Acquired Immune Deficiency Syndrome
　　　　後天性免疫不全症候群 (エイズ)

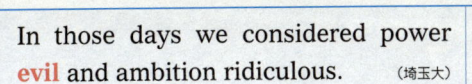

In those days we considered power **evil** and ambition ridiculous. （埼玉大）	当時私たちは権力を邪悪と見なし、野心をばかげていると見なした。
Is it a good idea to teach English in **elementary** school? （高知大）	小学校で英語を教えるのはよい考えだろうか。
The company's **annual** production of cars rose sharply last year.	その会社の車の年間生産量は昨年急激に増加した。
You should be aware that poisonous snake bites need **immediate** medical care. （立命館大）	毒ヘビにかまれたら即座の治療が必要であることを知っておくべきである。

ALS amyotrophic lateral sclerosis　筋萎縮性側索硬化症
BSE bovine spongiform encephalopathy　牛海綿状脳症
PTSD post-traumatic stress disorder　心的外傷後ストレス障害

Part 1 常に試験に出る基本単語 800
Section 7
単語番号 601 〜 700

動詞編

admire [ədmáiər] 601
に(…のことで)**感嘆する**(for)
- □ àdmirátion 图 感嘆；賞賛(の的)
- □ admírer 图 崇拝者
- □ admirable [ǽdmərəbl] 形 賞賛に値する

approve [əprúːv] 602
賛成する；を承認する
- 🆂 approve of ... 「…に賛成する」
- □ appróval 图 承認，賛同；好意
- □ dìsappróve 動 (…に)反対する(of)

devote [dɪvóʊt] 603
をささげる
- 🆂 devote *A* to *B*「A を B にささげる，充てる」
- ▶ devote *oneself* to ... …に専念する
- □ devótion 图 献身，専心
- □ devóted 形 献身的な；熱烈な

pursue [pərsjúː] 604
を追求する；に従事する
- □ pursúit 图 追求；遂行

dominate [dá(ː)mɪnèɪt] 605
を支配する；(…より)優勢である(over)
- □ dòminátion 图 支配；優勢
- □ dóminant 形 支配的な，優勢な
- □ dóminance 图 優勢

possess 🅐 [pəzés] 606
を所有している；の心をとらえる
- ▶ be possessed by [with] ... …に取りつかれている
- □ posséssion 图 所有；(〜s)財産

occupy 🅐 [á(ː)kjupàɪ] 607
(空間・時間)を占める；を占領する
- ▶ be occupied with [in] ... …に従事する (≒ occupy *oneself* with [in] ...)
- □ òccupátion 图 職業；占領

174

▶動詞編 p.174　　▶形容詞編 p.192
▶名詞編 p.184

I greatly admired the works of Le Corbusier. (岡山大)	私はル・コルビュジエの作品に大いに感嘆した。
I don't approve of children spending too much time playing video games. (南山大)	私は子供がテレビゲームにあまり多くの時間を費やすのに賛成しない。
My sister devoted her life to the study of medicine. (清泉女子大)	私の姉は医学の研究に一生をささげた。
Any person has the right to pursue happiness. (西南学院大)	だれもが幸福を追求する権利を持っている。
The Early Renaissance was dominated by the Florentine artists. (成蹊大)	ルネサンス初期はフィレンツェの芸術家により支配された。
Most animals possess some kind of "signaling" communication system. (明治大)	たいていの動物は、ある種の「信号通信」伝達システムを持っている。
A woman can always find plenty to occupy her time. (大阪市立大)	女性は常に自分の時間を埋めるたくさんのことを見つけることができる。

Section 7 動詞編

secure
[sɪkjʊər] 608
を確保する；を守る
- secure *A B* Aのために B を手に入れる（≒ secure *B* for *A*）
- 形 確かな；安全な；安心した
- □ secúrity 名 安全保障；警備

capture
[kǽptʃər] 609
を捕らえる；を引きつける
- 名 捕獲，逮捕；捕虜
- □ cáptive 形 捕らわれた　名 捕虜
- □ captívity 名 捕らわれた状態

lend
[lend] 610
を貸す（⇔ bórrow を借りる）；（人）に（物）を与える
- 活用：lend - lent - lent
- lend a hand 手を貸す，手伝う
- a lending rate 金利，利率

rent
[rent] 611
を賃借りする；を賃貸しする
- 名 地代，家賃；レンタル料
- □ réntal 名 賃貸料　形 賃貸の

persuade
発 [pərswéɪd] 612
を説得する；に確信させる
- TG **persuade *A* to *do***「Aを説得して〜させる」
- persuade *A* into *doing* と言い換えられる。
- □ persuásion 名 説得(力)
- □ persuásive 形 説得力のある

urge
発 [əːrdʒ] 613
に促す；を強く主張する；を追い立てる
- TG **urge *A* to *do***「Aに〜するように促す」
- 名 衝動，駆り立てる力
- □ úrgent 形 緊急の
- □ úrgency 名 緊急

stimulate
[stímjʊleɪt] 614
を刺激する
- simulate「をシミュレーションする，まねる」と区別。
- □ stímulus 名 刺激
- 複数形は stimuli [stímjʊlaɪ]。

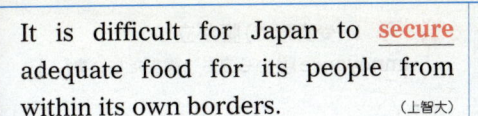

It is difficult for Japan to <u>secure</u> adequate food for its people from within its own borders. (上智大)	日本が国民のために十分な食糧を国内で<u>確保する</u>のは困難である。
At the age of sixteen, St. Patrick was <u>captured</u> by Irish invaders. (南山大)	16歳の時、聖パトリックはアイルランド人の侵略者たちに<u>捕らえられた</u>。
What happened to that book I <u>lent</u> you last summer? (立命館大)	去年の夏に僕が君に<u>貸した</u>本はどうなったの。
The Johnsons <u>rented</u> an apartment when they lived in Tokyo. (摂南大)	ジョンソン一家は東京に住んでいたとき、マンションを<u>借りていた</u>。
Commercial advertising tries to <u>persuade</u> us to buy a product or service. (学習院大)	商業広告は製品やサービスを買うように私たちを<u>説得し</u>ようとする。
The government is <u>urging</u> people to be economical with water. (法政大)	政府は人々に水を節約するように<u>促している</u>。
Hunger <u>stimulates</u> our stomach to contract rhythmically. (早稲田大)	空腹は私たちの胃を<u>刺激し</u>、周期的に収縮させる。

Section 7 動詞編

annoy
[ənɔ́i]
615

を悩ます；(受身形で)腹が立つ
- annóyance 名 いら立ち；腹立たしい事[人]

scare
[skeər]
616

をおびえさせる；を脅す
▶ be scared of ... …を怖がる
名 (突然の)恐怖, 不安
- scáry 形 怖い, 恐ろしい

crash
[kræʃ]
617

衝突する, 墜落する；をぶつけて壊す
🆃🅲 crash into ... 「…に衝突する」
▶ clash「対立する；ぶつかる」, crush「を押しつぶす」と区別。
名 衝突；墜落

collapse
⦿ [kəlǽps]
618

崩壊する；(人が)倒れる；を折り畳む
名 崩壊；衰弱

remark
[rimá:rk]
619

と述べる；(…について)意見を述べる(on / upon)
🆃🅲 remark that ... 「…と述べる」
名 意見(≒ cómmènt)；言及
- remárkable 形 注目に値する

illustrate
⦿ [íləstrèit]
620

を説明する；に挿絵を入れる
- ìllustrátion 名 挿絵；例；説明

protest
⦿ [prətést]
621

抗議する；を主張する
🆃🅲 protest against ... 「…に抗議する」
名 [próutest] 抗議(運動), 異議

declare
[dikléər]
622

を宣言する；を申告する
- dèclarátion 名 宣言；公表；申告
▶ the Declaration of Independence (米国)独立宣言

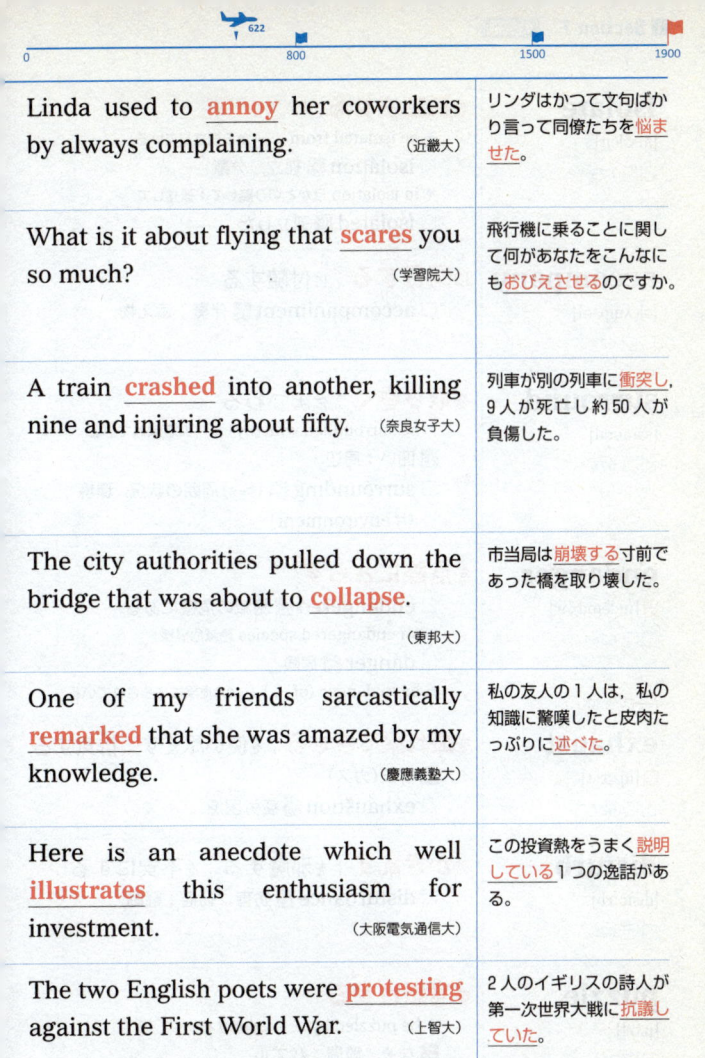

Linda used to **annoy** her coworkers by always complaining. (近畿大)	リンダはかつて文句ばかり言って同僚たちを悩ませた。
What is it about flying that **scares** you so much? (学習院大)	飛行機に乗ることに関して何があなたをこんなにもおびえさせるのですか。
A train **crashed** into another, killing nine and injuring about fifty. (奈良女子大)	列車が別の列車に衝突し，9人が死亡し約50人が負傷した。
The city authorities pulled down the bridge that was about to **collapse**. (東邦大)	市当局は崩壊する寸前であった橋を取り壊した。
One of my friends sarcastically **remarked** that she was amazed by my knowledge. (慶應義塾大)	私の友人の1人は，私の知識に驚嘆したと皮肉たっぷりに述べた。
Here is an anecdote which well **illustrates** this enthusiasm for investment. (大阪電気通信大)	この投資熱をうまく説明している1つの逸話がある。
The two English poets were **protesting** against the First World War. (上智大)	2人のイギリスの詩人が第一次世界大戦に抗議していた。
The UN **declared** that everyone has a right to food. (東海大)	国連はだれもが食に対する権利を有すると宣言した。

Section 7 動詞編

isolate
[áɪsəlèɪt] 623

を孤立させる
- ▶ be isolated from ... …から孤立している
- □ ìsolátion 名 孤立, 分離
- ▶ in isolation ほかと切り離して；孤立して
- □ ísolàted 形 孤立した

accompany
[əkʌ́mpəni] 624

に同行する；に付随する
- □ accómpaniment 名 伴奏；添え物

surround
[səráund] 625

を取り巻く；にまつわる
- ▶ be surrounded with [by] ... …に囲まれている
- 名 囲い；周辺
- □ surróunding 名 (〜s)周囲の状況, 環境 (≒ envíronment)

endanger
[ɪndéɪndʒər] 626

を危険にさらす
- □ endángered 形 絶滅の危機にある
- ▶ an endangered species 絶滅危惧種
- □ dánger 名 危険
- ▶ be in danger (of ...) (…の)危険にさらされている

exhaust
[ɪgzɔ́ːst] 627

を疲れ果てさせる；を使い尽くす；排気する
- 名 排気(ガス)
- □ exháustion 名 疲労困憊

disturb
[dɪstə́ːrb] 628

をかき乱す；を邪魔する；を不安にする
- □ distúrbance 名 妨害；動揺；騒動

puzzle
[pʌ́zl] 629

を当惑させる
- ▶ be puzzled by ... …に当惑する
- 名 なぞ, 難問；パズル

quit
[kwɪt] 630

をやめる；(場所)を去る
- ▶ 活用：quit - quit - quit (quitted はまれ)
- ▶ quit smoking タバコをやめる

The villages are reported to be **isolated** by the heavy snow.	それらの村は大雪によって孤立していると報じられている。
Tim **accompanies** his five-year-old daughter wherever she goes. （獨協大）	ティムは5歳の娘が出かけるところはどこへでも彼女に付き添う。
We know so little about the oceans that **surround** us. （佛教大）	私たちは，自分たちを取り巻く大洋についてほとんど何も知らない。
He **endangered** his life by reckless driving.	彼は無謀な運転によって自分の命を危険にさらした。
At the end of the event, I was **exhausted**. （早稲田大）	その催しが終わったとき私は疲れ果てていた。
It is possible for people to **disturb** the balance of nature without meaning to. （北里大）	人間が意図せずに自然のバランスを乱してしまうことはあり得る。
I was **puzzled** that she had never mentioned that she had a brother.	兄がいることを彼女が一度も口にしなかったことで私は当惑した。
Everybody was surprised when the new employee suddenly **quit** the company.	その新入社員が突然会社を辞めたことにみんな驚いた。

Section 7 動詞編

cope
[koʊp] 631
うまく処理する
cope with ... 「...に対処する」

enhance
[ɪnhǽns] 632
(価値など)を高める
- enháncement 图 (価値などの)増強, 向上
- enhánced 形 (価値や性能が)強化された

ease
[iːz] 633
を軽減する; 和らぐ; 緩む
图 容易さ; 気楽さ; 軽減
▶ with ease 容易に
▶ at (one's) ease くつろいで

apologize
[əpɑ́(ː)lədʒàɪz] 634
(...に; ...のことで)謝る(to; for); 弁明する
- apólogy 图 謝罪; 弁明

acknowledge
[əknɑ́(ː)lɪdʒ] 635
を認める(≒ admit); に謝意を表す
- acknówledgment 图 承認; 謝辞

resemble
[rɪzémbl] 636
に似ている
▶ resemble ... in character 性格が...に似ている
- resémblance 图 類似(点); 似ている人[物]

swallow
[swɑ́(ː)loʊ] 637
(を)飲み込む; をうのみにする; に耐える
图 飲むこと; 一飲み(の量)

distribute
[dɪstrɪ́bjət] 638
を分配する; (受身形で)分布する
- dìstribútion 图 分配; 分布

export
[ɪkspɔ́ːrt] 639
(を)輸出する(⇔ impórt 輸入する)
图 [ékspɔːrt] 輸出(品)

Cities cannot **cope** with the enormous influx of people. （龍谷大）	都市は人々の大量流入に対処することができない。
Consumers need to figure out which services **enhance** their lives. （中央大）	消費者はどのサービスが生活の質を高めるかを知っておく必要がある。
To **ease** these symptoms, people consume a small dose of caffeine. （甲南大）	こうした症状を軽くするため，人々は少量のカフェインを摂取する。
I do **apologize** for any inconvenience I have caused. （東京国際大）	ご迷惑をお掛けしましたことをおわび申し上げます。
Until disaster strikes we usually do not **acknowledge** its power. （同志社大）	災害が襲うまで，私たちは通例その力を認めない。
He **resembles** his father in appearance. （関西外国語大）	彼は外見が父親に似ている。
She **swallowed** some of the pills in the medicine chest. （横浜市立大）	彼女は薬箱の中の錠剤を数錠飲み込んだ。
They **distributed** free tickets on a first-come-first-served basis. （立教大）	彼らは無料チケットを先着順で配った。
The inspectors checked food products **exported** from the region. （名古屋工業大）	検査官たちは，その地域から輸出された食品を検査した。

Section 7 動詞編 名詞編

launch
[lɔːntʃ] 640
を**開始する**；を売り出す；を発射する
名 発射；進水；開始

名詞編

justice
[dʒʌ́stɪs] 641
公正, 正義；司法
▶ do ... justice …を公正に扱う (≒ do justice to ...)
▶ social justice 社会正義
☐ jústify 動 を正当化する

courage
[kə́ːrɪdʒ] 642
勇気
▶ a man of courage 勇気のある人
☐ courágeous [kəréɪdʒəs] 形 勇気のある
☐ encóurage 動 を励ます

passion
[pǽʃən] 643
情熱；熱中；激怒
☐ pássionate 形 情熱的な

bond
[bɑ(ː)nd] 644
絆；債券；束縛；接着剤
動 (を)接着する

companion
[kəmpǽnjən] 645
連れ；仲間
▶ a traveling companion 旅の道連れ
☐ compánionshìp 名 友達付き合い

mood
[muːd] 646
気分；機嫌；雰囲気
▶ in a good[bad] mood 上[不]機嫌の
☐ móody 形 不機嫌な；気分屋の

prejudice
[prédʒʊdəs] 647
(…に対する)**偏見** (against) (≒ bías)
動 に偏見を持たせる
☐ préjudiced 形 偏見を持った

Thailand **launched** a national health-care program in 2001. （慶應義塾大）	タイは2001年に国家保健医療計画を開始した。
The lawyer said that he was determined to get **justice** for his client.	その弁護士は依頼人のために正義を勝ち取る決心をしたと言った。
It took **courage** for Michael to do what he did. （三重大）	マイケルがそうするには勇気が必要だった。
I was pleased to find that some young people still have a **passion** for politics.	私は，まだ政治への情熱を持っている若者もいるとわかってうれしくなった。
Their **bond** was so remarkable that they spent most of their lives together. （大阪府立大）	彼らの絆は驚くほど強く，彼らは一生の大半をともに過ごした。
Whether you enjoy your trip or not will depend mainly on who your traveling **companions** are.	旅行を楽しめるかどうかは，だれが旅の連れであるかによるところが大きい。
In cognitive realms, colors may affect performance because of the **mood** they transmit. （同志社大）	認知の領域では，色はそれが伝える気分のせいで行動に影響を及ぼすこともある。
Action based on **prejudice** results in unfair treatment of people. （宮城教育大）	偏見に基づく行動は人々に対する不当な扱いにつながる。

Section 7 名詞編

discrimination
[dɪskrɪ̀mɪnéɪʃən]
648

(…に対する)**差別**(against)；区別
▶ racial discrimination 人種差別
□ discríminate 動 差別する；(を)区別する

priority
⚡[praɪɔ́(ː)rəti]
649

優先(事項)
▶ a top priority 最優先事項
□ príor 形 先の, 前もっての；優先する

globe
[gloʊb]
650

地球(≒ earth)；世界；球
□ glóbal 形 全世界的な
□ glóbalìsm 名 グローバリズム, 世界主義
□ glòbalizátion 名 グローバル化

hemisphere
⚡[hémɪsfɪər]
651

半球
▶ hemi- は「半分」, sphere は「球」という意味。
▶ the northern [southern] hemisphere 北[南]半球
▶ the right [left] hemisphere of the brain 右[左]脳

boundary
[báʊndəri]
652

境界(線)；(通例 ～ies)限界
□ bóund 名 (比喩的に)境界

asteroid
⚡[ǽstərɔ̀ɪd]
653

小惑星(≒ minor planet)；ヒトデ

gravity
[grǽvəti]
654

重力, 引力；重量；重大さ
▶ the law of gravity 重力の法則

component
[kəmpóʊnənt]
655

構成要素；部品
形 構成要素としての

liquid
[lɪ́kwɪd]
656

液体
▶「固体」は solid,「気体」は gas と言う。
形 液体の；流動体の(≒ flúid)

That woman took a firm stand against gender **discrimination**. (岐阜大)	その女性は性差別に対し断固たる立場をとった。
The company gives high **priority** to improved production methods. (中央大)	その会社は生産方法の改善を最優先している。
The human species has probably been on this **globe** for a couple of million years. (関西学院大)	人類はおそらく2，3百万年の間この地球に存在している。
In the northern **hemisphere**, the forested area is actually increasing. (神戸大)	北半球では，森林地帯は実際に増加している。
The state possesses absolute power within its territorial **boundaries**. (兵庫県立大)	国家はその領土境界の中で絶対的権力を有している。
Near-Earth **asteroids** are a real threat to life on Earth. (金沢工業大)	地球近傍小惑星は地球上の生物にとって現実の脅威である。
Gravity is an attractive force — it attracts comets toward the sun. (神戸大)	引力は引き寄せる力であり，例えばそれは彗星を太陽に引き寄せる。
Preventive care is a major **component** of health reform. (早稲田大)	予防治療は保険改革の主要な構成要素である。
At airports we cannot take most **liquids** aboard planes. (亜細亜大)	空港では，私たちはたいていの液体を機内に持ち込むことができない。

Section 7 名詞編

orbit
[ɔ́ːrbət] 657
軌道;範囲
▶ go in orbit 軌道に乗る
動 の周りを回る;軌道を回る

trace
[treɪs] 658
痕跡;微量
▶ a trace of ... ごくわずかの…
動 (足跡・起源など)をたどる

treasure
発 [tréʒər] 659
宝物;財産
動 を大切にする
□ tréasury 名 宝庫;国庫, 公庫
▶ the Treasury 英 財務省;米 大蔵省

logic
[lá(ː)dʒɪk] 660
論理;道理;原理
□ lógical 形 論理的な;当然の

council
[káʊnsəl] 661
(地方)議会;評議会;(公の)会議
▶ a Cabinet Council 閣議

profession
[prəféʃən] 662
職業;専門職;同業者仲間
□ proféssional 形 職業的な, 専門的な 名 専門家

secretary
[sékrətèri] 663
秘書;事務官;米 長官
▶ the general secretary 事務局長

jury
[dʒʊ́əri] 664
陪審(員団);審査員団
□ júror 名 陪審員;審査員

physician
[fɪzíʃən] 665
内科医
▶ physicist「物理学者」と区別。

Regular satellites have **orbits** which are nearly circular in shape. (金沢工業大)	通常の衛星は円に近い形の軌道を持っている。
In her Japanese there is no **trace** that her mother language is English. (松山大)	彼女の日本語には，母語が英語であるという痕跡がない。
The painting of Christ in the museum is a national **treasure**. (國學院大)	その美術館のキリストの絵画は国宝である。
When you read, you must evaluate all arguments for **logic** and fairness. (早稲田大)	文章を読むとき，すべての論を論理と公正さで評価しなければならない。
China holds some very limited elections for village **councils**. (早稲田大)	中国では村議会のための極めて限定された選挙がいくつか行われる。
When choosing a **profession**, you should take into account many factors, not just pay and conditions.	職業を選ぶときには，給料と条件だけでなく多くの要素を考慮すべきだ。
I handed the list of the document numbers to my **secretary**. (立命館大)	私は書類番号のリストを秘書に渡した。
In Britain, only 1% of criminal cases end up before **juries**. (早稲田大)	イギリスでは，刑事訴訟で最終的に陪審により審議されるのは全体の1%にすぎない。
Your **physician** can perform a careful physical exam and some blood tests. (法政大)	かかりつけの内科医は念入りな健康診断や血液検査を行うことができる。

Section 7 名詞編

surgeon
[sə́:rdʒən] 666

外科医；軍医
- □ súrgery 名 外科；(外科)手術
- ▶ plastic surgery 美容外科
- □ súrgical 形 外科的な；外科用の

guard
[ga:rd] 667

護衛者；監視, 警戒
- TG a security guard 「警備員」
- ▶ on [off] guard 警戒して [を怠って]
- 動 を護衛する；を監視 [警戒] する
- □ gúardian 名 保護者, 後見人

license
[láisəns] 668

免許(証)
- 動 を認可する，に許可を与える

grocery
[gróusəri] 669

(〜ies) 食料雑貨；食料雑貨店
- □ grócer 名 食料雑貨商人

litter
[lítər] 670

ごみ；乱雑な状態
- ▶ No litter ごみ捨て禁止(掲示)
- 動 ごみを散らかす；に散らかる

drought
発 [draut] 671

干ばつ；(慢性的な) 不足
- ▶ draught [dra:ft] 「下書き」(= draft) と区別。

blaze
[bleiz] 672

炎；強い輝き
- ▶ a blaze of sunshine 太陽の輝き
- 動 炎上する；ぎらぎら輝く

trap
[træp] 673

わな；苦境
- ▶ set a trap for ... …にわなをしかける
- 動 を閉じ込める；をわなで捕らえる

fate
[feit] 674

運命；結末；最期
- □ fátal 形 致命的な；破滅的な
- □ fatálity 名 不慮の死；死亡者(数)

During the early part of the Middle Ages there were no trained **surgeons** in Europe. (明治大)	中世初期にはヨーロッパに訓練された外科医はいなかった。
He used to work as a security **guard** in Waikiki. (追手門学院大)	彼はかつてワイキキで警備員として働いていた。
He almost forgot to renew his driver's **license**.	彼はもう少しで運転免許証を更新するのを忘れるところだった。
She gets her **groceries** delivered to her doorstep. (慶應義塾大)	彼女は食料雑貨を玄関先まで配達してもらう。
We make the rounds of our campus and pick up **litter**. (名古屋大)	私たちは大学構内を巡回し，ごみを拾う。
A **drought** can destroy crops that need rainwater to grow properly. (近畿大)	干ばつは，正しく生育するのに雨水を必要とする作物を破壊しかねない。
Easing winds and lower temperatures helped keep the **blaze** from spreading. (名古屋工業大)	風が弱まり気温が下がったおかげで炎は広がらずにすんだ。
The pressure to occupy free time with stimulating activity is called "the lifestyle **trap**." (神戸大)	刺激的な活動で自由な時間を埋めなければならないという重圧は「生活様式のわな」と呼ばれる。
Surviving an aircraft crash is not a matter of **fate**. (京都工芸繊維大)	飛行機墜落事故で助かることは運命の問題ではない。

Section 7 名詞編 形容詞編

luxury
[lʌ́gʒəri]
675

ぜいたく(品); (形容詞的に)豪華な
▶ a luxury hotel 高級ホテル
□ luxúrious 形 ぜいたくな, 豪華な

exception
[ɪksépʃən]
676

(…の)例外(to)
▶ without exception 例外なく
□ excépt 前 …を除いて　動 を除外する
□ excéptional 形 例外的な
□ excéptionally 副 並はずれて, 格別に

sum
[sʌm]
677

金額; 合計; 要点
▶ a large [small] sum of money 多[少]額の金
動 (sum up で)を要約する
□ súmmary 名 要約, まとめ
□ súmmarìze 動 (を)要約する

conservation
[kɑ̀(:)nsərvéɪʃən]
678

(動植物などの)保護; 保存
□ conservátionist 名 自然保護論者
□ consérve 動 (環境・資源)を保護する
□ consérvative 形 保守的な　名 保守的な人

形容詞編

democratic
[dèməkrǽtɪk]
679

民主主義の; 民主的な
□ demócracy 名 民主主義(国家)
□ démocràt 名 民主主義者

numerous
[njúːmərəs]
680

非常に数の多い
□ innúmerable 形 無数の

minor
[máɪnər]
681

小さい(⇔ májor 大きい方の); 重要でない
▶ a minor problem 小さな問題
名 未成年者
□ minórity 名 少数派(⇔ majórity 多数派); 少数民族

I think it's kind of a **luxury** to drink a lot of bottled water. (同志社大)	ボトル入りの水をたくさん飲むことは，ちょっとしたぜいたくだと私は思う。
In each country there are jealous people, and Japan is no **exception**. (名古屋外国語大)	どの国にも嫉妬深い人はおり，日本もその例外ではない。
The bank's losses over the year amounted to a huge **sum**.	その年のその銀行の損失は，莫大な金額に達した。
The NGO drew up a research project for penguin **conservation**. (上智大)	その NGO はペンギンの保護のための調査計画を立てた。
Because of a new **democratic** government, the people will have more freedom. (摂南大)	新たな民主主義政権のおかげで，国民はより多くの自由を享受することだろう。
Kyoto attracts **numerous** foreign tourists every year.	京都は毎年非常に多くの外国人観光客を引きつけている。
I had a **minor** accident while cycling in Europe. (玉川大)	私はヨーロッパを自転車で旅行していたとき，小さな事故に遭った。

Section 7 形容詞編

superior
[supíəriər] 682

よりすぐれた (⇔ inférior より劣った)
- be superior to ...「…よりすぐれている」
- 名 すぐれた人；上役；先輩
- □ supèriórity 名 優越

principal
[prínsəpəl] 683

主要な；資本金の
- 名 校長；上司；当事者；元金

crucial
[krúːʃəl] 684

重要な；厳しい
- ▶ at crucial moment 重大な時に

vital
[váitəl] 685

必要不可欠な；生き生きした；生命にかかわる
- be vital to ...「…にとって必要不可欠である」
- □ vitálity 名 活力；活気
- □ vítalize 動 に生命を与える；を活気づける

rational
[ræʃənəl] 686

理性的な；合理的な (⇔ irrátional 不合理な)
- □ rátionalìsm 名 合理主義
- □ rátionalìze 動 を合理化する

anxious
[æŋkʃəs] 687

心配して；切望して
- be anxious about ...「…を心配している」
- ▶ be anxious to do ～することを切望している
- □ anxíety 名 不安，心配；切望

curious
[kjúəriəs] 688

好奇心の強い；奇妙な
- □ cùriósity 名 好奇心
- □ cúriously 副 奇妙に

rude
[ruːd] 689

無礼な (⇔ políte 礼儀正しい)；粗野な
- ▶ It is rude of A to do ～するとはAは失礼である (≒ A is rude to do)

Many people believe that their own culture is <u>superior</u> to all other cultures. (法政大)	多くの人が，自国の文化がほかのすべての文化より<u>すぐれている</u>と考えている。
In ancient times, metallic toothpicks provided the <u>principal</u> means of caring for one's teeth. (京都大)	昔，金属製の爪楊枝は自分の歯をケアする<u>主要な</u>手段であった。
Consumption plays a <u>crucial</u> role in our social lives. (関西学院大)	消費は私たちの社会生活の中で<u>重要な</u>役割を果たしている。
Conversation is <u>vital</u> to our development and fulfillment as human beings. (慶應義塾大)	会話は，人間としての私たちの発達と自己実現にとって<u>必要不可欠である</u>。
A <u>rational</u> person is able to think clearly based on reason. (上智大)	<u>理性的な</u>人は理性に基づき明瞭に考えることができる。
He was <u>anxious</u> about the result of his job interview. (学習院大)	彼は就職面接の結果を<u>心配していた</u>。
In <u>curious</u> people, internal growth takes place regardless of the outcome. (立教大)	<u>好奇心の強い</u>人には，その結果にかかわらず生じる内面的成長が見られる。
Cellphone users seem to have no idea how <u>rude</u> they can be. (亜細亜大)	携帯電話の使用者は，自分がどんなに<u>無礼</u>になり得るのか全くわかっていないようだ。

Section 7 形容詞編

remote [rɪmóʊt] 690	(…から)**遠く離れた**(from)；かけ離れた ▶ a remote relative 遠い親戚
tropical [trá(ː)pɪkəl] 691	**熱帯の** ▶ a tropical (rain) forest 熱帯(雨)林 □ trópic 名 回帰線；(the ~s)熱帯地方
marine ⑦ [mərí:n] 692	**海の**；船舶の ▶ a marine chart 海図 名 海兵隊員
extraordinary 発 [ɪkstrɔ́:rdəneri] 693	**異常な**(⇔ órdinàry 普通の)；並はずれた □ extraórdinàrily 副 並はずれて
odd [ɑ(ː)d] 694	**奇妙な**(≒ strange)；奇数の ▶ an odd number 奇数 □ odds 名 可能性；勝ち目
biological [bàɪəlá(ː)dʒɪkəl] 695	**生物学(上)の** ▶ a biological weapon 生物兵器 □ biólogy 名 生物学；生態 □ biólogist 名 生物学者
racial [réɪʃəl] 696	**人種の，民族の** ▶ racial harassment 人種的嫌がらせ □ race 名 人種；民族 □ rácist 名 人種(差別)主義者 □ rácìsm 名 人種主義；人種差別
initial [ɪníʃəl] 697	**初めの** 名 頭文字，イニシャル □ inítiàte 動 を新たに始める；に手ほどきをする □ inítiative 名 主導権；新構想[計画]

I wondered what life was like in such a **remote** place. (神戸大)	私はそのように<u>遠く離れた</u>場所の生活がどのようなものなのかと思った。
In Indonesia, there are some of the Earth's most biologically diverse **tropical** forests. (兵庫県立大)	インドネシアには，地球で最も生物学的に多様な<u>熱帯</u>林がいくつかある。
Simple **marine** animals called corals formed the Great Barrier Reef over thousands of years. (獨協大)	サンゴと呼ばれる単純な<u>海洋</u>動物は数千年にわたってグレートバリアリーフを形成した。
I was shocked at a series of **extraordinary** events in the past few days.	この数日間の一連の<u>異常な</u>出来事にはショックを受けた。
They regard tipping as an **odd** custom in a free-market economy. (早稲田大)	彼らはチップが自由市場経済における<u>奇妙な</u>習慣であると見なしている。
Even a tiny organism contains a **biological** clock. (大阪大)	非常に小さな生物でさえ<u>生物</u>時計を持っている。
This might lead to ethnic tensions and **racial** problems. (宮崎大)	これは民族間の緊張と<u>人種</u>問題につながるかもしれない。
She held to her **initial** proposal despite strong opposition from others. (明海大)	彼女はほかの人からの強い反対にもかかわらず<u>初めの</u>提案に固執した。

Section 7 形容詞編

distinct
[dɪstíŋkt] 698

明らかに異なる；明瞭な
- distínction 名 区別；差異；卓越
- distínctive 形 ほかと異なった；独特の
- distínguish 動 を(…と)区別する(from)

pure
[pjʊər] 699

純粋な；潔白な；全くの
- púrify 動 を精製する；を浄化する
- púrity 名 純粋さ；潔白

exact
[ɪgzǽkt] 700

正確な；まさにその
▶ to be exact 厳密に言えば
- exáctly 副 正確に；まさに

変則的な複数形(1)：母音の変化
man 男	→	men
woman 女	→	women
mouse ネズミ	→	mice
die サイコロ	→	dice

The North and South Islands have two **distinct** rainfall patterns. （愛知大）	北島と南島には２つの明らかに異なる降雨パターンがある。
Americans feel that British English is **purer** than American English. （滋賀県立大）	アメリカ人はイギリス英語の方がアメリカ英語より純粋であると感じている。
She tried to make an **exact** copy of the *Mona Lisa*. （武蔵大）	彼女はモナリザの正確な複製を作成しようとした。

```
foot  足          →  feet
goose ガチョウ    →  geese
tooth 歯          →  teeth
penny ペンス(通貨) →  pence
```

Part 1 常に試験に出る基本単語 800
Section 8
単語番号 701 〜 800

動詞編

sustain [səstéin] 701
を持続させる；を支える
- sustáinable 形 持続可能な，環境を壊さずに活動が続けられる
- sustàinabílity 名 持続可能性

defend [dɪfénd] 702
を防御する；を弁護する
- ▶ defend *oneself* 自衛する；自己弁護する
- défense 名 防御（⇔ offénse 攻撃）
- defénsive 形 防御の
- deféndant 名 被告（⇔ pláintiff 原告）

foster [fɔ́(ː)stər] 703
を促進する；を養育する；を心に抱く
形 養育の，育ての
- ▶ a foster father [mother] 養父［母］

pile [paɪl] 704
を積み重ねる；積み重なる
名 積み重ねた山；大量
- ▶ a pile of ... たくさんの…

attach [ətǽtʃ] 705
を付ける；を付与する
- 🆃🅒 attach *A* to *B*「BにAを付ける」
- ▶ be attached to ... …に愛着を抱いている
- attáchment 名 取り付け；愛着

pour [pɔːr] 706
を注ぐ；(を)放出する；激しく降る；押し寄せる
- 🆃🅒 pour *A* into *B*「BにAを注ぐ」
- ▶ It's pouring outside. 外はどしゃ降りの雨だ。

load [loʊd] 707
に積む；に負わせる
- 🆃🅒 load *A* with *B*「AにBを積む」
- 名 (積み)荷；重荷；負担；負荷
- ▶ loads of ... たくさんの…

▶動詞編 p.200　　▶形容詞編 p.218
▶名詞編 p.210

This project is vital if we are to **sustain** our living standards. （大阪電気通信大）	私たちが今の生活水準を持続させるつもりなら、この計画は不可欠である。
Some people use guns to **defend** themselves from criminals. （旭川医科大）	犯罪者から自分の身を防御するために銃を使う人もいる。
The study of economics helps **foster** logical thinking. （獨協大）	経済学の研究は論理的思考を促進するのに役立つ。
Little by little, humans have **piled** up a mountain of discoveries. （小樽商科大）	少しずつ、人間は山のような発見を積み重ねてきた。
Please **attach** a label with your name on it to each piece of baggage.	それぞれの荷物に自分の名前の入ったラベルを付けてください。
She **poured** warm milk into the feeding bottle. （東邦大）	彼女は哺乳瓶に温めたミルクを注いだ。
All these trucks are **loaded** with relief goods. （立教大）	これらのトラックのすべてに救援物資が積まれている。

Section 8 動詞編

stretch
[stretʃ] 708
を伸ばす；を広げる；伸びる；及ぶ
图 (一続きの)広がり；期間；伸ばす[伸びる]こと
□ strétcher 图 担架，ストレッチャー

convey
[kənvéi] 709
を伝える；を運ぶ
□ convéyance 图 運搬；伝達

derive
[diráiv] 710
由来する；を引き出す；を推論する
🆃🅲 derive from ... 「…に由来する」
□ dèrivátion 图 由来，起源
□ derívative 圏 派生的な 图 (~s)金融派生商品

tap
[tæp] 711
(を)有効利用する；を引き出す；を軽くたたく
🆃🅲 tap into ... 「…を利用する」
图 蛇口；軽くたたくこと[音]

calculate
[kǽlkjulèit] 712
を計算する；を予測する
□ càlculátion 图 計算；予測
□ cálculàtor 图 計算機

suspect
[səspékt] 713
ではないかと思う；(人)を疑う
🆃🅲 suspect that ... 「…ではないかと思う」
图 [sʌ́spekt] 容疑者
圏 [sʌ́spekt] 疑わしい；不審な
□ suspícion 图 疑い
□ suspícious 圏 疑わしい

detect
[ditékt] 714
を感知する；を見つけ出す
□ detéction 图 発見；捜査
□ detéctive 图 刑事；探偵 圏 探偵の；探知用の
□ detéctable 圏 探知できる

attribute
[ətríbju:t] 715
(結果など)を(…に)帰する(to)
🆃🅲 attribute A to B 「AをBのせいにする」
图 [ǽtribju:t] 属性，特性；象徴
□ àttribútion 图 帰属；属性；権限

I stood up to **stretch** my back. (大阪教育大)	私は背中を伸ばすために立ち上がった。
Speech is mainly used to **convey** facts and data. (大阪市立大)	言葉は主として事実やデータを伝えるのに用いられる。
I didn't know the word "ozone" **derives** from Greek.	私は「オゾン」という語がギリシャ語に由来するということを知らなかった。
Electric vehicles are able to **tap** into existing power networks. (電気通信大)	電気自動車は現存する送電網を利用することができる。
Using the survey results, Marshall **calculated** the size of the orangutan population. (兵庫県立大)	調査結果を利用してマーシャルはオランウータン個体群の規模を計算した。
I **suspect** you might be somewhat vague and uncertain. (神戸大)	君はちょっとあいまいで自信がないのではないかと思う。
Birds are able to **detect** the magnetic field of the earth. (松山大)	鳥は地球の磁場を感知することができる。
A medical researcher **attributed** the problem of obesity to the surroundings. (九州大)	ある医学研究者は肥満の問題を環境のせいにした。

Section 8 動詞編

evaluate
[ɪvǽljuèɪt]
716

を**評価する**；を査定する
- evàluátion 名 評価, 査定

accuse
[əkjúːz]
717

を**非難する**；を告訴する
- TC **accuse A of B**「AをBのことで非難する」
- àccusátion 名 非難；告訴, 告発
- accúsed 名 (the ~) 被告人(たち)

sue
[sjuː]
718

を**告訴する**；(…を求めて)**訴訟を起こす**(for)
▶ sue A for B Bの理由でAを告訴する
- suit 名 訴訟 (= láwsuit)

retire
[rɪtáɪər]
719

(…から)**引退する, 退職する**(from)
- retírement 名 引退, 退職
- retiree [rɪtàɪəríː] 名 (定年)退職者

shrink
[ʃrɪŋk]
720

縮む；減少する；ひるむ
▶ 活用：shrink - shrank [shrunk] - shrunk [shrunken]
- shrínkage 名 収縮, 減少

bow
発 [baʊ]
721

おじぎする；屈服する
名 おじぎ
▶ bow [boʊ]「弓」は同じつづりで発音が異なるので注意。

peer
[pɪər]
722

(…を)**じっと見る** (at / into)
名 同輩；仲間；貴族

delight
[dɪláɪt]
723

を**喜ばせる**；(…を)大いに喜ぶ(in)
名 大喜び, 楽しみ；喜びを与えるもの
- delíghted 形 喜んで
▶ be delighted with ... …を非常に喜ぶ
▶ be delighted to do 喜んで~する
- delíghtful 形 喜びを与える, 愉快な

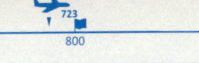

Stock markets can correctly **evaluate** seemingly inexplicable events. (旭川医科大)	株式市場は説明がつかないように思える出来事を正確に評価することができる。
The company was **accused** of not providing enough information about the accident.	その会社は事故に関する十分な情報を提供しなかったとして非難された。
The tire and rubber company had not been **sued** before he started the lawsuit. (明治大)	そのタイヤ・ゴム会社は彼が訴訟を起こす以前には告訴されたことはなかった。
After people **retire**, they collect their pensions and also often use the healthcare system. (追手門学院大)	人々は引退した後に年金を受け取り、また、しばしば医療制度を利用する。
Woolen clothes **shrink** in hot water. (京都外国語大)	ウールの服は湯につけると縮む。
Many Asian people **bow** when they greet one another. (日本女子大)	多くのアジア人は互いに挨拶するときおじぎをする。
He was **peering** closely at the winding branches along the wall. (早稲田大)	彼は壁に沿ってくねくね伸びている枝をじっと見つめていた。
The mere idea of my father being elected president **delighted** me. (関東学院大)	父が社長に選ばれると思うだけで私はうれしかった。

Section 8 動詞編

relieve
[rɪlíːv] 724

を和らげる；(受身形で)(〜して)安心する(to do)；を解放する
- relieve A of B A(人)をB(苦痛など)から解放する
- □ relíef 名 安心；緩和；救済

discourage
[dɪskə́ːrɪdʒ] 725

(人)にやる気をなくさせる；を落胆させる (⇔ encóurage を励ます)
- discourage A from doing Aに〜することを思いとどまらせる
- be discouraged at ... …にがっかりする
- □ discóuragement 名 落胆

frustrate
[frʌ́streɪt] 726

を挫折させる；(受身形で)(…に)不満を抱く(with)
- □ frústrating 形 欲求不満を起こさせるような
- □ frùstrátion 名 挫折(感)；欲求不満

neglect
[nɪglékt] 727

を怠る；を無視する
- neglect to do 〜し忘れる
- 名 放置，怠慢；無視
- □ négligence 名 怠慢，手抜かり
- □ négligent 形 怠慢な，不注意な

resist
[rɪzɪ́st] 728

に抵抗する；(否定文で)に耐える
- □ resístance 名 抵抗，反抗；妨害
- □ resístant 形 抵抗力のある，耐性のある

restrict
[rɪstríkt] 729

を制限する
- be restricted to ... …に限定されている
- □ restríction 名 制限；規制
- □ restríctive 形 制限する

eliminate
[ɪlímɪnèɪt] 730

を取り除く
- □ elìminátion 名 除去，排除

beat
[biːt] 731

(を)打つ；を打ち負かす
- 活用：beat - beat - beaten [beat]
- 名 打つ音；拍子；鼓動

Environmental conditions can intensify or **relieve** loneliness. （関西学院大）	周囲の状況は孤独を強める可能性もあれば和らげる可能性もある。
We bought security cameras to **discourage** robbers. （亜細亜大）	私たちは強盗にその気をなくさせるために防犯カメラを買った。
Structural and stability problems seem to have **frustrated** the gliding enthusiasts. （同志社大）	構造上，安定上の問題が，そのグライダーに熱中している人を挫折させたように思える。
You have long **neglected** your studies because of the trip. （佛教大）	あなたは長い間，旅行を理由に勉強を怠ってきた。
Older adults **resist** new ideas, while students do not. （神奈川大）	年をとった大人は新しい考えに抵抗するが，学生はそうしない。
The bill to **restrict** juries was approved by the government. （早稲田大）	陪審を制限する法案が政府により可決された。
We must come up with measures to **eliminate** drugs from society. （立命館大）	私たちは社会から麻薬を取り除く方策を考え出さなくてはならない。
The man hung up the carpet and began to **beat** it.	男性はカーペットを掛け，それをたたき始めた。

Section 8 動詞編

defeat [dɪfíːt] 732	**を負かす**(≒ beat)；を失敗させる 名 敗北；打破；失敗
punish [pʌ́nɪʃ] 733	**を罰する**；に損傷を与える ▶ punish A for B A を B のことで罰する □ púnishment 名 刑罰；処罰
prohibit [prouhíbət] 734	**を禁止する** ▶ prohibit A from *doing* A が〜するのを禁じる □ pròhibítion 名 禁止
deserve [dɪzə́ːrv] 735	**に値する** ▶ deserve to *do* 〜するに値する，〜して当然である ▶ deserve *doing* 〜されるに値する
pose [pouz] 736	**(問題など)を提起する**；ポーズをとる；(…を)装う(as) 名 ポーズ；見せかけ
fold [fould] 737	**を折り畳む**；畳める；(腕など)を組む ▶ with *one's* arms folded 腕組みをして 名 折り重ねた部分；畳み目 □ fólder 名 フォルダー，紙ばさみ
monitor [mɑ́(ː)nətər] 738	**を監視する**；を傍受する 名 監視テレビ；監視員
specialize [spéʃəlàɪz] 739	**専門とする**；圏(…を)専攻する(in) (≒ 圏 májor) 🔟 **specialize in ...**「…を専門に扱う」 □ spécialist 名 専門家 □ spécialty 名 専門；名物；特色 □ spécially 副 特に
accomplish [əkɑ́(ː)mplɪʃ] 740	**を成し遂げる** ▶ be accomplished in [at] ... …に熟達している □ accómplishment 名 達成；業績

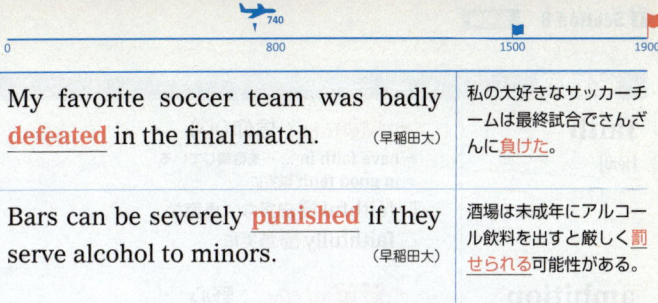

My favorite soccer team was badly **defeated** in the final match. (早稲田大)	私の大好きなサッカーチームは最終試合でさんざんに負けた。
Bars can be severely **punished** if they serve alcohol to minors. (早稲田大)	酒場は未成年にアルコール飲料を出すと厳しく罰せられる可能性がある。
The city's committee **prohibited** plastic checkout bags at supermarkets. (法政大)	市の委員会はスーパーでのレジ用ポリ袋の提供を禁じた。
He worked hard and **deserves** a big bonus. (成城大)	彼は一生懸命働いたので,高額ボーナス(をもらう)に値する。
This situation **poses** a number of problems in the short term. (獨協大)	この状況は短期的に多くの問題を提起する。
He **folded** up his bike and carried it on to the train. (上智大)	彼は自転車を折り畳み,それを列車に持ち込んだ。
Policemen routinely **monitor** eye movement during interviews. (京都産業大)	警官は取り調べの間,いつも決まって目の動きを監視する。
Some lawyers **specialize** in civil cases such as divorces. (大分大)	離婚のような民事訴訟を専門にする弁護士もいる。
Those who don't take risks will **accomplish** nothing in life. (明海大)	危険を冒さない者は人生で何も成し遂げないだろう。

Section 8 名詞編

名詞編

faith [feɪθ] 741
(…への)**信頼**(in);信仰(心)
- have faith in ... …を信頼している
- in good faith 誠実に
- □ fáithful 形 忠実な;貞節な
- □ fáithfully 副 誠実に

ambition [æmbíʃən] 742
(…への)**野望**(of / for);野心
- □ ambítious 形 野心的な

enthusiasm [ɪnθjúːziæzm] 743
(…への)**熱情**(for)
- with enthusiasm 熱狂して, 熱意を持って
- □ enthùsiástic 形 熱狂的な
- □ enthúsiàst 名 熱狂者;ファン

honor [á(ː)nər] 744
光栄;名誉(⇔ dishónor 不名誉);敬意
- in honor of ... …を記念して;…に敬意を表して
- do A an honor A(人)に敬意を表する
- 動 に栄誉を与える;を敬う
- □ hónorable 形 尊敬すべき

discount [dískaʊnt] 745
割引
- at a discount 割引して
- 動 を割り引く;を軽視する

fare [feər] 746
(乗り物の)料金
- 動 (事が)運ぶ;(人が)やっていく

frame [freɪm] 747
枠, 縁;骨組み;体格
- a frame of mind 心の状態, 気分
- a frame of reference 準拠体系
- 動 を枠にはめる;を組み立てる

mode [moʊd] 748
方式;気分;形態;流行
- be in holiday mode 休みの気分である

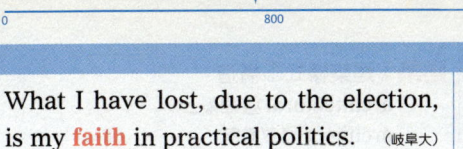

What I have lost, due to the election, is my <u>faith</u> in practical politics. (岐阜大)	その選挙のために,私が失ったものは実利的な政治に対する<u>信頼</u>である。
His <u>ambition</u> to become a politician is likely to be realized. (東海大)	政治家になるという彼の<u>野望</u>はかなえられそうである。
He wasn't sure if he would regain <u>enthusiasm</u> for swimming. (東北学院大)	彼は水泳に対する<u>熱情</u>を取り戻せるのかどうか確信が持てなかった。
It's my <u>honor</u> to introduce today's guest, Ms White. (東京理科大)	本日のお客様,ホワイト女史をご紹介できて<u>光栄</u>であります。
New customers can get a 10% <u>discount</u> at the store. (立命館大)	その店では初めての客は10%の<u>割引</u>を受けることができる。
The cost of the air <u>fare</u> is much higher than that of the rail <u>fare</u>. (東京都市大)	航空<u>料金</u>の価格は鉄道<u>料金</u>のそれよりずっと高い。
Her hair is a dark brown color, matching the <u>frames</u> of her glasses. (桃山学院大)	彼女の髪はこげ茶色で,彼女の眼鏡の<u>縁</u>に合っている。
The United States uses many <u>modes</u> of transportation. (弘前大)	アメリカは多くの輸送<u>方式</u>を使用する。

Section 8 名詞編

architecture [ά:rkətèktʃər] 749
建築；建築様式；構造
- □ àrchitéctural 形 建築上の
- □ árchitèct 建築家

sequence [síːkwəns] 750
一連(のもの)；連続
- ▶ a gene sequence 遺伝子配列
- ▶ in sequence 順番に
- 動 の配列を決定する；を順番に並べる
- □ sequéntial 形 連続的な

usage [júːsɪdʒ] 751
語法；使用(法)
- ▶ current English usage 現代英語の語法

abuse [əbjúːs] 752
濫用；虐待
- ▶ drug abuse 薬物濫用
- ▶ child abuse 児童虐待
- 動 [əbjúːz] を濫用[悪用]する；を虐待する

pesticide [péstɪsàɪd] 753
殺虫剤；除草剤 (≒ hérbicìde)
- ▶ -(i)cide は「殺す(もの, 人)」の意。例：suicide「自殺」

pollen [pά(ː)lən] 754
花粉
- ▶ a pollen allergy 花粉アレルギー (≒ hay fever)
- ▶ the pollen count 花粉指数
- □ póllinàte 動 に授粉する

prefecture [príːfektʃər] 755
県, 府

geography [dʒiá(ː)grəfi] 756
(the ～)地理；地理学
- □ gèográphical 形 地理学的な (≒ gèográphic)
- □ geógrapher 名 地理学者

The area is widely known for its modern architecture.	その地域は現代建築で広く知れ渡っている。
They described the sequence of events in minute detail.	彼らはその一連の出来事を事細かに描写した。
Are there languages that are easier than others with respect to rules of usage? (成蹊大)	語法の規則に関してほかの言語より易しい言語は存在するか。
For some people, watching TV is a form of "substance abuse". (宇都宮大)	一部の人にとってテレビを見ることはある種の「薬物濫用」である。
We must be careful to keep the pesticide out of children's reach.	殺虫剤を子供たちの手の届かないところに置くよう注意しなければならない。
The pollen from trees and grasses causes hay fever. (学習院大)	木や草の花粉が花粉症の原因となる。
Most of the students are from Aichi Prefecture. (愛知工業大)	その学生の大半は愛知県の出身である。
The history of Belize has been shaped mainly by its geography. (亜細亜大)	ベリーズの歴史は主としてその地理により形作られてきた。

213

Section 8 名詞編

administration
[ədmìnɪstréɪʃən] 757

管理(部)；行政；政府(機関)
▶ the Obama administration オバマ政権
□ adminíster 動 を管理する
□ admínistràtive 形 管理上の
□ admínistràtor 名 管理者

candidate
[kǽndɪdèɪt] 758

(…の)候補(者) (for)；志願者
▶ put up a candidate 候補者を立てる
□ cándidacy 名 立候補(資格)

rubbish
[rʌ́bɪʃ] 759

英 ごみ (≒米 gárbage)；つまらないもの
▶ a pile of rubbish ごみの山
形 下手な，お粗末な

bias
[báɪəs] 760

偏見；傾向
▶ have a strong bias against ... …に強い偏見を持つ
動 を偏らせる；(受身形で)偏見を持つ

vice
[vaɪs] 761

悪 (⇔ vírtue 美徳)；欠点
▶ vice「(役職名の前に付けて)副…，代理…」と同音。
▶ 同じつづりのラテン語を使った vice versa「逆もまた同じ」という表現も頻出。
□ vícious 形 悪い
▶ a vicious circle 悪循環

debt
発 [det] 762

借金；恩義
◎ be in debt「借金している」
▶ be in A's debt A に借りがある
▶ national debt 国債
□ indébted 形 借りがある

prospect
[prá(:)spekt] 763

見込み；(~s) 展望；有望な人
□ prospéctive 形 有望な；未来の

expedition
[èkspədíʃən] 764

遠征(隊)
▶ an Everest expedition エベレスト遠征隊

The new president made many reforms to the company's administration.	新しい社長は会社の管理部に対して多くの改革を行った。
They had not yet decided for which candidate they would vote. (センター試験)	彼らはどの候補者に投票するかまだ決めていなかった。
In that country, about 80 percent of household rubbish goes to landfills. (東邦大)	あの国では家庭ごみの約80%はごみ埋め立て地に行く。
Our biases influence the choices we make. (東京工業大)	私たちの偏見は私たちがなす選択に影響を及ぼす。
Eliminating competition in society would lead to laziness and vice. (秋田大)	社会における競争を排除することは怠惰と悪につながるだろう。
He spends far more than he earns and is in debt. (摂南大)	彼は稼ぎよりもはるかに多くの金を使い，借金をしている。
That sales project has very good prospects.	その販売計画にはかなりの見込みがある。
He went on a series of expeditions in Europe. (南山大)	彼は一連のヨーロッパ遠征に出た。

Section 8 名詞編

session [séʃən] 765
集まり；(議会の)会期；(開会中の)議会
- a drinking session 飲み会
- a summer session 夏期講習会

semester [seméstər] 766
学期
- the fall semester 秋学期

reef [ri:f] 767
(岩や砂の)礁；暗礁
- a coral reef サンゴ礁

mineral [mínərəl] 768
鉱物；ミネラル
形 鉱物(質)の，鉱物を含む
- mineral water ミネラルウォーター

sibling [síblɪŋ] 769
きょうだい
- sibling rivalry きょうだい間の争い[競争心]

proverb [prá(:)və:rb] 770
ことわざ (≒ sáying)
- as the proverb says [goes] ことわざにもあるとおり
- □ provérbial 形 ことわざの(ような)

instinct [ínstɪŋkt] 771
本能；(自然に起こる)衝動；勘
- by instinct 本能的に
- maternal instincts 母性本能
- □ instínctive 形 本能的な

minimum [mínɪməm] 772
最小限度 (⇔ máximum 最大限)
- at a minimum 最低でも
形 最小(限度)の，最低限の
- □ mínimal 形 最小の

millennium [mɪléniəm] 773
千年間，千年紀
- the third millennium 紀元2001年以降の千年

My section is planning a training **session** for new employees next month. (早稲田大)	私の課は来月，新入社員のための研修会を計画している。
I guess you'll have lots of reports to write next **semester**. (宮城教育大)	来学期は書かなければいけないレポートがたくさんあると思うよ。
Coral builds **reefs** near the shores of continents.	サンゴは大陸の沿岸近くに礁を形成する。
The Republic of the Congo is a country rich in **minerals**. (上智大)	コンゴ共和国は鉱物に富む国である。
Older children think themselves more responsible than their younger **siblings**. (武蔵大)	年上の子供は年下のきょうだいより，自分にもっと責任があると考える。
Proverbs can tell us a lot about a particular culture. (早稲田大)	ことわざはある特定の文化について多くを教えてくれる。
Migrating birds know by **instinct** which direction to fly in.	渡り鳥はどちらの方向に飛ぶべきかを本能的に知っている。
The time that most people spend at work is only the accepted **minimum**. (慶應義塾大)	たいていの人が仕事をして費やす時間は一般に認められた最小限度にすぎない。
The economic influence of the East will become stronger in the next **millennium**. (学習院大)	東洋の経済的影響力は次の千年紀にはもっと強力なものになるだろう。

Section 8 名詞編 / 形容詞編

donor
[dóunər] 774

寄贈者；臓器[血液]提供者
- □ dónate 動 を寄付する；を提供する
- □ donátion 名 寄付(金)；提供
- □ donee [douní:] 名 被提供者(≒ recípient)

herd
[hə:rd] 775

(牛などの)群れ；群衆
動 を集める；を群れで移動させる

league
[li:g] 776

(競技)連盟；同盟
▶ the American league アメリカンリーグ

cooperation
[kouà(:)pəréiʃn] 777

協力
▶ international cooperation 国際協力
- □ coóperàte 動 協力する
- □ coóperative 形 協力的な

形容詞編

fairy
[féəri] 778

妖精の(ような)
🔤 fairy tale [story] 「おとぎ話」
名 妖精

precise
[prɪsáɪs] 779

正確な(≒ exáct)；精密な；まさにその
▶ to be precise 正確に言うと
- □ precísely 副 正確に；まさしく
- □ precísion 名 正確；精度

intense
[ɪnténs] 780

強烈な；熱烈な
- □ inténsity 名 強烈さ
- □ inténsify 動 を強化する，増す
- □ inténsive 形 集中的な

solid
[sá(:)ləd] 781

固体の；頑丈な
名 固体；固形物
- □ solídify 動 を固める；固まる

The name of the picture's **donor** was written next to it.	その絵の寄贈者の名前は、その隣に書かれてあった。
On the open grasslands of Kenya, **herds** of zebras and elephants graze. (津田塾大)	ケニヤの開けた草原ではシマウマやゾウの群れが草をはむ。
In the college **league**, matches are composed of five rounds. (名古屋工業大)	この大学連盟では、試合は5回戦から成る。
Through **cooperation**, these companies have reduced pollution. (小樽商科大)	協力によりこれらの会社は汚染を減らした。
Fairy tales are part of an oral tradition. (大阪府立大)	おとぎ話は言い伝えの一種である。
The **precise** height of the tower is 634 meters.	その塔の正確な高さは634メートルだ。
Relentless, **intense** stress can eventually exhaust anyone. (京都工芸繊維大)	容赦のない強烈なストレスは最後にはどんな人も疲労困憊させかねない。
Ice is a **solid** substance that water has frozen into.	氷は水が凍って成る固体の物質である。

Section 8 形容詞編

permanent
[pə́:rmənənt] 782
永続的な(⇔ témporàry 一時的な)
- pérmanently 副 永久に；いつも

brief
[bri:f] 783
短い；簡潔な
▶ to be brief 手短に言えば(≒ in brief)
名 摘要，概要
動 を要約する；に事前に指示を与える
- bríefly 副 少しの間；手短に
- bríefing 名 事前の説明

flexible
[fléksəbl] 784
融通の利く，柔軟な
- flèxibílity 名 柔軟性；順応性

informal
[infɔ́:rməl] 785
形式ばらない，略式の(⇔ fórmal 正式の)
▶ informal clothes 普段着(≒ casual clothes)
- infórmally 副 形式ばらずに

temporary
[témpərèri] 786
一時的な(⇔ pérmanent 永続的な)
- tèmporárily 副 一時的に
- témporal 形 時間の；世俗の

frequent
[frí:kwənt] 787
頻繁な
動 [frɪkwént] をよく訪れる
- fréquently 副 しばしば，頻繁に
- fréquency 名 頻度；頻発

visible
[vízəbl] 788
(目に)見える(⇔ invísible 見えない)；明白な
- vìsibílity 名 目に見えること；視野；可視度
- vísion 名 視力；展望

external
[ɪkstə́:rnəl] 789
外部の(⇔ intérnal 内部の)；対外的な；表面的な
- extérnally 副 外部に；外見上

These toxins cause **permanent** damage to the human body. （名古屋工業大）	これらの毒素は人体に永続的な害を及ぼす。
For a **brief** moment we looked at each other in surprise. （成蹊大）	わずかな間私たちは驚いて互いを見合った。
People who believe intelligence is fixed are less **flexible**. （広島大）	知能が固定されていると信じる人はあまり融通が利かない。
Real speech is filled with idioms and **informal** language. （高知大）	実際の談話はイディオムやくだけた言葉遣いで満ちている。
We care more about our friends than our **temporary** neighbors. （埼玉大）	私たちは一時的な隣人より友人の方をもっと気遣う。
Snowfalls have become less **frequent** due to global climate change. （東京経済大）	地球の気候変動のせいで降雪が以前ほど頻繁でなくなった。
Culture is not itself **visible**, but is made **visible** through its representation. （東京工業大）	文化はそれ自体目に見えないが、その表象を通して目に見えるようになる。
You never solely describe the **external** world even in a poem. （慶應義塾大）	詩においてさえただ外的世界を描くだけということは決してない。

1 Section 8 形容詞編

internal [ɪntə́ːrnəl] 790	内部の（⇔ extérnal 外部の）；国内の；内面的な ▶ internal affairs 国内事情 □ intérnally 副 内部に；国内で
plain [pleɪn] 791	明らかな；平易な；率直な 名 (〜s)平野, 平原 □ pláinly 副 はっきりと；率直に
modest [mάː)dəst] 792	謙虚な（≒ húmble）；適度な；質素な □ módesty 名 謙虚；適度；質素
equivalent [ɪkwívələnt] 793	等しい, 相当する 🆓 **be equivalent to ...** 「…と等しい, …に相当する」 名 (…と)等しいもの, 相当するもの(for / of) ▶ an English equivalent for *Tadaima*「ただいま」に相当する英語
incredible [ɪnkrédəbl] 794	信じられない；すばらしい □ incrédibly 副 信じられないほど
guilty [gílti] 795	罪悪感のある；(…について)有罪の(of) 🆓 **feel guilty**「気がとがめる」 □ guilt 名 有罪；罪悪感
raw 熟 [rɔː] 796	生(なま)の；未加工の ▶ raw material 原(材)料 ▶ eat meat raw 肉を生で食べる
manual [mǽnjuəl] 797	体を使う；手の；手動式の 🆓 **manual labor**「肉体労働」 名 説明書, マニュアル

I have been successful in the **internal** corporate competition. (明治大)	私は社内競争で成功を収めてきた。
It's **plain** that the more happiness you feel, the less unhappiness you experience. (下関市立大)	幸福を感じれば感じるほど，それだけ不幸を経験しなくなるというのは明らかである。
In almost every society, **modest** people are admired. (中京大)	ほぼどの社会でも謙虚な人は尊敬される。
10,000 lux is roughly **equivalent** to outdoor light. (九州大)	1万ルクスはおおよそ戸外の明るさに等しい。
We are always amazed by his **incredible** piano performances. (名古屋外国語大)	私たちはいつも彼の信じられないようなピアノ演奏に驚嘆する。
I feel **guilty** about visiting her so rarely. (早稲田大)	私はごくたまにしか彼女を訪問しないことで気がとがめている。
Quite often, Japanese food is served **raw** or cooked lightly. (北海道大)	日本料理は生のままや軽く調理して出されることがよくある。
There are many factories that still need **manual** labor. (慶應義塾大)	まだ肉体労働を必要とする工場はたくさんある。

Section 8 形容詞編

literary
[lítərèri]
798

文学の；文語の（⇔ collóquial 口語体の）
- líterature 名 文学；文献
- líterate 形 読み書きのできる

artificial
[à:rtɪfíʃəl]
799

人工の（⇔ nátural 自然の）；不自然な
▶ artificial intelligence 人工知能（AI）

sophisticated
[səfístɪkèɪtɪd]
800

洗練された；精巧な
▶ a sophisticated weapon 最新兵器
- sophisticátion 名 洗練；教養

変則的な複数形（２）
（母音の変化）＋(r)en

| ox | 雄牛 | → | oxen |
| child | 子供 | → | children |

Their writing resembles the work of **literary** giants such as Kawabata. (早稲田大)	彼らの書くものは川端のような<u>文学の</u>巨人の作品に類似している。
Esperanto is what is called an **artificial** language. (都留文科大)	エスペラント語はいわゆる<u>人工</u>語である。
A lot of British comedy is **sophisticated** and subtle. (上智大)	イギリスの多くの喜劇は<u>洗練されていて</u>巧妙である。

-um → -a
datum データ → data
medium メディア → media

225

コラム① 知っておくと便利　重要語根①

語根	意味	例
agri	畑	**agri-culture**「畑を耕すこと→農業」
alti	高い	**alti-tude**「高い状態→高度」
anni	年	**anni-versary**「年ごとに巡るもの→記念日」
avi	鳥	**avi-ation**「鳥が飛ぶ行為→飛行」
bene	良い	**bene-fit**「良い行為→利益」
bio	生命	**bio-graphy**「生命について書かれたもの→伝記」
cap(t)	つかむ	**capt-ure**「つかむこと→捕獲」
ceive	つかむ	**per-ceive**「すっかりつかむ→知覚する」
cern	分ける	**dis-cern**「別に分ける→識別する」
cipate	つかむ	**anti-cipate**「先につかむ→予期する」
clude	閉じる	**ex-clude**「外へ閉じる→除外する」
cord	心	**ac-cord**「心の方へ→同意」
cure	心配	**se-cure**「心配がない→安全」
cuse	告訴	**ac-cuse**「告訴の方へ→告訴する」
demo	人民	**demo-cracy**「人民の政体→民主主義」
dic(t)	言う	**pre-dict**「あらかじめ言う→予言する」
dubi	疑い	**dubi-ous**「疑いのある→疑わしい」
duce	導く	**pro-duce**「前へ導く→生産する」
duct	導く	**con-duct**「共に導く→行う」
eco	家	**eco-nomy**「家の管理→経済」
		eco-logy「家＝生息地に関する学問→生態学」
feat	行う	**de-feat**「もとどおりにする→負かす」
fer	運ぶ	**pre-fer**「…の前に運ぶ→好む」
fide	信頼する	**con-fide**「すっかり信頼する→打ち明ける」
fort	強い	**com-fort**「すっかり強くする→慰める」
ge(o)	地	**geo-metry**「土地の測定法→幾何学」
gener	誕生	**gener-ate**「誕生させる→発生させる」
	種類	**gener-al**「種全体の→全般的な」
grade	段階	**de-grade**「段階を下げる→降格する」
herit	相続する	**herit-age**「相続するもの→遺産」
hum	湿気	**hum-id**「湿気のある」
ject	投げる	**re-ject**「投げ返す→拒否する」

Part 2

常に試験に出る
重要単語

700

Part 1 よりレベルアップするが，引き続き入試に頻出の重要単語を精選している。確実に押さえよう。

Section 9	228
Section 10	252
Section 11	276
Section 12	300
Section 13	324
Section 14	348
Section 15	372

Section 9 単語番号 801〜900

動詞編

polish [pá(:)lɪʃ] 801
を**磨く**；を洗練させる
名 磨き粉；つや；洗練

embrace [ɪmbréɪs] 802
を**受け入れる**；(を)抱擁する；を包含する
名 受諾, 受け入れ；抱擁

compose [kəmpóʊz] 803
を**構成する**；を創作する；を鎮静する
🆃🅖 be composed of ... 「…から成る」
□ còmposítion 名 構造；作文

imitate [ímɪtèɪt] 804
を**まねる**；を模造する
□ ìmitátion 名 模倣；模造品

yield [jiːld] 805
を**もたらす**；を産出する；を(…に)譲る(to)；(…に)屈する(to)
名 産出(物)；生産高；配当率

exhibit [ɪgzíbət] 806
を**展示する**；(感情など)を表す
名 展示品；展覧会
□ èxhibítion 名 展覧会；発揮

impress [ɪmprés] 807
を**感動させる**；に印象を与える
🆃🅖 be impressed with [by] ... 「…に感動する」
□ impréssion 名 印象；感銘
□ impréssive 形 印象的な

overwhelm [òʊvərhwélm] 808
を**圧倒する**；を打ちのめす
🆃🅖 be overwhelmed by ... 「…に圧倒される」
□ òverwhélming 形 圧倒的な

▶動詞編 p.228　▶形容詞編 p.246
▶名詞編 p.236

The marble statues were **polished** until they were smooth. (学習院大)	大理石の像はつるつるになるまで磨かれた。
Many countries **embrace** bilingualism as an intellectual and economic asset. (茨城大)	多くの国が2言語使用を知的かつ経済的な財産として受け入れている。
The committee was **composed** of six legal experts.	その委員会は6人の法律専門家によって構成されていた。
Video games may make children **imitate** improper behavior. (センター試験)	テレビゲームのせいで子供は不適切な行動をまねるかもしれない。
Research on language acquisition has **yielded** many important findings. (奈良女子大)	言語習得に関する研究は多くの重要な成果をもたらした。
The art gallery will **exhibit** some of Picasso's paintings. (関西外国語大)	その美術館はピカソの絵画を何点か展示する予定である。
The photo artist was quite **impressed** with the youth culture. (清泉女子大)	その写真家は若者文化に大いに感心した。
Our soccer team was **overwhelmed** by the energy and skill of the visiting team.	我々のサッカーチームは、ビジターチームのエネルギーと技術に圧倒された。

229

Section 9 動詞編

interrupt
[ìntərʌ́pt]
809

を中断させる；(の)邪魔をする
- ☐ interrúption 名 妨害；中断

endure
[ɪndjúər]
810

に耐える(≒ put up with)；存続する
- ☐ endúrance 名 忍耐；持久力
- ☐ endúring 形 永続的な；忍耐強い

confront
[kənfrʌ́nt]
811

に立ち向かう；(困難などが)に立ちはだかる
- ▶ be confronted with ... …に直面する；…を突きつけられる
- ☐ cònfrontátion 名 対決；対立

consult
[kənsʌ́lt]
812

(に)相談する；を参照する
- ▶ consult a lawyer 弁護士に相談する
- ▶ consult a dictionary 辞書を引く
- ☐ consúltant 名 顧問；相談役

bump
[bʌmp]
813

(bump into で) に偶然出会う；(に)ぶつかる；をぶつける
- **bump into ...** 「…に偶然出会う」
- 名 衝突；でこぼこ
- ☐ búmper 名 (車の)バンパー，緩衝器
- ☐ búmpy 形 (道が)でこぼこの

dispute
[dɪspjúːt]
814

に異議を唱える；(を)議論する
- 名 議論；紛争
- ▶ beyond dispute 議論の余地なく，疑いもなく

negotiate
[nɪɡóʊʃièɪt]
815

交渉する；を(交渉して)取り決める
- ☐ negòtiátion 名 交渉
- ☐ negótiable 形 交渉の余地がある

justify
[dʒʌ́stɪfàɪ]
816

を正当化する
- ☐ jùstificátion 名 正当化，弁明
- ☐ jùstifíable 形 正当と認められる，当然の

Our conversation was **interrupted** several times by incoming calls. (上智大)	私たちの会話はかかってくる電話で何回か中断させられた。
Lucy could **endure** poverty, but she could not **endure** loneliness. (高崎経済大)	ルーシーは貧しさには耐えられたが，孤独には耐えられなかった。
We have to **confront** the urgent problem of global warming. (桜美林大)	私たちは地球温暖化という切迫した問題に立ち向かわなければならない。
It is necessary to **consult** a specialist in data analysis. (東京大)	データ分析の専門家に相談することが必要である。
On my way downtown I **bumped** into an old friend. (明海大)	町の中心部に行く途中で私は旧友にばったり出会った。
The football player **disputed** the judgment of the referee. (立命館大)	そのサッカー選手は審判の判断に異議を唱えた。
The Japanese company wishes to **negotiate** with its Arab customers. (共立女子大)	その日本の会社はアラブの得意先と交渉することを望んでいる。
Ignorance of a law does not **justify** our breaking it. (明海大)	法律を知らないことは，私たちがそれを破ることを正当化しない。

Section 9 動詞編

resolve
[rɪzá(:)lv]
817

を解決する；を決意する；を議決する
▶ resolve to *do* ～することを決意する[議決する]
□ rèsolútion 名 決意；解決
□ résolùte 形 断固とした，確固とした

reverse
[rɪvə́ːrs]
818

を逆転させる；を反対にする
形 逆の；裏の
名 (the ～)逆
□ revérsible 形 逆にできる

convert
⑦ [kənvə́ːrt]
819

を変える；を交換する
🆃🅶 **convert *A* to [into] *B*** 「AをBに変える」
名 [ká(:)nvərt] 改宗者
□ convértible 形 転換[転用]できる
□ convérsion 名 転換；改宗

impose
[ɪmpóʊz]
820

を課す；を押し付ける
🆃🅶 **impose *A* on *B*** 「BにAを課す」
□ ìmposítion 名 課税；負担

govern
[gʌ́vərn]
821

(を)支配する；(を)統治する
□ góvernance 名 統治；支配
□ góvernment 名 政府
□ góvernor 名 知事

esteem
[ɪstíːm]
822

を尊敬する；を見なす
▶ esteem *A* (to be) *B* AをBと見なす
名 尊敬；評価
▶ self-esteem 自尊心

assist
[əsíst]
823

(を)援助する；を手伝う
名 援助
□ assístant 名 助手，補佐
□ assístance 名 援助，支援

rescue
[réskjuː]
824

を救う
名 救助，救出
▶ go to *A*'s rescue A(人)の救助に行く

The president went to Europe to **resolve** economic problems. (和歌山大)	大統領は経済問題を解決するためにヨーロッパに行った。
The new principal tried to **reverse** the school's traditional attitude of putting sporting before academic success.	新しい校長は，学問よりもスポーツでの成功を優先するという学校の従来の姿勢を逆転させようとした。
Our objective is to **convert** waste material to fuel. (長崎大)	私たちの目標は廃棄物を燃料に変えることである。
Costa Rica **imposed** a water tax on major water users. (法政大)	コスタリカは水の大口使用者に水道税を課した。
Social norms **govern** the way that people behave within a society. (早稲田大)	社会規範は社会における人々の行動の仕方を支配する。
He is highly **esteemed** as a mathematical genius.	彼は数学の天才として大いに尊敬されている。
Developed countries need to **assist** the developing world to progress. (慶應義塾大)	先進国は開発途上の国々が発展するのを援助する必要がある。
If you call me, I'll send someone out to **rescue** you. (大阪電気通信大)	君が私に電話をくれれば，君を救うためにだれかを送るよ。

Section 9 動詞編

entertain
[èntərtéɪn]
825

を楽しませる；をもてなす
- èntertáinment 名 娯楽；余興

ruin
[rúːɪn]
826

をだめにする；を破滅させる；滅亡する
名 破滅；廃墟
- go to ruin 破滅する
- in ruins 荒廃して

bury
[béri]
827

を埋める；を埋葬する；を隠す
- burial [bériəl] 名 埋葬

owe
[oʊ]
828

に借りがある；のおかげである
- **TG** owe *A B*「AにBを借りている」
- owe *B* to *A* と書き換えられる。また、「BはAのおかげである」の意味にもなる。
- I owe my success to him. 私が成功したのは彼のおかげだ。
- IOU 借用証書(I owe you. と読む)

chew
[tʃuː]
829

(を)噛む
- chewing gum チューインガム

bend
[bend]
830

を曲げる；を屈服させる；曲がる
- 活用：bend - bent - bent
- bend *oneself*[*one's* mind] to ... …に専念する

quote
[kwoʊt]
831

を引用する；を引き合いに出す
- quotátion 名 引用(文)

classify
[klǽsɪfaɪ]
832

を分類する；を機密扱いにする
- clássified 形 分類された；極秘の
- classified ads (新聞の)項目別小広告
- classified documents 機密文書
- clàssificátion 名 分類，格付け

Adults often use songs to **entertain** children. (東北大)	大人はよく歌を使って子供を楽しませる。
The food in the freezer was **ruined** because of the power outage.	冷凍庫の食べ物は停電のためにだめになった。
Only a fraction of Tokyo's electric cables are **buried** beneath the streets. (東洋大)	東京の電線のごく一部分しか道路の下には埋められていない。
I **owe** you 800 yen for yesterday's lunch. (センター試験)	僕は昨日の昼食代の800円を君に借りている。
Japanese **chew** almost 0.3 kilograms of gum per person each year.	日本人は1年間で1人につき約0.3キロのガムを噛む。
I've hurt my right elbow so badly that I can't **bend** it.	右のひじをひどく痛めてしまい、曲げることができない。
He **quoted** an old Japanese proverb to support his idea. (北海道大)	彼は自分の考えを裏付けるために古い日本のことわざを引用した。
Scientists **classify** animals according to whether they have a backbone. (上智大)	科学者は背骨を持つかどうかに応じて動物を分類する。

Section 9 動詞編 名詞編

seal
[siːl] 833
を密閉する；に封をする
▶ seal an envelope 封筒に封をする
名 公印，印鑑；シール

arrest
[ərést] 834
を逮捕する；を止める；(注意)を引く
名 逮捕；阻止
▶ You are under arrest. あなたを逮捕します。

substitute
[sʌ́bstɪtjùːt] 835
を代わりに使う；(…の)代理をする(for)
🆎 substitute A for B「AをBの代わりに使う」
名 代理，代用品 形 代理の，代用の
□ sùbstitútion 名 代理，代用

retain
[rɪtéɪn] 836
を保持する；を覚えている
□ retáinable 形 保持できる
□ reténtion 名 保持；記憶(力)

restore
[rɪstɔ́ːr] 837
を回復させる；を修復する
□ rèstorátion 名 回復；修復
▶ the Meiji Restoration 明治維新

float
[floʊt] 838
浮かぶ；漂う；を浮かべる
名 浮くもの；浮き；ブイ
□ flóating 形 漂っている；(資本などが)流動的な

leap
[liːp] 839
跳ぶ；さっと動く；急上昇する
▶ 活用：leap - leaped [leapt] - leaped [leapt]
名 飛ぶこと；飛躍
▶ a leap year うるう年

blossom
[blɑ́(ː)səm] 840
花が咲く(≒ bloom)；発展する
名 (果樹の)花；開花(期)

名詞編

merit
[mérət] 841
利点(⇔ dèmérit 欠点)；功績；真価
動 に値する
□ mèritócracy 名 実力主義

In the middle of winter, homes are **sealed** tight. (関東学院大)	真冬には家々はしっかり密閉されている。
I hear that the bank robbers have been **arrested**. (関西学院大)	銀行強盗は逮捕されたと私は聞いている。
You can **substitute** tofu for meat in this recipe. (立命館大)	このレシピでは肉の代わりに豆腐を使うことができる。
The film star managed to **retain** his youthful good looks until well into middle age.	その映画スターは熟年になっても，まだ若く美しい見た目をなんとか保持した。
Taking a nap is one good way to **restore** one's strength. (立教大)	仮眠はおそらく自分の体力を回復させる1つの有効な方法である。
Some sea animals die from eating plastic bags that are **floating** in the sea. (京都産業大)	海洋動物の中には海に浮かんでいるビニール袋を食べて死ぬものもある。
I **leapt** in the car and drove to the hospital. (法政大)	私は車に跳び乗り，病院まで車を走らせた。
In summer leaves reach full size and the first flowers **blossom**. (南山大)	夏に葉は大きく広がり，最初の花が咲く。
Traveling during the rainy season has various **merits**. (福岡女子大)	梅雨に旅行することにはさまざまな利点がある。

237

Section 9 名詞編

faculty [fǽkəlti] 842	能力，機能；学部；教授陣 ▶ the faculty of speech 言語能力
charm [tʃɑːrm] 843	魅力；お守り 動 を魅了する □ chárming 形 魅力的な
nutrition [njuːtríʃən] 844	栄養(の摂取) □ nútrient 名 栄養素 □ nutrítious 形 栄養のある □ màlnutrítion 名 栄養失調
beverage [bévərɪdʒ] 845	(水以外の)飲み物，飲料 ▶ alcoholic beverages アルコール飲料
recipe 発 [résəpi] 846	調理法，レシピ；手順
molecule 発 [mɑ́(ː)lɪkjùːl] 847	分子；微粒子 □ molécular 形 分子の ▶ molecular biology 分子生物学
ecology [ɪ(ː)kɑ́lədʒi] 848	生態学；生態系；環境保護 □ ecólogist 名 生態学者 □ ècológical 形 生態(学)の；環境保護の ▶ an ecological crisis 生態環境の危機
ethics [éθɪks] 849	倫理，道徳 □ éthical 形 倫理[道徳]上の
mankind ア [mænkáɪnd] 850	人類 ▶ 性差別を避けるため，同じ意味の humankind や human beings が使われることも多い。

One aim of education is to develop children's reasoning <u>faculties</u>.	教育の1つの目的は，子供たちの論理的思考能力を伸ばすことである。
The <u>charm</u> of travel lies in its new experiences. (立教大)	旅行の魅力は，それがもたらす新しい経験にある。
Being obese often results from unbalanced <u>nutrition</u>. (北里大)	肥満は偏った栄養摂取から生じることが多い。
The custom of drinking tea as a <u>beverage</u> began in Southeast Asia. (神田外語大)	飲み物として茶を飲む習慣は東南アジアで始まった。
In bread-making, it is not essential to follow the <u>recipe</u> exactly. (北海道大)	パン作りにおいては，調理法に厳密に従うことは必須ではない。
Each ozone <u>molecule</u> bears three atoms of oxygen. (慶應義塾大)	それぞれのオゾン分子は酸素原子を3つ持っている。
A fundamental principle of <u>ecology</u> is that everything is connected to everything. (桜美林大)	生態学の基本原則は，すべてがすべてと結び付いているということである。
There is growing public concern about medical <u>ethics</u>.	医療倫理に対する一般の関心が高まっている。
Environmental destruction threatens the future of <u>mankind</u> itself.	環境破壊は人類の未来そのものを脅かす。

Section 9 名詞編

nationality
[nǽʃənæ̀ləti] 851
国籍；国民；国民性
- nátionalìsm 名 国家主義
- nátionalist 名 国家主義者
- nátionalìze 動 を国有化[国営化]する

pension
[pénʃən] 852
年金
- old-age pension 老齢年金(≒ retirement pension)
- pénsioner 名 年金受給者

scheme
[skiːm] 853
計画(≒ plan)；体系；陰謀
- the scheme of things 全体像
- 動 をたくらむ

haven
[héɪvən] 854
避難所，保護区；港
- a tax haven 租税回避地, タックスヘイブン

formation
[fɔːrméɪʃən] 855
形成；構成物；隊列
- the formation of character 人格形成
- form 動 を形成する；を組織する
- fórmat 名 形式；(本などの)型

skeleton
[skélɪtən] 856
骨格；骨組み
- a skeleton key マスターキー(= a master key)

core
[kɔːr] 857
核心；芯
- to the core 骨の髄まで，徹底的に
- the core of the problem 問題の核心

stem
[stem] 858
(草木の)茎，幹
- a stem cell 幹細胞
- 動 (…から)生じる，(…に)由来する(from)

span
[spæn] 859
期間；範囲
- life span「寿命」
- 動 にわたる；に及ぶ

240

Regardless of **nationality**, anyone can become rich in this society. （大阪経済大）	国籍にかかわりなく、この社会ではだれもが裕福になることができる。
Many old people have a hard time surviving on their **pensions** alone.	多くのお年寄りが年金だけで生活していくことに苦労している。
This rental bicycle **scheme** is aimed at easing traffic congestion. （福岡大）	この貸し自転車計画は交通渋滞の緩和を狙いとしている。
Their aim was to provide a safe **haven** for abandoned pets.	彼らの目的は捨てられたペットに安全な避難所を提供することだった。
Television has a large influence upon the **formation** of children's views of the world.	テレビは子供の世界観の形成に大きな影響を及ぼす。
The human **skeleton** is made up of more than 200 bones.	人の骨格は 200 以上の骨から成っている。
A desire for more social justice lay at the **core** of his political philosophy.	さらなる社会正義に対する欲求が彼の政治哲学の中核にあった。
Trees have a single woody **stem**, from which branches grow. （お茶の水女子大）	木には 1 本の木質の幹があり、そこから枝が成長する。
It is said that smoking shortens a person's life **span**. （愛知大）	喫煙は人の寿命を縮めると言われている。

241

Section 9 名詞編

limitation
[lìmitéɪʃən] 860

制限；(通例 ~s)限界
▶ without limitation 無制限に
□ límit 動 を制限する 名 限度；制限

obstacle
[á(:)bstəkl] 861

(…に対する)障害(物) (to)
▶ put obstacles in the way of ... …を妨げる

province
[prá(:)vɪns] 862

州，省；(the ~s)地方；分野
▶ 主にカナダ・中国などの州や省を表す。
□ províncial 形 州の；地方の

galaxy
[gǽləksi] 863

星雲，銀河
▶ the Galaxy (太陽系が属する)銀河系(the Milky Way (Galaxy)とも言う)

sensation
[senséɪʃən] 864

感覚；大評判
▶ cause a sensation センセーションを巻き起こす
□ sensátional 形 衝撃的な

sympathy
[símpəθi] 865

同情；(…に対する)共感 (with / for)
□ sýmpathize 動 (…に)同情する (with)
□ sỳmpathétic 形 同情的な

pity
[píti] 866

哀れみ；残念なこと
🆃🅶 **feel pity for ...**「…をかわいそうに思う」
▶ It's a pity that ... …のは残念だ
動 を哀れむ，気の毒に思う

tragedy
[trǽdʒədi] 867

悲劇(的な事件) (⇔ cómedy 喜劇)
□ trágic 形 悲劇的な

divorce
[dɪvɔ́:rs] 868

離婚；分離
動 と離婚する
▶ get divorced 離婚する

There needs to be some **limitation** to what students can wear to school. (センター試験)	学生が学校に着ていける物にはある程度の制限が必要だ。
Self-consciousness can be an **obstacle** to learning language. (名古屋外国語大)	自意識は外国語を学ぶ上で障害になることがある。
In Canada, most speakers of French live in the **province** of Quebec. (学習院大)	カナダでは，フランス語話者の大半がケベック州に住んでいる。
You can tell how fast a **galaxy** is moving by the light it gives out. (神田外語大)	星雲がどれほど速く動いているかは，それが発する光でわかる。
After the accident, he lost all **sensation** in his right hand.	事故の後，彼は右手の感覚が全くなくなった。
People all over the world felt great **sympathy** for the trapped miners.	世界中の人々が閉じ込められた鉱山労働者たちに深く同情した。
I feel **pity** for today's children whose only form of entertainment is TV. (慶應義塾大)	テレビが唯一の娯楽の形態である今日の子供たちを私は気の毒に思う。
Most Italian operas seem to be a combination of love and **tragedy**. (同志社大)	たいていのイタリアオペラは愛と悲劇の組み合わせであるように思える。
According to the latest survey, one in five marriages ends in **divorce**. (東京理科大)	最近の調査によると，結婚した5組に1組は離婚に終わる。

Section 9 名詞編

theft
[θeft] 869

窃盗(罪)
- identity theft 個人情報の盗難, 身元詐称
- □ thief 图 泥棒
- robber「強盗」と区別される。

panic
[pǽnɪk] 870

狼狽, パニック
- in (a) panic パニックになって
- 動 うろたえる;をパニックに陥れる
- 形 非常な;パニックの

retreat
[rɪtríːt] 871

後退, 退却;引退
- 動 退却する;引退する

jail
[dʒeɪl] 872

刑務所, 拘置所
- go to jail 入獄する

blade
[bleɪd] 873

刃;(プロペラなどの)羽根;(草などの)葉
- a steel blade 鋼鉄の刃

stroke
[stroʊk] 874

脳卒中;打つこと;一撃
- have [suffer] a stroke 脳卒中を起こす
- 動 をなでる;をそっと動かす

clue
[kluː] 875

(…の)手がかり (to);(パズルの)ヒント
- not have a clue about ... …について何も知らない

queue
発[kjuː] 876

图 (順番を待つ)列 (≒ 米 line)
- wait in a queue 列を作って待つ
- 動 列に並ぶ;順番を待つ

enterprise
⑦ [éntərpràɪz] 877

企業;事業;進取の気性
- a private enterprise 民間企業

He was sent to prison after he was found guilty of committing a series of **thefts** at his workplace.	彼は職場で一連の窃盗を働いたことで有罪になり投獄された。
He looked at me with an expression that showed a kind of **panic**. （神戸大）	彼は一種の狼狽を示す表情を浮かべて私を見た。
The government's new policy represents a **retreat** from its earlier radical plans.	政府の新しい政策は初期の急進的な計画からの後退を表している。
The judge gave him the option of paying a fine or going to **jail**. （立命館大）	裁判官は彼に，罰金を支払うか刑務所に入るかの選択肢を与えた。
He found it difficult to shave with such a blunt razor **blade**.	彼はそんな切れないかみそりの刃でひげをそるのは難しいとわかった。
Smoking is a major cause of heart disease, lung cancer and **stroke**. （北里大）	喫煙は心疾患，肺癌，脳卒中の主原因である。
Historical research may give us **clues** to many questions we have. （日本女子大）	歴史研究は私たちが抱えている多くの問題を解く手がかりを与えるかもしれない。
There were a lot of girls waiting in a **queue** in front of the store.	その店の前で多くの少女たちが列を作って待っていた。
The city asked 25 big **enterprises** to cooperate with its campaign to reduce air pollution.	市は大企業25社に大気汚染を減らすための運動への協力を依頼した。

Section 9 名詞編 形容詞編

fortune
[fɔ́ːrtʃən]
878

財産；幸運(≒ luck)；運命
- **make a fortune**「一財産作る」
- a man of fortune 財産家
- by good[bad] fortune 運よく[悪く]
- fórtunate 形 幸運な, 幸せな

形容詞編

stable
[stéɪbl]
879

安定した；動じない
- stábilìze 動 を安定させる
- stability 名 安定(性)

steady
[stédi] (発)
880

着実な；安定した
動 を安定させる 名 決まった恋人
- stéadily 副 着実に
- stéadiness 名 安定；着実

mature
[mətúər] (ア)
881

成熟した(⇔ immatúre 未熟な)；熟した
動 を熟させる
- matúrity 名 成熟(期)；満期

eager
[íːgər]
882

(…を)**熱望して**(for)；熱心な
- **be eager to** *do*「しきりに〜したがる」
- éagerly 副 熱心に
- éagerness 名 熱心, 熱望

reluctant
[rɪlʌ́ktənt]
883

気が進まない, 嫌がる(⇔ wílling いとわない)
- **be reluctant to** *do*「〜することに気が進まない」
- relúctance 名 気乗りしないこと
- relúctantly 副 嫌々ながら

humorous
[hjúːmərəs] (発)
884

ひょうきんな；ユーモアのある
- húmor 名 ユーモア, しゃれ

fluent
[flúːənt]
885

流ちょうな
- **be fluent in** *A*「A(言語)が流ちょうである」
- flúency 名 流ちょうさ
- flúently 副 流ちょうに

He made a **fortune** by taking out a patent on a new way to manufacture license plates.	彼はナンバープレートを製造するための新しい方法に関する特許を取得して一財産を築いた。
Fair-trade guarantees coffee farmers a more **stable** life. （明治学院大）	フェアトレードはコーヒー栽培農家にもっと安定した生活を保障する。
As the proverb goes, slow but **steady** wins the race. （法政大）	ことわざにあるように、のろくても着実な方がレースに勝つ（＝急がば回れ）。
I think I'm **mature** enough to take care of myself.	私は自分のことは自分でできるくらい成長していると思う。
They believe it is not cool to appear **eager** to get ahead. （上智大）	しきりに出世したがっているように見えるのは、かっこよくないと彼らは考えている。
American people are not so **reluctant** to change their residences often. （武蔵大）	アメリカ人は自分の住居を頻繁に変えることをそれほど嫌がってはいない。
He is a **humorous** young man who likes to joke around. （早稲田大）	彼は悪ふざけするのが好きなひょうきんな若者である。
Sachiko is widely regarded as **fluent** in English. （北海道大）	サチコは多くの人に英語が流ちょうだと思われている。

Section 9 形容詞編

prime
[praɪm]
886

最も重要な, 第一の
▶ a matter of prime importance 最も重要な問題
名 (the ~)全盛期

precious
[préʃəs]
887

貴重な；高価な(≒ váluable)
▶ a precious stone 宝石
▶ a precious metal 貴金属

artistic
[ɑːrtístɪk]
888

芸術的な
□ art 名 芸術；美術；技術
□ ártistry 名 芸術的才能

ethnic
[éθnɪk]
889

民族の, 人種の；民族特有の
▶ an ethnic minority (ある社会の)少数民族集団
□ ethnícity 名 民族性

primitive
[prímətɪv]
890

原始的な；未開の
▶ primitive people 原始人

federal
[fédərəl]
891

連邦(政府)の
▶ the Federal Court 連邦裁判所
▶ the Federal Government 連邦政府, 合衆国政府

royal
[rɔ́ɪəl]
892

王の
▶ a royal family 王室, 皇室
□ róyalty 名 王族；王権；(~ies)印税

mutual
[mjúːtʃuəl]
893

相互の；共通の
▶ mutual understanding 相互理解
□ mútually 副 相互に

apparent
[əpǽrənt]
894

明白な；一見…らしい
▶ It is apparent that ... …ということは明らかだ
□ appárently 副 見た[聞いた]ところでは

The **prime** responsibility of governments is to provide safe infrastructure. (熊本大)	政府の最も重要な責任は安全なインフラを提供することである。
Nothing is more **precious** than time, but nothing is less valued. (明海大)	時間ほど貴重なものはないが、これほどその価値を認められていないものもない。
In **artistic** terms, the film is rated as revolutionary. (上智大)	芸術的な観点からは、この映画は革命的であると評価されている。
This custom can be seen among some **ethnic** minorities in the U.S. (北里大)	この慣習はアメリカのいくつかの少数民族集団の間に見られる。
Future generations will look back on modern society as too **primitive**. (慶應義塾大)	未来の世代は現代社会をあまりに原始的だと振り返ることだろう。
The United States is a **federal** republic that consists of fifty states.	アメリカは50州から成る連邦共和国である。
This **royal** palace was built in the early nineteenth century.	この王宮は19世紀初めに建てられた。
We build society on the basis of **mutual** communication. (甲南大)	私たちは相互の意思疎通に基づいて社会を構築している。
The improvement in her health was **apparent** to everyone.	彼女の健康状態の改善はだれの目にも明らかだった。

Section 9 形容詞編

casual
[kǽʒuəl] 895

何気ない；形式ばらない
- □ cásually 副 何気なく
- □ cásualty 名 (事故や戦争の)死傷者(数)

slight
[slaɪt] 896

わずかな；取るに足らない
- ▶ a slight headache 軽い頭痛
- □ slíghtly 副 わずかに

mere
[mɪər] 897

単なる，ほんの
- ▶ a mere child ほんの子供
- □ mérely 副 単に (≒ ónly)

spare
[speər] 898

余分の；予備の
- 名 予備品，スペア
- 動 を割く；を省く
- ▶ spare A B A(人)に B(嫌なこと)を免れさせる

abstract
[ǽbstrækt] 899

抽象的な (⇔ concréte 具体的な)
- 名 摘要，要約
- 動 [æbstrǽkt] を抽出する；を要約する
- □ abstráction 名 抽象概念

ultimate
[ʌ́ltɪmət] 900

究極の
- ▶ the ultimate decision 最終的な決定
- □ últimately 副 結局のところ

変則的な複数形(3)
-on → -a
criterion	基準	→	criteria
phenomenon	現象	→	phenomena

His <u>casual</u> remark caused us a lot of trouble. （東北大）	彼の<u>何気ない</u>ひと言のおかげで私たちは大変な面倒に巻き込まれた。
I have a <u>slight</u> sense of guilt every time I tell a white lie. （秋田大）	私はたわいのないうそをつくたびに<u>わずかな</u>罪悪感を覚える。
Language is not a <u>mere</u> instrument of communication.	言語は<u>単なる</u>意思伝達の手段ではない。
She practices yoga in her <u>spare</u> time. （松山大）	彼女は<u>空き</u>時間にヨガをしている。
Children don't regard <u>abstract</u> paintings as difficult. （法政大）	子供は<u>抽象的な</u>絵を難しいと見なすことはない。
What do you think your <u>ultimate</u> goal in life is? （清泉女子大）	人生におけるあなたの<u>究極の</u>目標は何だと考えていますか。

-us → -i
cactus　サボテン　→　cacti
coccus　球菌　　　→　cocci
fungus　菌類　　　→　fungi

Part 2 常に試験に出る重要単語 700
Section 10　単語番号 901～1000

動詞編

venture
[véntʃər]
□□ 901

危険を冒して進む；思い切ってする
▶ venture to *do* 思い切って〜する
图 冒険的事業，投機
▶ venture capital 投機資本，危険負担資本
□ vénturesome 形 大胆な；危険な

chase
[tʃeɪs]
□□ 902

(を)追跡する；(を)追求する
图 追跡；追求

migrate
[máɪgreɪt]
□□ 903

移住する；(鳥などが)渡る
□ migrátion 图 移住；移動，渡り
□ mígrant 图 移住者；渡り鳥
□ mígratòry 形 移住性の

flee
[fliː]
□□ 904

(から)逃げる
▶ 活用：flee - fled - fled
▶ flee to [from] … …へ[から]逃げる

swing
[swɪŋ]
□□ 905

を揺らす，振る；揺れる；一変する
▶ 活用：swing - swung - swung
图 揺れ；ブランコ

hesitate
[hézɪteɪt]
□□ 906

躊躇(ちゅうちょ)する
🆃🅶 **hesitate to *do*** 「〜するのをためらう」
□ hèsitátion 图 躊躇，ためらい
□ hésitant 形 ためらいがちな

postpone
[poʊstpóʊn]
□□ 907

を延期する(≒ put off)
□ postpónement 图 延期

▶動詞編 p.252 ▶形容詞編 p.270
▶名詞編 p.260

Human beings **ventured** into unknown territory in search of food. （早稲田大）	人間は食料を探し求めて未知の地域に危険を冒して入った。
The police car **chased** the escaping criminals at full speed. （静岡大）	パトカーは逃げる犯人をフルスピードで追跡した。
Many people **migrate** to cities looking for better job opportunities. （茨城大）	多くの人々がよりよい就職の機会を求めて都市に移住する。
Many victims of the hurricane **fled** to Texas. （名古屋工業大）	そのハリケーンの被災者の多くはテキサスへ逃げた。
I **swung** my bat as hard as I could. （静岡大）	私はできるだけ強くバットを振った。
Many Japanese students **hesitate** to stand out among their classmates. （早稲田大）	多くの日本人の生徒はクラスメートの中で目立つのをためらう。
If it rains tomorrow, the gardening lesson will be **postponed**. （仁愛大）	明日雨が降れば、ガーデニングの授業は延期される。

Section 10 動詞編

withdraw [wɪðdrɔ́ː] 908	**を引き出す**；を撤回する；撤退する ▶ 活用：withdraw - withdrew - withdrawn □ withdráwal 名 撤回；撤退
grip [grɪp] 909	**を握る**；をとらえる ▶ be gripped by fear 恐怖心にとらわれる 名 把握；支配(力)；理解(力)
grab [græb] 910	**をつかむ**；を横領する；を急いで食べる 名 引っつかむこと；略奪(物)
grasp [græsp] 911	**を把握する**；をしっかり握る 名 つかむこと；抱擁；把握
gaze [geɪz] 912	**じっと見る** 🆎 gaze at ... 「…をじっと見つめる」 名 凝視；(見つめる)視線
scan [skæn] 913	**を注意深く調べる**；をざっと見る 名 精査，走査 □ scánning 名 精査；スキャニング
forecast [fɔ́ːrkæst] 914	**を予想する**；を予報する ▶ 活用：forecast - forecast [forecasted] - forecast [forecasted] 名 予想；予報
register [rédʒɪstər] 915	**を記録する，登録する**；を示す 名 登録；名簿；レジ □ régistry 名 登記所[簿]；記載 □ règistrátion 名 登録，記載
advocate [ǽdvəkèɪt] 916	**を主張する**；を擁護する ▶ advocate doing 〜することを主張する 名 [ǽdvəkət] 主張者，擁護者；弁護士 □ ádvocacy 名 擁護，支持

I need to **withdraw** some more money later. （立命館大）	後でもう少しお金を引き出す必要がある。
He told me to **grip** the dynamometer with all my might. （岐阜大）	彼は私に全力で握力計を握るように言った。
His wife **grabbed** his arm and told him to calm down. （関西大）	彼の妻は彼の腕をつかみ，落ち着くように言った。
By the age of seven a child will have **grasped** the essentials of language. （南山大）	7歳までに子供は言語の本質的要素を理解しているだろう。
She **gazed** at the model airplanes hanging from the ceiling. （東京大）	彼女は天井から下がっている模型飛行機をじっと見た。
He always carefully **scans** the classified ads of the English newspaper. （関西学院大）	彼はいつも英字新聞の部門別案内広告を注意深く調べる。
In 1984 an ozone hole was discovered, just as the scientists **forecasted**. （東京理科大）	1984年，科学者たちが予想したとおりに，オゾンホールが発見された。
These young men have been **registered** as unemployed for more than two years.	これらの若者は2年以上も失業者として登録されている。
Many legal experts **advocate** the abolition of the death penalty.	多くの法律専門家が死刑廃止を主張している。

Section 10 動詞編

trigger
[trígər]
917
を引き起こす
图 引き金；(…の)誘因(for)

cultivate
[kʌ́ltɪvèɪt]
918
を養う；を栽培する
- cùltivátion 图 育成；栽培
- cúltivàtor 图 栽培者

qualify
[kwá(:)lɪfàɪ]
919
(人)に資格を与える；資格がある
- **qualify A for B**「AにBの資格を与える」
- ▶ be qualified to do ～する資格がある
- quàlificátion 图 資格；免許状
- quálified 形 資格のある；適任の
- quálifier 图 有資格者，適任者

interfere
⑰ [ìntərfíər]
920
干渉する，介入する；邪魔する
- **interfere with ...**「…に干渉する」
- ìnterférence 图 干渉；妨害

clog
[klɑ(:)g]
921
を詰まらせる；を阻害する；詰まる
- ▶ get clogged up with ... …で詰まる
- 图 障害物；木靴

distract
[dɪstrǽkt]
922
(注意など)をそらす
- ▶ distract A from B Aの気をBからそらす
- distráction 图 注意散漫；娯楽

forbid
[fərbíd]
923
を禁じる
- ▶ 活用：forbid - forbade - forbidden
- ▶ forbid A's doing Aに～することを禁じる(≒ forbid A to do, forbid A from doing)

deceive
[dɪsíːv]
924
をだます(≒ take in)
- ▶ deceive A into doing Aをだまして～させる
- decéption 图 欺瞞，詐欺
- decéptive 形 当てにならない
- decéit 图 欺くこと

The movement of plates **triggers** earthquakes and thrusts up mountain ranges. (三重大)	プレートの移動が地震を引き起こし，山脈を隆起させる。
The philosopher argued that reading novels **cultivates** empathy for others.	その哲学者は，小説を読むことは他者への感情移入を養うことになると主張した。
Paying the fee doesn't automatically **qualify** you for membership. (中央大)	会費の支払いが自動的にあなたに会員の資格を与えるわけではない。
No state should **interfere** with the internal affairs of another state. (兵庫県立大)	どの国も他国の内政に干渉するべきでない。
Oil and dead skin cells may **clog** the skin's pores. (早稲田大)	皮脂と死んだ皮膚細胞が，皮膚の毛穴を詰まらせることがある。
Passengers must not **distract** the driver from driving at any time. (関西大)	同乗者はどんな時でも運転手の注意を運転からそらしてはならない。
Laws **forbid** cigarette companies from advertising their products on TV. (埼玉大)	法律はタバコ会社がテレビで製品を宣伝することを禁じている。
People are liable to be **deceived** when they feel lonely. (清泉女子大)	人は孤独感を覚えたときだまされやすい。

Section 10 動詞編

overlook
[òuvərlúk]
925

を見落とす；を大目に見る；を見渡す
▶ My room overlooks the sea. 私の部屋から海が見渡せる。

dismiss
[dɪsmís]
926

(意見など)を退ける；を解雇する
TC dismiss A as ...「Aを…として退ける」
▶ Case dismissed. (裁判所で)本件を却下する。
□ dismíssal 名 解雇；却下

spoil
[spɔɪl]
927

を台無しにする；を甘やかす；だめになる
▶ 活用：spoil - spoiled [spoilt] - spoiled [spoilt]
□ spóilage 名 損傷, 腐敗

yawn
[jɔːn]
928

あくびをする
名 あくび
▶ give a big yawn 大あくびをする

greet
[griːt]
929

に挨拶(あいさつ)する；を迎える
□ gréeting 名 挨拶(の言葉)

nod
[nɑ(ː)d]
930

うなずく；うとうとする
名 軽い会釈；うなずき

obey
[oʊbéɪ]
931

に従う；に服従する
TC obey the rules「規則に従う」
□ obédient 形 従順な
□ obédience 名 従順, 服従

undergo
[ʌndərɡóʊ]
932

を経験する；を受ける；に耐える
▶ 活用：undergo - underwent - undergone

rear
[rɪər]
933

(人・動物・植物)を育てる(≒ raise, breed)
▶ rear a family 家族を養う
名 (the ～)後部 形 後方の
▶ a rear-view mirror (車の)バックミラー

We must have <u>overlooked</u> a major error in our project. （大阪電気通信大）	私たちは計画の重大な間違いを<u>見落とした</u>に違いない。
We can't just <u>dismiss</u> the issues raised in these films as trivial. （熊本大）	私たちは，これらの映画の中で提起された問題をたださいであると<u>退ける</u>わけにはいかない。
Overcooking will <u>spoil</u> the taste of the chicken. （甲南大）	調理のしすぎはチキンの味を<u>台無しにする</u>。
We are likely to <u>yawn</u> when we see other people do so. （慶應義塾大）	我々はほかの人たちのあくびを見ると，自分も<u>あくびをする</u>可能性がある。
It's natural to <u>greet</u> friends with a smile and a wave. （三重大）	友達にほほえみ，手を振って<u>挨拶する</u>のは自然である。
He <u>nodded</u> to me as if to say, "O.K." （大阪学院大）	彼はまるで「大丈夫だ」と言うかのように私に<u>うなずいた</u>。
Most people <u>obey</u> the unwritten rules of their society instinctively. （東京外国語大）	たいていの人は自分の社会の不文律に本能的に<u>従う</u>。
England was the first country to <u>undergo</u> an industrial revolution. （関西学院大）	イングランドは産業革命を<u>経験した</u>最初の国であった。
He has <u>reared</u> his children with loving care. （立正大）	彼は優しい心配りを持って子供を<u>育ててきた</u>。

Section 10 動詞編 名詞編

heal
[hiːl] 934
を治す；治る
- heal him of his disease 彼の病気を治す
- □ héaler 名 癒やす人[物]

cite
[saɪt] 935
を引き合いに出す；を引用する
- □ citátion 名 引用；表彰

modify
[mάˌ(ː)dɪfàɪ] 936
を修正する；を緩和する
- genetically modified food 遺伝子組み換え食品
- □ mòdificátion 名 修正；緩和

exaggerate
[ɪɡzǽdʒərèɪt] 937
(を)誇張する；を強調する
- You're exaggerating. それは大げさですよ。
- □ exàggerátion 名 誇張；過大視

burst
[bəːrst] 938
破裂する；(…を)突然始める(into)
- 活用：burst - burst - burst
- burst into tears わっと泣き出す(≒ burst out crying)
- 名 破裂；噴出

thrill
[θrɪl] 939
をぞくぞくさせる；わくわくする
- 熟 be thrilled to do 「〜してぞくぞくする」
- 名 ぞくぞくする感じ，スリル
- □ thríller 名 スリラー小説[映画]

exceed
[ɪksíːd] 940
を超える；に勝る
- □ excéedingly 副 非常に，極度に
- □ excéss 名 超過，過多；行きすぎ
- □ excéssive 形 過度の，極端な

名詞編

privilege
[prívəlɪdʒ] 941
特権，特典
- □ prívileged 形 特権[特典]のある
- the privileged classes 特権階級

He devoted his life to **healing** the injuries of wounded soldiers.	彼は負傷した兵士のけがを治すことに自分の人生をささげた。
She **cited** the case of a man experiencing chest pains. (杏林大)	彼女は胸の痛みを経験している男性の症例を引き合いに出した。
We thought it absolutely necessary to **modify** our scheme.	私たちは計画を修正することが絶対に必要だと思った。
We can hardly **exaggerate** the danger of young people's smoking.	若者の喫煙の危険性は大げさに言っても言いすぎることはない。
The stock market was like a big balloon getting ready to **burst**. (明治大)	株式市場は今にも破裂しそうな大きな風船のようになっていた。
Jane was **thrilled** to hear that her application had been accepted. (南山大)	ジェーンは彼女の申請が受け入れられたと聞いてぞくぞくした。
By 2020, the country's demand for water will **exceed** supply. (東京薬科大)	2020年までにはその国の水需要は供給を超える。
The residents of the apartment have the **privilege** of parking in this garage. (清泉女子大)	このマンションの住民には,この車庫に駐車できる特典がある。

Section 10 名詞編

liberty
[líbərti]
942

自由(≒ fréedom); 解放; 気まま
▶ be at liberty to *do* 〜する自由がある
□ líberal 形 寛大な; 自由主義の
□ líberàte 動 を解放する

prosperity
[prɑ(:)spérəti]
943

繁栄
□ prósper 動 栄える; 繁殖する
□ prósperous 形 繁栄している

heritage
[hérətɪdʒ]
944

遺産
▶ 後世に残すべき文化, 自然環境など。
▶ a World Heritage (site) 世界遺産

congress
[ká(:)ŋgrəs]
945

(米国などの)議会; 会議
▶ 日本の国会は the Diet。
▶ an international congress 国際会議
□ cóngressman 名 (しばしば C-) 国会議員, 下院議員

parliament
[pá:rləmənt]
946

(英国などの)議会; 国会議員団
▶ the House of Parliament (英国)国会議事堂
▶ a Member of Parliament (英国)国会議員(M.P.)

infrastructure
[ínfrəstrÀktʃər]
947

(経済)基盤; インフラ

dimension
[dəménʃən]
948

側面, 局面; 次元; 寸法
□ diménsional 形 (複合語で)…次元の
▶ three-dimensional 3次元(3D)の

portion
[pɔ́:rʃən]
949

部分; 1人前; 割り当て
🆃🅖 **a portion of ...**「…の一部」
▶ two portions of salad サラダ2人前

supplement
[sÁpləmənt]
950

栄養補助剤; 補足
動 [sÁpləmènt] を補う
□ sùppleméntary 形 補足の

I grew up with a **liberty** that now seems almost impossible. (早稲田大)	私は今ではほとんどあり得ないと思える自由の中で育った。
People in those days used to put great emphasis on material **prosperity**.	当時の人々は物質的繁栄に非常に重きを置いていた。
Museums should show both new pop art and old national **heritage**. (慶應義塾大)	美術館は新しいポップアートと古い国家遺産の両方を展示すべきである。
Congress is trying to pass a law that provides for gun control. (立命館大)	議会は銃規制の規定を設ける法律を通そうとしている。
The British **Parliament** voted to stop the hunting of foxes completely. (甲南大)	イギリス議会はキツネ狩りを完全に禁止することを投票で決めた。
The **infrastructure** required for high-level technology is in short supply. (早稲田大)	高度な科学技術に必要とされる経済基盤が不足している。
Many religious practices have a moral **dimension**. (同志社大)	宗教的慣行の多くには道徳的側面がある。
Those benefits are enjoyed by only a small **portion** of the population. (明治学院大)	それらの恩恵は人口のごく一部によってしか享受されていない。
Using **supplements** properly can lead to a balanced diet. (千葉工業大)	栄養補助剤を適切に使うことはバランスの取れた食事につながる。

Section 10 名詞編

appetite
[ǽpɪtàɪt] 951

食欲；欲求
- A good appetite is the best sauce. 食欲は最高のソース、空腹にまずいものなし。(ことわざ)
- □ áppetìzer 名 (前菜・食前酒など)食欲を増進させるもの

temper
[témpər] 952

気質, 気性；機嫌；かんしゃく
- lose *one's* temper 冷静さを失う(⇔ keep *one's* temper 平静を保つ)
- in a good [bad] temper 上[不]機嫌で
- □ témperament 名 (激しい)気性

fancy
[fǽnsi] 953

(気まぐれな)好み；空想；思いつき
- 🔖 take a fancy to ... 「…が気に入る」
- 動 を好む；を想像する；と思う
- 形 装飾的な；高級な；見事な

illusion
[ɪlúːʒən] 954

錯覚, 思い違い；幻想
- □ illúsory 形 錯覚による, 幻想的な

fatigue
[fətíːɡ] 955

疲労 (≒ exháustion)
- 動 を疲れさせる

stress
[stres] 956

ストレス；圧力；強調
- be under stress ストレスを受けている
- 動 を強調する；に負荷を与える
- □ stréssful 形 ストレスの多い

hazard
[hǽzərd] 957

危険(要素)；偶然
- □ házardous 形 危険な；有害な

infection
[ɪnfékʃən] 958

感染(症)
- infection は「水や空気による間接感染」を表し,「接触による感染」は contagion と言う。
- □ inféctious 形 感染性の (≒ commúnicable)
- □ inféct 動 に感染させる

Not getting enough sleep may affect hormones that influence **appetite**. (名古屋工業大)	十分な睡眠をとらないと、食欲を左右するホルモンに影響を及ぼすこともある。
He has a calm **temper**, but his brother gets angry easily.	彼は落ち着いた気性だが、一方彼の兄はすぐに怒る。
People in the town took a **fancy** to the young woman. (東京経済大)	町の人々はその若い女性が気に入った。
Isn't the free will that we seem to experience just an **illusion**? (慶應義塾大)	私たちが経験するように思える自由意志は、錯覚にすぎないのではないだろうか。
Fatigue from overworking can cause a wide range of illnesses. (九州大)	過労から来る疲労はさまざまな病気を引き起こす可能性がある。
Stress has become a trivial concept without a clear set of physical symptoms. (杏林大)	ストレスは明確な一連の身体的症状のない通称的概念になった。
Many people still smoke despite the well-known health **hazards** of cigarettes. (獨協大)	タバコのよく知られた健康危害にもかかわらず、いまだに多くの人がタバコを吸っている。
When a population is weakened by lack of nutrition, **infections** are more likely to spread.	栄養不足で人々が弱くなると、感染症がより広まりやすくなる。

Section 10 名詞編

famine [fǽmɪn] 959	飢饉（ききん）；（食糧・物資の）ひどい不足 ▶ suffer from famine 飢饉に苦しむ
chaos [kéɪɑ(ː)s] 960	混沌（こんとん），大混乱 □ chaótic 形 混沌とした
distress [dɪstrés] 961	苦悩；苦痛；困窮 ▶ be in distress 困窮している 動 を悩ます；を苦しめる □ distréssful 形 苦しい，悲惨な
shame [ʃeɪm] 962	恥；残念なこと ▶ It is a shame [pity] that ... …は残念である □ shámeful 形 恥ずべき
cattle [kǽtl] 963	（集合的に）牛 ▶ 複数扱い。×a cattle, ×cattles は不可。 ▶ raise cattle 牛を飼育する
predator [prédətər] 964	捕食動物；略奪者 □ prédatòry 形 捕食性の；略奪の
wilderness [wíldərnəs] 965	荒野 ▶ a lawless wilderness 無法地帯 □ wild 形 野生の；荒れ果てた
shade [ʃeɪd] 966	（日）陰；明暗の度合い；日よけ 動 を日陰にする；に陰影をつける
monk [mʌŋk] 967	修道士，僧（⇔ nun 修道女，尼）

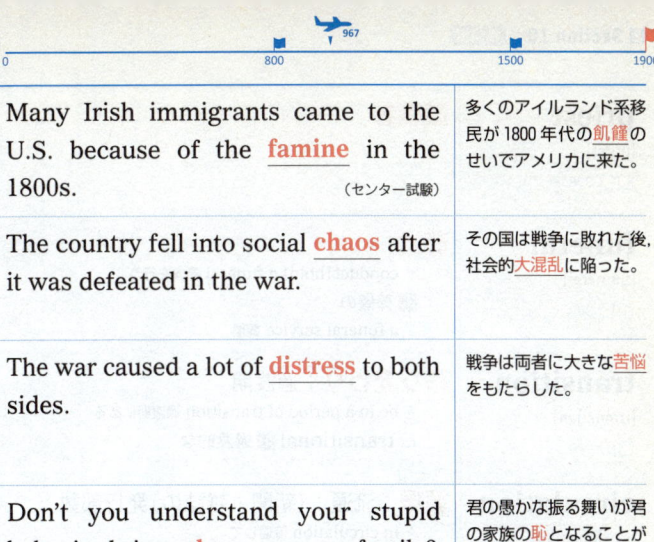

Many Irish immigrants came to the U.S. because of the <u>famine</u> in the 1800s. （センター試験）	多くのアイルランド系移民が1800年代の飢饉のせいでアメリカに来た。
The country fell into social <u>chaos</u> after it was defeated in the war.	その国は戦争に敗れた後，社会的大混乱に陥った。
The war caused a lot of <u>distress</u> to both sides.	戦争は両者に大きな苦悩をもたらした。
Don't you understand your stupid behavior brings <u>shame</u> on your family?	君の愚かな振る舞いが君の家族の恥となることがわからないのか。
<u>Cattle</u> produce a kind of gas that causes global warming. （関西大）	牛は地球温暖化を引き起こす一種のガスを出す。
Monkeys have specific alarm calls for different <u>predators</u>. （法政大）	サルは異なる捕食動物に対して特定の警戒音を持っている。
Before immigrants arrived, the land was a <u>wilderness</u>. （武蔵大）	移民が到着する以前，その土地は荒野であった。
They decided to rest in the <u>shade</u> of a large tree.	彼らは大きな木の陰で休むことに決めた。
The Buddhist <u>monks</u> have learned to live with nature. （名古屋工業大）	その仏僧たちは自然とともに生きることを修得している。

Section 10 名詞編

priest [priːst] 968
聖職者

funeral [fjúːnərəl] 969
葬式
▶ conduct [hold] a funeral 葬儀を行う
形 葬儀の
▶ a funeral service 葬儀

transition [trænzíʃən] 970
移り変わり；過渡期
▶ be in a period of transition 過渡期にある
☐ transítional 形 過渡的な

circulation [sòːrkjuléɪʃən] 971
循環；流通；(新聞・雑誌の)発行部数
▶ in circulation 流通して
☐ círculàte 動 循環する；広まる

adolescent [ædəlésənt] 972
青年
形 青年期の，思春期の
☐ àdoléscence 名 青年期，思春期

equation [ɪkwéɪʒən] 973
方程式；(the ～)同一視
▶ an equation of the second order 2次方程式

patent [pǽtənt] 974
特許(権)；特許品
▶ hold a patent 特許権を持つ
形 特許の 動 の特許を得る

metaphor [métəfə(ː)r] 975
隠喩；比喩
▶ 比喩表現のうち，like, as などを用いないものを指し，用いるものは simile [síməli]「直喩」と言う。

narrative [nǽrətɪv] 976
物語，話
▶ oral narrative 口承説話
形 物語の；話術の
☐ narrátion 名 語り；物語

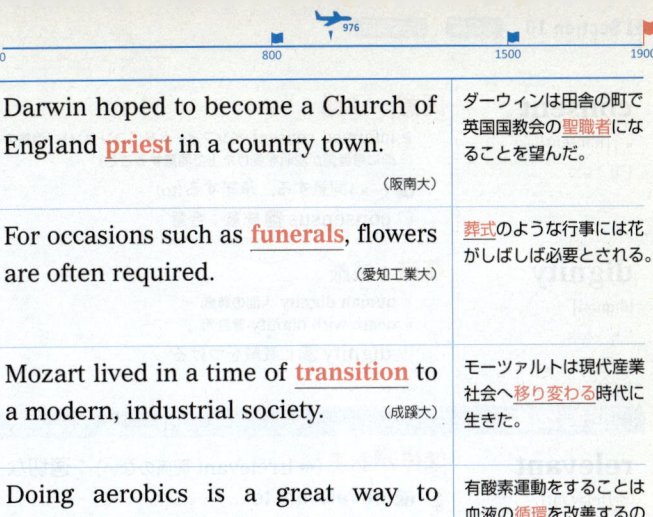

Darwin hoped to become a Church of England **priest** in a country town. （阪南大）	ダーウィンは田舎の町で英国国教会の聖職者になることを望んだ。
For occasions such as **funerals**, flowers are often required. （愛知工業大）	葬式のような行事には花がしばしば必要とされる。
Mozart lived in a time of **transition** to a modern, industrial society. （成蹊大）	モーツァルトは現代産業社会へ移り変わる時代に生きた。
Doing aerobics is a great way to improve one's blood **circulation**.	有酸素運動をすることは血液の循環を改善するのに大変よい方法である。
Obesity among **adolescents** is now several times more common than ten years ago. （中京大）	青年の肥満は今では10年前の数倍よくあることである。
I wonder how long it will take to solve all these **equations**.	これらの方程式を全部解くのにどれくらいの時間がかかるだろうか。
Patents do not necessarily guarantee commercial success. （上智大）	特許権は必ずしも商業的成功を保証するものではない。
English poems usually contain many **metaphors** and similes.	英語の詩には普通多くの隠喩と直喩が含まれる。
The fieldworker must display culture in a **narrative**. （東京工業大）	野外研究員は文化を物語の形で表さなければならない。

Section 10 [名詞編] [形容詞編]

consent
[kənsént] 977

同意，承諾
- informed consent インフォームド・コンセント（治療の前に患者側が説明を受けた上で同意すること）
- 動 (…に)同意する，承諾する(to)
- □ consénsus 名 総意；合意

dignity
[dígnəti] 978

尊厳；威厳
- human dignity 人間の尊厳
- death with dignity 尊厳死
- □ dígnify 動 に威厳をつける

形容詞編

relevant
[réləvənt] 979

関係がある(⇔ irrélevant 関係のない)；適切な
- 🆃🅒 **be relevant to ...**「…と関係がある」
- □ rélevance 名 関連(性)；妥当性

adequate
[ǽdɪkwət] 980

十分な；適切な(⇔ inádequate 不適切な)
- □ ádequacy 名 適性；適切さ

genuine
[dʒénjuɪn] 981

本物の(≒ réal, authéntic)
- genuine leather 本革

prompt
[prɑ(:)mpt] 982

迅速な
- 動 を促す；を駆り立てる
- 副 きっかりに

intimate
[íntəmət] 983

親密な；密接な
- be on intimate terms with ... …と親密な関係にある
- □ íntimacy 名 親しさ；親密さ

alert
[ələ́:rt] 984

警戒して；敏速な
- 🆃🅒 **be alert to [for] ...**「…を警戒している」
- 名 警戒；警報
- on (the) alert 警戒中で
- 動 を警戒させる，に警報を出す

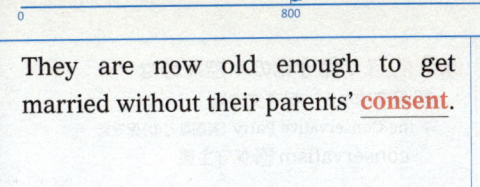

They are now old enough to get married without their parents' **consent**.	彼らはもう両親の同意なしに結婚できる年齢だ。
All human beings are born free and equal in **dignity** and rights. (岐阜大)	すべての人間は生まれながらに自由であり、尊厳と権利において平等である。
He only read the chapters of the book **relevant** to his essay topic.	彼はその本を自分のレポートの題目に関係する章しか読まなかった。
Adequate protein is available even from a vegetarian diet. (上智大)	菜食主義の食事からでも十分なたんぱく質が得られる。
The audience can usually tell whether the speaker's smiles are **genuine** or not. (熊本大)	聴衆は普通、講演者の微笑が本物かどうかがわかる。
Thank you for giving **prompt** attention to this matter. (東邦大)	この件に早速のご配慮をいただいたことに感謝します。
The boys have been on **intimate** terms since their childhood.	その少年たちは子供のころから親しい関係にある。
The police warned older people to be **alert** to the danger of fraud.	警察は高齢者に詐欺の危険に警戒するよう注意した。

Section 10 形容詞編

conservative [kənsə́ːrvətɪv] 985
保守的な；保守党の；控えめな
- 名 保守的な人；保守党党員
- ▶ the Conservative Party (英国などの)保守党
- □ consérvatism 名 保守主義

indifferent [ɪndífərənt] 986
無関心な (≒ ùnínterested)
- 熟 be indifferent to ... 「…に無関心である」
- □ indífference 名 無関心；冷淡

alien [éɪliən] 987
(…にとって)異質の (to)；外国の
- ▶ an alien culture 外国文化
- 名 外国人；宇宙人
- □ álienàte 動 を疎外させる

random [rǽndəm] 988
無作為の；手当たり次第の
- ▶ a random guess 当て推量
- ▶ at random 無作為に

subtle [sʌ́tl] 989
微妙な；希薄な
- □ súbtlety 名 微妙；希薄

moderate [mɑ́(ː)dərət] 990
適度な；穏健な
- ▶ moderate exercise 適度な運動
- 動 を和らげる，加減する
- □ mòderátion 名 適度；穏健

multiple [mʌ́ltɪpl] 991
多様な
- ▶ a multiple choice 複数選択肢
- □ múltiplỳ 動 を増やす；(を)掛け算する

polar [póʊlər] 992
極地の；電極の
- ▶ the polar star 北極星

arctic [ɑ́ːrktɪk] 993
(しばしば A-)北極の (⇔ antárctic 南極の)
- ▶ the Arctic Ocean 北極海
- 名 (the A-) 北極(圏)

He was **conservative** concerning the issue of the gender gap. （明治大）	彼は男女間格差の問題に関しては保守的であった。
It's a shame that many young people in Japan are **indifferent** to politics. （福岡大）	日本の多くの若者が政治に無関心であるのは残念である。
Giving a tip was a habit **alien** to most Japanese people. （早稲田大）	チップを渡すのはたいていの日本人にとってなじみのない習慣であった。
The subjects of the experiment were chosen by **random** selection. （立教大）	その実験の被験者は無作為の選択により選ばれた。
There is a **subtle** difference in color between these two pairs of shoes.	これらの2足の靴には微妙な色の違いがある。
Moderate exercise can reduce the risk of diabetes. （熊本大）	適度な運動は糖尿病の危険を減らす可能性がある。
A certain psychologist argues that we all have **multiple** intelligences. （信州大）	ある心理学者は私たちが皆多様な知能を持っていると主張する。
If the **polar** ice melts, islands may disappear and coral may die. （上智大）	極地の氷が溶けると、島が消滅してサンゴが死滅するかもしれない。
Arctic sea ice is necessary for polar bears to live. （明海大）	北極の海氷はシロクマが生きていくのに必要である。

Section 10 形容詞編

acid
[ǽsɪd] 994

酸性の；酸っぱい；辛辣(しんらつ)な
- **acid rain**「酸性雨」
- 名 酸；酸っぱい物
- □ acídity 名 酸性度

cosmetic
[kɑ(ː)zmétɪk] 995

化粧の，美容の
▶ cosmetic surgery 美容外科 (≒ plastic surgery)
- 名 (〜s) 化粧品

extinct
[ɪkstíŋkt] 996

絶滅した；廃止された
▶ an extinct species 絶滅種
▶ become extinct 絶滅する
- □ extínguish 動 を絶滅させる；を消す
- □ extínction 名 絶滅

spiritual
[spírɪtʃuəl] 997

精神の (⇔ matérial 物質の)；霊的な
▶ spiritual welfare 精神的幸福
- □ spíritually 副 精神的に；高尚に
- □ spírit 名 精神；魂

meaningful
[míːnɪŋfəl] 998

意味のある
▶ a meaningful smile 意味ありげなほほえみ
- □ méaningless 形 無意味な；重要でない

mechanical
[mɪkǽnɪkəl] 999

機械の；機械的な
- □ mechánic 名 整備士，修理工
- □ mechánics 名 力学；機械工学
- □ méchanìsm 名 仕組み

dynamic
⑦ [daɪnǽmɪk] 1000

活動的な；動的な (⇔ státic 静的な)
- □ dýnamìcs 名 動力学；原動力
- □ dýnamìsm 名 活力，力強さ

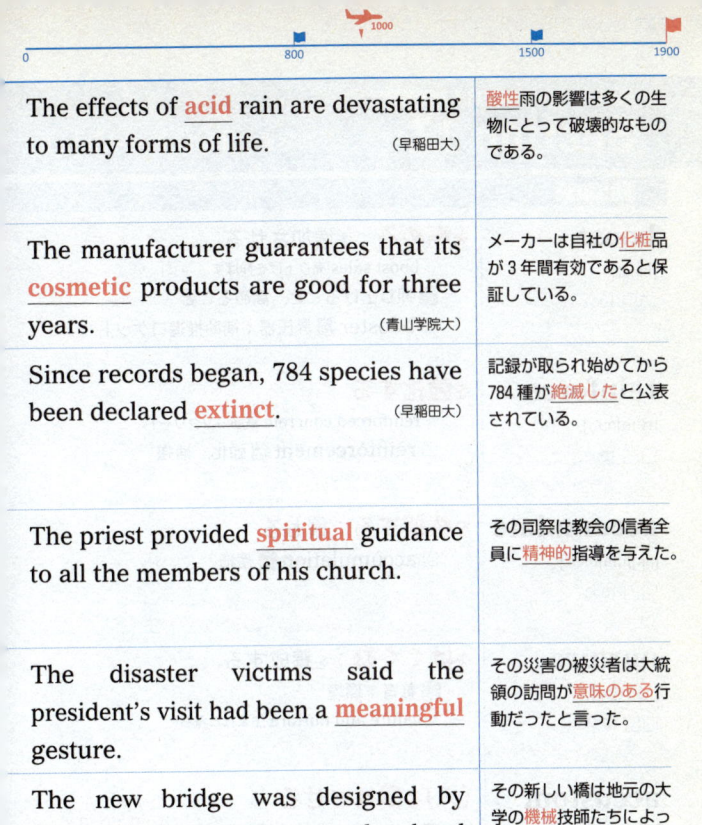

The effects of **acid** rain are devastating to many forms of life. （早稲田大）	酸性雨の影響は多くの生物にとって破壊的なものである。
The manufacturer guarantees that its **cosmetic** products are good for three years. （青山学院大）	メーカーは自社の化粧品が3年間有効であると保証している。
Since records began, 784 species have been declared **extinct**. （早稲田大）	記録が取られ始めてから784種が絶滅したと公表されている。
The priest provided **spiritual** guidance to all the members of his church.	その司祭は教会の信者全員に精神的指導を与えた。
The disaster victims said the president's visit had been a **meaningful** gesture.	その災害の被災者は大統領の訪問が意味のある行動だったと言った。
The new bridge was designed by **mechanical** engineers at the local university.	その新しい橋は地元の大学の機械技師たちによって設計された。
The president of this company is well known for his **dynamic** personality.	この会社の社長はその活動的な性格でよく知られている。

Part 2 常に試験に出る重要単語 700
Section 11 単語番号 1001 〜 1100

動詞編

boost [bu:st] 1001
を高める；を増加させる
▶ boost sales 売り上げを伸ばす
图 押し上げること，高めること
□ bóoster 图 昇圧器；補助推進ロケット

reinforce [rì:ɪnfɔ́:rs] 1002
を強化する
▶ reinforced concrete 鉄筋コンクリート
□ rèinfórcement 图 強化，補強

accumulate [əkjú:mjulèɪt] 1003
を蓄積する；積もる
□ accùmulátion 图 蓄積

nurture [nə́:rtʃər] 1004
をはぐくむ；を養成する
图 養育；環境
▶ nature and nurture 生まれと育ち

accustom [əkʌ́stəm] 1005
(人)を慣れさせる
🆗 be accustomed to ... 「…に慣れている」
▶ get accustomed to ... …に慣れる

correspond [kɔ̀(:)rəspá(:)nd] 1006
一致する；文通する
🆗 correspond to [with] ... 「…に一致する」
□ còrrespóndence 图 一致；文通
□ còrrespóndent 图 通信員，特派員

assign [əsáɪn] 1007
を配属する；を割り当てる
▶ assign A B A に B を割り当てる(≒ assign B to A)
□ assígnment 图 仕事；課題
□ assìgnée 图 受託者

▶動詞編 p.276　▶形容詞編 p.294
▶名詞編 p.286

TV commercials are a good way to **boost** popular interest in new products.	テレビコマーシャルは新製品に対する大衆の関心を高めるよい方法である。
Human security **reinforces** state security but does not replace it. （東北大）	人間の安全保障は国家の安全保障を強化するが、それに取って代わることはない。
Knowledge and understanding are **accumulated** little by little. （信州大）	知識と理解は徐々に蓄積される。
People use language to establish, **nurture** and develop personal relationships. （徳島大）	人々は人間関係を確立し、はぐくみ、発展させるために言語を使う。
People are already **accustomed** to ATMs and self-service gas pumps. （立教大）	人々はすでに ATM やセルフ給油機に慣れている。
His explanation **corresponded** exactly to the evidence we had.	彼の説明は、我々が持っていた証拠とぴったり一致した。
They **assigned** employees and robots to work in different locations. （神奈川大）	彼らは従業員とロボットを別の場所で働くように配属した。

Section 11 動詞編

regulate
[régjəlèit] 1008

を規制する；を調整する
- règulátion 名 規制；規則
- régular 形 規則正しい；定期的な
- régularly 副 規則正しく

violate
[váɪəlèit] 1009

を侵害する；(規則)を破る
▶ violate traffic regulations 交通規則に違反する
- vìolátion 名 違反(行為)；侵害

irritate
[írɪtèit] 1010

をいらいらさせる
- ìrritátion 名 いら立ち
- írritàting 形 いらいらさせる

insult
[ɪnsʌ́lt] 1011

を侮辱する (≒ affrónt)
名 [ínsʌlt] 侮辱(行為) (≒ affrónt)
- insúlting 形 侮辱的な

diminish
[dɪmínɪʃ] 1012

を減らす；減少する (≒ dècréase)

exclude
[ɪksklúːd] 1013

を除外する (⇔ inclúde を含む)
- be excluded from ... 「…から除外される」
- exclúsion 名 除外
- exclúsive 形 排他的な
- exclúsively 副 もっぱら

rob
[rɑ(ː)b] 1014

から(金品を)奪う
- rob A of B 「AからBを奪う」
- róbbery 名 強盗(事件)
- róbber 名 強盗

deprive
[dɪpráɪv] 1015

から(権利などを)奪う
- deprive A of B 「AからBを奪う」
- deprived 形 恵まれない
▶ a deprived child 恵まれない子供
- dèprivátion 名 剝奪；損失

In some countries, new drug research is <u>regulated</u> by the government. (北里大)	一部の国では，新薬の研究は政府により<u>規制されている</u>。
No one should be allowed to <u>violate</u> the human rights of others. (慶應義塾大)	他人の人権を<u>侵害する</u>ことは，だれにも許されるべきではない。
The telephone answering machine <u>irritates</u> many people. (甲南大)	留守番電話は多くの人を<u>いらいらさせる</u>。
Tracy said that never before had she been so <u>insulted</u>. (高知大)	トレーシーは，あれほど<u>侮辱された</u>ことはいまだかつてなかったと言った。
The food supply has been <u>diminished</u> by years of drought. (東京工業大)	食糧供給は長年の干ばつで<u>減少した</u>。
In the future, analog books may be <u>excluded</u> from libraries. (法政大)	将来，アナログ書籍は図書館から<u>除外される</u>かもしれない。
If she had been more careful, she would not have been <u>robbed</u> of her purse. (獨協大)	もっと注意していたら，彼女はハンドバッグを<u>奪われ</u>なかっただろう。
They <u>deprived</u> him of his liberty. (津田塾大)	彼らは彼から自由を<u>奪った</u>。

Section 11 動詞編

deposit
[dɪpá(:)zət]
1016

を置く；を預ける；を堆積させる
图 保証金；預金；堆積(物)
□ depósitàry 图 預かり人, 受託者

twist
[twɪst]
1017

をねじる，ひねる；を歪曲(わいきょく)する
图 ねじること；歪曲；急展開

blend
[blend]
1018

を混ぜる；を調和させる
🆓 blend *A* with *B*「AをBに混ぜる」
图 混成, 混合

mount
[maʊnt]
1019

に着手する；に乗る；に乗せる；増える
▶ mount a platform 登壇する
图 台紙；台

pitch
[pɪtʃ]
1020

を投げる
图 投球；程度；(音・声の)高低

cast
[kæst]
1021

を投じる；に役を当てる
🆓 cast doubt on ...「…に疑問を投げかける」
▶ 活用：cast - cast - cast
图 配役；ギプス；鋳型

dump
[dʌmp]
1022

を投棄する；を落とす
图 ごみ捨て場；ごみの山
▶ a nuclear waste dump 核廃棄物集積場
□ dúmper 图 ごみを捨てる人[機械]

anticipate
[æntísɪpèɪt]
1023

を予期する
□ antìcipátion 图 予期
□ antícipatòry 形 予期しての

assess
[əsés]
1024

を評価する；を査定する
□ asséssment 图 評価；査定
▶ an environmental assessment 環境影響評価

The girl picked up the bag and <u>deposited</u> it on the floor. （共立女子大）	少女はバッグを手に取り，それを床の上に<u>置いた</u>。
Toni <u>twisted</u> her feet deeper into the sand. （東京大）	トーニは砂の中に両足を<u>ひねり</u>ながら深く入れた。
Brazil started to <u>blend</u> ethanol with gasoline long ago. （岡山理科大）	ブラジルはずっと以前にエタノールをガソリンに<u>混ぜ</u>始めた。
One group <u>mounted</u> a campaign against drug use. （甲南大）	ある団体が薬物使用撲滅キャンペーンに<u>着手した</u>。
He could <u>pitch</u> a fastball at the speed of 160 km/h. （阪南大）	彼は時速160キロの直球を<u>投げる</u>ことができた。
His behavior forced us to <u>cast</u> doubt on his way of thinking. （慶應義塾大）	彼の行動のせいで私たちは彼の考え方に疑問を<u>投げかけ</u>ざるを得なかった。
The company was accused of illegally <u>dumping</u> waste from its factory.	その会社は工場からごみを不法に<u>投棄していた</u>ことで告発された。
We need to <u>anticipate</u> the effect our words could have. （お茶の水女子大）	私たちは，自分たちの言葉が及ぼし得る影響を<u>予期する</u>必要がある。
Today, many universities ask students to <u>assess</u> the courses they take.	今日，多くの大学は学生に受講する講義を<u>評価する</u>よう求めている。

Section 11 動詞編

pronounce
[prənáuns] 1025

を宣言する；を発音する
- pronounce sentence on ... …に判決を下す
- ☐ pronùnciátion 名 発音

spell
[spel] 1026

(語)をつづる；という語になる
- Y-e-t-i spells "yeti". Y, e, t, i とつづって「yeti」と読む。
- spell out ... …を詳しく説明する

portray
[pɔːrtréɪ] 1027

を描く；を演じる
- ☐ pórtrait 名 肖像(画)
- ☐ portráyal 名 描写；肖像

astonish
[əstá(ː)nɪʃ] 1028

を驚かす
- be astonished at [by] ... …に驚く
- ☐ astónishing 形 驚くべき
- ☐ astónishment 名 驚き

emit
[ɪmít] 1029

(光・音など)を出す
- emit exhaust fumes 排気ガスを出す
- ☐ emíssion 名 放出；排出
- emission standards 排出基準

cough
発 [kɔːf] 1030

咳をする
- 名 咳, 咳払い
- cough drop 咳止めドロップ

wander
発 [wá(ː)ndər] 1031

歩き回る；それる, はぐれる
- wonder「かなと思う」と区別。
- wander around ... …をぶらつく
- wander away from ... …からはずれる
- ☐ wánderer 名 放浪者

drift
[drɪft] 1032

漂う；さまよう；を押し流す
- 名 漂流；吹きだまり；緩やかな移動
- ☐ drífter 名 放浪者

At the wedding ceremony, the priest **pronounced** Tom and Barbara husband and wife. （獨協大）	結婚式で司祭はトムとバーバラを夫婦であると宣言した。
Spell 'world' backward, the doctor said. （名古屋大）	「world」という語を逆からつづりなさいと医者は言った。
This book **portrays** life during the war vividly.	この本は戦争中の生活を生々しく描いている。
Nothing **astonishes** me so much as my uncle's performance of card tricks.	おじのトランプ手品ほど私を驚かせるものはない。
Electric cars **emit** no carbon dioxide. （大阪経済大）	電気自動車は二酸化炭素を出さない。
The baby **coughed** and gave a loud cry. （名古屋学院大）	赤ん坊は咳をし，大きな泣き声を上げた。
They **wandered** through the forests searching for food. （日本女子大）	彼らは食べ物を探して森を歩き回った。
As we swam towards the boat, it **drifted** farther off. （東邦大）	私たちがボートに向かって泳ぐにつれて，ボートはさらに遠くに流されていった。

Section 11 動詞編

cease
発 [siːs]
1033

をやめる；終わる
- **cease to** do 「〜しなくなる」
- without cease 絶え間なく, ずっと (cease を名として用いる)
- □ céaseless 形 絶え間ない

underlie
[ʌ̀ndərláɪ]
1034

の根底にある
- 活用：underlie - underlay - underlain
- □ ùnderlýing 形 潜在的な；根本的な

constitute
ア [kɑ́(ː)nstətjùːt]
1035

を構成する
- □ constítuent 名 構成要素；有権者
- □ cònstitútion 名 構成；憲法

resort
[rɪzɔ́ːrt]
1036

(好ましくない手段に)訴える
- **resort to** A 「A(手段)に頼る, 訴える」
- 名 頼ること；手段；リゾート地
- as a last resort 最後の手段として

decorate
発 [dékərèɪt]
1037

を装飾する
- **decorate** A **with** B 「AをBで飾る」
- □ dècorátion 名 装飾(品)
- □ decorative [dékərətɪv] 形 装飾的な

reform
[rɪfɔ́ːrm]
1038

を改革する
- 名 改革；改善
- political reforms 政治改革
- □ rèformátion 名 改良；改革

conquer
発 [kɑ́(ː)ŋkər]
1039

を征服する；**を克服する**
- □ cónquèst 名 征服；克服
- □ cónqueror 名 征服者

persist
[pərsíst]
1040

固執する；続く
- **persist in** [**with**] ... 「…に固執する」
- □ persístence 名 固執；粘り強さ
- □ persístent 形 粘り強い；持続する

Great statesmen like him may **cease** to exist. （岐阜大）	彼のような偉大な政治家は存在しなくなるかもしれない。
Truth, beauty and morality should **underlie** all education. （明治学院大）	真理と美と道徳がすべての教育の根底にあるべきだ。
Women **constitute** the majority of the student body. （慶應義塾大）	女性が学生の過半数を構成する。
Some people tend to **resort** to drinking alcohol to relieve their stress. （成城大）	ストレス解消にアルコールを飲むことに頼る傾向にある人たちもいる。
We can **decorate** the room with balloons if you wish. （獨協大）	お望みなら部屋を風船で飾ることができます。
The country took steps to **reform** its bankruptcy law. （早稲田大）	その国は破産法を改正するための策を講じた。
In 1066, the French **conquered** England. （都留文科大）	1066年にフランス人がイングランドを征服した。
If students **persist** in talking, they will be asked to leave the classroom. （近畿大）	学生がおしゃべりをいつまでもやめなければ、彼らは教室を出るように言われるだろう。

Section 11 名詞編

名詞編

incentive
[ɪnséntɪv]
1041
動機(付け);報奨金
an incentive to *do*「〜するための動機付け」
形 駆り立てる;励みになる

intuition
[ìntjuíʃən]
1042
直観(力), 直感
▶ by intuition 直感で
□ intúitive 形 直観的な

impulse
[ímpʌls]
1043
衝動;刺激
on (an) impulse「衝動的に」
▶ impulse buying 衝動買い
□ impúlsive 形 衝動的な

fantasy
[fǽntəsi]
1044
空想;幻想;幻想的作品
□ fantástic 形 すばらしい

destiny
[déstəni]
1045
運命
▶ fight against destiny 運命に逆らう
□ déstined 形 運命づけられた

virtue
[vɚ́ːrtʃuː]
1046
美徳;長所;効能
▶ by virtue of ... …のおかげで
□ vírtuous 形 有徳の;立派な

compliment
[ká(ː)mpləmənt]
1047
賛辞;表敬
▶ Thank you for your compliment. お褒めいただきありがとう。
動 [ká(ː)mpləmènt] を褒める;に敬意を表す
□ còmpliméntary 形 賞賛する, お世辞の

anniversary
[æ̀nɪvɚ́ːrsəri]
1048
記念日
▶ on the anniversary of my grandfather's death 祖父の命日に

People need a clear **incentive** to reduce plastic bag use. （京都産業大）	人々はビニール袋の使用を減らす明確な動機付けを必要としている。
Our **intuition** is by no means a perfect guide. （岐阜大）	私たちの直観は決して完ぺきな指針ではない。
On an **impulse**, he decided to run away from home. （和歌山大）	衝動的に彼は家出をすることに決めた。
My dreams are different now, less based on **fantasy** and more on reality. （学習院大）	今の私の夢は異なり、空想に基づくものが減り、現実に基づくものが増えている。
Do the stars or our blood types determine our behavior and **destiny**? （慶應義塾大）	星回りや血液型は私たちの行動や運命を決定づけるのだろうか。
The Japanese learn that vagueness in discussion is a **virtue**. （慶應義塾大）	日本人は、議論におけるあいまいさが美徳であることを学ぶ。
That's the nicest **compliment** anyone has ever paid me. （東京大）	それはこれまで私が人から送られた最大の賛辞である。
The school celebrated the fortieth **anniversary** of its founding last year. （大阪産業大）	その学校は昨年、創立40周年を祝った。

Section 11 名詞編

hive
[haɪv] 1049

ミツバチの巣；群衆
- 動 (ミツバチ)を巣箱に入れる

nursery
[nə́ːrsəri] 1050

託児所；苗床
- ▶ nursery education 幼児教育
- ▶ a nursery school 保育園
- □ nurse 名 看護師 動 を看護する；を育てる

dormitory
[dɔ́ːrmətɔ̀ːri] 1051

米 寮
- ▶ a dormitory town 英 ベッドタウン，郊外住宅地

gallery
[ɡǽləri] 1052

美術館，画廊；回廊

mill
[mɪl] 1053

製造工場；製粉所；粉ひき機
- ▶ a paper mill 製紙工場
- 動 を粉にする

output
[áʊtpʊ̀t] 1054

生産(高)；出力；排出(量)
- ▶ output per person 1人当たりの生産高
- ▶ the output of carbon dioxide 二酸化炭素の排出(量)
- 動 を生産する；を出力する

joint
[dʒɔɪnt] 1055

関節；接合(部)
- ▶ out of joint 調子が狂って，故障して
- 形 共同の 動 を接合する

phase
発 [feɪz] 1056

段階；面
- ▶ enter a new phase 新しい局面に入る
- 動 を段階的に実行する
- ▶ phase out ... …を段階的に廃止する

particle
[pɑ́ːrtɪkl] 1057

(微)粒子；ほんのわずか
- ▶ an elementary particle 素粒子

Certain bees tell other bees in the **hive** where a source of food is located. (明治大)	ある種のミツバチは巣のほかのハチに食糧源がどこにあるかを教える。
After logging in, parents can watch live video from the **nursery**. (東京経済大)	ログインすると、親はその託児所からの生の映像を見ることができる。
When students go to university, some live in a **dormitory**. (明治学院大)	大学に行くと、一部の学生は寮に住む。
The **gallery** agreed to hold an exhibition of his paintings.	その画廊は彼の絵画展を開催することに同意した。
The forests have been cut to provide charcoal for steel **mills**. (筑波大)	森林は製鋼工場に木炭を供給するために伐採されてきた。
A farm uses solar energy to increase its **output**. (神奈川大)	農場は生産量を増やすために太陽光エネルギーを使う。
My grandmother often complains of pains in her knee **joints**. (明星大)	祖母はひざの関節の痛みをしばしば訴える。
They have only completed the first **phase** of their project.	彼らは計画の最初の段階を完了したにすぎない。
Light could be regarded as a stream of tiny **particles**. (早稲田大)	光は微小な粒子の流れと見ることができる。

Section 11 名詞編

column
[ká(:)ləm]
1058

コラム；(新聞などの)欄；円柱

margin
[máːrdʒin]
1059

余白；差；利ざや
- by a wide [narrow] margin 大差[小差]で
- have a low margin 利ざやが低い
- □ márginal 形 あまり重要でない

crack
[kræk]
1060

割れ目；鋭い音
- 動 ひびが入る；にひびを入れる
- crack down on ... …を厳しく取り締まる

mess
[mes]
1061

散らかった状態；混乱状態
- be in a mess 散らかっている；窮地に陥っている
- make a mess of ... …をめちゃくちゃにする
- 動 を散らかす，汚す

spectator
[spékteɪtər]
1062

(試合などの)観客
- a spectator sport 見て楽しむスポーツ

prey
[preɪ]
1063

獲物；犠牲者
- fall prey to ... …のえじきとなる
- 動 を捕食する，えじきにする

irrigation
[ìrɪɡéɪʃən]
1064

灌漑（かんがい）
- 畑などに水を引くこと。
- irrigation canals 用水路
- □ írrigàte 動 を灌漑する

fluid
[flúːɪd]
1065

流動体，液体
- 形 流動体の；流動性の

prairie
[préəri]
1066

大草原
- 特にミシシッピ川流域の大草原(プレーリー)を指す。
- a prairie dog プレーリードッグ

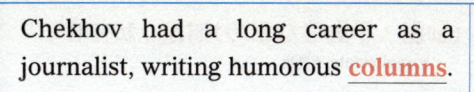

Chekhov had a long career as a journalist, writing humorous <u>columns</u>. (立教大)	チェーホフはジャーナリストとしての長い経歴を持ち、ユーモアあふれる<u>コラム</u>を書いた。
He wrote down some notes in the <u>margin</u> of the page.	彼はページの<u>余白</u>にいくつかメモを書き込んだ。
Through <u>cracks</u> in windows, wind blew dust into houses. (広島大)	窓の<u>割れ目</u>を通して、風がほこりを家の中に吹き入れた。
The children made a <u>mess</u> in the living room. (明海大)	子供たちが居間を<u>散らかした</u>。
There are two kinds of participants in life: <u>spectators</u> and players. (鳥取大)	人生には2種類の参加者がいる。<u>観客</u>と選手である。
They spent their lives as wanderers in search of <u>prey</u>. (同志社大)	彼らは<u>獲物</u>を求めて、放浪者として一生を送った。
Today India mainly uses groundwater for <u>irrigation</u>. (東京薬科大)	今日インドは<u>灌漑</u>のため主として地下水を使う。
Solids have definite shapes, while <u>fluids</u> do not.	固体には一定の形があるが、<u>流動体</u>にはない。
A herd of buffalo is grazing on a winter <u>prairie</u>. (同志社大)	バッファローの群れが冬の<u>大草原</u>で草を食べている。

Section 11 名詞編

estate
[ɪstéɪt]
1067

(動産・不動産などの)財産；私有地
▶ real estate 不動産

plot
[plɑ(:)t]
1068

(小説などの)筋；陰謀
▶ hatch a plot against ... …に対して陰謀をたくらむ
動 (〜すること)をたくらむ(to do)

realm
[relm]
1069

領域；領土

deadline
[dédlàɪn]
1070

締め切り
▶ meet a deadline 締め切りに間に合わせる
▶ a deadline for payment 支払い期限

poll
[poul]
1071

世論調査(= opinion poll)；投票(数)
▶ a heavy [light] poll 高い[低い]投票率
動 (人)に世論調査を行う；(票数)を得る

census
[sénsəs]
1072

国勢調査；交通調査
▶ a census taker 国勢調査員
▶ take a census 国勢調査を行う

controversy
[kɑ́(:)ntrəvə̀ːrsi]
1073

論争
▶ cause [arouse] much controversy 多くの論議を引き起こす
□ còntrovérsial **形** 論争の的となる；論争好きな

combat
[kɑ́(:)mbæt]
1074

戦闘；対立
動 と戦う, に立ち向かう
□ combátive **形** 闘争的な

consensus
[kənsénsəs]
1075

総意；(意見の)一致
▶ national consensus 国民の総意
▶ reach a consensus on ... …について合意に達する
□ consénsual **形** 合意による

<u>Estate</u> agents sometimes use photographs of kitchens to sell properties. （同志社大）	<u>不動産</u>業者は時々，物件を売るのに台所の写真を使う。
The <u>plot</u> development of Japanese folktales reflects the concept of nature in Japan. （名古屋学院大）	日本の民話の<u>筋</u>の展開は日本における自然の概念を反映している。
Anything is possible in the <u>realm</u> of pure science.	純粋科学の<u>領域</u>ではあらゆることが可能だ。
The professor is unwilling to extend the <u>deadline</u> on his term paper. （北里大）	教授は学期末レポートの<u>締め切り</u>を延ばすのを渋っている。
Unlike an opinion <u>poll</u>, an exit <u>poll</u> asks who the voter actually voted for. （慶應義塾大）	世論<u>調査</u>とは異なり，出口<u>調査</u>は有権者が実際にだれに投票したかを尋ねる。
The first US <u>census</u>, taken in 1790, registered 3.9 million people. （名古屋工業大）	1790年に行われたアメリカ初の<u>国勢調査</u>は390万人を記録した。
There is much <u>controversy</u> with regards to this decision. （明海大）	この決定に関しては大<u>論争</u>が起こっている。
People in danger, such as pilots in <u>combat</u>, can be remarkably composed. （明治学院大）	例えば<u>戦闘</u>中のパイロットのような危険な状態にある人が，驚くほど冷静であることがある。
Their <u>consensus</u> was that the trip should be put off for a while.	彼らの<u>総意</u>は旅行をしばらく延期すべきというものだった。

Section 11 名詞編 形容詞編

treaty
[tríːti] 1076

(国家間の)条約；協定
▶ sign a treaty 条約に調印する
▶ a peace treaty 平和条約

remedy
[rémədi] 1077

治療(法)；治療薬；解決法
▶ a folk remedy 民間療法
動 を改善する；を救済する

triumph
熟 アク [tráiʌmf] 1078

勝利；勝利の喜び；偉業
▶ in triumph 勝ち誇って
動 勝利を得る，成功する
□ tríumphant 形 勝ち誇った

形容詞編

competent
[kɑ́(ː)mpətənt] 1079

有能な；適任の；満足できる
▶ be competent for ... …に適任である
□ cómpetence 名 能力，力量

brilliant
[bríljənt] 1080

すばらしい；才能にあふれた；きらめく
□ brílliance 名 輝き；見事さ

sensible
[sénsəbl] 1081

賢明な；実用的な；顕著な
▶ sensitive「敏感な；感じやすい」と区別。
▶ It is sensible to do ～するのは賢明である
□ sènsibílity 名 感受性；感性

generous
[dʒénərəs] 1082

寛大な；気前のよい(⇔ stíngy けちな)；豊富な
□ gènerósity 名 気前のよさ；寛容
□ génerously 副 気前よく

brave
[breɪv] 1083

勇敢な(⇔ cówardly 臆病な)；見事な
🆙 **It is brave of A to do**
　「～するとはAは勇気がある」
動 に勇敢に立ち向かう
□ brávery 名 勇敢(な行動)

Each country that agrees to the **treaty** must obey the **treaty**'s conditions. （立命館大）	条約に合意する各国は、その条約の条件に従わなくてはならない。
The use of traditional **remedies** is increasing in advanced countries. （桜美林大）	伝統的治療法の利用が先進国で増加している。
Supporters of the team celebrated its **triumph** in the championship.	そのチームのサポーターは選手権大会での勝利を祝った。
The president felt lucky to have such a **competent** secretary.	社長は、そのような有能な秘書がいることを幸運に感じた。
I agree that this country has a **brilliant** future. （神奈川大）	この国にはすばらしい未来があることに私は同意する。
Giving away large sums of money is not always a **sensible** strategy. （埼玉大）	大金を寄付することが、いつも賢明な戦略というわけではない。
The losing candidate made a **generous** speech in which he praised his rival.	負けと決まった候補者は対立候補をたたえる寛大な演説を行った。
It was **brave** of him to take such a risk. （佛教大）	そんな危険を冒すとは彼は勇敢だった。

Section 11 形容詞編

optimistic
[à(ː)ptimístik] 1084
楽観的な (⇔ pèssimístic 悲観的な)
- óptimìsm 楽観[楽天]主義
- óptimist 楽観主義者

passive
[pǽsɪv] 1085
受動的な;消極的な
▶ passive smoking 受動喫煙
- passívity 無抵抗;受動性

harsh
[hɑːrʃ] 1086
厳しい;ざらついた
▶ a harsh reality 厳しい現実
▶ a harsh color どぎつい色

ugly
[ʌ́gli] 1087
醜い;険悪な
- úgliness 醜いこと,醜悪

sensory
[sénsəri] 1088
感覚の
▶ a sensory neuron 知覚ニューロン
- sense 感覚;認識力,観念;意味

oral
[ɔ́ːrəl] 1089
口頭の
▶ aural「聴覚の」と同音。
▶ an oral tradition 口承、言い伝え
- órally 口頭で

awkward
[ɔ́ːkwərd] 1090
気まずい;ぎこちない;面倒な
- áwkwardly ぎこちなく;当惑して

neutral
[njúːtrəl] 1091
中立の;はっきりしない
- 中立の人[国]
- néutralìsm 中立主義
- néutralìze を相殺する;を中立にする

vague
[veɪg] 1092
漠然とした
- váguely あいまいに,漠然と
- vágueness あいまいさ,漠然

Financial institutions should not adopt too **optimistic** an outlook. （名古屋外国語大）	金融機関はあまりにも楽観的な見通しを採用するべきではない。
Infants are **passive** receivers of stimulation. （順天堂大）	幼児は刺激の受動的な受け手である。
Harsh words are exchanged; feelings are hurt; ties are severed. （東京大）	厳しい言葉が交わされ，感情が傷つき，絆が断たれる。
That kind of narrow nationalism is really **ugly**. （熊本大）	その種の偏狭な国家主義は実に醜い。
Too much inactivity can subject babies to a kind of **sensory** deprivation. （明治学院大）	あまりにじっとしていると赤ん坊をある種の感覚遮断にさらす可能性がある。
Ari made us listen to Supreme Court **oral** arguments. （岐阜大）	アリは私たちに最高裁判所の口頭弁論を聞かせた。
It was an **awkward** situation, to say the least. （明治大）	それは控えめに言っても，気まずい状況であった。
The use of sexually **neutral** language has become a legal requirement. （滋賀大）	性的に中立の言葉を使うことは法的必要条件になった。
It can be argued that the concept of "Asia" is quite **vague**. （名古屋外国語大）	「アジア」の概念は，かなりあいまいであると主張され得る。

Section 11 形容詞編

urgent
[ə́:rdʒənt] 1093
緊急の
- úrgency 名 緊急, 切迫
- urge 動 を強く勧める

inevitable
[ɪnévətəbl] 1094
避けられない
▶ It is inevitable that ... …ということは避けられない
- inévitably 副 必然的に；当然
- inèvitabílity 名 不可避

concrete
[kɑ(:)nkríːt] 1095
具体的な (⇔ ábstract 抽象的な)；有形の
名 [kɑ́(:)nkriːt] コンクリート

abundant
[əbʌ́ndənt] 1096
豊富な
- abúndance 名 豊富；多量
- abóund 動 たくさんある

sacred
[séɪkrɪd] 1097
神聖な (≒ hóly)；宗教的な

prominent
[prɑ́(:)mɪnənt] 1098
卓越した；目立つ
- próminence 名 顕著, 卓越
- próminently 副 目立って

dense
[dens] 1099
密集した，密度の高い；(霧などが)濃い
- dénsity 名 密度, 密集
▶ population density 人口密度
- dénsely 副 密集して, ぎっしりと

profound
[prəfáʊnd] 1100
重大な；深い；難解な
▶ a profound change 大きな変化
- profóundly 副 深く；強く

Global warming is an **urgent** issue for us to tackle. (早稲田大)	地球温暖化は我々が取り組むべき緊急の問題である。
It's **inevitable** that our children will experience injustice in their lives. (三重大)	子供たちが人生の中で不正を経験することは避けられない。
By a **concrete** goal, I mean a specific or definite plan. (成蹊大)	私の言う具体的な目標とは，特定の，あるいは明確な計画である。
Hydrogen is the most **abundant** element in the universe. (東京理科大)	水素は宇宙で最も豊富な元素である。
The Native Americans consider this area **sacred**. (清泉女子大)	アメリカ先住民は，この地域を神聖なものと見なしている。
Several **prominent** studies supported the need to increase the nation's birthrate. (早稲田大)	いくつかの卓越した研究が，この国の出生率を上げる必要性を支持した。
CT scanners are better for looking at **dense** tissue like bones. (岡山理科大)	CTスキャナーは骨のように密度の高い組織を見るのに向いている。
Friendship clearly has a **profound** psychological effect. (学習院大)	友情には明らかに重大な心理的効果がある。

Section 12 単語番号 1101～1200

動詞編

tackle [tǽkl] 1101
に**取り組む**；と話をつける
图 タックル；(釣り)道具

dedicate [dédɪkèɪt] 1102
を**ささげる**；を献呈する
dedicate A to B「AをBにささげる」
▶ dedicate *one's* life to ... …に生涯をささげる
□ dèdicátion 图 献身；献呈
□ dédicàted 形 献身的な，熱心な

dare [deər] 1103
あえて[思い切って]~する
▶ dare は助動詞として用いられることもある。
▶ How dare you *do*? 君はよくも~できるものだ。

accelerate [əksélərèɪt] 1104
(を)加速する，促進する
□ accèlerátion 图 加速；促進
□ accéleràtor 图 加速装置；(車の)アクセル

transmit [trænsmít] 1105
を**伝える**；を送る
□ transmíssion 图 伝達，伝送
□ transmítter 图 発信器；伝えるもの

strain [streɪn] 1106
に**負担をかける**；を緊張させる；を漉す
▶ strain *one's* ears [eyes] 耳を澄ます[じっと見る]
图 緊張，ストレス；重圧

tempt [tempt] 1107
を**引きつける**；(人)を~する気にさせる
▶ be tempted to *do* ~したくなる，~する気になる
□ temptátion 图 誘惑，衝動
□ témpting 形 魅力的な

▶動詞編 p.300　　▶形容詞編 p.318
▶名詞編 p.310

The world came together in order to **tackle** the hunger problem. (慶應義塾大)	飢餓問題に取り組むため世界は連合した。
He **dedicates** himself to one mission only — maximize profit. (中央大)	彼は1つの使命，つまり利益を最大にすることだけに身をささげている。
Dan didn't **dare** to argue with his wife about the matter. (獨協大)	ダンはその問題に関してあえて妻と議論しようとしなかった。
This climate change seems to have **accelerated** human evolution. (学習院大)	この気候変動が人類の進化を加速したように思える。
The school principal **transmitted** the ministry's warning to all of the teachers.	その学校の校長は教員全員に省の警告を伝えた。
The country's resources had been **strained** by the war effort.	戦争に力を傾けたことで，その国の財源には負担がかかった。
Restaurants **tempt** us with food that would be difficult to prepare at home.	レストランは家庭ではうまく作れないような料理で私たちを引きつける。

Section 12 動詞編

amuse
[əmjúːz] 1108

をおもしろがらせる；を楽しませる
- be amused at [by] ... …をおもしろがる
- □ amúsement 名 楽しみ；娯楽
- □ amúsing 形 愉快な，おもしろい

disgust
[dɪsɡʌ́st] 1109

をむかつかせる；に愛想を尽かせる
- be disgusted with [by] ... …にむかついている
- 名 嫌悪，反感
- □ disgústing 形 うんざりさせる

cheat
[tʃíːt] 1110

をだます；不正をする
- cheat A (out) of B A から B をだまし取る
- 名 ぺてん(師)；不正；カンニング

confine
[kənfáɪn] 1111

を限定する；(通例受身形で)閉じ込められる
- 🆃🅲 confine A to B「A を B (範囲)に限定する」
- 名 [ká(ː)nfaɪn] 境界；限界，限度
- □ confínement 名 監禁；限定
- □ confíned 形 限られた，狭い

conceal
[kənsíːl] 1112

を隠す(≒ hide)；を秘密にする
- 化粧品のコンシーラー(concealer)はこの語からの派生語。
- □ concéalment 名 隠すこと，隠匿

forgive
[fərɡív] 1113

を許す；を免除する
- 🆃🅲 forgive A for B「A の B (過ちなど)を許す」
- forgive A for doing A が〜したことを許す
- 活用：forgive - forgave - forgiven
- □ forgíving 形 寛大な；優しい

discard
[dɪskɑ́ːrd] 1114

を捨てる；を解雇する
- 名 [dískɑːrd] 捨てられた物[人]；(トランプの)捨て札

convict
⑦ [kənvíkt] 1115

に有罪を宣告する
- be convicted of theft 窃盗罪の判決を受ける
- 名 [ká(ː)nvɪkt] 有罪の判決を受けた者，既決囚
- □ convíction 名 確信；有罪判決

You'll be **amused** to read about such ingenious devices. (中央大)	あなたはこのような独創的な装置にまつわる話を読んでおもしろがるだろう。
He was so **disgusted** that he refused to talk. (東京国際大)	彼はひどくむかついて，話をしようとしなかった。
Mrs. Lester was angry that Pamela had **cheated** her. (上智大)	レスター夫人はパメラが自分をだましたことで腹を立てた。
They **confined** their efforts to trying to make the wounded feel more comfortable. (明治大)	彼らは自分たちの努力を負傷者をより快適な気持ちにしようとすることに限定した。
Tears will flow in spite of our efforts to **conceal** them. (東洋大)	涙はそれを隠そうとする努力にもかかわらず流れるものだ。
I couldn't **forgive** him for what he had done. (東北学院大)	私は彼がしたことで彼を許すことができなかった。
Biodiesel is made from waste oil which used to be **discarded**. (学習院大)	バイオディーゼルは，昔は捨てられていた廃油から作られる。
There isn't enough evidence to **convict** him. (亜細亜大)	彼に有罪を宣告するに足る証拠がない。

Section 12 動詞編

commute
[kəmjúːt] 1116
通勤[通学]する
- 通勤, 通学
- □ commúter 通勤[通学]者
- ▶ a commuter train 通勤通学電車

whisper
[hwíspər] 1117
(と)ささやく
- ささやき(声);ひそひそ話

fade
[feɪd] 1118
薄れる;衰える
- ▶ fade away 消える;衰える

starve
[stɑːrv] 1119
飢える;(…を)渇望する(for);を飢えさせる
- **starve to death**「餓死する」
- □ starvátion 餓死;飢餓

vanish
[vǽnɪʃ] 1120
消える (≒ dìsappéar)
- ▶ banish「を追放する」と区別。

drain
[dreɪn] 1121
(液体)を流出させる;(液体が)流れ出る
- 排水路[管];流出, 消耗
- □ dráinage 排水(設備)

dip
[dɪp] 1122
を浸す;を突っ込む;下がる
- 一泳ぎ;低下;くぼみ

crush
[krʌʃ] 1123
を押しつぶす;を弾圧する
- 粉砕, 鎮圧, 殺到
- □ crúshing 圧倒的な

explode
[ɪksplóʊd] 1124
爆発する;急増する;を論破する
- ▶ The population has exploded. 人口が急増した。
- □ explósion 爆発;急増
- □ explósive 爆発しやすい;爆発的な
  爆発物

Most people in the company would rather not **commute** by motorbike. （摂南大）	その会社のたいていの人はバイクでは通勤したがらない。
One of them leaned over and **whispered** in the other's ear. （大東文化大）	彼らの一方が身を乗り出し、もう一方の耳元でささやいた。
The fashion gradually **faded** with men, but not with women. （京都産業大）	その流行は男性については徐々に薄れたが、女性については違った。
Nobody has ever actually **starved** to death in the region. （鹿児島大）	その地域では、今まで実際に餓死した者はだれ1人としていない。
The brightly colored parrots spread their wings and the beautiful colors **vanished**. （早稲田大）	色鮮やかなオウムがその羽を広げると、美しい色は消えてしまった。
Hold the bottle upside down to **drain** out any remaining liquid. （関東学院大）	ボトルを逆さまに持ち、残っている液体をすべて出しなさい。
When eating biscuits it is important to **dip** them in your tea first. （愛知大）	ビスケットを食べるとき、まずそれを自分の紅茶に浸すことが重要である。
The tremendous pressure of the water might **crush** an unprotected diver. （佛教大）	ものすごい水圧が無防備なダイバーを押しつぶすかもしれない。
If the bomb had **exploded**, many civilians would have suffered injury. （名古屋市立大）	もし爆弾が爆発していたら、多くの一般市民がけがをしただろう。

Section 12 動詞編

terrify
[térəfài] 1125
を怖がらせる；を脅かす
▶ be terrified of ... …を怖がる
□ térrifying 形 恐ろしい
□ térror 名 恐怖；恐ろしいもの

exploit
[ɪksplɔ́ɪt] 1126
を活用する；を搾取する
□ èxploitátion 名 活用；搾取

elect
[ɪlékt] 1127
を選出する
🆕 elect A B 「A(人)をB(役職)に選ぶ」
▶ She was elected mayor. 彼女は市長に選ばれた。
□ eléction 名 選挙，選出
□ eléctive 形 選挙による；選択の

equip
[ɪkwɪ́p] 1128
に備えつける；を(…のために)装備する(for)
🆕 be equipped with ... 「…を備えている」
▶ be equipped to do 〜する素養[実力]がある
□ equípment 名 装備；備品

fulfill
[fʊlfɪ́l] 1129
を実現させる；を果たす；を満たす
▶ fulfill A's needs Aの必要を満たす
□ fulfíllment 名 実現；充足感
□ fulfílled 形 満ち足りている

log
[lɔ(ː)g] 1130
(log on で)ログオンする；を記録する
🆕 log on to ... 「…にログオンする」
▶ log in とも言う。
名 ログ，記録；丸太

inherit
[ɪnhérət] 1131
を受け継ぐ；を引き継ぐ
□ inhéritance 名 遺産；継承

submit
[səbmɪ́t] 1132
を提出する；(submit oneself で)従う；(…に)屈服する(to)
▶ submit oneself to ... …に従う
□ submíssion 名 服従；提出
□ submíssive 形 従う；従順な

The director's horror movies had **terrified** generations of moviegoers.	その監督の恐怖映画はあらゆる世代の映画ファンを怖がらせた。
The writer argues that society is not **exploiting** women's abilities fully enough. (三重大)	その筆者は社会が女性の能力を十分に活用していないと論じている。
They **elected** Mike captain of the baseball team. (青山学院大)	彼らはマイクを野球チームのキャプテンに選んだ。
Only a few Japanese households are **equipped** with solar panels. (電気通信大)	太陽光パネルを備えつけている日本の家屋はほんのわずかしかない。
She wanted her son to **fulfill** all his dreams. (和歌山大)	彼女は自分の息子がすべての夢を実現することを望んでいた。
She **logged** on to the Internet and began typing her message for help. (関東学院大)	彼女はインターネットにログオンし、助けを求めるメッセージを打ち始めた。
People sometimes **inherit** stocks and shares. (東京工業大)	人々は時として株式や株を相続する。
The application for that job must be **submitted** by the 25th of May. (宮崎産業経営大)	その職の申請は5月25日までに提出されなくてはならない。

307

Section 12 動詞編

renew [rɪnjúː] 1133	を更新する；を再生する □ renéwal 名 更新；再生 □ renéwable 形 再生可能な
reproduce [rìːprədjúːs] 1134	を複製する；を再生する；繁殖する □ rèprodúction 名 繁殖；複製
flourish 発 [fləːrɪʃ] 1135	繁栄する；繁茂する；を振りかざす
thrive [θraɪv] 1136	繁栄する；成功する；繁茂する □ thríving 形 繁栄する
spill [spɪl] 1137	をこぼす；こぼれる ▶ spill over あふれ出る 名 こぼれること，流出 ▶ an oil spill 石油流出
scatter [skǽtər] 1138	をまき散らす；四散する ▶ be scattered 点在している；散らばっている 名 散布；分散 □ scáttered 形 点在する；散発的な
sprawl [sprɔːl] 1139	(都市などが)不規則に広がる 名 (都市の)スプロール現象
prevail 発 [prɪvéɪl] 1140	普及している；支配的である；打ち勝つ ▶ Justice will prevail. 正義は勝つ。 □ prévalence 名 普及, 流行 □ preváiling 形 支配的な；普及した □ prévalent 形 普及している

They wanted to have their licenses <u>renewed</u> without any trouble. (立教大)	彼らは自分の免許証が何の問題もなく<u>更新される</u>ことを望んでいた。
They are trying to <u>reproduce</u> the older, original book. (金沢工業大)	彼らはもっと古い原本を<u>複製し</u>ようとしている。
There is a natural human capacity to <u>flourish</u> under the most difficult circumstances. (立教大)	最も困難な状況下で<u>繁栄する</u>という人間の生来の能力がある。
The local economy began to <u>thrive</u> after the new factory was built.	その地方の経済は新しい工場が建設された後に<u>繁栄し</u>始めた。
She <u>spilled</u> some tea carelessly on the keyboard of her computer. (札幌大)	彼女はうかつにもコンピューターのキーボードに紅茶を<u>こぼしてしまった</u>。
The factory <u>scattered</u> dense brown smoke across the sky. (学習院大)	その工場は濃い茶色の煙を空一面に<u>まき散らした</u>。
In a free and democratic society towns and cities tend to <u>sprawl</u>. (関西大)	自由な民主社会においては、街や都市は<u>不規則に広がる</u>傾向がある。
Butter and cheese <u>prevailed</u> among dairy products because they kept better. (同志社大)	乳製品の中ではバターとチーズが長持ちするので<u>普及した</u>。

309

Section 12 名詞編

名詞編

intellect [íntəlèkt] 1141
知性；(the ~)知識人
- ìntelléctual 形 知的な；知性の 名 知識人, 知性豊かな人

courtesy [kə́ːrtisi] 1142
礼儀正しさ；好意；優遇
- 形 儀礼上の；無料サービスの
- ▶ a courtesy visit 表敬訪問
- courteous [kə́ːrtiəs] 形 礼儀正しい

posture [pá(ː)stʃər] 1143
姿勢；心構え
- ▶ have good [poor] posture 姿勢がよい[悪い]
- 動 気取る；の態度をとる

sociology [sòusiá(ː)lədʒi] 1144
社会学
- sòciológical 形 社会学的な
- sòciólogist 名 社会学者

motive [móutɪv] 1145
動機
- 形 原動力となる
- mótivàte 動 に動機を与える
- mòtivátion 名 動機(付け)

cue [kjuː] 1146
合図；手掛かり
- ▶ queue「列」と同音。
- 動 にきっかけを与える

utility [juːtíləti] 1147
公共事業；実用性
- 形 多目的な；実用的な
- útilìze 動 を(効果的に)利用する
- utilitárian 形 実用的な 名 功利主義者

chore [tʃɔːr] 1148
雑用；日課；嫌な仕事
- ▶ do household chores 家事をする

The concepts that govern our thoughts are not just matters of the <u>intellect</u>. （横浜市立大）	私たちの思考を律する概念は単に知性の問題にとどまらない。
Many Asians don't include door-holding in their notions of <u>courtesy</u>. （岩手大）	多くのアジア人の礼儀正しさの概念の中に，次の人のためにドアを押さえていることは入っていない。
A bad <u>posture</u> when young can lead to back problems in later years.	若い時の悪い姿勢は，後年に腰痛を引き起こす可能性がある。
Studying <u>sociology</u> cannot be just a routine process of acquiring knowledge. （慶應義塾大）	社会学の研究は，単に知識を獲得する型どおりの過程ではあり得ない。
He said his <u>motive</u> in writing the novel had been to draw attention to social injustice.	その小説を書く動機は社会的不正に注意を引くことであったと彼は言った。
Hand gestures are one of the nonverbal <u>cues</u> we use. （京都産業大）	手の仕草は我々が用いる非言語的合図の1つである。
Some experts expect <u>utility</u> companies to get more energy from hydroelectric power. （兵庫県立大）	公共事業会社が水力発電からもっと多くのエネルギーを得ることを期待する専門家もいる。
Household <u>chores</u> will be easily handled by a robot. （武蔵工業大）	家の雑用はロボットにより簡単に処理されることになるだろう。

Section 12 名詞編

cereal
[síəriəl] 1149
(通例 ~s)穀物；シリアル（穀物加工食品）

fiber
[fáɪbər] 1150
繊維(質)；本質；精神力
- synthetic fibers 合成繊維
- fiber optics 光ファイバー通信

intake
[íntèɪk] 1151
摂取量；受け入れ数

scent
[sent] 1152
香り；香水；気配
- on the scent of ... …の手掛かりをつかんで
- 動 (の)においをかぐ；をかぎつける
- □ íncense 名 香り

flavor
[fléɪvər] 1153
風味；特色
- 動 に味をつける；に趣を与える

mixture
[míkstʃər] 1154
混合(物)
- a mixture of ... …の混合(物)
- □ mix 動 を混ぜる，混合する

ratio
[réɪʃiòu] 1155
比率
- the ratio of A to B AのBに対する比率
- be in the ratio of 12 to 19 12対19の割合になっている

counterpart
[káʊntərpɑ̀ːrt] 1156
相当する物[人]
- a counterpart to ... …に対応[相当]する人[物]

patch
[pætʃ] 1157
小区画の土地；継ぎ；はり薬
- patches of fog 霧のかかったところ
- 動 に継ぎを当てる
- □ pátchwòrk 名 パッチワーク

The ideal diet would consist of **cereals** and beans. （横浜市立大）	理想的な食事は穀類と豆類から成るだろう。
Foods which are high in **fiber** prevent some disorders of the bowel. （東京理科大）	繊維質の多い食品は腸の病気を防ぐ。
Japanese people should reduce their saturated fat **intake**. （同志社大）	日本人は飽和脂肪の摂取量を減らすべきだ。
In China, tea is sometimes combined with the **scent** from various flowers. （神田外語大）	中国では茶は種々の花の香りと組み合わされることがある。
Used in small amounts, this herb will improve the **flavor** of meat dishes. （常葉学園大）	控えめに使えば，このハーブは肉料理の風味を向上させるだろう。
The place smelled of a **mixture** of beer and tobacco. （日本女子大）	その場所はビールとタバコの混じったにおいがした。
The **ratio** of applicants to places at the university had fallen to three to one.	その大学の定員に対する応募者の倍率は3倍に減った。
American students have a longer summer vacation than their Japanese **counterparts**. （武蔵大）	アメリカの学生は日本でそれに相当する人（＝日本の学生）より夏期休暇が長い。
She took her shoes and socks off and walked into a nettle **patch**. （東北大）	彼女は靴と靴下を脱ぎ，イラクサの密生する場所に歩み入った。

Section 12 名詞編

flock
[flɑ(:)k] 1158
群れ；群集
▶ a flock of sheep 羊の群れ
動 群がる，集まる

pedestrian
[pədéstriən] 1159
歩行者
形 歩行者の；徒歩の；平凡な
▶ a pedestrian crossing 英 横断歩道(≒ 米 crosswalk)

librarian
[laɪbré(ə)riən] 1160
司書，図書館員

draft
[dræft] 1161
下書き；為替手形；すき間風
▶ 英 では draught とつづり，発音は [drɑ:ft] となる。
動 の下書きをする，草稿を書く

formula
[fɔ́:rmjulə] 1162
方法；公式；製法
□ fòrmuláic **形** 紋切り型の
□ fórmulàte **動** (計画など)をまとめる
□ fòrmulátion **名** (計画などの)策定；体系化

commodity
[kəmá(:)dəti] 1163
商品；有用なもの
▶ the commodity market 商品市場
▶ commodity prices 物価

asset
[ǽsèt] 1164
(通例 〜s)資産；価値のあるもの；利点
▶ assets and liabilities 資産と負債

currency
[ká:rənsi] 1165
通貨；普及
▶ foreign currency 外貨
▶ gain currency 一般に広まる

tide
[taɪd] 1166
潮(の干満)；動向
▶ The tide is in [out]. 満潮[干潮]である。
▶ turn the tide 形勢を一変させる
□ tídal **形** 潮の

We rarely see large flocks of birds flying overhead in summertime. (関東学院大)	夏に鳥の大群が頭上を飛ぶのを見ることはめったにない。
A bicycle being ridden on a sidewalk is a menace to pedestrians. (都留文科大)	歩道を走る自転車は歩行者にとって脅威である。
The librarian recommended this book as a reference. (大阪経済大)	その司書は参考図書としてこの本を薦めてくれた。
I have just finished writing the first draft of my essay. (岡山大)	私は作文の最初の下書きを書き終えたところだ。
Harry was relieved that a logical formula existed to solve his conflict. (千葉大)	ハリーは争い事を解決するための理にかなった方法が存在することにほっとした。
They viewed the land as a source of commodities. (大阪大)	彼らはその土地を商品の源と見なした。
Money is one of the most convenient assets to store. (学習院大)	お金は蓄えるのに最も都合のよい資産の1つである。
They use prepaid phone cards as a form of electronic currency. (早稲田大)	彼らはプリペイド式のテレホンカードを電子通貨の1形態として使う。
When the tide recedes, these organisms reemerge. (大阪大)	潮が引くと,これらの生物は再び現れる。

Section 12 名詞編

abortion
[əbɔ́ːrʃən]
1167

妊娠中絶
▶ 比喩的に「(計画などの)失敗」の意味でも使う。
☐ abórtive 形 失敗に終わった

toll
[toul]
1168

損害(の程度)；死者数；通行料
▶ take a heavy toll 大きな損害を出す；多くの人命を奪う
☐ tòll-frée 形 米 フリーダイヤルの；無料の

penalty
[pénəlti]
1169

(刑)罰；罰金
▶ a penalty for illegal parking 駐車違反の罰金
▶ the death penalty 死刑
☐ pénalìze 動 を罰する

deforestation
[diːfɔ(ː)rɪstéɪʃən]
1170

森林伐採
☐ dèfórest 動 から森林を伐採する

microbe
[máɪkroub]
1171

細菌；微生物
☐ micróbial 形 細菌の；微生物の

outbreak
[áutbrèɪk]
1172

発生, 勃発(ぼっぱつ)
▶ an outbreak of Ebola fever エボラ熱の発生

epidemic
[èpɪdémɪk]
1173

流行病；蔓延(まんえん)
▶ an epidemic of SARS SARS (重症急性呼吸器症候群)の流行
形 伝染性の；流行の

syndrome
[síndroum]
1174

症候群；…現象

outlet
[áutlèt]
1175

直売店；はけ口；米 (電気の)コンセント
(≒ 英 sócket)
▶ an outlet mall アウトレットモール
▶ an outlet for creativity 創造力のはけ口

Birth control, abortion, alcoholism, and suicide are now "children's issues." (旭川医科大)	避妊, 妊娠中絶, アルコール依存症, 自殺は今では「子供の問題」である。
Stress-related illnesses like heart disease are taking a heavy toll. (青山学院大)	心臓病のようなストレス関連病が多くの人命を奪っている。
The penalty for cell phone use while driving can be traffic accidents. (亜細亜大)	運転中の携帯電話の使用に対する罰は, 交通事故であるかもしれない。
Large-scale deforestation can lead to floods and drought. (桜美林大)	大規模な森林伐採は洪水や干ばつにつながる可能性がある。
Nearly all milk is pasteurized to kill off disease-causing microbes. (尾道大)	ほぼすべてのミルクは病気の原因となる細菌を死滅させるために低温殺菌される。
They want to find ways to protect against an outbreak of avian flu. (摂南大)	彼らは鳥インフルエンザの発生を防ぐ方法を発見したいと思っている。
Epidemics usually start in areas of large population. (下関市立大)	伝染病は普通, 人口が多い地域から始まる。
People with metabolic syndrome are likely to suffer from health problems. (神戸学院大)	メタボリック症候群の人は健康問題に陥りやすい。
In factory outlets you can buy luxury brand products at cheap prices.	工場直売店では安い価格で高級ブランド品が買える。

317

Section 12 名詞編 形容詞編

perfume [pə́ːrfjuːm] 1176
香水，香料
動 に香水をつける

reception [rɪsépʃən] 1177
歓迎会；受付；受領
▶ a wedding reception 結婚披露宴
□ recéive 動 を受ける；を受け取る
□ recéptionist 名 受付係

recipient [rɪsípiənt] 1178
受け取る人；(臓器などの)被提供者
▶ a recipient of a Nobel prize ノーベル賞の受賞者
形 受容力のある

形容詞編

keen [kiːn] 1179
熱心な；鋭敏な；激しい
▶ a keen collector 熱心な収集家
▶ be keen on ... …に熱中している
□ kéenly 副 熱心に；痛烈に

decent [díːsənt] 1180
そこそこの；きちんとした；上品な
▶ do the decent thing 道義的に行動する；責任を取る
□ décency 名 礼儀正しさ，品位
□ décently 副 きちんと

mild [maɪld] 1181
穏やかな；軽い
▶ a mild fever 微熱

humble [hʌ́mbl] 1182
謙虚な；質素な；身分が低い
動 を謙虚にさせる；を卑しめる
□ húmbly 副 謙遜して

noble [nóʊbl] 1183
高貴な；堂々とした
▶ a man of noble birth 高貴な生まれの人
□ nobílity 名 (the 〜)貴族(階級)；高潔
□ nóbleman 名 貴族

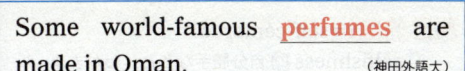

Some world-famous <u>perfumes</u> are made in Oman. (神田外語大)	いくつかの世界的に有名な<u>香料</u>がオマーンで作られている。
The <u>reception</u> is scheduled to last for three hours. (青山学院大)	<u>歓迎会</u>は3時間続く予定である。
To be the <u>recipient</u> of affection is a powerful cause of happiness. (青山学院大)	愛情の<u>受け手</u>であることは幸福の強大な要因である。
Most of the students are quite <u>keen</u> on studying English. (関西外国語大)	学生の大半は英語を学ぶことにかなり<u>熱心である</u>。
Few people can make a <u>decent</u> living in such towns. (広島大)	こんな町で<u>そこそこの</u>生活をしていくことができる人はほとんどいない。
The climate of the South Pacific is <u>milder</u> than that of Europe. (慶應義塾大)	南太平洋の気候はヨーロッパの気候より<u>穏やかである</u>。
To the end of his life, Thomas remained a very <u>humble</u> man. (北里大)	人生の終わりまでトマスは非常に<u>謙虚な</u>男のままだった。
He says he comes of a <u>noble</u> family. (千葉工業大)	彼は自分は<u>高貴な</u>家の出であると言っている。

Section 12 形容詞編

selfish
[sélfɪʃ] 1184

利己的な (≒ sèlf-céntered)
- sélfishness 名 自分勝手なこと，わがまま

cruel
[krúːəl] 1185

残酷な；厳しい
- crúelty 名 残酷さ；虐待
- crúelly 副 残酷に

ridiculous
[rɪdíkjʊləs] 1186

ばかげた；法外な
▶ Don't be ridiculous. ばかなことを言わないで。
- rídicule 動 をあざける 名 あざけり，冷やかし

deaf
[def] 1187

耳が聞こえない (≒ hard of hearing)
▶ turn a deaf ear to ... …に耳を貸さない
▶ 「言葉の不自由な」は dumb，「目の不自由な」は blind。

grateful
[gréɪtfəl] 1188

感謝している
▶ 口語では I'm grateful. より I appreciate it. が好まれる。
▶ be grateful for ... …のことをありがたく思う
- grátitùde 名 感謝

elaborate
[ɪlǽbərət] 1189

入念な；凝った
動 [ɪlǽbərèɪt] を苦心して生み出す
- elàborátion 名 綿密な仕上げ

rough
[rʌf] 1190

粗い；大まかな；乱暴な
副 手荒く
- róughly 副 おおよそ；手荒く

bitter
[bítər] 1191

苦い；厳しい；辛辣(しんらつ)な；怒りっぽい
▶ a bitter experience 辛い経験
- bítterly 副 ひどく，激しく

radical
[rædɪkəl] 1192

急進的な；根本的な
名 急進主義者
- rádicalìsm 名 過激主義
- rádically 副 根本的に；徹底的に

People are often too **selfish** to think about the future. （電気通信大）	人はしばしば利己的すぎて未来について考えることができなくなる。
Sophia felt deeply wounded by his **cruel** remarks. （国士舘大）	ソフィアは彼の残酷な言葉によって深く傷ついた。
We don't intend to take up such a **ridiculous** proposal at the meeting.	会議でそんなばかげた提案を取り上げるつもりはない。
Most people think that fish are **deaf**, but they are not. （桃山学院大）	魚は耳が聞こえないとたいていの人が思っているが，実はそうではない。
I am truly **grateful** to have survived my hard adolescence. （福岡教育大）	私は自分の過酷な青春期を切り抜けて生き長らえたことを本当に感謝している。
Japan is famous for its **elaborate** wrapping of presents. （東京国際大）	日本は贈り物の入念な包装で有名である。
Yellow sand can cause **rough** skin, allergic reactions and asthma attacks. （信州大）	黄砂は肌荒れ，アレルギー反応，ぜんそくの発作を引き起こすことがある。
This tea tastes more **bitter** than coffee. （甲南大）	この紅茶はコーヒーより苦い。
Her opinion was very **radical**, and stimulated discussions. （関西外国語大）	彼女の意見は非常に急進的で，議論を刺激した。

Section 12 形容詞編

collective
[kəléktɪv] 1193
集団の, 共同の
名 集合体, 共同体
□ colléctively 副 集団としては
□ colléctivìsm 名 集団主義；集産主義
▶ individualism「個人主義」と対比して用いられる。

exotic
[ɪgzá(:)tɪk] 1194
外来の；異国風の
□ exóticìsm 名 異国趣味

steep
[sti:p] 1195
(傾斜が)急な；急激な；法外な
▶ a steep decline in consumption 消費の急激な落ち込み
□ steeply 副 急に

shallow
[ʃǽloʊ] 1196
浅い (⇔ deep 深い)；浅薄な

parallel
[pǽrəlèl] 1197
(…と)平行の (to)；類似した
▶ parallel lines 平行線
動 に平行している；に類似する　副 平行に
名 匹敵するもの；対比
▶ in parallel 平行して, 同時に

probable
[prá(:)bəbl] 1198
十分にありそうな
It is probable that ...「…は十分ありそうだ」
□ pròbabílity 名 見込み；確率
□ próbably 副 たぶん

absolute
[ǽbsəljù:t] 1199
絶対的な (⇔ rélative 相対的な)
▶ an absolute authority 絶対的権威
□ ábsolùtely 副 完全に, 全く

aesthetic
[esθétɪk] 1200
美的な；美学の
□ aesthétics 名 美学

The view that choice is essential to <u>collective</u> welfare seems convincing. （慶應義塾大）	選択の機会は<u>集団的</u>幸福にとって不可欠であるという見解は説得力があるように思える。
In the Middle Ages, wealthy people kept <u>exotic</u> animals in their gardens. （明治大）	中世では，富裕な人々は庭に<u>外来の</u>動物を飼っていた。
The slope was so <u>steep</u> that I could barely make it to the top. （芝浦工業大）	その坂はとても<u>急で</u>，私はかろうじて頂上にたどり着くことができた。
An infant can drown in water as <u>shallow</u> as a few inches. （慶應義塾大）	幼児は数インチほどの<u>浅さ</u>の水の中でも溺れることがある。
In Japan we lay our chopsticks on the table <u>parallel</u> to the table's edge. （東邦大）	日本ではテーブル上に，テーブルのへりと<u>平行に</u>箸を置く。
It is <u>probable</u> that the temperature will reach 30 degrees Celsius today. （名古屋外国語大）	今日，気温が摂氏30度に達することは<u>十分ありそうだ</u>。
A car is an <u>absolute</u> necessity if you live in the countryside. （中央大）	田舎に住むなら，車は<u>絶対に</u>必要なものである。
We usually choose our favorite varieties of flowers on <u>aesthetic</u> grounds. （津田塾大）	私たちはたいてい，<u>美的な</u>理由で自分のお気に入りの種類の花を選ぶ。

Section 13 単語番号 1201～1300

動詞編

proceed [prəsíːd] 1201
進行する；(…を)続行する(with)
- prócess 名 過程；経過 動 を加工処理する
- procédure 名 手順；手続き

bloom [bluːm] 1202
花が咲く；栄える
- 名 開花；最盛期
- ▶ in full bloom 満開で

assert [əsə́ːrt] 1203
を主張する
- TG assert that ... 「…ということを主張する」
- assértion 名 主張；断言

bet [bet] 1204
と確信する；(を)賭ける
- ▶ 活用：bet - bet - bet
- 名 賭け(金)；意見

boast [boust] 1205
を誇る；(を)自慢する
- ▶ boast about [of] ... …を自慢する
- 名 自慢話；うぬぼれ

beg [beg] 1206
に(…を)切に頼む(for)；(を)懇願する
- ▶ beg (of) A to do A に〜してくれと頼む
- ▶ beg for ... …を請う，頼む

compromise [ká(:)mprəmàiz] 1207
妥協する；を危うくする
- TG compromise with A 「A(人)と妥協する」
- 名 妥協(案)；折衷物
- ▶ make a compromise 妥協する

inquire [inkwáiər] 1208
(を)尋ねる
- ▶ inquire A of B A を B(人)に尋ねる
- inquiry [ínkwəri] 名 質問；調査
- inquísitive 形 好奇心の強い

▶動詞編 p.324　▶形容詞編 p.340
▶名詞編 p.332

Japan's plan for digital broadcasting almost **proceeded** according to schedule. (中央大)	日本のデジタル放送計画は，ほぼ予定どおりに進行した。
All the flowers on trees of this type **bloom** at once. (共立女子大)	この種の木につく花はすべて一斉に咲く。
It seems arrogant to **assert** that science can explain everything. (千葉大)	科学がすべてを説明できると主張することは傲慢であるように思える。
Whatever he says, you can **bet** he's thinking the opposite. (長崎大)	彼が何と言おうと，間違いなく彼は逆のことを考えている。
Between Mt. Yotei and Mt. Annupuri, Niseko **boasts** great powder snow. (高崎経済大)	羊蹄山とアンヌプリの間に位置するニセコは，すばらしいパウダースノーを誇る。
She **begged** her mother for a pair of skates. (学習院大)	彼女はスケート靴を買ってくれるよう母親に切に頼んだ。
She hated having to **compromise** with her boss.	彼女は上司と妥協しなくてはならないことが嫌だった。
The product you **inquired** about is out of stock now. (中央大)	あなたがお尋ねの製品は現在在庫がありません。

Section 13 動詞編

yell
[jel] 1209
叫ぶ, 怒鳴る
- yell at ... 「…に叫ぶ, 怒鳴る」
- 图 大声の叫び, わめき

bully
[búli] 1210
をいじめる; を脅す
- 图 いじめっ子
- □ búllying 图 いじめ

descend
[dɪsénd] 1211
(を)降りる (⇔ ascénd 上がる); 受け継がれる
- □ descént 图 下降; 血統
- □ descéndant 图 子孫

crawl
[krɔːl] 1212
はう; ゆっくり進む
- 图 はうこと; 徐行; クロール

lean
[liːn] 1213
かがむ; 傾く; をもたせかける
- lean forward 「前かがみになる」
- ▶ lean against [on] ... …に寄りかかる
- 图 傾向; 傾斜

spin
[spɪn] 1214
を回転させる; (糸)を紡ぐ; 回転する
- ▶ 活用: spin - spun - spun
- 图 回転; 下落

drown
[draʊn] 1215
溺死(できし)する; を水浸しにする
- ▶ drown oneself 入水自殺する

split
[splɪt] 1216
を分割する; 分裂する
- ▶ 活用: split - split - split
- ▶ split the bill 料金を分担し合う

revive
[rɪváɪv] 1217
を復活させる; 復活する
- □ revíval 图 復活; 回復

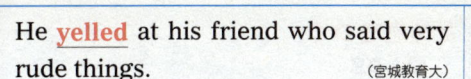

He <u>yelled</u> at his friend who said very rude things. (宮城教育大)	彼は非常に無礼なことを言った友達に<u>怒鳴った</u>。
If you see anyone being <u>bullied</u> at school, you should report it to the teacher. (立教大)	だれかが学校で<u>いじめられる</u>のを見たら、先生にそれを報告すべきである。
Sugar-rich sap <u>descends</u> from the leaves to all parts of the tree. (お茶の水女子大)	糖分に富む樹液は、葉から木のあらゆる部分に<u>降りていく</u>。
Among dead leaves, vivid green ants <u>crawl</u> about. (津田塾大)	枯れ葉の間では、緑色のアリが活発に<u>はい回っている</u>。
He <u>leaned</u> forward slightly to look into the car. (茨城大)	彼は少し前<u>かがみになって</u>車の中をのぞき込んだ。
The man <u>spun</u> the roulette wheel and waited to see which number the ball landed on.	その男はルーレット盤を<u>回転させて</u>、ボールがどの番号に止まるか見守った。
The girl almost <u>drowned</u>, but I pulled her out and saved her life. (関東学院大)	少女は<u>溺れ</u>かけたが、私は彼女を引き上げて命を救った。
He can <u>split</u> his day and get in more kid time. (立教大)	彼は1日の時間を<u>分割し</u>、子供と過ごす時間をもっと取ることができる。
Recently a campaign was launched to <u>revive</u> the *furoshiki*. (京都産業大)	最近、風呂敷を<u>復活させる</u>運動が始まった。

Section 13 動詞編

sigh
[saɪ] 1218

ため息をつく
- 名 ため息
- ▶ with a sigh of relief 安堵のため息をついて

refrain
[rɪfréɪn] 1219

控える
- 熟 refrain from doing「〜するのを控える，慎む」

sweep
[swiːp] 1220

(を)掃く；を一掃する；通過する
- ▶ 活用：sweep - swept - swept
- 名 掃除；一掃

knit
[nɪt] 1221

編み物をする；を結合する
- 名 ニット製品；編み方

cram
[kræm] 1222

を詰め込む；詰め込み勉強をする
- 熟 cram A with B「AにBを詰め込む」
- 名 すし詰め(状態)；詰め込み勉強
- ▶ a cram school 学習塾，予備校

digest
[daɪdʒést] 1223

を消化する；を理解する；を要約する
- 名 [dáɪdʒest] 要約，ダイジェスト版
- □ digéstive 形 消化の；消化を助ける
- □ digéstion 名 消化；理解(力)

suppress
[səprés] 1224

を抑える；を抑圧する
- ▶ suppress a yawn あくびをかみ殺す
- □ suppréssion 名 抑圧，鎮圧
- □ suppréssive 形 鎮圧する；抑制する

offend
[əfénd] 1225

の気分を害する；(に)違反する
- ▶ be offended by [at] ... …に腹を立てる
- □ offénsive 形 不快な；無礼な
- □ offénse 名 違反；感情を害すること
- □ offénder 名 犯罪者，違反者

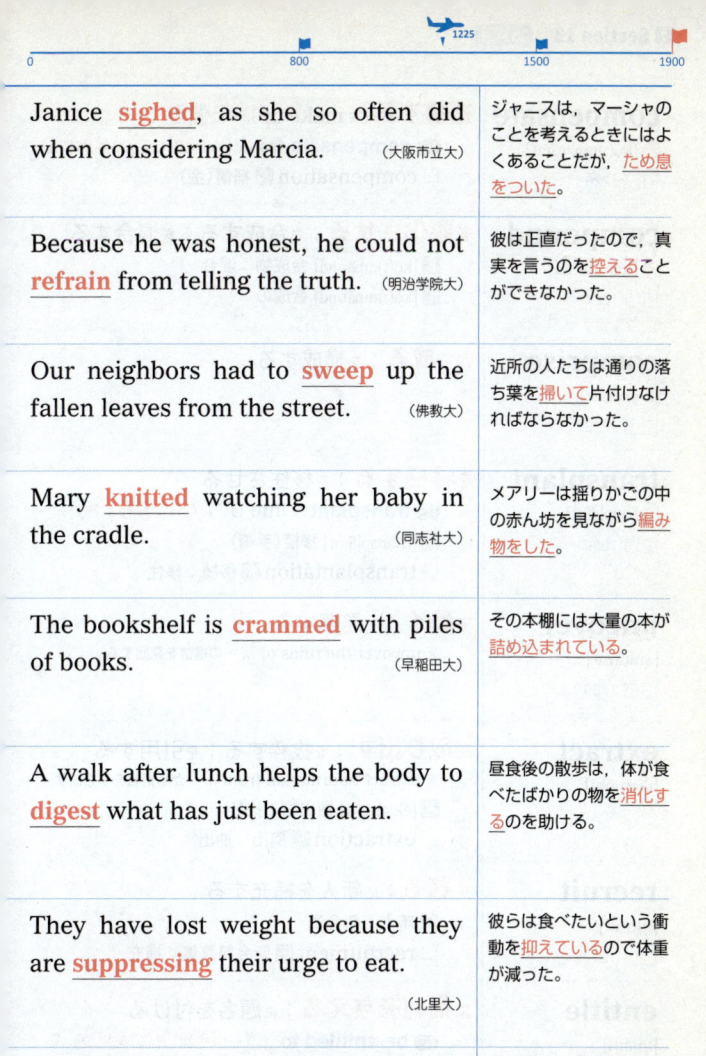

Janice **sighed**, as she so often did when considering Marcia. (大阪市立大)	ジャニスは，マーシャのことを考えるときにはよくあることだが，ため息をついた。
Because he was honest, he could not **refrain** from telling the truth. (明治学院大)	彼は正直だったので，真実を言うのを控えることができなかった。
Our neighbors had to **sweep** up the fallen leaves from the street. (佛教大)	近所の人たちは通りの落ち葉を掃いて片付けなければならなかった。
Mary **knitted** watching her baby in the cradle. (同志社大)	メアリーは揺りかごの中の赤ん坊を見ながら編み物をした。
The bookshelf is **crammed** with piles of books. (早稲田大)	その本棚には大量の本が詰め込まれている。
A walk after lunch helps the body to **digest** what has just been eaten.	昼食後の散歩は，体が食べたばかりの物を消化するのを助ける。
They have lost weight because they are **suppressing** their urge to eat. (北里大)	彼らは食べたいという衝動を抑えているので体重が減った。
I didn't mean to **offend** you. (和光大)	私はあなたの気分を害するつもりはなかったのです。

Section 13 動詞編

compensate [ká(:)mpənsèit] 1226
補償する(≒ make up); に償う
- **compensate for A**「A(損失など)を補償する」
- còmpensátion 補償(金)

compound [kəmpáund] 1227
を悪化させる; を合成する; を混合する
- 名 [ká(:)mpàund] 合成物; 混合
- 形 [ká(:)mpàund] 合成の

comprise [kəmpráiz] 1228
から成る; を構成する

transplant [trænsplænt] 1229
を移植する; を移住させる
- **transplant A into B**「AをBに移植する」
- 名 [trænsplænt] 移植(手術)
- trànsplantátion 名 移植; 移住

uncover [ʌnkʌ́vər] 1230
を暴く; を発掘する
- ▶ uncover the ruins of ... …の遺跡を発掘する

extract [ɪkstrǽkt] 1231
を取り出す; を抜粋する; を引用する
- ▶ extract information from ... …から情報を引き出す
- 名 [ékstrækt] 抽出物; 抜粋
- extráction 名 摘出; 抽出

recruit [rɪkrúːt] 1232
を募る; に新人を補充する
- 名 新人; 新会員
- recrúitment 名 新会員募集; 補充

entitle [ɪntáɪtl] 1233
に権利を与える; に題名を付ける
- **be entitled to ...**「…の権利[資格]を持つ」
- ▶ be entitled to do ～する権利[資格]がある

appoint [əpɔ́ɪnt] 1234
を任命する; を指定する
- appóintment 名 約束; 任命
- ▶ make an appointment 予約する

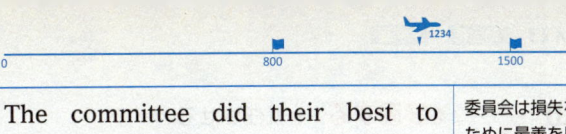

The committee did their best to **compensate** for the loss. (関東学院大)	委員会は損失を補償するために最善を尽くした。
Substantial differences between the two leaders are **compounded** by misunderstanding. (慶應義塾大)	両首脳の間の重大な相違は誤解により悪化している。
The research team **comprises** dozens of psychologists. (同志社大)	その研究チームは数十人の心理学者から成る。
She gently **transplanted** the flower into a larger pot. (立命館大)	彼女はそっとその花をもっと大きな鉢に移植した。
At last, the secret that the man had kept for years was **uncovered**. (名古屋学院大)	ついに，その男が長年隠してきた秘密が暴かれた。
Their digging to **extract** the potatoes loosened the soil and fostered regrowth. (早稲田大)	彼らがジャガイモを取り出すために掘り返したことが，土壌をほぐし，再生長を促した。
The foundation **recruits** twenty 16 to 24-year-olds each year. (岐阜大)	その財団は毎年16歳から24歳の青年を20人募る。
Everyone is **entitled** to the respect of his or her opinion.	だれにでも自分の意見を尊重してもらう権利がある。
She was **appointed** as a member of the American delegation to the U.N. (南山大)	彼女はアメリカの国連代表団の一員に任命された。

Section 13 動詞編 名詞編

install
[ɪnstɔ́ːl] 1235
を設置する；を就任させる
- ìnstallátion 图 取り付け，設置

enforce
[ɪnfɔ́ːrs] 1236
を施行する；を(…に)強制する(on / upon)
- enfórcement 图 施行；強要

implement
[ímplɪmènt] 1237
を実行する
- 图 [ímpləmənt] 道具；手段
- ìmplementátion 图 実行，処理

manipulate
[mənípjulèɪt] 1238
を(巧みに)操る；を改ざんする
▶ manipulate A into B A を操って B をさせる
- manìpulátion 图 操作；改ざん

refine
[rɪfáɪn] 1239
を精製する；を洗練する
- refínement 图 洗練；改善
- refíned 形 精製された；洗練された

attain
[ətéɪn] 1240
を獲得する，達成する；に達する
- attáinment 图 達成，実現

名詞編

quest
[kwest] 1241
探究
- a quest for ... 「…の探究」
▶ in quest of ... …を求めて(≒ in search of ...)
- 動 (…を)探す，追求する (for)

outlook
[áʊtlʊ̀k] 1242
態度，見解；見通し；眺め
▶ one's outlook on life 人生観

premise
[prémɪs] 1243
前提；(～s)(建物を含めた)構内
▶ Keep off the premises. 構内立ち入り禁止(掲示)
- 動 を前提とする

You can <u>install</u> solar panels on your roof. (関西大)		屋根に太陽光パネルを<u>設置する</u>ことができる。
The police warned that the new law would be difficult to <u>enforce</u>.		警察は新しい法律を<u>施行する</u>のは難しいだろうと警告した。
Vietnam is <u>implementing</u> a national unemployment-benefits system. (慶應義塾大)		ベトナムは国民失業給付金制度を<u>実施している</u>。
We can be easily <u>manipulated</u> into an unfair business deal. (東京医科歯科大)		私たちは簡単に<u>操られ</u>, 不当な商売の取引をしてしまう可能性がある。
It takes about a day to <u>refine</u> waste cooking oil into diesel. (学習院大)		使用済みの食用油をディーゼル油に<u>精製する</u>のに約1日を要する。
In about 1800 the structure of literary English had virtually <u>attained</u> its present form. (早稲田大)		1800年ごろ, 文語英語の構造は現在の形をほぼ<u>獲得していた</u>。
In the <u>quest</u> for better health, many people turn to doctors. (東京経済大)		よりよい健康の<u>探究</u>に際し, 多くの人は医者に頼る。
Young people tend to have a positive <u>outlook</u> on their future. (明治学院大)		若者は自分の将来に前向きの<u>態度</u>をとる傾向がある。
Let's take her proposal as a <u>premise</u> for our discussion. (東京工業大)		彼女の提案を私たちの議論の<u>前提</u>と考えてみよう。

Section 13 名詞編

unity
[júːnəti] 1244
統合；結束；一貫性
□ uníte 動 を統合する
□ únion 名 組合；結合

fabric
[fǽbrɪk] 1245
織物；構造
▶ silk fabrics 絹織物
▶ the fabric of society 社会の構造
□ fábricàte 動 を製造する；をでっち上げる

thread
[θred] 1246
(議論などの)筋道；糸
▶ a thread of hope 一縷の望み
動 に糸を通す；(を)縫うように進む

craftsman
[kræftsmən] 1247
職人；工芸家
□ craft 名 工芸(品)；技能

sculpture
[skʌ́lptʃər] 1248
彫刻(作品)
動 を彫刻する；を彫刻で飾る
□ scúlptor 名 彫刻家

sphere
[sfɪər] 1249
球体；領域；天体
▶ a sphere of activity 活動範囲
□ sphérical 形 球形の, 球面の

curve
[kəːrv] 1250
(道路などの)カーブ；曲線
動 を曲げる；曲がる
▶ The road curves to the right. 道は右にカーブしている。

profile
[próʊfaɪl] 1251
人物の紹介；横顔；輪郭
動 の紹介をする；の輪郭を描く
□ prófiling 名 プロファイリング, 人物像分析

fingerprint
[fɪ́ŋɡərprɪnt] 1252
指紋
動 の指紋をとる
□ fóotprìnt 名 足跡

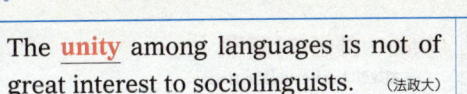

The **unity** among languages is not of great interest to sociolinguists. (法政大)	言語の統合は社会言語学者にとってあまり興味をそそるものではない。
Using organic cotton for **fabrics** is becoming increasingly widespread. (北海道大)	織物にオーガニックコットンを使うことがますます広まってきている。
Speaking before a huge audience, I completely lost the **thread** of my argument. (東京理科大)	大勢の聴衆の前で話していたとき、私は自分の主張の筋道が完全にわからなくなってしまった。
We can classify the cook in a group that includes **craftsmen** or technicians. (静岡大)	私たちは料理人を、職人や技術者を含む集団に分類することができる。
This church is famous for its elaborate **sculpture** of the arches. (清泉女子大)	この教会はアーチの精巧な彫刻で有名である。
By observing the eclipses, Aristotle discovered that our planet was a **sphere**. (東邦大)	日食や月食を観察することで、アリストテレスは私たちの惑星が球体であることを発見した。
You should learn to drive more carefully around **curves**. (専修大)	君はカーブではもっと注意して運転できるようになるべきだ。
Much of the journalist's work revolved around **profiles** of important people. (聖心女子大)	そのジャーナリストの仕事の多くは、重要人物の紹介を中心に展開した。
Even a **fingerprint** on a glass may cause complaints from guests. (福岡女子大)	グラスについた指紋でさえ、客からの苦情の原因となることもある。

Section 13 名詞編

criterion
[kraɪtíəriən] 1253
(判断・評価の)基準
- 複数形は criteria [kraɪtíəriə]。
- set the criterion for ... …の基準を設ける

altitude
[ǽltɪtjùːd] 1254
高度, 標高

tuition
[tjuíʃən] 1255
授業料(= tuition fees)；(個人)指導

stake
[steɪk] 1256
杭；賭け金；利害関係
- at stake 問題となって；危機に瀕して
- 動 を賭ける

acquaintance
[əkwéɪntəns] 1257
知人；面識；知識
- □ acquáint 動 に知らせる
- become [get] acquainted with ... …と知り合いになる；…に精通する

discourse
[dískɔːrs] 1258
会話；講演
- a discourse marker 談話標識
- 動 [dɪskɔ́ːrs] (…について)論じる(on)

gratitude
[grǽtətjùːd] 1259
感謝(の気持ち)
- out of gratitude 感謝の念から
- □ gráteful 形 感謝している

worship
[wə́ːrʃəp] 1260
崇拝；賛美
- the worship of idols 偶像崇拝
- 動 を崇拝する

caution
[kɔ́ːʃən] 1261
用心；警告
- 動 に警告する(≒ warn)
- □ cáutious 形 用心深い

The student asked the professor what the grading **criteria** for the class would be.	生徒はその授業の評価基準は何なのかを教授に尋ねた。
They live at an **altitude** of around 2,500 meters. (広島工業大)	彼らは標高約2,500メートルの地に暮らしている。
She goes to an English school whose **tuition** is high. (関西学院大)	彼女は授業料が高い英語学校に通っている。
The Doctor plunged his wooden **stake** into the vampire's heart. (宮崎大)	博士は吸血鬼の心臓に木の杭を打ち込んだ。
We sometimes rely on casual **acquaintances** rather than close friends for help. (武蔵工業大)	私たちは親しい友人ではなく、むしろちょっとした知人の手助けを当てにすることがある。
He is good at engaging in intellectual **discourse** about literature.	彼は文学についての知的な会話に加わるのがうまい。
We should encounter every day with **gratitude** and love. (愛媛大)	私たちは感謝と愛を持って毎日を迎えるべきである。
Stonehenge has **worship** of the sun as its probable purpose. (早稲田大)	ストーンヘンジは、太陽崇拝がおそらくはその目的である。
He greeted the man with a mixture of **caution** and interest. (成蹊大)	彼は用心と関心の入り交じった気持ちでその男に挨拶をした。

Section 13 名詞編

horror
[hɔ́(ː)rər] 1262

恐怖；強い嫌悪；嫌な物[人]
▶ a horror film ホラー映画
□ hórrible 形 恐ろしい
□ hórrify 動 を怖がらせる

decay
[dɪkéɪ] 1263

腐敗(した状態)；衰退
▶ tooth decay 虫歯
▶ in decay 衰退して
動 腐敗する(≒ rot)；衰える

defect
米 [díːfekt] 1264

欠陥；不足
動 [dɪfékt] 寝返る, 離脱する
□ deféctive 形 欠点のある, 不完全な

troop
[truːp] 1265

(〜s)軍隊；集団
▶ the peace-keeping troops 平和維持軍
動 集団で進む

grave
[greɪv] 1266

墓；(the 〜)死
形 重大な；いかめしい
□ gráveyàrd 名 墓地

ranch
[ræntʃ] 1267

牧場；米 大農場
▶ bet the ranch on ... 米 …に全財産を賭ける

republic
[rɪpʌ́blɪk] 1268

共和国；共和制
□ repúblican 形 共和国の 名 共和制支持者；
(R-) 米 共和党党員

county
米 [káʊnti] 1269

米 郡；英 州
▶ Madison County マディソン郡

cottage
[kɑ́(ː)tɪdʒ] 1270

米 小別荘；小さな家
▶ cottage industry 家内工業

Suddenly, the woman's excited smile was replaced by a look of <u>horror</u>. (尾道大)	突然，その女性のうれしそうな笑顔は<u>恐怖</u>の表情に変わった。
Fresh food imported from other countries is often treated with chemicals to avoid <u>decay</u>.	外国から輸入される生鮮食品は，しばしば<u>腐敗</u>を避けるために化学薬品で処理されている。
You compensate for this <u>defect</u> by working very hard. (関東学院大)	君は一生懸命働くことでこの<u>欠点</u>を補っている。
They learned that government <u>troops</u> had swept through the village. (関東学院大)	彼らは政府<u>軍</u>が村を通過したことを知った。
Each year she would visit her mother's <u>grave</u> and put flowers on it.	毎年，彼女は母の<u>墓</u>に参りそこに花を供えたものだ。
The people on the <u>ranch</u> breed cattle to feed their families. (京都産業大)	その<u>牧場</u>の人々は家族を養うために牛を飼っている。
Most European countries are now <u>republics</u>, though some are monarchies.	いくつかの国は君主国であるが，たいていのヨーロッパの国は今や<u>共和国</u>である。
He organized his little office in the <u>county</u> where he grew up. (横浜市立大)	彼は自分が育った<u>郡</u>に小さな事務所を構えた。
My uncle's <u>cottage</u> stands on a mountain overlooking a lake. (尾道大)	おじの<u>小別荘</u>は湖が見渡せる山の上に立っている。

Section 13 名詞編 形容詞編

commerce
[ká(:)mərs]
1271

商業；貿易
- commércial 形 商業の；営利的な 名 (テレビなどの)コマーシャル

recession
[riséʃən]
1272

不況；後退
- recéde 動 後退する；薄れる
- recéss 名 休憩；休会

despair
[dispéər]
1273

絶望
- 動 (…に)絶望する (of)
- desperate [déspərət] 形 絶望的な；必死の
- dèsperátion 名 絶望；死に物狂い

spray
[spreɪ]
1274

噴霧(液)；噴霧器
▶ insect spray 殺虫スプレー
- 動 を[に]吹きかける

compassion
[kəmpǽʃən]
1275

同情
- compássionate 形 情け深い

offspring
[ɔ́(:)fsprɪŋ]
1276

子孫，子；成果

cortex
[kɔ́ːrteks]
1277

皮質；樹皮
▶ the cerebral cortex 大脳皮質

fame
[feɪm]
1278

名声
- fámous 形 有名な
- famed 形 (…で)名高い，有名な (for)

形容詞編

worthwhile
[wə̀ːrθhwáɪl]
1279

価値がある；立派な
▶ It is worthwhile doing [to do] 〜する価値がある
▶ a worthwhile book 読む価値のある本
- wórthless 形 価値のない

English is a universal language for **commerce** and technology. （熊本大）	英語は商業と科学技術にとっては世界共通語である。
The **recession** following the collapse of the "Bubble Economy" hit the company. （慶應義塾大）	「バブル経済」崩壊後の不況が，その会社を直撃した。
Poverty leads to **despair**, a sense of injustice and alienation. （早稲田大）	貧困は絶望，不公平感，疎外感を生む。
Low flush toilets and **spray** taps save water. （大阪電気通信大）	節水型水洗便器とスプレー水栓は水の節約になる。
People are not machines lacking in **compassion** and morality. （明治学院大）	人間は同情や道徳を欠く機械ではない。
The *kazunoko* signifies the prosperity of the **offspring**. （東京電機大）	カズノコは子孫の繁栄を意味する。
Alcohol suppresses the frontal **cortex**, reducing one's ability to control anger. （早稲田大）	アルコールは前頭皮質の働きを抑制し，怒りを制御する能力を低下させる。
She gained **fame** as a musical theater writer. （摂南大）	彼女はミュージカル劇場専属の作家として名声を得た。
Discussing things and sharing experiences with others is always **worthwhile**. （玉川大）	他人と話し合い，経験を共有することは常に価値がある。

Section 13 形容詞編

valid
[vǽlɪd] 1280

妥当な(⇔ inválid 妥当でない)；有効な
- This ticket is valid for one year. このチケットは1年間有効だ。
- □ válidàte 動 を有効にする
- □ valídity 名 有効性；正当性

thorough
[θə́ːrou] 1281

徹底的な；全くの
- a thorough notes of the meeting 会議の完全な記録
- □ thóroughly 副 徹底的に；完全に
- □ thóroughness 名 完全；徹底

tremendous
[trəméndəs] 1282

途方もない，莫大な；すばらしい
- □ treméndously 副 すさまじく

empirical
[ɪmpírɪkəl] 1283

経験的な；経験主義の
- empirical evidence 経験的証拠
- □ empírically 副 経験的に

secondary
[sékəndèri] 1284

二次的な；中級の
- secondary industry 第二次産業
- a secondary school 中等学校

subsequent
[sʌ́bsɪkwənt] 1285

その後の
- subsequent to ... …に続く，…の後で[の]
- □ súbsequently 副 その後

innate
[ɪnéɪt] 1286

生まれながらの；固有の
- innate ability 生まれ持った能力
- □ innátely 副 生まれつき，生得的に

interior
[ɪntíəriər] 1287

室内の；内部の(⇔ extérior 外部の)
- 名 内陸部；内部；室内

Most of his criticism of me was far from **valid**. （岩手大）	私に対する彼の批判の大半は全く妥当なものではなかった。
The police's **thorough** investigation shed light on the cause of the accident. （青山学院大）	警察による徹底的な捜査が事故原因を解明した。
A **tremendous** number of children go to cram schools in Japan. （慶應義塾大）	日本では途方もない数の子供たちが塾に通う。
She emphasizes the importance of systematic and **empirical** testing of her hypotheses. （慶應義塾大）	彼女は自らの仮説に対する体系的かつ経験的な検証の重要性を強調している。
The face is not a **secondary** billboard for our feelings. （関西学院大）	顔は私たちの感情の二次的な掲示板ではない。
Subsequent research supports the conclusion they have reached. （関西大）	その後の研究は，彼らが達した結論を裏付けている。
The criteria for beauty are learned rather than **innate**. （弘前大）	美の基準は生まれながらに持っているものではなく，むしろ身につくものである。
Interior designers participated in a study of people's behavior at parties. （同志社大）	室内装飾家たちがパーティーにおける人々の行動に関する研究に参加した。

Section 13 形容詞編

bare
[beər] 1288

裸の；ありのままの
▶ bare feet 素足
▶ the bare fact 紛れもない事実
動 を露出する；を暴く

innocent
[ínəsənt] 1289

無罪の(⇔ guilty 有罪の)；無邪気な；無知の
▶ be innocent of ... ...の罪を犯していない
名 無邪気な人；お人よし
□ ínnocence 名 無罪；純真
□ ínnocently 副 無邪気に

delicate
[délɪkət] 1290

繊細な；扱いにくい；もろい
▶ a delicate issue 取り扱いの難しい問題
□ délicacy 名 繊細さ；もろさ

ambiguous
[æmbíɡjuəs] 1291

あいまいな
▶ 2つ以上の意味に解釈できること。
□ àmbigúity 名 多義性；微妙さ

fragile
[frǽdʒəl] 1292

壊れやすい；虚弱な
□ fragílity 名 もろさ；虚弱

awful
[ɔ́ːfəl] 1293

ひどい；嫌な；恐ろしい
□ awe [ɔː] 名 畏敬、畏怖
□ áwfully 副 とても；ひどく悪く

inferior
[ɪnfíəriər] 1294

より劣った(⇔ superior よりすぐれた)
🆃🅲 be inferior to ... 「...より劣っている」
□ infèriórity 名 下位；劣等

ashamed
[əʃéɪmd] 1295

恥じて
🆃🅲 feel [be] ashamed of ...
「...を恥ずかしく思う」
▶ be ashamed to do ~して恥ずかしい；恥ずかしくて~できない

We walked on along the beach in <u>bare</u> feet.	私たちは素足で浜辺を歩き続けた。
Everyone said Phillip stole the money, but he is <u>innocent</u>. (阪南大)	だれもがフィリップがその金を盗んだと言ったが,彼は無実である。
The way things balance one another in nature is very <u>delicate</u>. (亜細亜大)	物事が自然の中で互いにバランスを保つ方法は,非常に繊細である。
A speaker's message might be deliberately <u>ambiguous</u>. (弘前大)	話し手の真意は意識的にあいまいになることもある。
These products are <u>fragile</u>, so please handle them carefully. (清泉女子大)	この製品は壊れやすいので,注意して取り扱ってください。
He told me <u>awful</u> lies, but I believed every word. (上智大)	彼は私にひどいうそをついたが,私はすべての言葉を信じてしまった。
The bad weather meant that the quality of the grapes was <u>inferior</u> to other years.	天気が悪かったということはブドウの品質がほかの年より劣っているということであった。
Jeff felt <u>ashamed</u> of having broken the promise he had made. (法政大)	ジェフは自分がした約束を破ったことを恥ずかしく思った。

345

2 Section 13 形容詞編

medieval
[miːdíːvəl]
1296

中世の；時代遅れの
▶ in medieval times 中世に (≒ in the Middle Ages)
▶ 「古代の」は ancient, 「現代の」は modern と言う。

stern
[stəːrn]
1297

厳しい；いかめしい

tense
[tens]
1298

張り詰めた，緊張した
動 を緊張させる
□ ténsion 名 緊張；緊迫感

imperial
[impíəriəl]
1299

帝国の；皇帝の
□ impérialìsm 名 帝国主義
□ émpire 名 帝国；帝政(期)
□ émperor 名 皇帝；天皇

magnificent
[mægnífɪsənt]
1300

壮大な；見事な
□ magníficence 名 壮麗，荘厳
□ mágnify 動 を拡大する；を増大させる

変則的な複数形(4)
-a → -ata
melanoma 黒色腫 → melanomata

In **medieval** times, books were valuable possessions. （公立はこだて未来大）	中世において，本は貴重品であった。
Mr. Sato was usually very gentle, but sometimes he could be **stern**.	サトウ先生は普段は大変優しかったが，時々厳しくなることもあった。
Crowding can cause people to feel **tense** because their territory has been violated. （早稲田大）	自分の領分が侵されてしまうので，混雑は人々を張り詰めた気持ちにさせかねない。
At one time Britain's **imperial** possessions stretched across the globe.	一時期，大英帝国の属領は世界中に広がった。
The beauty of the church lies in its **magnificent** old buildings. （立命館大）	その教会の美しさは，壮大な古い建物の中に存在する。

-sis → -ses
analysis 分析　→　analyses
crisis 危機　→　crises

Part 2 常に試験に出る重要単語 700
Section 14 単語番号 1301 〜 1400

動詞編

integrate
㋐ [íntəgrèit]
1301

を**統合する**；融合する
▶ integrate A into B A を B にまとめる
□ ìntegrátion 名 統合, 融合
□ íntegràted 形 統合された；差別の撤廃された

incorporate
[ɪnkɔ́:rpərèɪt]
1302

を**取り入れる**；を法人にする；合併する
形 会社組織の
□ incórporàted 形 法人の

utilize
[jú:təlàɪz]
1303

を**利用する**（≒ make use of）
□ utílity 名 実用性；公共事業
□ ùtilizátion 名 利用

revise
[rɪváɪz]
1304

を**修正する**；を改正する
名 改訂(版)；校正
□ revision [rɪvíʒən] 名 改訂；修正

prolong
[prəlɔ́(:)ŋ]
1305

を**長引かせる**
▶ prolong the agony 苦痛を長引かせる；焦らす
□ prolónged 形 長引く, 長期の

lessen
[lésən]
1306

を**少なくする**；減る
▶ lesson「課」と同音。
▶ lessen the pain 痛みを和らげる

stir
㋐ [stə:r]
1307

を**かき回す**；を揺り動かす
▶ stir a lot of controversy 大いに論争をかき立てる
名 かき回すこと；動揺
□ stírring 形 興奮させる, 刺激的な

drag
[dræg]
1308

を**引きずる**；ぐずぐずする
▶ drag one's feet 足を引きずる
名 障害物；不愉快な物[人]

▶動詞編 p.348　▶形容詞編 p.366
▶名詞編 p.358

The struggle to protect the environment has to be **integrated** across all countries.	環境を守る取り組みは全世界で統合されなければならない。
Edo-period Japanese society **incorporated** impressive recycling structures.　（青山学院大）	江戸時代の日本社会はすばらしいリサイクル機構を取り入れていた。
The school encouraged local residents to **utilize** its gymnasium on the weekends.	その学校は地元住民に週末は学校の体育館を利用するよう奨励した。
Proofreaders **revise** any errors in the text.　（早稲田大）	校正者は文中のあらゆる誤りを修正する。
I found myself trying to **prolong** the conversation.　（大阪教育大）	私は自分が会話を長引かせようとしているのに気づいた。
Is there any good way to **lessen** the harm we do to nature?　（北里大）	私たちが自然に対して及ぼしている害を減らす，何かよい方法があるだろうか。
Will you lend me your spoon to **stir** my coffee?　（関西学院大）	僕のコーヒーをかき回すのに君のスプーンを貸してくれますか。
One of my sisters **dragged** me into the school.　（首都大学東京）	私の姉の1人が学校に私を引きずっていった。

Section 14 動詞編

scrub
[skrʌb] 1309

(を)**磨く**
▶ scrub the floor 床をこする
名 こすること，磨くこと

strip
[strɪp] 1310

を[から]**取り去る**；を裸にする
strip *A* from *B* 「BからAを取り去る」
▶ strip *B* of *A* と書き換えられる。
名 細長い一片；細長い土地[地区]

squeeze
[skwiːz] 1311

を**押し込む**；を絞る
▶ squeeze a lemon レモンを絞る
名 絞ること

shed
[ʃed] 1312

を**捨て去る**；(光など)を放つ；(涙・血)を流す
▶ 活用：shed - shed - shed
▶ shed light on ... …に光を投げかける；…を解明する
▶ shed a tear 涙を流す

plug
[plʌg] 1313

(plug in で)を**電源に差し込む**；を差し込む
▶ be plugged into ... …に接続している
名 プラグ；栓；広告
▶ pull the plug on ... …を打ち切る

distort
[dɪstɔːrt] 1314

を**歪める**；歪む
▶ distort the fact 事実を曲げる
□ distórtion 名 歪み；歪曲

disrupt
[dɪsrʌpt] 1315

を**混乱させる**；を分裂させる
□ disrúption 名 混乱；妨害
□ disrúptive 形 (…に)混乱をもたらす(to)

devastate
⑦ [dévəstèit] 1316

を**荒らす**；を困惑させる
□ dévastàting 形 破壊的な
□ dèvastátion 名 破壊；荒廃

My mother told me to **scrub** the bathroom walls clean.	母は浴室の壁を<u>こすって</u>きれいにするよう私に言った。
Science has **stripped** most of the wonder from the world. （京都府立大）	科学は世界から驚異のほとんどを<u>取り去ってしまった</u>。
More than 500 people were **squeezed** into the small hall.	500人以上の人が狭いホールに<u>押し込まれた</u>。
He made an effort to **shed** his bad habit of sleeping late on Sundays.	彼は日曜日に遅くまで寝ている悪い癖を<u>捨て去ろう</u>と努力した。
Energy is wasted when these devices are **plugged** in and not in use. （明星大）	これらの機器はプラグが<u>差し込まれ</u>ていて使用されていないとエネルギーが浪費される。
A biased listener tends to **distort** the message negatively. （首都大学東京）	偏見を持った聞き手はメッセージを否定的に<u>歪曲する</u>傾向がある。
Yellow sand sometimes **disrupts** transport in China and South Korea. （信州大）	黄砂は時に、中国や韓国で交通機関を<u>混乱させる</u>。
Conservationists fear that this herd might **devastate** vegetation. （神戸大）	自然保護論者はこの動物の群れが植物を<u>荒らす</u>のではないかと恐れている。

Section 14 動詞編

worsen
[wə́:rsən] 1317
を**悪化させる**；悪化する(≒ detérioràte)
□ wórsening 形 悪化する

abolish
[əbá(:)lɪʃ] 1318
を**廃止する**(≒ do away with)
□ abolition [æbəlíʃən] 名 廃止

regain
[rɪgéɪn] 1319
を**取り戻す**
▶ regain one's health 健康を回復する

exert
[ɪgzə́:rt] 1320
を**及ぼす**；を行使する
🆀 exert A on B「BにA(影響など)を及ぼす」
▶ exert influence on ... …に影響を及ぼす
▶ exert pressure on ... …に圧力をかける
□ exértion 名 努力；行使

precede
[prɪsí:d] 1321
に**先行する**；に優先する
□ précedence 名 先行；優位
□ precedent [présɪdənt] 名 先例

lag
[læg] 1322
遅れる；徐々に弱まる
🆀 lag behind ...「…より遅れる」
名 遅れること；(時間の)ずれ
▶ jet lag 時差ぼけ

converse
[kənvə́:rs] 1323
(…と)**会話をする**(with)
□ cònversátion 名 会話

utter
[ʌ́tər] 1324
(声)**を発する**；(考えなど)を述べる
▶ utter a sigh of relief 安堵のため息をもらす
形 完全な，全くの
□ útterance 名 発話；発言

Some diseases are caused or **worsened** by putting on weight. (同志社大)	一部の病気は体重の増加によって引き起こされたり悪化したりする。
The leaders of the two countries agreed to **abolish** nuclear weapons by 2020. (名古屋外国語大)	両国の首脳は2020年までに核兵器を廃止することに同意した。
Many Americans are seeking ways to **regain** their free time. (近畿大)	多くのアメリカ人が自らの自由時間を取り戻す方法を模索している。
All bodies **exert** a gravitational force on each other. (千葉大)	すべての物体は互いに引力を及ぼし合う。
There are no classes in the week **preceding** the examination period.	試験期間に先立つ1週間は授業がない。
Japan's children **lag** behind the international average in enthusiasm levels. (信州大)	日本の子供たちは熱意のレベルで国際平均に後れをとっている。
A couple were **conversing** quietly in a corner of the room.	1組の男女が部屋の隅で静かに会話をしていた。
I was so shocked that I could hardly **utter** a single word. (九州大)	私はひどくショックを受けたので、ほとんど一言も発することができなかった。

Section 14 動詞編

outline [áʊtlàɪn] 1325
の要点を述べる；の輪郭を描く
图 概略；輪郭；(~s)要点

conform [kənfɔ́ːrm] 1326
順応する；一致する
- conform to ... 「…に順応する，従う」
- □ confórmity 图 一致；服従

designate [dézɪgnèɪt] 1327
を指定する；を任命する
- designate A as B 「AをBに指定する」
- ▶「AをBに任命する」という意味にもなる。また、as は省略されることもある。
- ▶ designate him (as) chairperson 彼を議長に任命する
- □ dèsignátion 图 任命；称号

assure [əʃʊ́ər] 1328
に自信を持って言う；を保証する
- assure A that ... 「Aに…と自信を持って言う」
- □ assúrance 图 保証；確信

reassure [rìːəʃʊ́ər] 1329
を安心させる
- □ rèassúrance 图 安心させること
- □ rèassúring 形 安心させるような

console [kənsóʊl] 1330
を慰める
- □ cònsolátion 图 慰め
- ▶ a consolation game 敗者復活戦

induce [ɪndjúːs] 1331
を引き起こす；を説得する
- ▶ induce A to do Aに(説得して)〜させる
- □ indúcement 图 動機，誘因
- □ indúction 图 誘導；誘発

oblige [əbláɪdʒ] 1332
に義務づける；に恩恵を施す
- be obliged to do 「〜する義務がある，〜せざるを得ない」
- ▶ be obliged 感謝している
- □ òbligátion 图 義務，責任
- □ oblígatòry 形 義務的な

The plan <u>outlines</u> a strategy for the growth of the city. （東京学芸大）	その計画は都市発展のための戦略の<u>要点を述べている</u>。
While in Japan, I tried to <u>conform</u> as much as possible to Japanese customs. （名古屋外国語大）	日本にいる間，私は日本の習慣にできる限り<u>順応し</u>ようとした。
In 1993, the Yaku Cedar forests were <u>designated</u> as a World Heritage site. （センター試験）	1993年，屋久杉の森林は世界遺産に<u>指定された</u>。
I can <u>assure</u> you resistance is futile. （東京外国語大）	抵抗は無益であると私は君に<u>自信を持って言う</u>ことができる。
The book fascinated me, or more exactly it <u>reassured</u> me. （大阪府立大）	その本は私を魅了した。いや，もっと正確には，私を<u>安心させた</u>。
I heard him <u>consoling</u> her, saying that it would never happen again. （岐阜大）	私は彼が，あんなことは二度と起きないと言って彼女を<u>慰めている</u>のを聞いた。
Regret may <u>induce</u> fear as to your future. （千葉大）	後悔は自分の未来に関する恐れを<u>引き起こす</u>こともある。
If you are very late, you are <u>obliged</u> to give an explanation. （名古屋市立大）	ひどく遅刻すると，その理由を説明する<u>義務がある</u>。

Section 14 動詞編

compel
[kəmpél] 1333
に強いる
- compel A to do 「Aに〜することを強いる，〜させる」
- compélling 形 やむにやまれぬ；説得力のある
- compúlsion 名 強制；衝動
- compúlsory 形 義務的な

provoke
[prəvóuk] 1334
を引き起こす；を刺激する
- ▶ provoke A to do A を刺激して〜させる
- pròvocátion 名 挑発
- provócative 形 挑発的な

bathe
発 [beɪð] 1335
発 を風呂に入れる；を浸す
- báthing 名 発 入浴；英 水泳
- ▶ a bathing suit 水着（≒ swimsuit）

bleed
[bli:d] 1336
出血する
- ▶ Your nose is bleeding. 鼻血が出ているよ．
- blood 名 血液

cruise
[kru:z] 1337
(を)巡航する；巡回する
- 名 巡航，巡回，クルーズ

soar
発 [sɔ:r] 1338
急上昇する；空高く飛ぶ
- ▶ Oil prices are soaring. 石油価格がうなぎ上りだ．

symbolize
[símbəlàɪz] 1339
を象徴する；を記号で表す
- sýmbol 名 象徴；符号
- symbólic 形 象徴的な

comprehend
[kà(:)mprɪhénd] 1340
を理解する
- còmprehénsion 名 理解(力)
- còmprehénsible 形 理解できる
- còmprehénsive 形 包括的な

Some parents **compel** their children to study hard. (駒澤大)	自分の子供に一生懸命勉強するように強いる親もいる。
Cell phone technology is **provoking** changes in our behavior. (埼玉大)	携帯電話の技術は、私たちの行動にいろいろな変化を引き起こしている。
I **bathe** my children before my husband gets home every day. (広島工業大)	私は毎日、夫が帰宅する前に子供を風呂に入れる。
By the time he reached the hospital, the cut had stopped **bleeding**.	彼が病院に着くまでに傷の出血は止まっていた。
I watched a video of Aska II **cruising** in the Indian Ocean.	私は飛鳥IIがインド洋を巡航するビデオを見た。
Though his blood sugar **soared**, he stopped saying no to sweets. (京都工芸繊維大)	血糖値は急上昇したが、彼は甘いものを断るのをやめた。
Their clothes **symbolize** Tokyo street fashion. (札幌大)	彼らの服装は東京のストリートファッションを象徴している。
It was only later that he **comprehended** fully the meaning of his father's words.	後になってやっと彼は父親の言葉の意味を十分に理解した。

名詞編

protocol
[próutəkɔ̀(:)l]
1341

議定書

domain
[douméin]
1342

分野
▶ the domain of science 科学の分野

index
[índeks]
1343

指標；索引
▶ the index of prices 物価指数
▶ an index finger 人さし指

transaction
[trænsǽkʃən]
1344

(商)取引；(人と人との)交流
▶ Cash transactions only. お支払いは現金で。

fragment
[frǽgmənt]
1345

断片
動 [frægmént] をばらばらにする；分裂する
□ frágmentàry 形 断片的な

fraction
[frǽkʃən]
1346

わずか(≒ bit)；一部；分数
□ fráctional 形 わずかな

bug
[bʌg]
1347

虫；病原体；盗聴器；欠陥
▶ a flu bug インフルエンザウイルス
動 を盗聴する；を悩ます

germ
[dʒəːrm]
1348

細菌；胚(はい)
□ gérmicìde 名 殺菌剤
□ gérminàte 動 芽生える

diagnosis
[dàɪəgnóusɪs]
1349

診断；判断
▶ 複数形は diagnoses [dàɪəgnóusìːz]。
□ dìagnóse 動 を診断する
□ dìagnóstic 形 診断上の

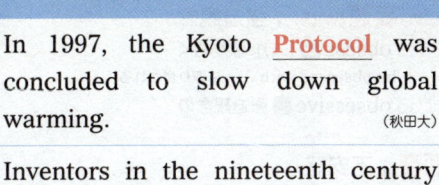

In 1997, the Kyoto **Protocol** was concluded to slow down global warming. (秋田大)	1997年, 地球温暖化を減速するために京都議定書が締結された。
Inventors in the nineteenth century preferred to remain in the technical **domain**. (慶應義塾大)	19世紀の発明家は技術分野にとどまることを好んだ。
House ownership is generally a good **index** of family wealth.	家を持っているということは, 一般的に家庭資産のよい指標である。
The businessmen went out for a drink to celebrate the successful **transaction**.	ビジネスマンたちは成功した取引を祝うために飲みに出た。
Genetic tests confirmed the bone **fragments** came from him. (宮崎産業経営大)	遺伝子検査はその骨の断片が彼のものであることを確認した。
The information processing takes a **fraction** of a second. (大阪大)	情報処理にはほんの一瞬しかかからない。
The little girl screamed when she saw the **bug** on her pillow.	その小さな女の子は枕の上の虫を見て叫び声を上げた。
Even the most powerful chemicals cannot kill all the **germs** around us.	最も強力な薬品でさえ私たちの周りのすべての細菌を殺すことはできない。
He was relieved when he heard the doctor's **diagnosis**.	彼は医師の診断を聞いて安心した。

Section 14 名詞編

obsession
[əbséʃən]
1350

(…の)**妄想**(with);強迫観念
- obséss 動 (人)に取り付く
- ▶ be obsessed with ... …に取り付かれる
- obséssive 形 強迫観念の

nightmare
[náɪtmèər]
1351

悪夢;不安感
- ▶ have a nightmare 悪夢にうなされる

paradox
[pǽrədà(ː)ks]
1352

逆説;矛盾
- pàradóxical 形 逆説的な

irony
[áɪərəni]
1353

皮肉
- irónical 形 皮肉な

sorrow
[sɔ́(ː)roʊ]
1354

悲しみ
- ▶ in sorrow and in joy 悲しいときもうれしいときも
- sórrowful 形 悲嘆に暮れた

maximum
[mǽksɪməm]
1355

最大限 (⇔ mínimum 最小限)
形 最大限の,最高の
副 最大で
- máximìze 動 を最大にする

excess
[ɪksés]
1356

過剰,超過
- ▶ in excess of ... …を超過して
- ▶ to excess 過度に
- excéssive 形 過度の,多すぎる
- excéed 動 を超える

frontier
[frʌntíər]
1357

国境;(the ~) 米 辺境地;最先端
- ▶ the frontiers of science 科学の最先端

We need to move away from the **obsession** with monocultures. (上智大)	私たちは単一文化への妄想から離れる必要がある。
Scientists discussed ways to help victims of crime who have **nightmares**. (東京都市大)	科学者は悪夢にうなされる犯罪被害者を助ける方法について話し合った。
He said it was a **paradox** that the richer people become, the less they spend.	人は富めば富むほど金を使わなくなるというのは逆説だと彼は言った。
Irony is cousin to cynicism, and cynicism is not a virtuous emotion. (神戸大)	皮肉は冷笑の同類であり、冷笑は高潔な感情ではない。
One morning she began to feel her **sorrow** easing. (九州大)	ある朝彼女は自分の悲しみが和らいできているのを感じ始めた。
Each class has a **maximum** of 14 students. (センター試験)	各クラスの学生数は最大14人です。
In any department store you can see an **excess** of wrapping. (東京国際大)	どのデパートでも過剰包装を目にすることができる。
When they reached the **frontier** the train stopped while the passengers presented their passports.	彼らが国境に到着したとき列車は止まり、乗客はパスポートを提示した。

Section 14 名詞編

refuge
[réfju:dʒ] 1358

避難(所); 保護
▶ take [seek] refuge (in ...) (…に)避難する
□ refugee [rèfjudʒí:] 名 難民, 亡命者
▶ a political refugee 政治亡命者

timber
[tímbər] 1359

英 木材 (≒米 lúmber); 樹木

slavery
[sléɪvəri] 1360

奴隷制度; 苦役
□ slave 名 奴隷; とりこ
□ slávish 形 奴隷のような

hierarchy
[háɪərà:rki] 1361

(社会の)階層制; 支配層
□ hierárchical 形 階級組織の

bureau
[bjúərou] 1362

(官庁の)局; 事務局
□ buréaucracy 名 官僚政治

supervisor
[sú:pərvàɪzər] 1363

監督者; 指導教員
□ súpervìse 動 (を)監督する
□ sùpervísion 名 監督, 管理

spouse
[spaʊs] 1364

配偶者
▶ 夫(husband)または妻(wife)のこと。

rebel
[rébəl] 1365

反逆者
動 [rɪbél] そむく, 反抗する
□ rebéllion 名 反乱, 謀反
□ rebéllious 形 反抗的な

pastime
[pǽstàɪm] 1366

気晴らし; 娯楽
▶ a national pastime 国民的娯楽

Your personal life can serve as a satisfying **refuge** from work. (成蹊大)	私生活は仕事を離れた満足のいく避難所として作用し得る。
They earn foreign currency by exporting **timber**.	彼らは木材を輸出して外貨を獲得している。
Slavery caused a current of racism towards people from Africa. (早稲田大)	奴隷制度はアフリカの人々に対する人種差別主義の風潮を引き起こした。
Many believe that one's place in the social **hierarchy** reflects actual qualities. (一橋大)	社会的階層制における自分の立場が実際の本質を表していると信じている人が多い。
America's Census **Bureau** has invented an intellectual game involving reasoning. (同志社大)	アメリカの国勢調査局は推理を伴う知的ゲームを開発した。
The **supervisor** could not figure out what had gone wrong with the power shovel. (武蔵工業大)	現場監督はパワーショベルのどこがおかしくなったのかわからなかった。
Friendship may have a greater effect on health than a **spouse** or family member. (明海大)	配偶者や家族の者より友情の方が健康に大きな影響を及ぼすこともある。
My sympathy lay on the side of the anti-government **rebels**. (上智大)	私は反政府の反逆者側に同情した。
To go to a hot-spring resort has long been my favorite **pastime**. (獨協大)	温泉に行くことはずっと前から私のお気に入りの気晴らしである。

Section 14 名詞編

feast
[fiːst] 1367
祝宴；大ごちそう；楽しみ
▶ give [hold] a feast 祝宴を催す
動 (…を)飲み食いする(on)；(…を)楽しむ(on)

basin
[béisən] 1368
洗面器；水たまり；流域
▶ the Ganges basin ガンジス川流域

sewage
[súːidʒ] 1369
下水
▶ a sewage plant 下水処理場

scenery
[síːnəri] 1370
(集合的に)景色；背景
□ scene 名 場面；眺め；現場
□ scénic 形 景色のよい；風景の

tomb
[tuːm] 1371
墓
▶ grave よりも改まった語。
□ tómbstòne 名 墓石, 墓碑

landmark
[lǽndmàːrk] 1372
目印；画期的な出来事
▶ a landmark in the history of science 科学史における画期的な出来事

monument
[má(ː)njumənt] 1373
記念碑；遺跡；金字塔
□ mònuméntal 形 不朽の；壮大な

flesh
[fleʃ] 1374
(人・動物の)肉；果肉
▶ fresh「新鮮な」と区別。
▶ flesh and blood (血の通った)人間, 肉体

garment
[gáːrmənt] 1375
衣服
▶ 主にビジネスの文脈で使われる語。一般的には clothes が使われる。

A great **feast** was held at the palace to celebrate the royal wedding.	盛大な祝宴が王族の結婚式を祝うために宮殿で行われた。
In the **basin** full of water swam the lovely goldfish. (早稲田大)	水がいっぱい入った洗面器の中にそのかわいい金魚は泳いでいた。
Polluted water and **sewage** pour into rivers and streams. (同志社大)	汚染された水や下水は川や小川に流れ込む。
The **scenery** around here is quite different from what it used to be. (東京経済大)	この辺りの景色は昔とは全く異なっている。
Near Shurijo Castle is the 500-year-old royal **tomb**. (愛知大)	首里城の近くに500年前の王の墓がある。
People rely on **landmarks** to find their way around. (早稲田大)	人々は道を探しながら進むのに目印を頼りにする。
A stone **monument** was erected to commemorate those who had died in the war.	その戦争で亡くなった人たちを追悼して石碑が建てられた。
His thick clothes prevented the dagger penetrating his **flesh**.	彼の厚い服は短剣が彼の肉体を貫通するのを防いだ。
We often discard **garments** that show little wear. (県立広島大)	私たちは着古した感じがほとんどない衣服を捨てることがよくある。

Section 14 名詞編 形容詞編

glimpse
[glɪmps]
1376

ちらりと見えること
- catch a glimpse of ...
  「…をちらりと見る，…がちらりと見える」
- 動 をちらりと見る(≒ glance)

glow
[gloʊ]
1377

輝き；白熱；幸福感
▶ the glow of sunset 夕日の輝き
- 動 光り輝く，生き生きする
- □ glówing 形 白熱した；熱烈な

grace
[greɪs]
1378

優美；分別；恩寵
- □ gráceful 形 優雅な
- □ grácefully 副 優美に
- □ grácious 形 親切な，優しい

形容詞編

sincere
[sɪnsíər]
1379

誠実な；心からの
▶ a sincere apology 心からの謝罪
- □ sincerity [sɪnsérəti] 名 誠実，真摯
- □ sincérely 副 心から

bold
[boʊld]
1380

大胆な；厚かましい
- □ bóldness 名 大胆，ずぶとさ
- □ bóldly 副 大胆に，図々しく

tame
[teɪm]
1381

飼いならされた
- 動 を飼いならす；を抑える

vulnerable
[vʌ́lnərəbl]
1382

もろい
- be vulnerable to ... 「…に弱い」
- □ vùlnerability 名 弱さ，もろさ

naked
[néɪkɪd]
1383

裸の
▶ with the naked eye 裸眼で，肉眼で

He was digging into a wall when he caught a **glimpse** of shining gold. (立命館大)	彼が壁を掘っていたとき輝く金がちらりと見えた。
The quality of light they produce has improved and now has a softer **glow**. (日本大)	それらが生み出す光の質は向上し，そして今では輝きが柔らかくなった。
She would often respond to my request with wisdom and **grace**. (福岡大)	彼女はよく，私の要請に賢明かつ優美に応じてくれた。
We like our history teacher because she is kind and **sincere**. (立正大)	私たちの歴史の先生は優しくて誠実なので，私たちは彼女が好きだ。
To be happy in life, it is sometimes necessary to be **bold**. (大阪経済大)	人生で幸せになるためには，大胆になることが時には必要である。
Byron was famous for keeping a **tame** bear as a pet.	バイロンはペットとして飼いならされたクマを飼っていたことで有名だった。
By nature, humans are **vulnerable** to fear and insecurity. (慶應義塾大)	生まれつき人間は恐怖と不安定に弱い。
Out of the forest came a boy, **naked** and hungry. (玉川大)	森の中から裸で腹をすかせた少年が出てきた。

Section 14 形容詞編

immune
[ɪmjúːn] 1384

(…に)**免疫を持つ**(to)；免れた
- the immune system 免疫機構
- □ immúnity 名 免疫性；免責, 特権
- diplomatic immunity 外交特権

chronic
[krá(ː)nɪk] 1385

慢性の(⇔ acúte 急性の)；長引く
- a chronic illness [disease] 持病

gradual
[grǽdʒuəl] 1386

徐々の
- □ grádually 副 徐々に

scarce
[skeərs] 1387

乏しい；珍しい
- □ scarcity [skéərsəti] 名 不足, 欠乏
- a scarcity of water 水不足
- □ scárcely 副 ほとんど…ない

toxic
[tá(ː)ksɪk] 1388

有毒な；中毒性の
- a toxic chemical 有害化学物質
- 名 有毒物質
- □ toxícity 名 毒性

accidental
[æksɪdéntəl] 1389

偶然の
- accidental homicide 過失致死
- □ àccidéntally 副 偶然に；誤って
- □ áccident 名 事故；不測の出来事

irrelevant
[ɪréləvənt] 1390

(…にとって)**無関係の**(to)；見当違いの
- □ rélevant 形 関係がある；妥当な
- □ irrélevance 名 無関係, 見当違い

trivial
[tríviəl] 1391

ささいな
- a trivial matter ささいな問題
- □ trívia 名 ささいなこと；雑学的知識
- □ trìviálity 名 つまらないもの

Their bodies set up a vigorous **immune** response to the infection. （愛知教育大）	彼らの体は感染に対し強い免疫反応を起こす。
People with **chronic** illnesses are at greater risk of contracting influenza. （早稲田大）	持病のある人はインフルエンザにかかる危険性が高い。
A **gradual** modification of life-style can make a dramatic difference. （法政大）	生活様式を徐々に修正することが劇的な差を生む可能性がある。
In those days, materials for making books were **scarce** and expensive. （金沢工業大）	その当時、本を作るための材料は乏しく高価であった。
Our **toxic** pollutants have spread across the planet and are causing serious effects. （九州大）	私たちの有毒汚染物質は惑星全体に広がり、深刻な影響を及ぼしている。
Within a year of this **accidental** discovery, Spencer designed the first microwave oven. （千葉工業大）	この偶然の発見から1年とたたないうちに、スペンサーは最初の電子レンジを設計した。
The pension issue seems to me to be an **irrelevant**, distant problem. （岡山大）	年金問題は私にとって無関係の、遠い先の問題であるように思える。
Friends often casually command each other about **trivial** matters. （長崎大）	友人同士はしばしばささいなことについて互いに何気なく命令し合う。

Section 14 形容詞編

indispensable
[ɪndɪspénsəbl] 1392

不可欠な (⇔ dispénsable なくてもすむ)
- be indispensable for [to] ...
「…に不可欠である」

indigenous
[ɪndídʒənəs] 1393

原産の，先住の
▶ be indigenous to ... …にもとからある

prehistoric
[prìːhɪstɔ́(ː)rɪk] 1394

有史以前の；旧式な
- prèhístory 图 先史時代；先史学

holy
[hóʊli] 1395

神聖な；信仰心の厚い
▶ a holy man 信心深い人

retail
[ríːteɪl] 1396

小売の (⇔ whólesàle 卸売りの)
▶ retail prices 小売価格
图 小売り 動 を小売りする 副 小売りで
- rétailer 图 小売業者

metropolitan
[mètrəpá(ː)lətən] 1397

大都市の，首都圏の
图 都会人
- metropolis [mətrá(ː)pəlɪs] 图 主要都市

straightforward
[strèɪtfɔ́ːrwərd] 1398

単純な；率直な
副 率直に

vivid
[vívɪd] 1399

鮮やかな；生き生きとした
- vívidly 副 色鮮やかに；生き生きと

outstanding
[àʊtstǽndɪŋ] 1400

際立った；未払いの

His help is indispensable for the success of the plan. (立命館大)	彼の協力はこの計画の成功にとって不可欠である。
Corn is indigenous to America and less likely to suffer from disease than wheat. (同志社大)	トウモロコシはアメリカ原産で、小麦より病気にかかりにくい。
Anthropologists describe humans and their cultures, from prehistoric times to today. (早稲田大)	文化人類学者は先史時代から今日に至るまで、人間とその文化について記述する。
The tree was regarded as holy by local people.	その木は地元の人々から神聖な木と見なされていた。
Vending machines are the major retail channel for soft drinks in Japan. (上智大)	自動販売機は日本においてソフトドリンクの主要な小売販路である。
The Tokyo metropolitan government has eleven sister-city partnerships. (東京経済大)	東京都庁は11の姉妹都市提携を結んでいる。
When the reporter asked him about his plans, his answer was straightforward and clear.	リポーターが彼に計画について尋ねたとき、彼の回答は単純かつ明快だった。
Using computer graphics, he produced a three-dimensional map in vivid colors. (三重大)	コンピューターグラフィックスを使って、彼は3次元地図を鮮やかな色で作り出した。
He is worthy of the special honor for his outstanding achievements. (早稲田大)	彼はそのすぐれた業績ゆえに特別な栄誉を受けるに値する。

Part 2 常に試験に出る重要単語 700
Section 15   単語番号 1401〜1500

動詞編

enrich [ɪnrítʃ] 1401
を豊かにする
- enriched uranium 濃縮ウラン
- □ enríchment 名 価値を高めること

undertake [ʌ̀ndərtéɪk] 1402
を引き受ける；を保証する；に着手する
- 活用：undertake - undertook - undertaken
- undertake to do 〜すると保証[約束]する；〜することに乗り出す
- □ ùndertáking 名 事業；保証

accommodate ⑦ [əká(:)mədèɪt] 1403
を収容する；を(…に)適応させる(to)
- □ accòmmodátion 名 困 (〜s)宿泊施設
- □ accómmodàting 形 親切な；協調的な

assemble [əsémbl] 1404
を集める；を組み立てる；集まる
- □ assémbly 名 集団；組み立て
- an assembly line 流れ作業，組み立てライン

embody [ɪmbá(:)di] 1405
を具現する；を統合する
- □ embódiment 名 具体化；具体物

weave [wiːv] 1406
を織る；を作り上げる
- 活用：weave - wove [woʊv] - woven [wóʊvən]
- woven cloth 織物(≒ textile)

retrieve [rɪtríːv] 1407
を回収する；(データ)を呼び出す
- retrieve the situation 状況を立て直す
- □ retríeval 名 回収；回復；検索

clap [klæp] 1408
(手)をたたく；(に)拍手する
名 拍手；軽くたたくこと

▶動詞編 p.372　　▶形容詞編 p.390
▶名詞編 p.382

Throughout history human life has been <u>enriched</u> by food diversity. (聖心女子大)	歴史をとおして，人間の生活は食の多様性により<u>豊かになってきた</u>。
Public talk is often <u>undertaken</u> by politicians. (横浜市立大)	講演はしばしば政治家により<u>引き受けられる</u>。
It seems the dormitory can <u>accommodate</u> many students. (清泉女子大)	その寮は多くの学生を<u>収容する</u>ことができるようだ。
He <u>assembled</u> the youngest members of his staff to design a new car. (早稲田大)	彼は新しい車を設計するのに，自分のスタッフの中で最年少の者たちを<u>集めた</u>。
This way of talking <u>embodies</u> the Japanese idea of modesty.	こういった話し方は謙虚という日本的な概念を<u>具現している</u>。
One of the tasks of the women in the village was to <u>weave</u> cloth.	その村の女性たちの仕事の1つは布を<u>織る</u>ことだった。
She <u>retrieved</u> the catalogue from the recycled waste pile. (東京電機大)	彼女は資源ごみの山の中からそのカタログを<u>回収した</u>。
Everybody laughed and <u>clapped</u> their hands. (首都大学東京)	全員が笑い，手を<u>たたいた</u>。

Section 15 動詞編

scratch
[skrætʃ] 1409

を引っかく；を中止する
- scratch her car [ankles] 彼女の車[くるぶし]にかき傷を作る
- 名 引っかき傷；引っかくこと

erase
[ɪréɪs] 1410

を消す
- erase a blackboard 黒板を消す
- □ eráser 名 消しゴム；黒板拭き

sew
[soʊ] 1411

を縫う；縫い物をする
- 活用：sew - sewed - sewn [sewed]
- □ séwing 名 裁縫；縫い物
- a sewing machine ミシン

cling
[klɪŋ] 1412

しがみつく；くっつく
- 🆃🅖 cling to ... 「…にしがみつく」
- 活用：cling - clung - clung
- cling to power 権力にしがみつく

resign
[rɪzáɪn] 1413

(を)辞任する；を放棄する
- resign as Governor 知事を辞める
- resign *oneself* to ... …を甘受する，あきらめる
- □ resignation [rèzɪgnéɪʃən] 名 辞職；辞表

startle
[stáːrtl] 1414

をびっくりさせる (≒ surprise)
- be startled by ... …にびっくりする
- 名 びっくりさせること
- □ stártling 形 ショッキングな

evoke
[ɪvóʊk] 1415

を呼び起こす
- evoke a response 反応を引き出す
- □ èvocátion 名 喚起；誘発

clarify
[klǽrəfàɪ] 1416

を明確にする
- clarify *one's* idea 自分の考えを明確にする
- □ clàrificátion 名 説明；浄化

You **scratch** my back, and I'll **scratch** yours.	僕の背中をかいてくれたら、君の背中をかいてあげよう。（＝魚心あれば水心）（ことわざ）
I couldn't **erase** my ever-growing sense of guilt. （秋田大）	私はますます大きくなる罪の意識を拭い去ることができなかった。
He learned how to **sew** up blood vessels in that class. （北里大）	彼はその授業で血管を縫合する方法を学んだ。
When faced with a new environment, fearful children often **cling** to someone. （西南学院大）	新しい環境に直面すると、おびえている子供はよくだれかにしがみつく。
The minister had no other choice but to **resign** his post. （駒澤大）	大臣は自らの職を辞する以外に選択肢がなかった。
I was sleeping soundly when the noises **startled** me. （三重大）	その物音が私をびっくりさせたとき、私はぐっすり眠っていた。
They were told to relive actual experiences that **evoked** the particular feelings. （関西学院大）	彼らは特定の感情を呼び起こす実際の経験を追体験するように言われた。
We must **clarify** what we mean when we use the term "word". （神戸大）	私たちは、「word」という語を使うときに何を意味するのかを明確にしなければならない。

Section 15 動詞編

confess
[kənfés] 1417

(を)告白する
- confess to a crime 罪を告白する
- confess (to A) that ... (Aに)…と白状する
- conféssion 名 告白, 自白

pray
[preɪ] 1418

(を)祈る
- prayer [preər] 名 祈り(の言葉)

tolerate
[tá(:)lərèɪt] 1419

を許容する, 我慢する (≒ put up with)
- tólerance 名 寛容; 耐性
- tólerant 形 寛容な
- tólerable 形 耐えられる

envy
[énvi] 1420

をうらやむ
- envy him his youth 彼の若さをうらやむ
- 名 ねたみ; 羨望; (the ~)羨望の的
- énvious 形 (…を)うらやんで (of)

revenge
[rɪvéndʒ] 1421

(revenge oneself または受身形で)復讐する
- revenge oneself on A A(人)に復讐する
- 名 復讐
- get [take] revenge on ... …に復讐する
- avénge 動 (正義のために)の復讐をする

depart
[dɪpá:rt] 1422

出発する; (…から)それる (from)
- depárture 名 出発 (⇔ arríval 到着)

overtake
[òʊvərtéɪk] 1423

を追い抜く; に追いつく (≒ catch up with); を襲う
- 活用: overtake - overtook - overtaken
- be overtaken by emotion 激情に襲われる

invade
[ɪnvéɪd] 1424

を侵略する; を侵害する; に殺到する
- invade a country 国を侵略する
- invásion 名 侵略; 侵害; 殺到
- inváder 名 侵略者; 侵害者

I **confess** to having recently purchased an expensive antique. （東京大）	白状すると最近私は高価な骨董品を買った。
We **pray** that the storm will not bring heavy damage.	私たちはその嵐が深刻な被害をもたらさないことを祈っている。
Even friends need to **tolerate** each other sometimes. （東海大）	友人でさえ，時には互いを我慢する必要がある。
Bilingual people are often admired or even **envied**. （北海道大）	2言語を話す人はしばしば賞賛されたり，うらやまれることさえある。
They want to **revenge** themselves on those who insulted them.	彼らは自分たちを侮辱した者に復讐したがっている。
Please check the schedule to see when the next ferry will **depart**. （広島修道大）	次のフェリーがいつ出発するかを知るのに時刻表を調べてください。
China **overtook** the US as the largest emitter of CO_2 in 2007. （慶應義塾大）	中国は2007年，CO_2の最大排出国としてアメリカを追い抜いた。
Many times in the past French armies have **invaded** or attacked England. （都留文科大）	これまでに何度もフランス軍はイングランドを侵略，あるいは攻撃してきた。

Section 15 動詞編

penetrate
[pénətrèit] 1425

の内部に入る；(を)貫く；(に)進出する
- penetrate overseas market 海外市場に進出する
- □ pènetrátion 名 貫通；浸透
- □ pénetràting 形 洞察力のある

enclose
[ɪnklóuz] 1426

を同封する；を取り囲む
- □ enclósure 名 囲い；囲うこと；同封(物)

leak
[li:k] 1427

漏れる；を漏らす
- 名 漏れ(穴)；漏洩(≒ léakage)
- a leak of classified documents 機密文書の漏洩

flush
[flʌʃ] 1428

を紅潮させる；を水で流す；紅潮する
- TC be flushed with ...
  「(顔が)…(という感情)で紅潮している」
- flush a toilet トイレの水を流す
- 名 赤面；水洗

sparkle
[spá:rkl] 1429

輝く；際立つ
- 名 きらめき；ひらめき
- □ spárkling 形 きらめく；発泡性の

erupt
[ɪrʌ́pt] 1430

(火山が)噴火する；勃発する
- □ erúption 名 噴火；噴出；勃発

dye
[daɪ] 1431

を染める；染まる
- die「死ぬ」と同音。
- 活用：dye - dyed - dyed
- 名 染料
- hair dye 毛染め剤

halt
[hɔ:lt] 1432

を止める；止まる
- 名 (一時的な)停止，休止
- come to a halt 止まる

He has <u>penetrated</u> the eye of a hurricane 535 times by airplane. （名古屋大）	彼は飛行機で 535 回ハリケーンの目に<u>入った</u>ことがある。
The letters were <u>enclosed</u> in envelopes directed to Mr. Louis Kreisle. （東京大）	その手紙はルイ・クイーズル氏あての封筒に<u>同封されていた</u>。
Organic waste may go rotten and <u>leak</u> from landfill sites. （東邦大）	有機廃棄物は腐敗し，ごみ埋め立て地から<u>漏れ出す</u>ことがある。
When he burst through the door, he was <u>flushed</u> with excitement. （成蹊大）	ドアから飛び込んできたとき，彼は興奮して<u>顔が紅潮していた</u>。
The children's eyes <u>sparkled</u> at the sight of the big cake.	その大きなケーキを見ると，子供たちの目は<u>輝いた</u>。
After being inactive for 129 years, the volcano <u>erupted</u>. （摂南大）	129 年間の活動休止の後，その火山は<u>噴火した</u>。
They <u>dyed</u> their hair and beards blue, red, green, or orange. （成城大）	彼らは髪とあごひげを青，赤，緑，オレンジ色に<u>染めた</u>。
You should act quickly to <u>halt</u> the spread of the virus. （摂南大）	ウイルスの蔓延を<u>止める</u>には素早く行動するべきである。

379

Section 15 動詞編

suspend
[səspénd] 1433

を停職[停学]処分にする；を中断する
- suspénsion 名 一時停止；保留；停学
- suspénse 名 不安な状態；未解決

surpass
[sərpǽs] 1434

を上回る
- surpássing 形 並ぶもののない

steer
[stíər] 1435

(を)操縦する；を(…へ)向ける(to)
▶ steer a boat eastward ボートを東へ向ける
- stéering 名 操縦
▶ a steering wheel (車の)ハンドル

navigate
[nǽvɪgèɪt] 1436

航行する；進路を示す
- nàvigátion 名 航行
- nàvigátor 名 航海士；ナビゲーター

contradict
[kà(:)ntrədíkt] 1437

と矛盾する；に反対意見を言う
▶ contradict *oneself* 矛盾したことを言う
- còntradíction 名 矛盾；反駁(はんばく)
- còntradíctory 形 矛盾した

contend
[kənténd] 1438

と主張する；競う
- **contend that ...**「…と主張する」
- conténtion 名 主張, 論点

dissolve
[dɪzá(:)lv] 1439

を溶かす；を分解する；溶ける
- dìssolútion 名 分解；解散

strive
[straɪv] 1440

努力する；争う
- **strive to** *do*「～しようと努力する」
▶ 活用：strive - strove - striven
▶ strive for ... …を得るために努力する
- strife 名 争い, 不和

A student who cheats on an examination may be <u>suspended</u> from school. (上智大)	試験でカンニングをする学生は<u>停学処分にされる</u>こともある。
However hard the runner tried, he found it impossible to <u>surpass</u> his own earlier record.	そのランナーはどんなに頑張っても自分の以前の記録を<u>上回る</u>ことができないことがわかった。
Billy helped <u>steer</u> the truck back to the fire station. (和歌山大)	ビリーはトラックを<u>運転して</u>消防署まで戻るのを手伝った。
He taught us how to <u>navigate</u> by the North Star. (山形大)	彼は北極星を頼りに<u>航行する</u>方法を私たちに教えた。
His report <u>contradicted</u> what he said last year.	彼の報告は昨年彼が言ったことと<u>矛盾していた</u>。
Those who <u>contend</u> that foreign aid does not work are mistaken. (旭川医科大)	海外援助がうまくいっていないと<u>主張する</u>人々は間違っている。
Oceans absorb and <u>dissolve</u> carbon dioxide from the atmosphere. (金沢工業大)	海洋は大気中から二酸化炭素を吸収して<u>溶かす</u>。
Franchises <u>strive</u> to offer the same service at numerous locations. (東京理科大)	チェーン店は多くの場所で同じサービスを提供しようと<u>努力する</u>。

名詞編

legacy
[légəsi] 1441
遺産
形 時代遅れの

rumor
[rúːmər] 1442
うわさ
- Rumor has it that ... …といううわさである
- 動 とうわさをする
- It is rumored that ... …といううわさである

verse
[vəːrs] 1443
韻文(⇔ prose 散文)；**詩**
- □ vérsify 動 を韻文にする

manuscript
[mǽnjuskrìpt] 1444
原稿；**写本**
- a handwritten manuscript 手書きの原稿

script
[skrípt] 1445
台本；**筆跡**
- a film script 映画の脚本

prose
[prouz] 1446
散文(⇔ verse 韻文)；**退屈な話**
- 動 散文を書く；くどくど話す
- □ prosaic [prouzéiik] 形 散文的な，平凡な

headline
[hédlàin] 1447
(新聞などの)見出し
- hit [make] (the) headlines ニュースとして取り上げられる

diameter
[daiǽmətər] 1448
直径
- be ten centimeters in diameter 直径10センチである
- □ dìamétric 形 直径の；正反対の

vacuum
[vǽkjuəm] 1449
真空；**空虚**
- in a vacuum 真空中で；孤立して
- a vacuum cleaner 電気掃除機
- 動 (を)電気掃除機で掃除する

The existence of nuclear weapons is the most dangerous <u>legacy</u> of the Cold War. (名古屋市立大)	核兵器の存在は冷戦の最も危険な<u>遺産</u>である。
The <u>rumor</u> that the explorers were saved has proved true. (獨協大)	探検家たちが救助されたという<u>うわさ</u>は本当であることがわかった。
In the past, poets often wrote letters in <u>verse</u> to one another.	昔，詩人はしばしばお互いに<u>韻文</u>で手紙を書いた。
It is essential to check the contents of a book while it is in <u>manuscript</u>.	<u>原稿</u>の段階で本の内容をチェックすることが必要不可欠だ。
I decided that I would write my own <u>script</u>. (佐賀大)	私は自分の<u>台本</u>を書こうと心に決めた。
Cartoons deliver a sharp comment more effectively than lengthy <u>prose</u>. (早稲田大)	風刺漫画は冗長な<u>散文</u>よりも効果的に辛辣な見解を述べる。
Most people decide to read a blog after they see the <u>headline</u>. (中部大)	たいていの人は<u>見出し</u>を見た後でブログを読もうと決める。
The huge wheel had a <u>diameter</u> of three meters.	大きな車輪は<u>直径</u>が3メートルあった。
In a <u>vacuum</u>, objects fall at the same speed. (慶應義塾大)	<u>真空</u>中では，物体は同じ速度で落下する。

Section 15 名詞編

flame [fleɪm] 1450
炎；情熱
- in flames 激しく燃えて
- 動 炎を上げて燃える；興奮する
- □ flámmable 形 燃えやすい

moisture [mɔ́ɪstʃər] 1451
水分；湿気
- □ móisturize 動 を潤す
- □ moist 形 湿った；涙ぐんだ

erosion [ɪróʊʒən] 1452
浸食；衰退
- □ eróde 動 (を)浸食する

peninsula [pənínsələ] 1453
半島
- the Arabian Peninsula アラビア半島
- □ península 形 半島(状)の

suicide [súːɪsàɪd] 1454
自殺；自殺的行為
- commit suicide 自殺する

sin [sɪn] 1455
(宗教・道徳上の)罪；愚かなこと
- 動 (宗教・道徳上の)罪を犯す
- sin against God 神に背く
- □ sínful 形 罪深い

taboo [təbúː] 1456
禁忌，タブー
- 形 禁忌の
- 動 厳禁とする

rage [reɪdʒ] 1457
激怒；猛威
- in a rage 激怒して
- fly into a rage 逆上する，かっとなる
- 動 激怒する；猛威を振るう

greed [griːd] 1458
強欲
- greed for money 金銭欲
- □ gréedy 形 欲張りな，貪欲な

We watched the fire, fascinated by the orange <u>flames</u>. (上智大)	私たちはオレンジ色の<u>炎</u>に魅せられながら、たき火を見ていた。
The leaves of the tree absorb <u>moisture</u> from the damp air.	木の葉は湿った空気から<u>水分</u>を吸収する。
Deforestation is the main cause of soil <u>erosion</u>. (龍谷大)	森林破壊は土地の<u>浸食</u>の主たる原因である。
New types of pottery were introduced from the <u>peninsula</u>. (愛知大)	新しい種類の陶器が<u>半島</u>から伝えられた。
Research has linked sleep deprivation to an increased risk of <u>suicide</u>. (学習院大)	研究は睡眠不足を<u>自殺</u>の危険性の増加に関連づけている。
It is considered a <u>sin</u> to work on days of rest in some countries. (早稲田大)	国によっては安息日に働くことは<u>罪</u>と見なされる。
The <u>taboo</u> against revealing their legs created a dilemma for women cyclists in the 19th century. (慶應義塾大)	19世紀、足を見せることに対する<u>禁忌</u>は自転車に乗る女性にジレンマを生み出した。
Seeing her daughter bullied, she flew into a <u>rage</u>.	自分の娘がいじめられるのを見て、彼女は<u>激怒</u>した。
The problem is that we have not kept our <u>greed</u> in check. (鳥取大)	問題は、私たちが自分の<u>強欲</u>を抑えてこなかったということである。

385

Section 15 名詞編

boredom
[bɔ́ːrdəm]
1459

退屈
- bore 動 を退屈させる 名 退屈な人[事]
- bóring 形 退屈な
- bored 形 (人が)退屈した

misery
[mízəri]
1460

悲惨;苦難
- míserable 形 惨めな;悲惨な
- míserably 副 惨めに

plague
[pleɪg]
1461

疫病;(害虫などの)異常発生
動 を苦しめる

orphan
[ɔ́ːrfən]
1462

孤児
形 孤児の;見捨てられた
- órphanage 名 児童養護施設

liver
[lívər]
1463

肝臓
▶ a liver transplant 肝臓移植
▶ 「肝炎」は hepatitis [hèpətáɪtəs] と言う。

trail
[treɪl]
1464

跡;手がかり;小道
▶ leave the trail 跡を残す
動 を引きずる;の跡をたどる;ぶらつく

aisle
[aɪl]
1465

(座席間などの)通路
▶ an aisle seat 通路側の席

laundry
[lɔ́ːndri]
1466

洗濯(物);クリーニング店
- **TC** do the laundry 「洗濯をする」
- láunder 動 を洗濯する;(金)を洗浄する
▶ money laundering 資金洗浄, マネーロンダリング

One of the chief causes of fatigue is **boredom**. (島根大)	疲労の主たる原因の1つは退屈である。
Most outsiders see these neighborhoods only as areas of **misery** and lawlessness. (明治大)	たいていのよそ者は、この界隈を悲惨で無法の地域としてしか見ていない。
Epidemics of **plague** often occurred in such cities as London and Rome. (同志社大)	疫病の流行はロンドンやローマのような都市でしばしば起こった。
The couple lost their son three years ago and hope to adopt an **orphan**.	その夫婦は3年前に息子を亡くして、孤児を養子にすることを望んでいる。
Drinking too much alcohol can damage the **liver**.	アルコールの飲みすぎは肝臓に損傷を与えかねない。
The **trail** of light is a meteor burning up as it falls through the Earth's atmosphere. (愛知工業大)	その光跡は、隕石が地球の大気圏を落下する際に燃え上がったものである。
The woman always sat next to the center **aisle** when she took an airplane. (中央大)	その女性は飛行機に乗るとき、いつも中央通路側に座った。
As soon as she came home, she set about doing the **laundry**. (明海大)	家に帰るとすぐに彼女は洗濯に取りかかった。

Section 15 名詞編

merchandise
[mə́ːrtʃəndàɪz] 1467

商品
- 個々の品ではなく、集合的な「商品」を指す。
- 動 を売買する；を売り込む
- □ mérchandìsing 名 販売促進
- □ mérchant 名 商人

bargain
[báːrgɪn] 1468

買い得品；取引；契約
- at a bargain 安い値段で
- make a bargain 取引をする
- 動 交渉をする
- □ bárgaining 名 交渉

revenue
⑦ [révənjùː] 1469

(〜s) 歳入 (⇔ expénditures 歳出)；(〜s) 収益
- tax revenue 税収

deficit
⑦ [défəsɪt] 1470

赤字, 不足；欠陥
- a trade deficit 貿易赤字
- □ defícient 形 欠けている；不十分な
- □ defíciency 名 不足；欠陥

amateur
発 [ǽmətʃuər] 1471

素人, アマチュア (⇔ proféssional プロ)
- 形 素人の；未熟な

undergraduate
[ʌ̀ndərgrǽdʒueɪt] 1472

学部学生
- 形容詞的にも用いる。
- □ pòstgráduate 名 米 大学院生 形 米 大学院生の (≒ 英 gráduate)

ambassador
[æmbǽsədər] 1473

大使；使節
- the Japanese Ambassador to the US 駐米日本大使
- □ émbassy 名 大使館；使節団

warrior
発 [wɔ́(ː)riər] 1474

戦士
- 日本の武士は a samurai (warrior) と言う。

We lost thousands of dollars' worth of <u>merchandise</u> in the flood waters. （中央大）	私たちは洪水で数千ドル相当の<u>商品</u>を失った。
This new notebook computer is a real <u>bargain</u>.	この新しいノートパソコンは本当に<u>お買い得品</u>だ。
The tourist industry is the main source of <u>revenue</u> for New York city. （北里大）	観光産業はニューヨーク市にとって主たる<u>歳入</u>源である。
A society running on a huge resource <u>deficit</u> is not sustainable. （鳥取大）	莫大な財源<u>不足</u>を抱えて動いている社会は持続できない。
Most of the players are <u>amateurs</u> from college teams. （金沢工業大）	その選手たちの大半は大学チーム出身の<u>アマチュア</u>である。
As an <u>undergraduate</u> he studied *Hamlet*. （上智大）	<u>学部学生</u>の時、彼は「ハムレット」を研究した。
His ambition was to become an <u>ambassador</u> to a European country.	彼の念願はヨーロッパの国に駐在する<u>大使</u>になることであった。
He kept saying a <u>warrior</u> should be brave and strong. （上智大）	彼は、<u>戦士</u>は勇敢で強くあるべきだと言い続けた。

Section 15 名詞編 形容詞編

warfare
[wɔ́:rfèər]
1475

戦争(行為);闘争
▶ germ [chemical] warfare 細菌[化学]戦

botany
[bá(:)təni]
1476

植物学;(一地方の)植物
□ botánical 形 植物の;植物学の
▶ botanical gardens 植物園

anthropology
[æ̀nθrəpá(:)lədʒi]
1477

人類学
□ ànthropólogist 名 人類学者

ideology
[àɪdiá(:)lədʒi]
1478

イデオロギー,思想傾向
□ ìdeológical 形 イデオロギーの

形容詞編

voluntary
[vá(:)ləntèri]
1479

自発的な(⇔ compúlsory 強制的な);無償の
□ voluntarily [và(:)ləntérəli] 副 自発的に;無償で
□ volunteer [và(:)ləntíər] 名 志願者;ボランティア
□ invóluntàry 形 不本意な;故意でない

spontaneous
[spɑ(:)ntémiəs]
1480

自然発生的な;無意識的な
▶ spontaneous combustion 自然発火
□ spontáneously 副 自発的に
□ spontaneity [spà(:)ntəní:əti] 名 自発性

deliberate
[dɪlíbərət]
1481

故意の;慎重な
動 [dɪlíbərèɪt] を熟考する
□ delíberately 副 故意に;慎重に
□ delìberátion 名 熟慮;慎重さ

conspicuous
[kənspíkjuəs]
1482

目立つ
▶ be conspicuous by one's absence いないことでかえって目立つ

The horrific tendency of modern <u>warfare</u> is to take away people's humanity. (関東学院大)	現代の<u>戦争</u>の恐ろしい傾向は人々の人間性を奪い去ることである。
I have never taken even a basic level course in <u>botany</u>. (信州大)	私は<u>植物学</u>の基礎課程すら取ったことが一度もない。
There are two main divisions of <u>anthropology</u>: physical and cultural. (早稲田大)	<u>人類学</u>には2つの大きな区分がある。自然人類学と文化人類学である。
It was a dark age of world wars and militaristic <u>ideologies</u>. (慶應義塾大)	それは世界戦争と軍国主義的<u>イデオロギー</u>の暗い時代であった。
A lot of people made <u>voluntary</u> donations to the charity. (関西大)	多くの人が、その慈善団体に<u>自発的な</u>寄付を行った。
His remarks were greeted with <u>spontaneous</u> applause from the audience.	彼の発言は聴衆から<u>自然発生的な</u>拍手に迎えられた。
I suspect his improper remark was <u>deliberate</u>. (一橋大)	私は彼の不適切な発言は<u>故意の</u>ものだったのではないかと思う。
Population growth has become more <u>conspicuous</u> in developing countries. (関西学院大)	人口増加は発展途上国で一層<u>目立つ</u>ようになった。

Section 15 形容詞編

transparent [trænspǽrənt] 1483	透明な；明快な □ transpárency 名 透明(性)
superficial [sùːpərfíʃəl] 1484	表面的な ▶ superficial examination 表面的な調査
hollow [há(ː)lou] 1485	空洞の；空虚な 名 くぼみ；空洞；空虚
peculiar [pɪkjúːljər] 1486	特有の；特異な **TG** be peculiar to ... 「…に特有である」 □ pecùliárity 名 奇妙；特異性
partial [páːrʃəl] 1487	部分的な；不公平な；特に好きな ▶ be partial to ... …をひいきする；…に目がない □ pártially 副 部分的に
neat [niːt] 1488	きちんとした；見事な ▶ neat and tidy きちんと片づいた
dim [dɪm] 1489	薄暗い；ぼんやりした ▶ dim memories of *one's* childhood 子供時代のおぼろげな記憶 動 をぼやけさせる；薄れる
alternate [ɔ́ːltərnət] 1490	代わりの (≒ altérnative)；交互の ▶ work on alternate days 1日おきに働く 動 [ɔ́ːltərnèɪt] 交互に起こる，交替する □ álternately 副 交互に
commonplace [ká(ː)mənpleɪs] 1491	(日常的に)当たり前の 名 日常茶飯事；陳腐な文句

She showed us a file folder that has **transparent** covers. (東京経済大)	彼女は透明な表紙の書類フォルダーを私たちに示した。
Small talk may be **superficial**, but it encourages socialization. (神戸学院大)	世間話は表面的なものかもしれないが、社会化を促す。
A hurricane is shaped like a thick ring with a **hollow** center. (近畿大)	ハリケーンは中心部が空洞の分厚い輪のような形をしている。
The wildcat was **peculiar** to this one small island.	そのヤマネコは、この小さな島に特有のものだった。
In the test, points are awarded for the relevance of your English, with **partial** points possible. (宮崎大)	テストでは、英語の妥当性に対して得点が与えられ、部分点もあり得る。
When I looked around her room, everything was very **neat**. (中京大)	彼女の部屋を見回すと、すべてが非常にきちんとしていた。
In the **dim** light I saw my little sister still sleeping. (三重大)	ほの暗い明かりの中で、私は妹がまだ眠っているのを見た。
If you have an **alternate** suggestion, please let me know. (東京経済大)	代わりの提案があるなら、私に教えてください。
It has become **commonplace** to observe the importance of technology. (京都大)	科学技術の重要性に気づくことが当たり前になった。

Section 15 形容詞編

jealous
[dʒéləs] 1492

嫉妬深い；用心深い
- be jealous of ... 「...に嫉妬する」
- jéalousy 图 嫉妬

hostile
[há(:)stəl] 1493

敵意のある；敵の
- feel hostile to [toward] ... ...に敵意を感じる
- hostílity 图 敵意

ripe
[raɪp] 1494

熟した；成熟した
- ripe fruit 熟れた果実
- rípen 動 熟す，実る

pregnant
[prégnənt] 1495

妊娠した；(...で)満ちている(with)
- She is three months pregnant. 彼女は妊娠3か月だ。
- prégnancy 图 妊娠(期間)

fertile
[fə́ːrtəl] 1496

肥沃な(⇔ inférile, bárren 不毛の)
- fertílity 图 肥沃；多産
- fértilìze 動 を肥沃にする
- fértilìzer 图 (化学)肥料

fierce
[fɪərs] 1497

猛烈な；どう猛な
- a fierce animal どう猛な動物
- fíercely 副 激しく，猛烈に

drastic
[dræstɪk] 1498

徹底的な
- drastic change 劇的な変化；抜本的な改革
- drástically 副 徹底的に

immense
[ɪméns] 1499

膨大な
- an immense amount of ... 膨大な量の...
- imménsely 副 非常に；膨大に

supreme
[suprí:m] 1500

最高の
- the Supreme Court 最高裁判所
- of supreme importance 何よりも重要な
- suprémacy [suprémasi] 图 優位；主権

Tom is **jealous** of anyone who talks to his girlfriend. (九州産業大)	トムは自分のガールフレンドに話しかけるどんな人にも嫉妬する。
At first, the crowd was **hostile**, but the speaker soon won them over with his eloquence.	最初群衆は敵意を持っていたが，その演説者は彼の雄弁で彼らをすぐに説き伏せた。
She ate some apples that weren't **ripe**, and now she has a stomachache. (東京国際大)	彼女は熟していないリンゴを食べて，今腹痛を起こしている。
Pregnant women are advised not to get X-rayed. (東邦大)	妊娠している女性はX線検査を受けないように勧められる。
The tree spreads its roots deeper and wider, seeking more **fertile** ground. (駒澤大)	木はより肥沃な土壌を求め，その根をより深く広く張る。
In the middle of the journey, a **fierce** wind came up and it began to snow. (早稲田大)	旅のさなかに猛烈な風が吹き出し，雪が降り始めた。
Unless **drastic** measures are taken, the remaining coral reefs may be dead in 20 years. (長崎大)	徹底的な対策が取られない限り，残っているサンゴ礁も20年後には死滅しているかもしれない。
The difficulties facing the reformers were **immense**. (早稲田大)	改革者の前に立ちはだかる困難は膨大なものであった。
In the past, the king was the **supreme** authority in the country.	昔，王はその国で最高の権力者であった。

395

コラム② 知っておくと便利　重要語根②

語根	意味	例
just	正しい	just-ify「正しくする→正当化する」
lect	集める	col-lect-ive「一緒に集める傾向の→集団の」
liber	自由な	liber-ate「自由にする→解散する」
lingu(i)	言語	bi-lingu-al「2つの言語の→2言語を使う」
logy	言葉, 学問	apo-logy「逃れる言葉→謝罪」
man(u)	手	man-age「手による行為→管理する」
mand	任せる	de-mand「完全に任せる→要求する」
ment	思い出す	ment-ion「思い出すこと→言及」
mit	送る	trans-mit「越えて送る→伝える」
nect	結ぶ	con-nect「一緒に結ぶ→つなぐ」
onym	名前	an-onym-ous「名前がない→匿名の」
oper	働く	co-oper-ate「一緒に働かせる→協力する」
ped, pod	足	ped-estrian「足で行く人→歩行者」
pel	追い立てる	ex-pel「外へ追い立てる→追放する」
pend	ぶら下がる	de-pend「下へぶら下がる→頼る」
plic	畳む	im-plic-it「中に畳むような→暗黙の」
quire	求める	re-quire「再び求める→要求する」
rect	導く	cor-rect「完全に導く→正す」
rupt	破裂する	e-rupt「外へ破裂する→噴火する」
scribe	書く	sub-scribe「下に書く→予約購読する」
sist	立つ	per-sist「しっかり立つ→固執する」
st(ant)	立つ	contra-st「対抗して立つ→対照をなす」
sume	取る	pre-sume「あらかじめ取る→推定する」
tain	保つ	con-tain「一緒に保つ→含む」
tend	伸ばす	at-tend「伸ばす方へ→出席する」
tract	引く	abs-tract「引き離す→抽出する」
tribute	与える	dis-tribute「分けて与える→分配する」
verse, vert	曲がる	re-verse「後ろに曲がる→逆転させる」
vent	来る	pre-vent「前に来る→妨げる」
vey	見る	sur-vey「上から見る→調査する」
vince	打ち勝つ	con-vince「完全に打ち勝つ→納得させる」
vote	誓う	de-vote「全面的に誓う→ささげる」

Part 3

ここで差がつく
難単語

400

入試頻出とは言えなくとも，知っておくといざというときに役に立つ難単語。テンポよく学習できるよう，例文部分を短いフレーズにして掲載している。最後まで気を抜かず学習しよう！

Section 16   398

Section 17   420

Section 18   442

Section 19   464

Part 3 ここで差がつく難単語400
Section 16
単語番号 1501 ～ 1600

動詞編

excel [ɪksél] 1501
(…で)**秀でている** (in / at)；に勝る
□ éxcellence 名 卓越，優秀

swell [swel] 1502
膨張する，腫(は)れる；を膨らませる
▶ 活用：swell - swelled - swollen [swelled]
名 膨張；増大

bounce [baʊns] 1503
跳ねる；反射する；を弾ませる
名 跳ね返り，バウンド

roam [roʊm] 1504
(を)**歩き回る**
▶ roam the street 通りをぶらつく

stray [streɪ] 1505
はぐれる；迷う
形 はぐれた；迷った
□ astráy 形 道に迷った 副 道に迷って

emigrate [émɪgrèɪt] 1506
(他国へ)移住する
□ èmigrátion 名 (他国への)移住，移民
□ ímmigràte 動 (外国から)移住する

mutter [mʌ́tər] 1507
(を)**つぶやく**；ぶつぶつ(不平を)言う
名 つぶやき；愚痴

murmur [mə́ːrmər] 1508
(を)**ささやく**；ざわめく
名 つぶやき，ささやき；愚痴

▶動詞編 p.398　▶形容詞編 p.412
▶名詞編 p.404

excel at mathematics	数学に秀でている
cause the body to swell	体が腫れる原因となる
bounce on a trampoline	トランポリンの上で跳ねる
roam through the fields	野原を歩き回る
stray from a herd	群れからはぐれる
emigrate to the U.S. from India	インドからアメリカに移住する
mutter something as an excuse	口実として何かをつぶやく
murmur sweet words into her ear	彼女の耳に甘い言葉をささやく

Section 16 動詞編

chuckle [tʃʌkl] 1509	くすくす笑う 名 くすくす笑い
choke [tʃoʊk] 1510	をむせさせる；を詰まらせる；むせる ▶ choke to death 窒息死する 名 窒息，むせぶこと
frown 発 [fraʊn] 1511	(…に)眉(まゆ)をひそめる (upon / at) ▶ frown in distaste 不快感で顔をしかめる 名 しかめっ面
roar [rɔːr] 1512	うなる，ほえる 名 どなり声；ほえ声；轟音(ごうおん)
shiver [ʃívər] 1513	震える 名 震え □ shívery 形 ぞくぞくする；寒い
tremble [trémbl] 1514	震える；揺れ動く 名 震え
shave [ʃeɪv] 1515	(顔・ひげなど)をそる；を削減する 名 ひげそり
misunderstand [mìsʌndərstǽnd] 1516	(を)誤解する □ mìsùnderstánding 名 誤解
soothe 発 [suːð] 1517	をなだめる；を和らげる □ sóothing 形 なだめるような
lure [ljʊər] 1518	を誘惑する 名 魅力，引きつける力；(釣りの)ルアー ▶ the lure of exploration 探検の魅力

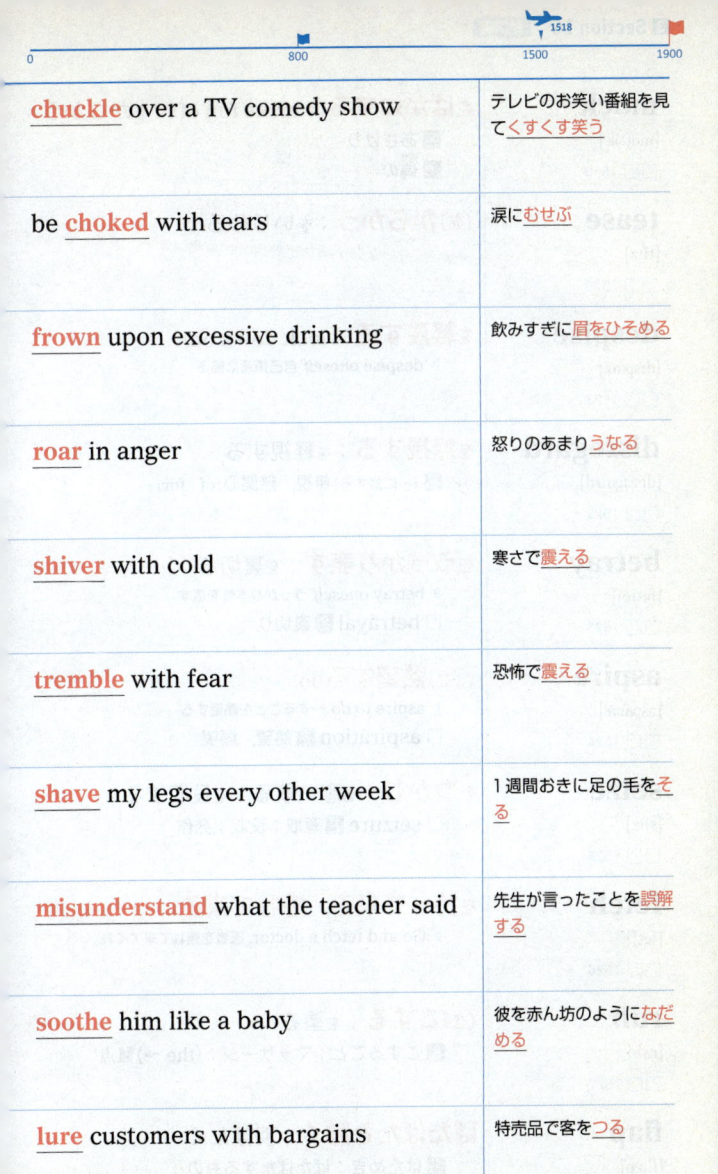

chuckle over a TV comedy show	テレビのお笑い番組を見て<u>くすくす笑う</u>
be **choked** with tears	涙に<u>むせぶ</u>
frown upon excessive drinking	飲みすぎに<u>眉をひそめる</u>
roar in anger	怒りのあまり<u>うなる</u>
shiver with cold	寒さで<u>震える</u>
tremble with fear	恐怖で<u>震える</u>
shave my legs every other week	1週間おきに足の毛を<u>そる</u>
misunderstand what the teacher said	先生が言ったことを<u>誤解する</u>
soothe him like a baby	彼を赤ん坊のように<u>なだめる</u>
lure customers with bargains	特売品で客を<u>つる</u>

401

Section 16 動詞編

mock
[mɑ(:)k] 1519
をばかにする (≒ make fun of)；をからかう
名 あざけり
形 偽の

tease
[ti:z] 1520
(を)からかう；をいじめる

despise
[dispáiz] 1521
を軽蔑する (≒ look down on)
▶ despise *oneself* 自己嫌悪に陥る

disregard
[dìsrigá:rd] 1522
を無視する；を軽視する
名 (…に対する)無視, 無関心 (of / for)

betray
[bitréi] 1523
をうっかり表す；を裏切る
▶ betray *oneself* うっかり本性を表す
□ betráyal 名 裏切り

aspire
[əspáiər] 1524
(…を)熱望する (to)
▶ aspire to *do* ～することを熱望する
□ àspirátion 名 熱望, 願望

seize
[si:z] 1525
をつかむ；を奪い取る；を没収する
□ séizure 名 奪取；没収；発作

fetch
[fetʃ] 1526
を持って来る, 連れて来る
▶ Go and fetch a doctor. 医者を連れて来てくれ。

rub
[rʌb] 1527
(を)こする；を塗る
名 こすること；マッサージ；(the ～)難点

flap
[flæp] 1528
ぱたぱたと動く；羽ばたく
名 はためき；ぱたぱたするもの

mock his repeated failures	彼の度重なる失敗をばかにする
tease the girl about her hair	髪のことでその女の子をからかう
despise life-styles that differ from ours	自分たちのものとは異なる生活様式を軽蔑する
disregard negative information	好ましくない情報を無視する
betray my real purpose	うっかり真の目的を表す
aspire to a higher level of performance	より高いレベルの成果を熱望する
seize the opportunity to gain work	仕事を得る機会をつかむ
fetch some CDs from upstairs	2階からCDを持って来る
rub my tired eyes	疲れ目をこする
the flag **flapping** in the wind	風にはためいている旗

Section 16 動詞編 名詞編

plunge
[plʌndʒ] 1529
(を)突っ込む；没頭する；陥る
- 名 突っ込むこと；急落

insert
[ɪnsə́ːrt] 1530
を挿入する
- □ insértion 名 挿入

dispose
[dɪspóuz] 1531
(dispose of で)を処分する
- □ dispósal 名 処分
- ▶ at *one's* disposal 〜の自由になって，意のままに

withstand
[wɪðstǽnd] 1532
に耐える
- ▶ withstand high temperatures 高温に耐える

hinder
[híndər] 1533
を妨げる
- ▶ hinder A from *doing* Aが〜するのを妨げる
- □ híndrance 名 妨害

resume
[rɪzjúːm] 1534
(を)再開する；を取り戻す
- ▶ resume *doing* 再び〜し始める
- □ resumption [rɪzʌ́mpʃən] 名 再開，続行

unify
[júːnɪfài] 1535
を統合する
- □ ùnificátion 名 統一，統合

名詞編

staple
[stéɪpl] 1536
必需食品；主要産物
- 形 主要な
- ▶ staple crops 主要作物

soybean
[sɔ́ɪbìːn] 1537
大豆
- ▶ 英 では soya bean とも言う。
- □ soy 名 しょうゆ；大豆

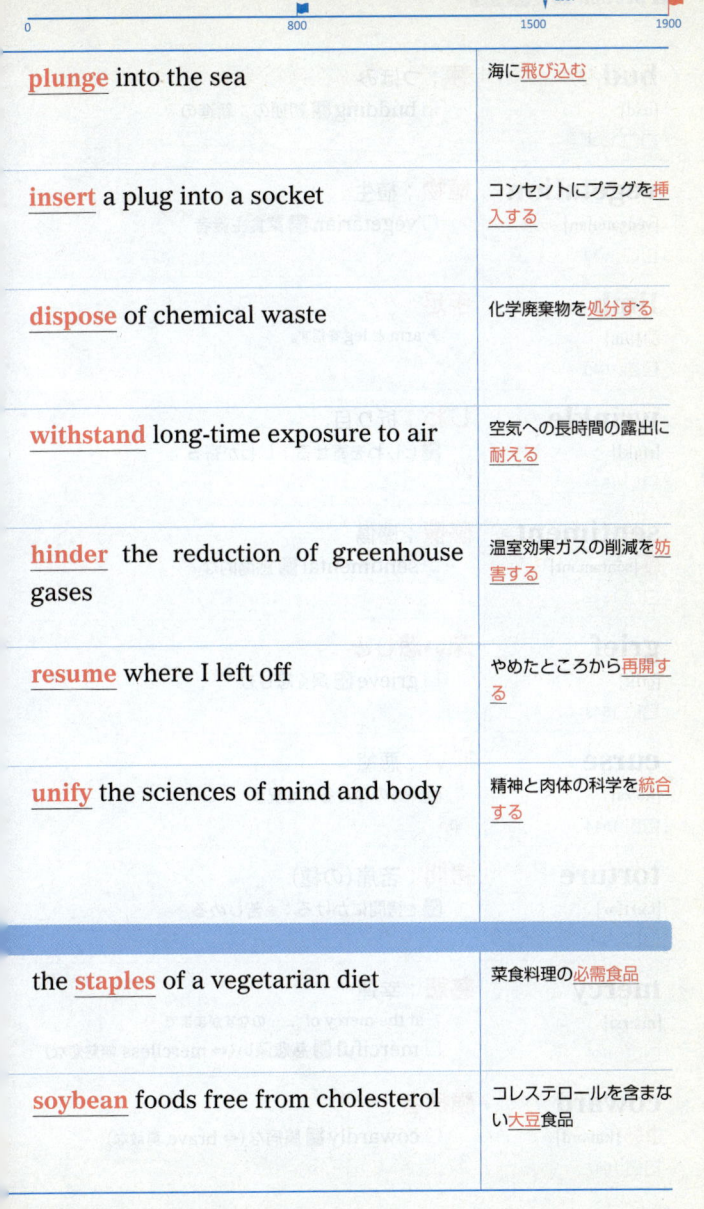

plunge into the sea	海に飛び込む
insert a plug into a socket	コンセントにプラグを挿入する
dispose of chemical waste	化学廃棄物を処分する
withstand long-time exposure to air	空気への長時間の露出に耐える
hinder the reduction of greenhouse gases	温室効果ガスの削減を妨害する
resume where I left off	やめたところから再開する
unify the sciences of mind and body	精神と肉体の科学を統合する
the **staples** of a vegetarian diet	菜食料理の必需食品
soybean foods free from cholesterol	コレステロールを含まない大豆食品

Section 16 名詞編

bud [bʌd] 1538
芽；つぼみ
- búdding 形 初期の；新進の

vegetation [vèdʒətéɪʃən] 1539
植物；植生
- vègetárian 名 菜食主義者

limb [lɪm] 1540
手足
▶ arm と leg を指す。

wrinkle [ríŋkl] 1541
しわ；折り目
動 にしわを寄せる；しわが寄る

sentiment [séntəmənt] 1542
感情；感傷
- sèntiméntal 形 感傷的な

grief [griːf] 1543
深い悲しみ
- grieve 動 深く悲しむ

curse [kəːrs] 1544
呪(のろ)い；悪態
動 (を)ののしる；を呪う

torture [tɔ́ːrtʃər] 1545
拷問；苦痛(の種)
動 を拷問にかける；を苦しめる

mercy [məːrsi] 1546
慈悲；幸運
▶ at the mercy of ... …のなすがままで
- mérciful 形 慈悲深い (⇔ mérciless 無慈悲な)

coward [káuərd] 1547
臆病者
- cówardly 形 臆病な (⇔ brave 勇敢な)

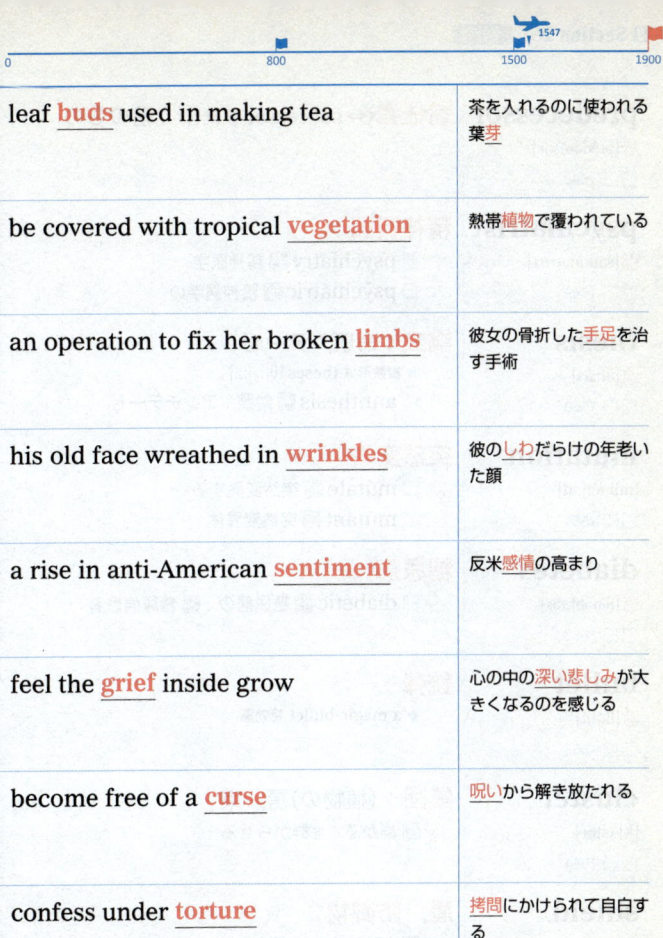

leaf **buds** used in making tea	茶を入れるのに使われる葉芽
be covered with tropical **vegetation**	熱帯植物で覆われている
an operation to fix her broken **limbs**	彼女の骨折した手足を治す手術
his old face wreathed in **wrinkles**	彼のしわだらけの年老いた顔
a rise in anti-American **sentiment**	反米感情の高まり
feel the **grief** inside grow	心の中の深い悲しみが大きくなるのを感じる
become free of a **curse**	呪いから解き放たれる
confess under **torture**	拷問にかけられて自白する
beg for **mercy**	慈悲を請う
be referred to as a **coward**	臆病者呼ばわりされる

Section 16 名詞編

predecessor [prédəsèsər] 1548
前任者（⇔ succéssor 後継者）；前のもの

psychiatrist [saɪkáɪətrɪst] 1549
精神科医
- psychíatry 名 精神医学
- psychiátric 形 精神病の

thesis [θíːsɪs] 1550
論文；命題, テーゼ
▶ 複数形は theses [θíːsiːz]。
- antíthesis 名 対照；アンチテーゼ

mutation [mjuːtéɪʃən] 1551
突然変異
- mútate 動 突然変異する
- mútant 名 突然変異体

diabetes [dàɪəbíːtəs] 1552
糖尿病
- dìabétic 形 糖尿病の 名 糖尿病患者

bullet [búlɪt] 1553
銃弾
▶ a magic bullet 特効薬

cluster [klʌ́stər] 1554
集団；（植物の）房, 束
動 群がる；を群がらせる

shield [ʃíːld] 1555
盾, 防御物
動 を防御する；を隠す

gear [gíər] 1556
器具；歯車；ギア
動 を適合させる

vessel [vésəl] 1557
船舶；容器；脈管
▶ a blood vessel 血管

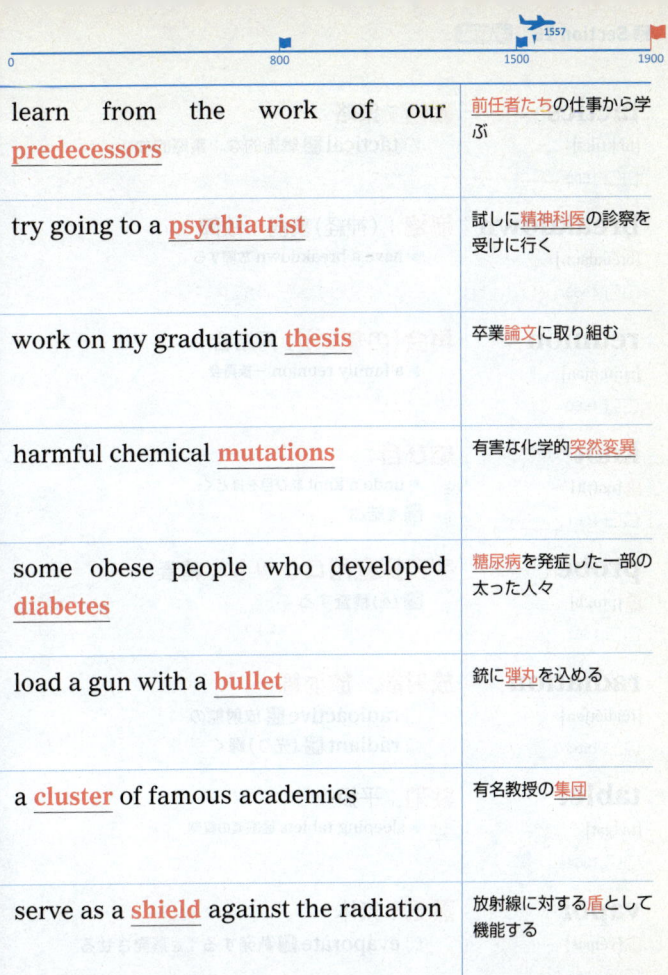

learn from the work of our **predecessors**	前任者たちの仕事から学ぶ
try going to a **psychiatrist**	試しに精神科医の診察を受けに行く
work on my graduation **thesis**	卒業論文に取り組む
harmful chemical **mutations**	有害な化学的突然変異
some obese people who developed **diabetes**	糖尿病を発症した一部の太った人々
load a gun with a **bullet**	銃に弾丸を込める
a **cluster** of famous academics	有名教授の集団
serve as a **shield** against the radiation	放射線に対する盾として機能する
a shop selling **gear** for mountain climbers	登山家のための器具を売る店
the **vessel** sunk to the bottom of the sea	海の底に沈んだ船

Section 16 名詞編

tactics [tǽktɪks] 1558	**戦術**；策略 □ táctical 形 戦術的な；策略的な
breakdown [bréɪkdàʊn] 1559	**崩壊**；(神経)衰弱；故障 ▶ have a breakdown 故障する
reunion [riːjúːnjən] 1560	**再会(の集い)**；再結合 ▶ a family reunion 一族再会
knot [nɑ(ː)t] 1561	**結び目** ▶ undo a knot 結び目をほどく 動 を結ぶ
probe [proʊb] 1562	**宇宙探査用ロケット**；精査 動 (を)精査する
radiation [rèɪdiéɪʃən] 1563	**放射能，放射線** □ ràdioáctive 形 放射能の □ rádiant 形 (光り)輝く
tablet [tǽblət] 1564	**錠剤**；平板 ▶ sleeping tablets 睡眠薬の錠剤
vapor [véɪpər] 1565	**蒸気**；気体 □ eváporàte 動 蒸発する；を蒸発させる
thermometer [θərmɑ́(ː)mətər] 1566	**温度計，体温計** ▶ 「湿度計」は hygrometer [haɪgrɑ́(ː)mətər] と言う。
signature [sígnətʃər] 1567	**署名**；特徴 □ sign 動 (に)署名する

use delaying **tactics**	引き延ばし<u>戦術</u>を用いる
a **breakdown** of the economy	経済の<u>崩壊</u>
meet at a class **reunion**	<u>同窓会</u>で顔を合わせる
tie the two strings with a **knot**	<u>結び目</u>を作って２本のひもを結ぶ
a **probe** designed to seek out new planets	新惑星を探し出すために作られた<u>宇宙探査用ロケット</u>
withstand the intense **radiation**	強烈な<u>放射線</u>に耐える
take two of these **tablets** with water	これら２粒の<u>錠剤</u>を水と一緒に飲む
the particles in the **vapor**	<u>蒸気</u>の中の粒子
a **thermometer** to measure temperature variations	気温の変化を測定するための<u>温度計</u>
a letter with your **signature** at the bottom	一番下にあなたの<u>署名</u>がある手紙

411

Section 16 名詞編 / 形容詞編

triangle
[tráɪæŋgl] 1568
三角形
▶ a rectangle 長方形

geometry
[dʒiá(:)mətri] 1569
幾何学
□ gèométric 形 幾何学の

feat
[fi:t] 1570
偉業；妙技
▶ accomplish [perform] a feat 偉業を成す

applause
[əplɔ́:z] 1571
拍手(喝采)
□ appláud 動 に拍手を送る

glory
[glɔ́:ri] 1572
栄光；壮観
□ glórify 動 を賛美する
□ glórious 形 栄光の，輝かしい

形容詞編

diligent
[dílɪdʒənt] 1573
勤勉な；入念な
□ díligence 名 勤勉，努力

earnest
[ɔ́:rnɪst] 1574
まじめな，熱心な
▶ in earnest 真剣に (earnest を 名 として用いる)

loyal
[lɔ́ɪəl] 1575
(…に)忠実な (to)
▶ royal「王の」と区別。
□ lóyalty 名 忠義；誠実

stubborn
[stʌ́bərn] 1576
頑固な (≒ óbstinate)；不屈の
▶ stubborn resistance 執拗な抵抗

a formula to calculate the area of a **triangle**	三角形の面積を計算するための公式
an expert at **geometry**	幾何学の専門家
the abbey commemorating his **feat**	彼の偉業を記念した大修道院
a long **applause** of approval	賛成を表す長い拍手
the eternal **glory** of British science	英国の科学の永遠の栄光
a bright and **diligent** student	聡明で勤勉な学生
have an **earnest** desire to study	学びたいという真剣な願望を抱いている
the **loyal** customers of the restaurant	そのレストランのひいきの顧客
have a **stubborn** streak	頑固なところがある

413

Section 16 形容詞編

rigid
[rídʒɪd] 1577
厳しい；硬直した
- rigídity 名 厳格；硬直
- rígorous 形 厳密な

stiff
[stɪf] 1578
硬直した；堅い
▶ stiff shoulders 肩凝り (≒ a stiff neck)

timid
[tímɪd] 1579
臆病な
- timídity 名 臆病

idle
[áɪdəl] 1580
(何もせずに)ぶらぶらしている
- 動 ぶらぶらする；アイドリングする
▶ idol「偶像；アイドル」と同音。

dumb
[dʌm] 1581
ばかげた；口のきけない；無言の
▶「口のきけない」の意味では差別的なので speech-impaired「言葉が不自由な」などを用いる。

obese
[oʊbíːs] 1582
肥満した
- obésity 名 (病的な)肥満

disabled
[dɪséɪbld] 1583
障がいのある；障がい者用の
- dìsabílity 名 (身体)障がい

clumsy
[klʌ́mzi] 1584
不器用な；扱いにくい

punctual
[pʌ́ŋktʃuəl] 1585
時間を守る
- pùnctuálity 名 時間厳守

absurd
[əbsə́ːrd] 1586
ばかげた；不合理な
- absúrdity 名 不合理；ばかげたこと

rigid work schedules	仕事の厳しい予定
develop **stiff** shoulders	肩が凝る
a **timid** and unarmed child	臆病で無防備な子供
be **idle** for the past month	この1か月ぶらぶらしている
my friend's really **dumb** idea	私の友達の本当にばかげた思いつき
the rising number of **obese** children	肥満した子供の増加
equal rights for **disabled** people to use services	障がいのある人たちがサービスを利用できる平等の権利
the **clumsy** waiter who spilled coffee	コーヒーをこぼした不器用なウェイター
be **punctual** for an appointment	約束の時間を守る
an **absurd** notion	ばかげた考え

Section 16 形容詞編

uneasy [ʌníːzi] 1587	**不安な**；落ち着かない；ぎこちない □ unéase 名 不安, 懸念
nasty [nǽsti] 1588	**不快な**；意地悪な
naughty [nɔ́ːti] 1589	**いたずらな** ▶ a naughty boy [girl] いたずらっ子
tidy [táɪdi] 1590	**きちんとした**；相当の 動 を片づける (≒ tidy up)
decisive [dɪsáɪsɪv] 1591	**決定的な**；断固とした □ decíde 動 を決定する
upright [ʌ́prὰɪt] 1592	**真っすぐな**；正直な 副 直立して, 真っすぐに
vertical [vɜ́ːrtɪkəl] 1593	**垂直の** (⇔ hòrizóntal 水平な)；縦方向の ▶ a vertical line 垂直線
gloomy [glúːmi] 1594	**陰気な**；薄暗い；悲観的な □ gloom 名 薄暗がり；憂うつ
obscure [əbskjúər] 1595	**人目につかない**；不明瞭な □ obscúrity 名 不明瞭；無名 (の人)
antique [æntíːk] 1596	**骨董の**；古風な 名 骨董品, アンティーク □ antíquity 名 古代；古いこと

feel **uneasy** about the future	将来に関して不安な気持ちになる
the **nasty** realities of life	人生の不快な現実
spank a **naughty** boy	いたずらっ子の尻をたたく
keep a room **tidy**	部屋をきちんとしておく
the **decisive** factor affecting good health	健康に影響を及ぼす決定的な要因
stand in an **upright** posture	真っすぐな姿勢で立つ
hold the stick in a **vertical** position	その棒を垂直に握る
the **gloomy** nature of the story	その物語の陰気な性質
hide in an **obscure** little room	人目につかない小部屋に隠れる
a lot of **antique** furniture	たくさんのアンティーク家具

Section 16 形容詞編

sole [soʊl] 1597	**唯一の**；単独の；独占的な 名 足の裏；靴底
sheer [ʃɪər] 1598	**純然たる, 真の**；すごい 副 全く；垂直に
marvelous [máːrvələs] 1599	**すばらしい**；驚くべき □ márvel 動 驚嘆する 名 驚異
splendid [spléndɪd] 1600	**すばらしい**；立派な □ spléndor 名 豪華；壮大

変則的な複数形（5）
-ut → -ita
caput 頭 → capita

serve as the <u>sole</u> source of information in the community	地域社会の唯一の情報源として役立つ
the <u>sheer</u> bravery of his action	彼の行為の真の勇敢さ
appreciate <u>marvelous</u> biodiversity in the country	その国のすばらしい生物多様性の真価を認める
provide a <u>splendid</u> opportunity for patronage	後援のためのすばらしい機会を提供する

-a → -ae
alga 藻類 → algae
amoeba アメーバ → amoebae

Part 3 ここで差がつく難単語 400
Section 17 単語番号 1601 ～ 1700

動詞編

cherish [tʃériʃ] 1601
を心に抱く；を大切にする
▶ cherish one's family 家族を大切にする

nourish [nə́ːriʃ] 1602
に栄養を与える；をはぐくむ
□ nóurishment 名 栄養；養育

hatch [hætʃ] 1603
を孵化させる；孵化する；をたくらむ
▶ hatch a plot 陰謀をたくらむ
名 孵化

enlarge [ɪnlɑ́ːrdʒ] 1604
を拡大する
□ enlárgement 名 拡大

furnish [fə́ːrnɪʃ] 1605
に(…を)備え付ける(with)
□ fúrnishing 名 家具調度品
□ fúrniture 名 家具

indulge [ɪndʌ́ldʒ] 1606
(…に)ふける(in)；を甘やかす
□ indúlgence 名 耽溺；気まま
□ indúlgent 形 気ままにさせる, 甘い

surrender [səréndər] 1607
(…に)屈する(to)；を放棄する；を明け渡す
▶ surrender to the enemy 敵に降伏する
名 降伏；放棄

kneel [niːl] 1608
ひざまずく
▶ 活用：kneel - knelt [kneeled] - knelt [kneeled]

▶動詞編 p.420　　▶形容詞編 p.434
▶名詞編 p.426

cherish dreams of becoming a film star	映画スターになるという夢を心に抱く
be well **nourished** and in good health	十分に栄養を与えられて健康である
chicks just **hatched** from eggs	卵から孵化したばかりのひよこ
a way to **enlarge** your knowledge	自分の知識を拡大する方法
furnish a room with a bookshelf	部屋に本棚を備え付ける
indulge in a strange hobby	奇妙な趣味にふける
surrender to the urge to buy a dress	ドレスを買いたいという衝動に屈する
kneel down in prayer	ひざまずいて祈る

Section 17 動詞編

stumble [stʌ́mbl] 1609
(…に)**つまずく**(on / over)
▶ stumble across [on, upon] ... …に偶然出くわす

wither [wíðər] 1610
しおれる；衰える；を弱らせる

creep [kri:p] 1611
忍び込む；のろのろ進む；はう
名 忍び込み；徐行；嫌われ者

ache [eɪk] 1612
痛む；(…を)切望する(for)
名 痛み；熱望

await [əwéɪt] 1613
を待つ(≒ wait for)

foresee [fɔːrsíː] 1614
を予知する
□ foreséeable 形 予知できる

illuminate [ɪlúːmɪnèɪt] 1615
を照らす；を解明する
▶ illuminate the author's argument 著者の論点を明らかにする
□ illùminátion 名 照明

dread [dred] 1616
をひどく恐れる
名 恐れ；不安
□ dréadful 形 ひどい；恐ろしい

depict [dɪpíkt] 1617
を描く
□ depíction 名 描写

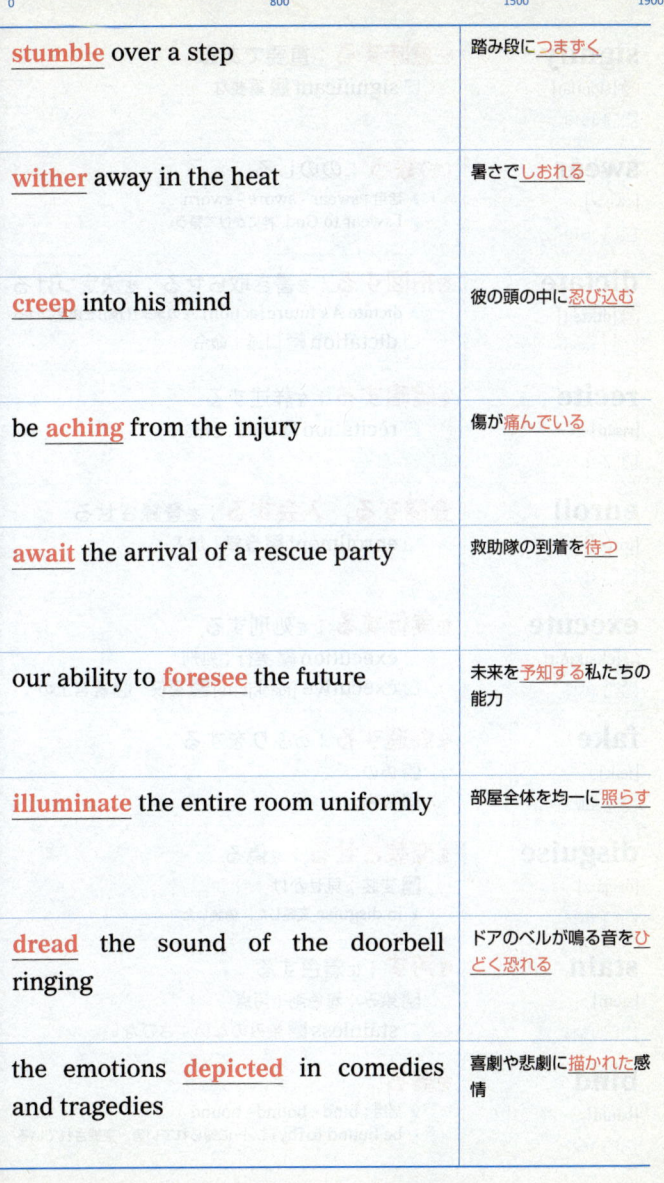

stumble over a step	踏み段に<u>つまずく</u>
wither away in the heat	暑さで<u>しおれる</u>
creep into his mind	彼の頭の中に<u>忍び込む</u>
be **aching** from the injury	傷が<u>痛んでいる</u>
await the arrival of a rescue party	救助隊の到着を<u>待つ</u>
our ability to **foresee** the future	未来を<u>予知する</u>私たちの能力
illuminate the entire room uniformly	部屋全体を均一に<u>照らす</u>
dread the sound of the doorbell ringing	ドアのベルが鳴る音を<u>ひどく恐れる</u>
the emotions **depicted** in comedies and tragedies	喜劇や悲劇に<u>描かれた</u>感情

Section 17 動詞編

signify
[sígnəfài] 1618
を**意味する**；重要である
□ significant 形 重要な

swear
[swéər] 1619
(を)**誓う**；ののしる
▶ 活用：swear - swore - sworn
▶ I swear to God. 神にかけて誓う。

dictate
[díkteɪt] 1620
を**指図する**；を書き取らせる；を決定づける
▶ dictate A's future [action] Aの未来[行動]を決定づける
□ dictátion 名 口述；命令

recite
[rɪsáɪt] 1621
を**暗唱する**；を詳述する
□ rècitátion 名 暗唱；詳述

enroll
[ɪnróul] 1622
登録する，入会する；を登録させる
□ enróllment 名 登録，加入

execute
[éksɪkjùːt] 1623
を**実行する**；を処刑する
□ èxecútion 名 実行；処刑
□ executive [ɪgzékjutɪv] 名 重役　形 経営上の

fake
[feɪk] 1624
を**偽造する**；のふりをする
形 偽の
名 偽物

disguise
[dɪsɡáɪz] 1625
を**変装させる**；を偽る
名 変装；見せかけ
▶ in disguise 変装した，偽装した

stain
[steɪn] 1626
を**汚す**；に着色する
名 染み；着色剤；汚点
□ stáinless 形 染みのない；さびない

bind
[baɪnd] 1627
を**縛る**
▶ 活用：bind - bound - bound
▶ be bound to [by] ... …に縛られている，束縛されている

raise a white flag <u>signifying</u> surrender	降参を<u>意味する</u>白旗を揚げる
<u>swear</u> to be friends forever	いつまでも友達であることを<u>誓う</u>
<u>dictate</u> the order of events	催し物の順序を<u>指図する</u>
<u>recite</u> her own poem to the audience	聴衆の前で彼女の自作の詩を<u>暗唱する</u>
<u>enroll</u> in Japanese classes at university	大学で日本語の授業に<u>登録する</u>
funds to <u>execute</u> the strategy	その戦略を<u>実行する</u>ための資金
<u>fake</u> my father's signature	父の署名を<u>偽造する</u>
<u>disguise</u> herself as a man	男性に<u>変装する</u>
<u>stain</u> my T-shirt with paint	ペンキでTシャツを<u>汚す</u>
<u>bind</u> the package with string	ひもで荷物を<u>縛る</u>

Section 17 動詞編 名詞編

slap [slæp] 1628	**を(平手で)たたく** 名 平手打ち；非難
omit [oumít] 1629	**を省く**；を怠る □ omíssion 名 省略, 脱落
grind [graɪnd] 1630	**(穀物など)をひく** ▶ 活用：grind - ground - ground
undermine [ʌndərmáɪn] 1631	**を徐々にむしばむ** ▶ undermine A's health Aの健康をむしばむ
bankrupt [bǽŋkrʌpt] 1632	**を破産させる** 形 破産した ▶ go bankrupt 破産する
extinguish [ɪkstíŋgwɪʃ] 1633	**(火・光など)を消す**；を全滅させる □ extínguisher 名 消火器
mend [mend] 1634	**を修繕する**；を改善する 名 修理, 改善 □ aménd 動 を修正する
congratulate [kəngrǽdʒəlèɪt] 1635	**(人)を(…のことで)祝う (on)** ▶ congratulate oneself on [upon] ... …を得意がる □ congràtulátion 名 (~s)祝辞

名詞編

certificate [sərtífɪkət] 1636	**証明書**；免許状 □ cértify 動 を証明する

426

slap him in the face	彼の顔を平手でたたく
omit her name from the list	彼女の名前をリストから省く
grind wheat into flour	小麦をひいて粉にする
undermine the president's authority	大統領の権威を徐々に傷つける
a firm **bankrupted** by poor management	ずさんな経営で破産した会社
extinguish all lights in the building	ビル内のすべての明かりを消す
mend broken earthenware	壊れた陶器を修繕する
congratulate him on his birthday	彼の誕生日を祝う
issue a birth **certificate**	出生証明書を発行する

Section 17 名詞編

encyclopedia [ɪnsàɪkləpíːdiə] 1637	**百科事典** ▶ encyclopaedia とつづることもある。 □ encỳclopédic 形 博学な
biography [baɪá(ː)grəfi] 1638	**伝記** □ bìográphical 形 伝記の □ àutobiógraphy 名 自伝
masterpiece [mǽstərpìːs] 1639	**傑作**
rhyme [raɪm] 1640	**詩歌**；韻 ▶ in rhyme 韻を踏んで
means [miːnz] 1641	**手段**；資力 ▶ by no means 決して…ない ▶ live within *one's* means 収入の範囲内で暮らす
mold [moʊld] 1642	**鋳型**；性質 ▶ 英 では mould ともつづる。 動 を型に入れて(…を)作る(into)
scope [skoʊp] 1643	**範囲**；余地 ▶ beyond my scope 私の能力を越えて
bulk [bʌlk] 1644	**(the 〜) (…の)大半 (of)**；かさ；大量 □ búlky 形 かさばった
trifle [tráɪfl] 1645	**些細なこと**；少量 (≒ a little) ▶ a trifle odd 少し奇妙な
pill [pɪl] 1646	**錠剤**

a free **encyclopedia** on the Web	ウェブ上の無料百科事典
a passage from a **biography** of Einstein	アインシュタインの伝記からの一節
collect **masterpieces** of modern art	現代芸術の傑作を収集する
recite a nursery **rhyme**	わらべ歌を暗唱する
a **means** to an end	目的達成のための手段
pour the molten steel into a **mold**	鋳型に溶鋼を流し込む
extend the **scope** of the research	研究の範囲を拡大する
the **bulk** of the early immigrants from Europe	ヨーロッパからの初期の移民の大半
waste my time on **trifles**	些細なことで時間を浪費する
wait for the sleeping **pills** to take effect	睡眠剤が効くのを待つ

Section 17 名詞編

dose
発 [dous] 1647

(薬の)服用量；放射線量
動 に(…を)投薬する(with)

vein
[veɪn] 1648

血管；静脈(⇔ ártery 動脈)；特質

odor
発 [óudər] 1649

におい；気配

pilgrim
[pílgrɪm] 1650

巡礼者
▶ the Pilgrims ピルグリムファーザーズ(= the Pilgrim Fathers)
□ pílgrimage 名 巡礼；長旅

deed
[di:d] 1651

行い
▶ do a good deed 立派な行いをする

carriage
発 [kǽrɪdʒ] 1652

英 車両；立ち居振舞い；輸送；馬車
▶ the carriage of goods by land 陸上貨物輸送

mischief
発 [místʃɪf] 1653

いたずら
□ mischievous [místʃɪvəs] 形 いたずらな

slaughter
発 [slɔ́:tər] 1654

虐殺；畜殺
動 を虐殺する；を畜殺する

haste
[heɪst] 1655

急ぐこと
▶ in haste 急いで；慌てて
□ hásten 動 を急がせる；急いで～する

the recommended daily dose of vitamin C	ビタミンCの毎日の推奨服用量
the veins visible through the skin	肌に浮き出た血管
the appalling odor of the river	その川のひどいにおい
pilgrims on their way to Jerusalem	エルサレムへ向かっている巡礼者
my good deed for the day	今日の善き行い
the first carriage of a train	列車の先頭車両
get into mischief	いたずらをする
stop the large-scale slaughter of seals	アザラシの大規模な虐殺をやめる
with indecent haste	見苦しいほど性急に

Section 17 名詞編

thirst
[θə:rst] 1656
(のどの)渇き；渇望
▶ a thirst for knowledge 知識欲
□ thírsty 形 のどが渇いた

monarchy
[má(:)nərki] 1657
君主制；君主国
□ mónarch 名 君主

reign
[reɪn] 1658
治世；統治
動 君臨する
▶ rain「雨」と同音。

heir
[eər] 1659
相続人；(…の)後継者(to)
▶ air「空気」と同音。
▶ the legitimate heir 法定相続人

pardon
[pá:rdən] 1660
許し
動 を許す

legislation
[lèdʒɪsléɪʃən] 1661
法律；立法
□ législàtive 形 立法の

cabinet
[kǽbɪnət] 1662
(the C-)内閣；戸棚
▶ the Shadow Cabinet 影の内閣

ward
[wɔ:rd] 1663
病棟；行政区
▶ a children's ward 小児病棟

surplus
[sə́:rplʌs] 1664
余剰；黒字
▶ a trade surplus 貿易黒字
形 余分の

arithmetic
[ərɪ́θmətɪk] 1665
計算；算数

die of hunger and **thirst**	飢えと渇きで死ぬ
abolish a **monarchy** and establish a republic	君主制を廃止して共和制を樹立する
during the **reign** of King Edward I	エドワードⅠ世王の治世に
be **heir** to a large fortune	莫大な財産の相続人である
beg his **pardon** for being late	彼に遅刻した許しを請う
enact **legislation** against discrimination	差別を禁止する法律を制定する
ministers at the **cabinet** meeting	閣僚会議での大臣
patients in the surgical **ward**	外科病棟の患者
have **surpluses** of food and water	食糧と水に余剰がある
by quick mental **arithmetic**	頭の中ですばやく計算して

Section 17 名詞編 / 形容詞編

mercury
[mə́ːrkjuəri] 1666

水銀 (≒ quícksìlver)；(M-)水星
▶ mercury poisoning 水銀中毒

monopoly
[mənɑ́(ː)pəli] 1667

独占(権)
□ monópolìze 動 を独占する

friction
[frík∫ən] 1668

不和；摩擦
▶ trade friction 貿易摩擦

collision
[kəlíʒən] 1669

衝突
▶ be on a collision course with ... …と衝突進路にある
□ collíde 動 衝突する

fusion
[fjúːʒən] 1670

融合；連立
▶ nuclear fusion 核融合 (⇔ nuclear fission 核分裂)
□ fuse 動 (を)溶解する

breakthrough
[bréɪkθrùː] 1671

大発見，飛躍的進歩

spectacle
[spéktəkl] 1672

壮観；見世物；圈(〜s)眼鏡
□ spectácular 形 壮観な

形容詞編

eminent
[émɪnənt] 1673

高名な；傑出した
□ éminence 名 高名，卓越

notable
[nóʊtəbl] 1674

注目に値する；著名な
▶ be notable for ... …で有名である
□ note 動 に注意する，注目する

heavy metals like **mercury** and cadmium	水銀やカドミウムのような重金属
retain the **monopoly** of political power	政治権力の独占を保持する
friction between parent and child	親子の間の不和
come into **collision** with a train	列車と衝突する
the **fusion** of TV and the Internet	テレビとインターネットの融合
make a **breakthrough** in astrophysics	宇宙物理学上の大発見をする
the **spectacle** of the Grand Canyon	グランドキャニオンの壮観
the most **eminent** British composer	最も高名なイギリスの作曲家
a **notable** feature of this garden	この庭の注目に値する特徴

Section 17 形容詞編

notorious ⑦ [noutɔ́ːriəs] 1675	悪名高い (≒ ínfamous)
compulsory [kəmpʌ́lsəri] 1676	義務的な □ compúlsive 形 抗しがたい □ compúlsion 名 衝動
liable [láɪəbl] 1677	〜しがちな；受けやすい；責任がある ▶ be liable to *do* 〜しがちである □ lìabílity 名 責任；傾向；(〜ies)負債
inclined [ɪnkláɪnd] 1678	〜する傾向がある；傾いた ▶ be inclined to *do* 〜する傾向がある □ inclinátion 名 傾向；好み
static [stǽtɪk] 1679	静的な (⇔ dynámic 動的な)；停滞した 名 静電気 (= static electricity)
infinite 発 [ínfənət] 1680	無限の (⇔ fínite 有限の)；無数の □ infínity 名 無限
eternal [ɪtə́ːrnəl] 1681	永遠の；不変の □ etérnity 名 永遠
acute [əkjúːt] 1682	激しい；鋭い；急性の (⇔ chrónic 慢性の) ▶ acute pain 激痛
abrupt [əbrʌ́pt] 1683	突然の □ abrúptly 副 突然に
swift [swɪft] 1684	素早い ▶ be swift to *do* すぐに〜する

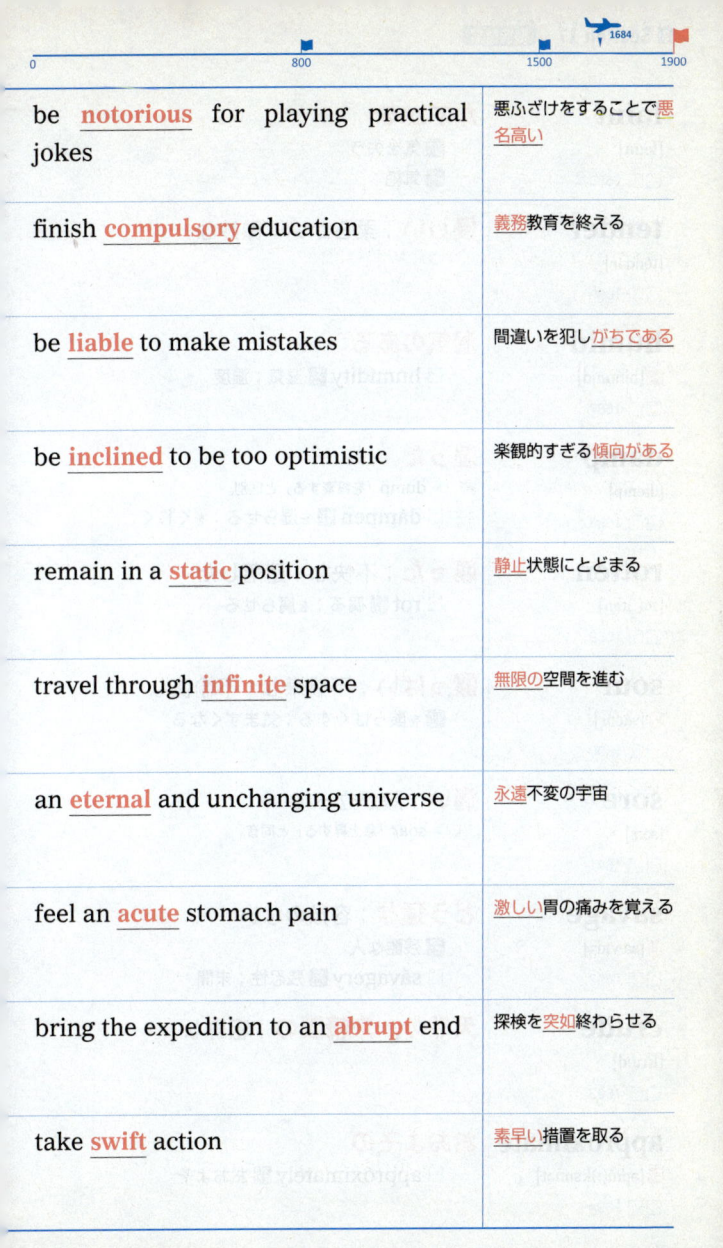

be **notorious** for playing practical jokes	悪ふざけをすることで悪名高い
finish **compulsory** education	義務教育を終える
be **liable** to make mistakes	間違いを犯しがちである
be **inclined** to be too optimistic	楽観的すぎる傾向がある
remain in a **static** position	静止状態にとどまる
travel through **infinite** space	無限の空間を進む
an **eternal** and unchanging universe	永遠不変の宇宙
feel an **acute** stomach pain	激しい胃の痛みを覚える
bring the expedition to an **abrupt** end	探検を突如終わらせる
take **swift** action	素早い措置を取る

Section 17 形容詞編

faint [feɪnt] 1685	かすかな 動 気を失う 名 気絶
tender [téndər] 1686	優しい；柔らかい；微妙な
humid [hjúːmɪd] 1687	湿気のある □ humídity 名 湿気；湿度
damp [dæmp] 1688	湿った ▶ dump「を投棄する」と区別。 □ dámpen 動 を湿らせる；をくじく
rotten [rάː(ː)tən] 1689	腐った；不快な；堕落した □ rot 動 腐る；を腐らせる
sour [sáuər] 1690	酸っぱい；不機嫌な；不愉快な 動 を酸っぱくする；気まずくなる
sore [sɔːr] 1691	痛い；腹が立って ▶ soar「急上昇する」と同音。
savage [sǽvɪdʒ] 1692	どう猛な；容赦のない 名 残酷な人 □ sávagery 名 残忍性；未開
crude [kruːd] 1693	天然の，未精製の；粗野な
approximate [əprάː(ː)ksɪmət] 1694	おおよその □ appróximately 副 おおよそ

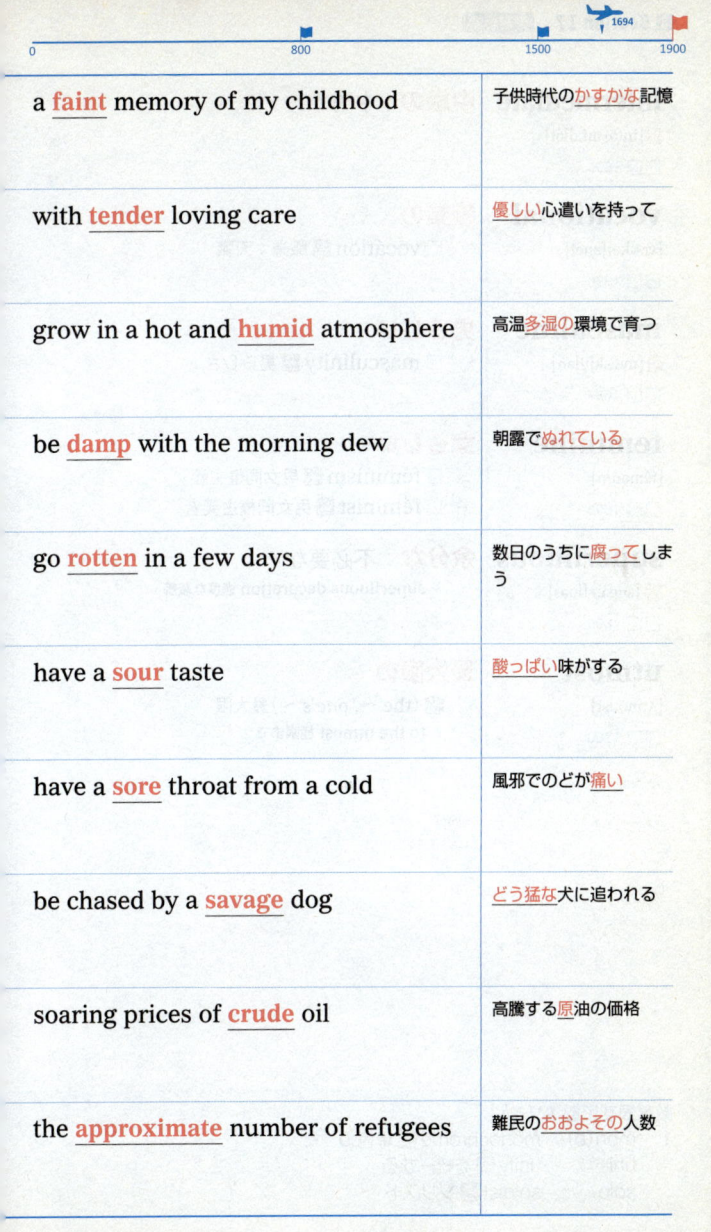

a **faint** memory of my childhood	子供時代のかすかな記憶
with **tender** loving care	優しい心遣いを持って
grow in a hot and **humid** atmosphere	高温多湿の環境で育つ
be **damp** with the morning dew	朝露でぬれている
go **rotten** in a few days	数日のうちに腐ってしまう
have a **sour** taste	酸っぱい味がする
have a **sore** throat from a cold	風邪でのどが痛い
be chased by a **savage** dog	どう猛な犬に追われる
soaring prices of **crude** oil	高騰する原油の価格
the **approximate** number of refugees	難民のおおよその人数

Section 17 形容詞編

intermediate [ìntərmíːdiət] 1695	中級の；中間の	
vocational [voukéɪʃənəl] 1696	職業の	□ vocátion 名 職業；天職
masculine [mǽskjulən] 1697	男らしい	□ màsculínity 名 男らしさ
feminine [fémənɪn] 1698	女らしい	□ féminìsm 名 男女同権主義 □ féminist 名 男女同権主義者
superfluous [supə́ːrfluəs] 1699	余分な；不必要な	▶ superfluous decoration 過度な装飾
utmost [ʌ́tmòust] 1700	最大限の	名 (the 〜, one's 〜) 最大限 ▶ to the utmost 極限まで

数を表す形態素*(1)

1. mon(o)-   monochrome 形 単色の
   uni-   unify 動 を統一する
   solo-   soloist 名 ソリスト

take an **intermediate** English course	中級の英語コースを受講する
attend a **vocational** school	職業学校に通う
common **masculine** pastimes	よくある男の娯楽
dress in a **feminine** way	女性らしい装いをする
cut back on **superfluous** spending	余分な出費を削減する
be of the **utmost** importance	この上なく重要である

(＊形態素：意味を持つ最小の言語単位)

2　di-　　　　dioxide 名 二酸化物
　　bi-　　　　bipolar 形 二極の
　　duo-　　　duologue 名 対話

Part 3 ここで差がつく難単語 400
Section 18 単語番号 1701 〜 1800

動詞編

contemplate
[ká(:)ntəmplèit]
1701

(を)**熟考する**；を予想する
□ còntemplátion 名 熟考

ponder
[pá(:)ndər]
1702

(を)**熟考する**
□ pónderable 形 熟考に値する

meditate
[médɪtèit]
1703

瞑想する；をもくろむ
□ mèditátion 名 瞑想；熟慮

conceive
[kənsíːv]
1704

(を)**思いつく**
□ concéption 名 概念(≒ cóncept)

speculate
[spékjulèit]
1705

(を)**推測する**；投機する
□ spèculátion 名 推測；投機
□ spéculàtive 形 推測の；投機の

presume
[prɪzjúːm]
1706

と**推定する**；を前提とする
□ presúmption 名 推定, 想定
□ presúmable 形 推測できる, ありそうな

proclaim
[prəkléim]
1707

を**宣言する**；を証明する
▶ proclaim a state of emergency 非常事態を宣言する
□ pròclamátion 名 宣言；公式発表

disclose
[dɪsklóuz]
1708

を**公表する**
□ disclósure 名 公開；暴露

▶動詞編 p.442　▶形容詞編 p.456
▶名詞編 p.448

<u>contemplate</u> the transience of life	人生のはかなさを<u>熟考する</u>
<u>ponder</u> theories about outsourcing	外部委託に関する理論について<u>熟考する</u>
<u>meditate</u> under a tree	木の下で<u>瞑想する</u>
<u>conceive</u> of hypotheses and of ways to test them	仮説とそれを検証する方法を<u>思いつく</u>
<u>speculate</u> on the existence of God	神の存在について<u>推測する</u>
<u>presume</u> her friend's innocence	彼女の友達が無罪だと<u>推測する</u>
<u>proclaim</u> victory over germs	病原菌に対する勝利を<u>宣言する</u>
<u>disclose</u> personal information	個人情報を<u>公表する</u>

Section 18 動詞編

pledge
[pledʒ]
1709

を誓う；を担保にする
- 名 誓約；公約；担保
- ▶ make a pledge to do ～すると公約する

exclaim
[ɪkskléɪm]
1710

(と)叫ぶ
- □ èxclamátion 名 叫び(声)；感嘆

subscribe
[səbskráɪb]
1711

(…を)予約購読する(to)
- □ subscríption 名 予約購読

mourn
[mɔːrn]
1712

(を)悼む；(を)嘆く
- □ móurnful 形 嘆き悲しむ
- □ móurning 名 悲嘆；哀悼

resent
[rɪzént]
1713

に憤慨する
- □ reséntment 名 憤慨

lament
[ləmént]
1714

(を)嘆き悲しむ；を後悔する
- 名 悲嘆；後悔；哀歌
- □ laméntable 形 嘆かわしい

pant
[pænt]
1715

あえぐ；(…を)渇望する(for)
- ▶ pant for breath あえいで息をする

suck
[sʌk]
1716

(を)吸う
- ▶ The vacuum cleaner sucks up dirt. 掃除機はほこりを吸い込む。

soak
[soʊk]
1717

を浸す；浸る
- ▶ get [be] soaked through びしょぬれになる

render
[réndər]
1718

を(ある状態に)する；を与える
- ▶ render A ... Aを…(の状態)にする
- ▶ render a decision [judgment] 決定[判断]を下す

pledge to become a member of the club	そのクラブのメンバーになることを<u>誓う</u>
exclaim loudly about something	何かについて大声で<u>叫ぶ</u>
subscribe to a golf magazine	ゴルフ雑誌を<u>定期購読する</u>
mourn the death of his mother	彼の母の死を<u>悼む</u>
resent his remark	彼の言葉に<u>憤慨する</u>
lament our misfortune	自分たちの不幸を<u>嘆き悲しむ</u>
be **panting** from a long run	長い間走って<u>息を切らしている</u>
suck a lemon	レモンの果汁を<u>すする</u>
be **soaked** in water	水に<u>浸される</u>
be **rendered** unconscious by a blow to the head	頭に一撃を受けて無意識に<u>される</u>

Section 18 動詞編

rotate [róʊteɪt] 1719	**回転する**；循環する；を回転させる □ rotátion 名 回転；循環
pierce [pɪərs] 1720	**を貫く，（穴）を開ける**；を洞察する ▶ get *one's* ears pierced 耳にピアス用の穴を開けてもらう □ píercing 形 突き刺す(ような)
carve [kɑːrv] 1721	**を彫る**；を切り開く
divert [dəvə́ːrt] 1722	**(注意など)をそらす**；を迂回(うかい)させる □ divérsion 名 気晴らし；転換
expel [ɪkspél] 1723	**を追放する**；を吐き出す □ expúlsion 名 追放；除名
assault [əsɔ́(ː)lt] 1724	**を暴行する**；を攻撃する 名 攻撃，非難；暴行
intrude [ɪntrúːd] 1725	**侵害[侵入]する** □ intrúsion 名 侵入；侵害
addict [ədíkt] 1726	**(受身形で)(…に)凝る，(…の)中毒になる**(to) 名 [ǽdɪkt] (麻薬などの)常習者 □ addíction 名 中毒
coincide [kòʊɪnsáɪd] 1727	**同時に起こる**；一致する ▶ coincide with ... …と同時に起こる；…と一致する □ coíncidence 名 偶然の一致
ascend [əsénd] 1728	**(を)上がる** (⇔ descénd 下りる) ▶ ascend to a high rank 高い地位まで出世する □ ascént 名 上昇

rotate on its axis	軸を中心に回転する
pierce a hole in the paper window	障子に穴を開ける
carve a statue	像を彫る
divert our attention from a difficult problem	難しい問題から注意をそらす
be **expelled** from the Garden of Eden	エデンの園から追放される
assault him on the street	路上で彼に暴行を働く
intrude on my privacy	私のプライバシーを侵害する
be **addicted** to surfing the Net	ネットサーフィンに凝る
their honeymoon which **coincided** with my business trip	私の出張と重なった彼らのハネムーン
ascend a staircase	階段を上がる

447

Section 18 動詞編 名詞編

surge [səːrdʒ] 1729
殺到する；急騰する
名 (感情の)高まり；殺到；急騰

evaporate [ɪvǽpərèɪt] 1730
蒸発する；消散する；を蒸発させる
□ evàporátion 名 蒸発；消失

expire [ɪkspáɪər] 1731
期限が切れる
□ èxpirátion 名 U 満了, 終了

ferment ⓐ [fərmént] 1732
を発酵させる；発酵する
名 [fə́ːrment] 動乱, 動揺
□ fèrmentátion 名 発酵(作用)

merge [məːrdʒ] 1733
(を)合併する；融合する；を融合させる
□ mérger 名 合併
▶ mergers and acquisitions 合併買収(M&A)

erect [ɪrékt] 1734
を建てる；を直立させる
形 直立した, 垂直の

bless [bles] 1735
に恩恵を与える；に感謝する
▶ God bless you! あなたに神のお恵みがありますように。
□ bléssing 名 恵み；祝福

名詞編

prestige ⓐ [prestíːʒ] 1736
名声；(形容詞的に)名声のある
□ prestígious 形 威信のある, 名声の高い

aristocracy ⓐ [ærɪstá(ː)krəsi] 1737
(the ~)貴族(社会)；(the ~)支配階級
□ arìstocrátic 形 貴族の；貴族的な
□ arístocràt 名 貴族

surge through the gates	門を通って殺到する
a pool of slowly **evaporating** water	ゆっくりと蒸発しつつある水たまり
a tourist visa which **expires** next month	来月期限が切れる観光ビザ
use **fermented** dough to make bread	パンを作るために発酵したパン生地を使用する
merge with another trading company	別の商社と合併する
erect stone-arch bridges	石のアーチの橋を建てる
be **blessed** with a good supply of fish	豊かな魚類資源に恵まれている
the **prestige** of the elite law schools	エリート法科大学院の名声
the residual **aristocracy**	残存する貴族社会

Section 18 名詞編

statesman [stéɪtsmən] 1738	政治家 (≒ státespèrson) ▶「政治家」を意味する一般的な語は politician。
senator [sénətər] 1739	米 (しばしば S-) 上院議員 □ sénate 名 (the S-) 上院
creed [kriːd] 1740	(宗教上の) 信条
vigor [vígər] 1741	活力；迫力 □ vígorous 形 精力的な
dismay [dɪsméɪ] 1742	落胆；狼狽(ろうばい) ▶ to A's dismay A ががっかりしたことに 動 をうろたえさせる
melancholy [mélənkà(ː)li] 1743	憂うつ 形 憂うつな；もの悲しい
agony [ǽgəni] 1744	苦痛；苦悩 □ ágonìze 動 苦悶する；を苦しめる
anguish 米 [ǽŋgwɪʃ] 1745	苦悩 ▶ in anguish 苦悶して
conscience 米 [ká(ː)nʃəns] 1746	良心 □ conscientious [kà(ː)nʃiénʃəs] 形 良心的な
contempt [kəntémpt] 1747	軽蔑(けいべつ)；恥辱 □ contémptuous 形 軽蔑する

an experienced and respected <u>statesman</u>	経験豊かで尊敬される<u>政治家</u>
<u>senators</u> and congressmen	<u>上院議員</u>や下院議員
regardless of gender, race, or <u>creed</u>	性別，人種，<u>信条</u>にかかわりなく
his apparent <u>vigor</u>	彼の見かけの<u>活力</u>
to the great <u>dismay</u> of everyone	だれもが大いに<u>がっかりしたことに</u>
the general mood of <u>melancholy</u>	全体的な<u>憂うつ</u>の気分
go through such <u>agonies</u>	そんな<u>激しい痛み</u>を味わう
after months of <u>anguish</u>	数か月にわたる<u>苦悩</u>の後
against my <u>conscience</u>	私の<u>良心</u>に反して
feelings of hostility and <u>contempt</u>	敵意と<u>軽蔑</u>の感情

Section 18 名詞編

scorn
[skɔːrn] 1748

軽蔑(けいべつ);軽蔑の対象
動 を軽蔑する
□ scórnful 形 軽蔑に満ちた

apathy
[ǽpəθi] 1749

無感動
□ àpathétic 形 無感動な;冷淡な

textile
[tékstaɪl] 1750

織物;繊維(産業)
▶ the textile industry 繊維産業

symmetry
[símətri] 1751

(左右)対称(⇔ àsýmmetry 非対称);調和
□ symmétrical 形 対称の

verge
[vəːrdʒ] 1752

(the ～)瀬戸際;端
▶ on the verge of ... …の寸前で

cavity
[kǽvəti] 1753

虫歯(の穴);空洞
▶ fill a cavity 虫歯を詰める

bribe
[braɪb] 1754

賄賂(わいろ)
動 を買収する
□ bríbery 名 贈収賄

riot
[ráɪət] 1755

暴動
▶ run riot 騒ぎ回る;(草木が)はびこる
動 暴動を起こす;気ままに振る舞う

exile
[éksaɪl] 1756

亡命(者);(国外)追放
▶ a political exile 政治亡命者
動 (通例受身形で)国外追放される

archaeology
[ɑ̀ːrkiɑ́(ː)lədʒi] 1757

考古学
□ àrchaeólogist 名 考古学者

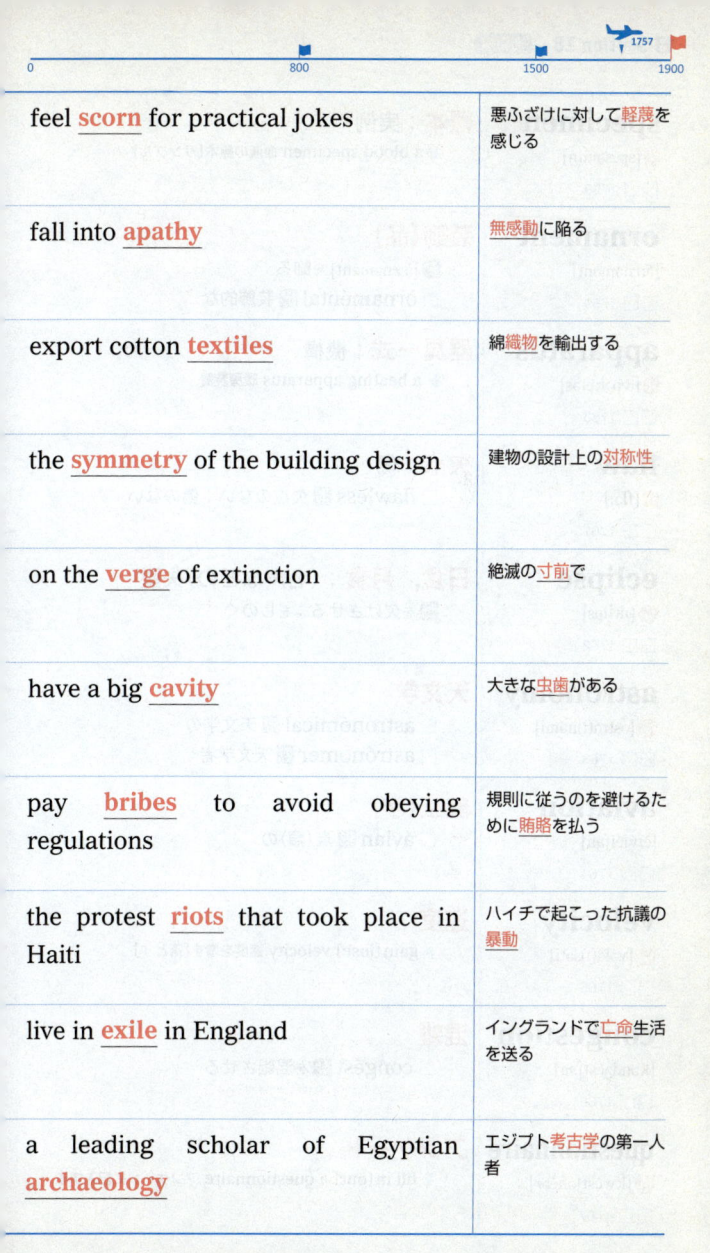

feel **scorn** for practical jokes	悪ふざけに対して軽蔑を感じる
fall into **apathy**	無感動に陥る
export cotton **textiles**	綿織物を輸出する
the **symmetry** of the building design	建物の設計上の対称性
on the **verge** of extinction	絶滅の寸前で
have a big **cavity**	大きな虫歯がある
pay **bribes** to avoid obeying regulations	規則に従うのを避けるために賄賂を払う
the protest **riots** that took place in Haiti	ハイチで起こった抗議の暴動
live in **exile** in England	イングランドで亡命生活を送る
a leading scholar of Egyptian **archaeology**	エジプト考古学の第一人者

Section 18 名詞編

specimen [spésəmɪn] 1758
標本；実例
▶ a blood specimen 血液の標本[サンプル]

ornament [ɔ́ːrnəmənt] 1759
装飾(品)
動 [ɔ́ːrnəmènt] を飾る
□ òrnaméntal 形 装飾的な

apparatus [æ̀pərǽtəs] 1760
器具一式；機構
▶ a heating apparatus 暖房装置

flaw [flɔː] 1761
欠点；傷
□ fláwless 形 欠点のない；傷のない

eclipse [ɪklíps] 1762
日食，月食；(名声などの)失墜
動 を欠けさせる；をしのぐ

astronomy [əstrá(ː)nəmi] 1763
天文学
□ àstronómical 形 天文学の
□ astrónomer 名 天文学者

aviation [èɪviéɪʃən] 1764
航空(学)
□ ávian 形 鳥(類)の

velocity [vəlá(ː)səti] 1765
速度
▶ gain [lose] velocity 速度を増す[落とす]

congestion [kəndʒéstʃən] 1766
混雑
□ congést 動 を混雑させる

questionnaire [kwèstʃənéər] 1767
アンケート
▶ fill in [out] a questionnaire アンケートに記入する

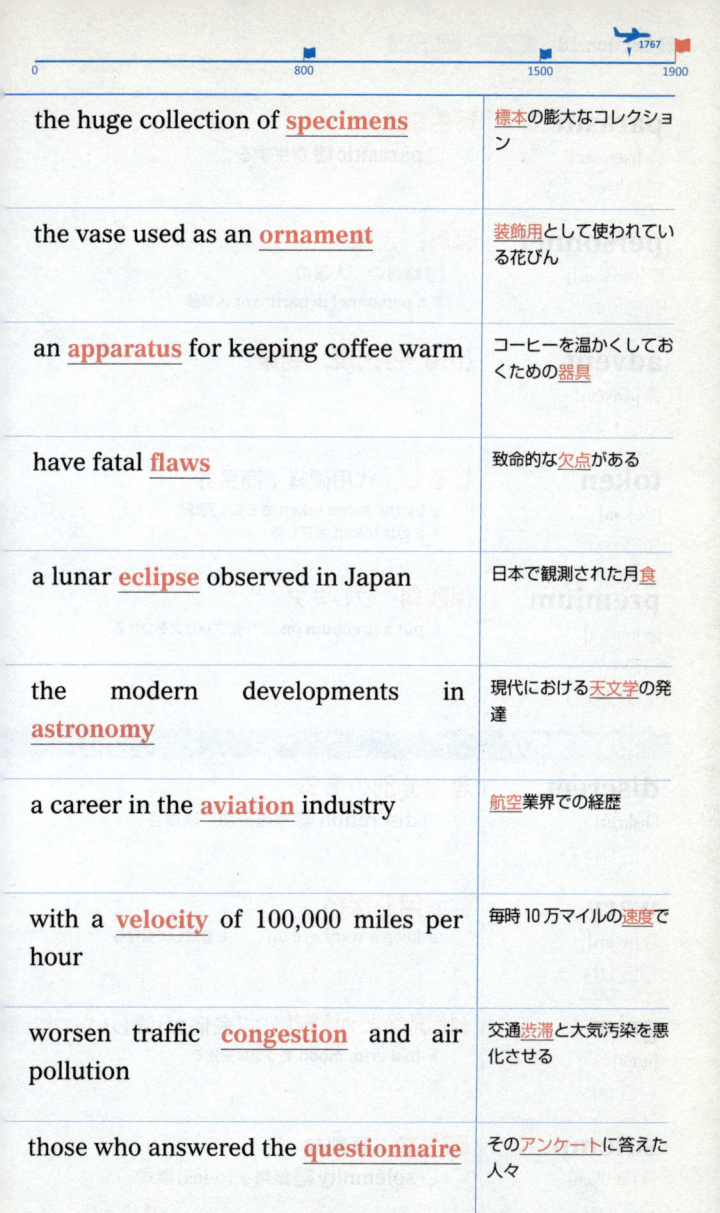

the huge collection of **specimens**	標本の膨大なコレクション
the vase used as an **ornament**	装飾用として使われている花びん
an **apparatus** for keeping coffee warm	コーヒーを温かくしておくための器具
have fatal **flaws**	致命的な欠点がある
a lunar **eclipse** observed in Japan	日本で観測された月食
the modern developments in **astronomy**	現代における天文学の発達
a career in the **aviation** industry	航空業界での経歴
with a **velocity** of 100,000 miles per hour	毎時10万マイルの速度で
worsen traffic **congestion** and air pollution	交通渋滞と大気汚染を悪化させる
those who answered the **questionnaire**	そのアンケートに答えた人々

Section 18 名詞編 形容詞編

parasite [pǽrəsàit] 1768	寄生虫 □ pàrasític 形 寄生する
personnel [pə̀ːrsənél] 1769	職員，人員 形 職員の，人事の ▶ a personnel department 人事部
advent [ǽdvènt] 1770	(the ～)出現，到来
token [tóukən] 1771	しるし；代用硬貨；商品券 ▶ by the same token さらに；同様に ▶ a gift token ギフト券
premium [príːmiəm] 1772	保険料；プレミア ▶ put a premium on ... …にプレミアをつける

形容詞編

discreet [diskríːt] 1773	思慮分別のある □ discrétion 名 思慮分別，慎重さ
wary [wéəri] 1774	(…に)用心深い(of) ▶ keep a wary eye on ... …を警戒して見守る
grim [grɪm] 1775	(状況などが)暗い；(表情が)険しい ▶ in a grim mood 憂うつな気分で
solemn [sá(ː)ləm] 1776	厳粛な；真剣な □ solémnity 名 厳粛；(～ies)儀式

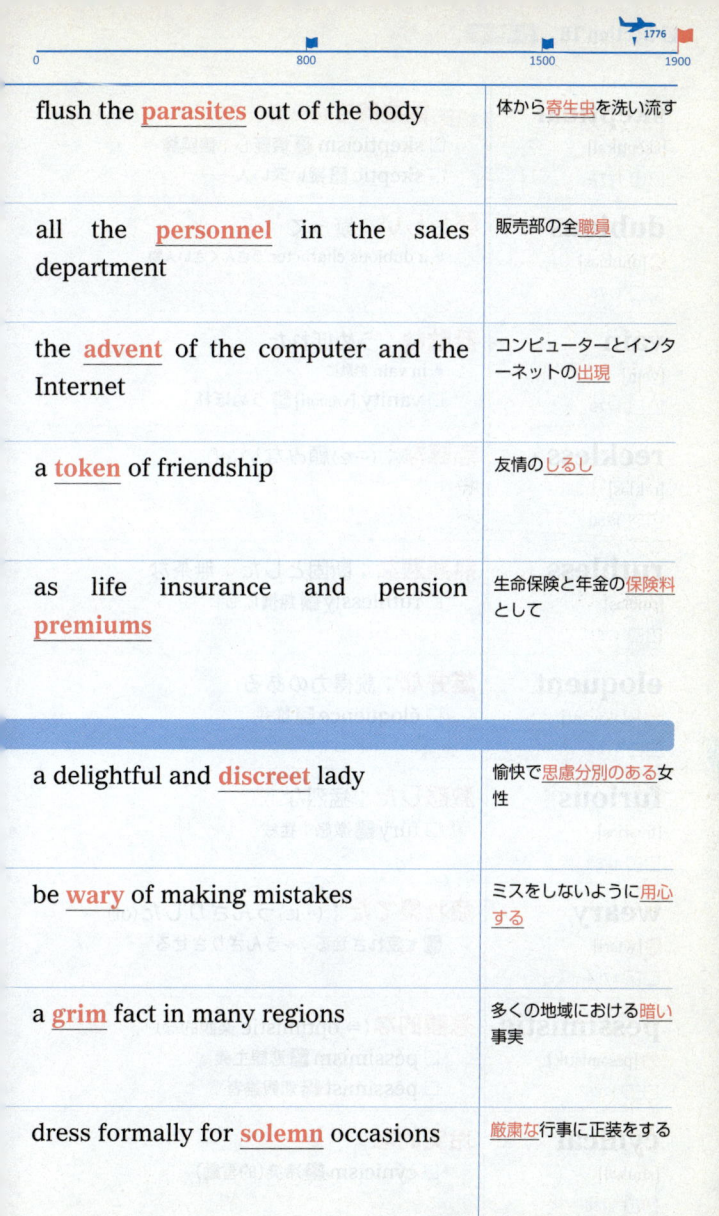

flush the **parasites** out of the body	体から寄生虫を洗い流す
all the **personnel** in the sales department	販売部の全職員
the **advent** of the computer and the Internet	コンピューターとインターネットの出現
a **token** of friendship	友情のしるし
as life insurance and pension **premiums**	生命保険と年金の保険料として
a delightful and **discreet** lady	愉快で思慮分別のある女性
be **wary** of making mistakes	ミスをしないように用心する
a **grim** fact in many regions	多くの地域における暗い事実
dress formally for **solemn** occasions	厳粛な行事に正装をする

Section 18 形容詞編

skeptical [sképtɪkəl] 1777	(…に)**懐疑的な** (of / about) □ sképticism 图 懐疑心；懐疑論 □ sképtic 图 疑い深い人
dubious [djúːbiəs] 1778	**疑わしい**；疑って ▶ a dubious character うさんくさい人物
vain [veɪn] 1779	**無駄な**；うぬぼれた ▶ in vain 無駄に □ vanity [vǽnəti] 图 うぬぼれ
reckless [rékləs] 1780	**無謀な**；(…を)顧みない (of)
ruthless [rúːθləs] 1781	**無慈悲な**；断固とした；無茶な □ rúthlessly 副 無情にも
eloquent [éləkwənt] 1782	**雄弁な**；説得力のある □ éloquence 图 雄弁
furious [fjúəriəs] 1783	**激怒した**；猛烈な □ fúry 图 激怒；猛威
weary [wíəri] 1784	**疲れ果てた**；(…に)うんざりした (of) 動 を疲れさせる；をうんざりさせる
pessimistic [pèsəmístɪk] 1785	**悲観的な** (⇔ òptimístic 楽観的な) □ péssimìsm 图 悲観主義 □ péssimist 图 悲観論者
cynical [sínɪkəl] 1786	**冷笑的な** □ cýnicìsm 图 冷笑(的言動)

be **skeptical** about the eco-friendly movement	エコ運動に懐疑的である
dubious proof that salt doesn't cause high blood pressure	塩分は高血圧を引き起こさないという疑わしい証拠
make a **vain** attempt to win	勝とうと無駄な努力をする
his arrest for **reckless** driving	無謀運転による彼の逮捕
a quick and **ruthless** hunter	機敏で無慈悲なハンター
an excellent and **eloquent** speech	すばらしくて雄弁なスピーチ
become **furious** with him	彼に激怒する
look old and **weary**	老け込み疲れ果てたように見える
be **pessimistic** about the future	将来について悲観的である
a **cynical** piece of anonymous verse	皮肉の込められた作者不詳の一編の詩

459

Section 18 形容詞編

wicked [wíkɪd] 1787	邪悪な；いたずらな
singular [síŋɡjʊlər] 1788	驚くべき；奇妙な；単数の(⇔ plúral 複数の) □ sìngulárity 名 特異；非凡
weird [wɪərd] 1789	異様な(≒ bizárre) ▶ weird and wonderful 奇妙きてれつな
literal [lítərəl] 1790	文字どおりの；散文的な □ líterally 副 文字どおり
explicit [ɪksplísɪt] 1791	明白な(⇔ implícit)；率直な ▶ an explicit statement 明確な陳述
implicit [ɪmplísɪt] 1792	暗黙の(⇔ explícit)；内在する ▶ implicit criticism 暗黙の批判
slender [sléndər] 1793	ほっそりした；わずかな
gross [ɡroʊs] 1794	総計の；甚だしい；粗野な ▶ the gross domestic product 国内総生産(GDP)
ultraviolet [ˌʌltrəváɪələt] 1795	紫外線の ▶ ultraviolet rays 紫外線
spatial [spéɪʃəl] 1796	空間の □ space 名 空間, 余地

play the role of the **wicked** political leader	邪悪な政治的指導者の役を演じる
make a **singular** achievement	驚くべき業績をあげる
in a **weird** sort of way	異様な方法で
the **literal** interpretation of *Macbeth*	「マクベス」の文字どおりの解釈
make **explicit** what they think	彼らが考えていることを明白にする
the **implicit** rules for behavior	行動上の暗黙のルール
with a **slender** finger	ほっそりした指で
spend 63 percent of the **gross** domestic product	国内総生産の63%を使う
ultraviolet rays that are harmful to life	生命にとって有害な紫外線
develop a sense of **spatial** awareness	空間認識力を発達させる

3 Section 18 形容詞編

vacant [véɪkənt] 1797	空いている □ vácancy 名 空室；欠員	
spacious [spéɪʃəs] 1798	広々とした；雄大な ▶ a spacious landscape 広大な景色	
ample [æmpl] 1799	十分すぎるほどの；広い □ ámplify 動 を増幅する	
affluent [æfluənt] 1800	裕福な；豊富な □ áffluence 名 裕福；豊富	

数を表す形態素（2）

3	tri-	tripod 名 三脚
		triangle 名 三角形
4	tetr(a)-	tetrahedron 名 四面体
	quart-	quartet(te) 名 四重奏(団)
	quadr(i, u)-	quadriceps 名 四頭筋

462

search for a **vacant** room	空室を探す
in a **spacious** lounge	広々としたラウンジで
ample time to think over the problem	その問題について考える十分すぎるほどの時間
the buying power of **affluent** households	裕福な家庭の購買力

5	pent(a)-	pentacle 名 星形の五角形
	quint(i)-	quintuple 形 5倍の；5重の
6	hex(a, o)-	hexagon 名 六角形
	sex(i)-	sextet(te) 名 6重奏曲
7	hept(a)-	heptathlon 名 七種競技
	sept(i)-	septennial 形 7年目ごとの

463

Part 3 ここで差がつく難単語 400
Section 19 単語番号 1801〜1900

動詞編

infer [ɪnfə́ːr] 1801
を推論する
□ ínference 名 推論；推理

discern [dɪsə́ːrn] 1802
を理解する；を識別する
□ discérning 形 識別力のある
□ discérnment 名 識別, 洞察

allege [əlédʒ] 1803
を主張する
▶ be alleged to *do* 〜すると言われる
□ allégedly 副 申し立てによると

ascribe [əskráɪb] 1804
の原因を(…に)帰する (to)；を (…の) 作と認める (to)
▶ the quotation that has been ascribed to Churchill
チャーチルが言ったとされる引用文

prescribe [prɪskráɪb] 1805
(薬など)を処方する；を規定する
□ prescríption 名 処方；処方箋

comply [kəmpláɪ] 1806
(…に)従う (with)；応じる
▶ comply with A A(規則など)に従う；A(依頼など)に応じる
□ complíance 名 法令遵守；応諾

abide [əbáɪd] 1807
(abide by で)に従う；を我慢する；住む
▶ 活用：abide - abode [abided] - abode [abided]
□ láw-abìding 形 法を遵守する

plead [pliːd] 1808
(…に)嘆願する (with)；(を)弁護する；申し立てる
▶ plead guilty to a bribery charge 贈収賄罪を認める

▶動詞編 p.464　▶形容詞編 p.478
▶名詞編 p.470

the facts **inferred** from these data	これらのデータから推測される事実
seek to **discern** his thoughts	彼の考えを理解しようとする
allege that he is innocent	彼は無実であると主張する
ascribe his success to hard work	彼の成功を勤勉のおかげだとする
prescribe the medicine patients need	患者が必要とする薬を処方する
comply with international standards	国際的な基準に従う
abide by the rules specific to sports	スポーツに固有の規則に従う
plead with him to stay in Japan	彼に日本にとどまるよう懇願する

Section 19 動詞編

preach [priːtʃ] 1809
(を)説教する
▶ preach against drinking 飲酒を戒める

intrigue [ɪntríːg] 1810
に興味を持たせる；陰謀を企てる
□ intríguing 形 興味をそそる

reconcile [rékənsàɪl] 1811
を(…と)一致させる(with)；を和解させる
□ rèconciliátion 名 和解；調停

intervene [ìntərvíːn] 1812
(…に)介入する(in)；介在する
□ ìntervéntion 名 介入；介在

restrain [rɪstréɪn] 1813
を制止する；を規制する
▶ restrain *oneself* from smoking タバコを吸うのを自制する
□ restráint 名 抑制；規制

humiliate [hjuːmílièɪt] 1814
の自尊心を傷つける
□ humìliátion 名 屈辱

reproach [rɪpróʊtʃ] 1815
を非難する
名 叱責, 非難

condemn [kəndém] 1816
を非難する；(受身形で)有罪を宣告される
□ còndemnátion 名 非難；有罪宣告

defy [dɪfáɪ] 1817
に反抗する；を拒む
▶ defy A to *do* A に～してみよと挑む
□ defíance 名 反抗；無視

listen to the priest **preach**	司祭が説教するのを聞く
be **intrigued** by that article	その記事に興味をそそられる
reconcile economy with ecology	経済活動を環境保護と両立させる
intervene in the children's quarrel	子供の口げんかに介入する
restrain them from using violence	彼らが暴力を振るうのを制止する
feel **humiliated** by her remark	彼女の発言に自尊心を傷つけられたと感じる
reproach her for her aggressive behavior	攻撃的な行動をとったことで彼女を非難する
condemn the terrorist attack	テロ攻撃を非難する
defy social conventions	社会的慣習に反抗する

Section 19 動詞編

revolt [rɪvóʊlt] 1818
(…に)**反逆する**(against)；むかつく
名 反乱, 暴動；反抗(的態度)

impair [ɪmpéər] 1819
を損なう
□ impáirment 名 悪化, 損傷

inflict [ɪnflíkt] 1820
(害など)**を負わせる**
□ inflíction 名 (害などを)与えること

degrade [dɪgréɪd] 1821
の価値を下げる；を降格する
□ dègradátion 名 低下；降格

deteriorate [dɪtíəriərèɪt] 1822
悪化する；を悪化させる
□ detèriorátion 名 悪化, 低下

corrupt [kərʌ́pt] 1823
を堕落させる；を買収する；堕落する
形 堕落した；不正な
□ corrúption 名 収賄；腐敗

contaminate [kəntǽmɪnèɪt] 1824
を汚染する；を堕落させる
□ contàminátion 名 汚染；堕落

oppress [əprés] 1825
を抑圧する；を悩ませる
□ oppréssion 名 抑圧
□ oppréssive 形 抑圧する；過酷な

thrust [θrʌst] 1826
を押しつける；押す
▶ 活用: thrust - thrust - thrust
▶ thrust through a crowd 人込みの中を押し分けて進む

embark [ɪmbáːrk] 1827
(…に)**乗り出す**(on)；乗船[搭乗]する
□ èmbarkátion 名 乗船, 搭乗
□ dìsembárk 動 (船などから)降りる

revolt against high taxes	高い税金に反抗する
impair our ability to think	私たちの思考力を損なう
inflict serious damage on the economy	経済に重大な損害を負わせる
degrade the environment with pollution	汚染で環境を劣化させる
the gradually **deteriorating** weather	徐々に悪化している天気
the social climate that **corrupts** young people	若者を堕落させる社会の風潮
be **contaminated** with chemicals	化学物質で汚染されている
refuse to **oppress** ethnic minorities	少数民族集団を抑圧することを拒む
thrust the letter into his pocket	その手紙を彼のポケットに押し込む
embark on a new project	新しい計画に乗り出す

Section 19 　動詞編　名詞編

inspect [ɪnspékt] 1828	**を点検する**；を視察する □ inspéction 名 点検；検閲 □ inspéctor 名 検査官；(英) 警部
summon [sʌ́mən] 1829	**を呼びつける** ▶ summon the Diet 国会を召集する
testify [téstɪfàɪ] 1830	**(を)証言する** ▶ testify to ... …の証拠となる □ téstimòny 名 証言
persecute [pə́ːrsɪkjùːt] 1831	**を迫害する**；を苦しめる ▶ escape being persecuted 迫害を免れる □ pèrsecútion 名 迫害
coerce [kouə́ːrs] 1832	**に強要する** ▶ coerce A into doing A に無理やり~させる □ coércion 名 強制；威圧
unleash [ʌ̀nlíːʃ] 1833	**(抑えていたもの)を爆発させる** ▶ unleash one's anger on ... …に怒りをぶつける
emancipate [ɪmǽnsɪpèɪt] 1834	**を解放する** □ emàncipátion 名 解放，自由
endow [ɪndáu] 1835	**に授ける**；に寄贈する ▶ be endowed with ... …が備わっている □ endówment 名 寄贈；寄付金

名詞編

scrutiny [skrúːtəni] 1836	**精査**；監視 □ scrútinìze 動 を精査する

inspect what is being dug up	発掘されているものを<u>点検する</u>
summon the flight attendant	客室乗務員を<u>呼びつける</u>
testify at the trial	その裁判で<u>証言する</u>
persecuted individuals and groups	<u>迫害された</u>個人や集団
coerce them into construction work	彼らに建設作業につくよう<u>強要する</u>
unleash a storm of protest	嵐のような抗議を<u>爆発させる</u>
emancipate these countries from poverty	これらの国を貧困から<u>解放する</u>
be **endowed** with special musical talents	特別な音楽の才能を<u>授かっている</u>
come under **scrutiny**	<u>精査</u>される

Section 19 名詞編

analogy [ənǽlədʒi] 1837	類推；類似 ▶ an analogy between *A* and *B* A と B の類似 □ análogous 形 類似の
preoccupation [pri̇̀ɑ(ː)kjupéɪʃən] 1838	没頭；先入観 □ preóccupỳ 動 を夢中にさせる
retrospect [rétrəspèkt] 1839	回想 □ rètrospéctive 形 回顧的な
conceit [kənsíːt] 1840	うぬぼれ □ concéited 形 うぬぼれた
fallacy [fǽləsi] 1841	誤った考え；虚偽
hypocrisy [hɪpɑ́(ː)krəsi] 1842	偽善 □ hypocrite [hípəkrɪt] 名 偽善者
nuisance [njúːsəns] 1843	厄介(なこと[人]) ▶ make a nuisance of *oneself* 人に迷惑をかける
delinquency [dɪlíŋkwənsi] 1844	(青少年の)非行，犯罪 ▶ juvenile delinquency 青少年犯罪
hostage [hɑ́(ː)stɪdʒ] 1845	人質 ▶ take *A* hostage A(人)を人質にとる
lawsuit [lɔ́ːsjùːt] 1846	(民事)訴訟 ▶ bring a lawsuit against ... …に対して訴訟を起こす

an argument based on **analogy**	類推に基づく議論
his **preoccupation** with making money	彼の金もうけへの没頭
in **retrospect**	(過去を)振り返ってみると
be full of **conceit**	うぬぼれのかたまりである
the popular **fallacy** about dieting	ダイエットに関するよくある誤った考え
condemn the **hypocrisy** of the politician	その政治家の偽善を糾弾する
a **nuisance** to the neighbors	近所迷惑な人[物]
examine the causes of juvenile **delinquency**	青少年犯罪の原因を検証する
release the **hostages**	人質を解放する
a dramatic increase in **lawsuits**	訴訟の劇的な増加

Section 19 名詞編

attorney
[ətə́:rni] 1847
米 弁護士；代理人

warrant
[wɔ́(:)rənt] 1848
令状；十分な根拠；証明書
▶ There is no warrant for ... …の正当な理由がない
動 を保証する；を正当化する

testimony
[téstəmòuni] 1849
証言；証拠
▶ bear testimony to ... …を証言する

verdict
[və́:rdɪkt] 1850
(陪審の)評決；評価
▶ find a verdict for ... …の勝訴の評決を下す
▶ 裁判所が出す「判決」は judgment と言う。

sanction
[sǽŋkʃən] 1851
(通例 ～s)制裁；認可
動 に対して制裁措置をとる；を認可する

superstition
[sù:pərstíʃən] 1852
迷信
□ sùperstítious **形** 迷信深い

folklore
[fóuklɔ̀:r] 1853
民話；民俗学

anecdote
[ǽnɪkdòut] 1854
逸話
□ ànecdótal **形** 逸話的な

rhetoric
[rétərɪk] 1855
修辞(法)；美辞麗句
□ rhetórical **形** 修辞的な
▶ a rhetorical question 修辞疑問

stall
[stɔ:l] 1856
露店；失速
▶ go into a stall 失速する，停止する
動 (自動車などが)止まる；失速する

qualify as an **attorney**	弁護士の資格を取る
issue a **warrant** for his arrest	彼の逮捕状を出す
testimonies by several witnesses	数人の目撃者による証言
a **verdict** of not guilty	無罪の評決
be subject to social **sanction**	社会的制裁を受けがちである
dismiss the idea as a **superstition**	その考えを迷信として退ける
the academic study of myth and **folklore**	神話と民間伝承に関する学術的研究
an **anecdote** about his works of art	彼の芸術作品にまつわる逸話
rhetoric in works of literature	文学作品の中の修辞
a fruit-and-vegetable **stall**	果物と野菜を売る露店

Section 19 名詞編

segment [ségmənt] 1857	部分 ▶ a segment of an orange オレンジの一房
synthesis [sínθəsɪs] 1858	合成；総合（⇔ análysis 分析） ▶ 複数形は syntheses [sínθəsìːz]。 □ sýnthesize 動 を合成する
cohesion [kouhíːʒən] 1859	結束；結合 □ cohésive 形 結束[結合]力のある
heredity [hərédəti] 1860	遺伝；世襲 □ heréditàry 形 遺伝の；世襲の
catastrophe [kətǽstrəfi] 1861	大災害；破局 □ càtastróphic 形 破滅的な
plight [plaɪt] 1862	窮状 ▶ in a sorry plight 情けないありさまで
solitude [sá(ː)lətjùːd] 1863	ひとりでいること；孤独 □ sólitàry 形 ひとりの，孤独の
ordeal [ɔːrdíːl] 1864	厳しい試練 ▶ survive the ordeal 試練を乗り越える
tyranny [tírəni] 1865	暴政；専制国家 □ tyrant [táɪərənt] 名 暴君，専制君主
censorship [sénsərʃɪp] 1866	検閲 □ cénsor 動 を検閲する

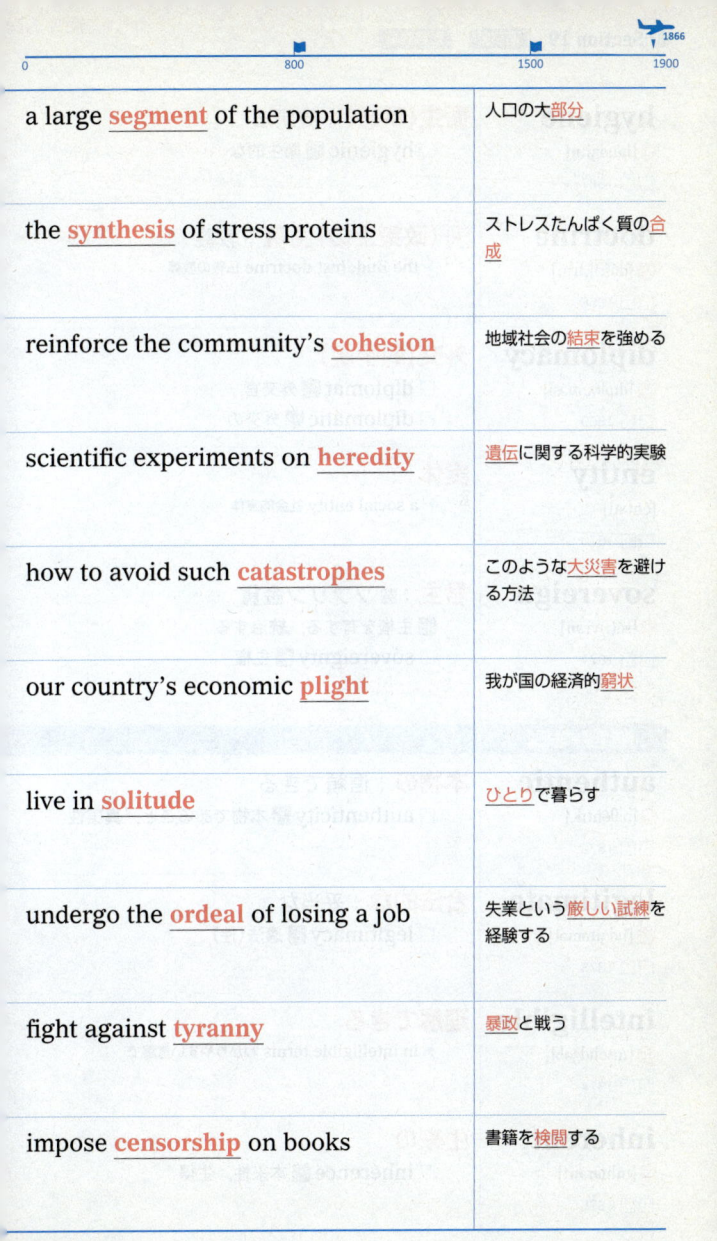

a large **segment** of the population	人口の大部分
the **synthesis** of stress proteins	ストレスたんぱく質の合成
reinforce the community's **cohesion**	地域社会の結束を強める
scientific experiments on **heredity**	遺伝に関する科学的実験
how to avoid such **catastrophes**	このような大災害を避ける方法
our country's economic **plight**	我が国の経済的窮状
live in **solitude**	ひとりで暮らす
undergo the **ordeal** of losing a job	失業という厳しい試練を経験する
fight against **tyranny**	暴政と戦う
impose **censorship** on books	書籍を検閲する

Section 19 名詞編 形容詞編

hygiene [háɪdʒiːn] 1867
衛生(状態); 健康法
□ hỳgiénic 形 衛生的な

doctrine [dá(ː)ktrɪn] 1868
米 (政策上の)主義; 教義
▶ the Buddhist doctrine 仏教の教義

diplomacy [dɪplóʊməsi] 1869
外交(的手腕)
□ díplomàt 名 外交官
□ dìplomátic 形 外交の

entity [éntəti] 1870
実体
▶ a social entity 社会的実体

sovereign [sá(ː)vrən] 1871
君主; 英 ソブリン金貨
形 主権を有する, 統治する
□ sóvereignty 名 主権

形容詞編

authentic [ɔːθéntɪk] 1872
本物の; 信頼できる
□ àuthentícity 名 本物であること, 真実性

legitimate [lɪdʒítəmət] 1873
合法的な; 妥当な
□ legítimacy 名 適法(性)

intelligible [ɪntélɪdʒəbl] 1874
理解できる
▶ in intelligible terms わかりやすい言葉で

inherent [ɪnhíərənt] 1875
生来の
□ inhérence 名 本来性, 生得

a duty to improve **hygiene**	衛生状態を向上させる義務
the **doctrine** supporting globalization	グローバリゼーションを支持する主義
appreciate the peaceful **diplomacy**	平和的外交を高く評価する
exist as a separate **entity**	独立した実体として存在する
the present **sovereign** of the country	その国の現在の君主
an **authentic** work by Matisse	マティスの本物の作品
a business which is totally **legitimate**	完全に合法な商売
a prose style hardly **intelligible** to anyone	ほとんどだれにも理解できない散文体
the **inherent** dignity of human beings	人間の生来の尊厳

Section 19 形容詞編

ingenious 〔ɪndʒíːniəs〕 1876	独創的な；利発な □ ingenúity 图 独創性；巧妙
intricate 〔íntrɪkət〕 1877	複雑な ▶ an intricate plot 込み入った筋
homogeneous 〔hòumədʒíːniəs〕 1878	均質の（⇔ hèterogéneous 異質の）
monotonous 〔mənát(ː)tənəs〕 1879	単調な □ monótony 图 単調さ；退屈
incessant 〔ɪnsésənt〕 1880	絶え間のない ▶ incessant rain 降り続く雨
perpetual 〔pərpétʃuəl〕 1881	ひっきりなしの；永続的な □ perpétually 副 ひっきりなしに
imminent 〔ímɪnənt〕 1882	差し迫った □ ímminence 图 切迫
plausible 〔plɔ́ːzəbl〕 1883	もっともらしい
arbitrary 〔áːrbətrèri〕 1884	恣意(しい)的な □ àrbitrárily 副 任意に；独断的に
preliminary 〔prɪlímənèri〕 1885	予備の，準備の 图（通例 ～ies）予備[準備]段階

ingenious devices invented by Japanese	日本人により発明された<u>独創的な</u>装置
an **intricate** neural network	<u>複雑な</u>神経回路網
create a **homogeneous** world culture	<u>均質の</u>世界文化を生み出す
eat a **monotonous** diet	<u>単調な</u>食事をとる
incessant civil unrest	<u>絶え間のない</u>市民の不安
the **perpetual** noise of traffic	<u>ひっきりなしの</u>交通騒音
be in **imminent** danger of collapsing	崩壊の危険が<u>差し迫っている</u>
accept his **plausible** explanation	彼の<u>もっともらしい</u>説明を受け入れる
make an **arbitrary** decision	<u>恣意的な</u>決定をする
the **preliminary** stages of the contest	そのコンテストの<u>準備</u>段階

Section 19 形容詞編

deficient [dɪfíʃənt] 1886	(…が)**欠けている** (in) (≒ lacking) □ deficiency 名 不足
subordinate [səbɔ́ːrdɪnət] 1887	(…より)**下位の** (to); 副次的な 名 部下; 従属物 動 を下位に置く
feudal [fjúːdəl] 1888	**封建時代[制度]の**; 封建的な □ féudalìsm 名 封建制度
obsolete [à(ː)bsəlíːt] 1889	**廃れた** ▶ become obsolete 廃れる
mortal [mɔ́ːrtəl] 1890	**致命的な**; 死すべき (⇔ immórtal 不死の) 名 (通例 ~s)死すべきもの,人間 □ mortality 名 死すべき運命
monetary [má(ː)nətèri] 1891	**金銭的な**; 金融の ▶ monetary policy 金融政策 ▶ the International Monetary Fund 国際通貨基金
extravagant [ɪkstrǽvəgənt] 1892	**浪費する**; 法外な □ extrávagance 名 浪費
dizzy [dízi] 1893	**めまいがする**; 当惑した 動 を当惑させる
juvenile [dʒúːvənàɪl] 1894	**青少年の** ▶ a juvenile court 少年裁判所 名 青少年, 未成年者
anonymous [ənά(ː)nɪməs] 1895	**匿名の** □ ànonýmity 名 匿名(性)

be **deficient** in important nutrients	重要な栄養分が欠けている
be **subordinate** to human beings	ヒトより下位に位置する
documents on **feudal** history	封建時代の歴史に関する文書
a word which is becoming **obsolete**	廃れつつある語
strike a **mortal** blow against the government	政府に致命的な打撃を加える
a painting with no **monetary** value	金銭的価値のない絵
be **extravagant** with electricity	電気を無駄遣いする
feel **dizzy** at the sight	その光景を見てめまいがする
the rise in **juvenile** crimes	青少年犯罪の増加
an **anonymous** donor	匿名の寄贈者

Section 19 形容詞編

compatible [kəmpǽtəbl] 1896	**互換性のある**；矛盾しない；気が合う □ compàtibílity 名 互換性；適合性
ubiquitous [juːbíkwətəs] 1897	**至る所にある**
divine [dɪváɪn] 1898	**神の**；神にささげる □ divinity [dɪvínəti] 名 神性；神
sober [sóʊbər] 1899	**しらふの**；節度のある □ sobríety 名 しらふ；まじめ
zealous [zéləs] 1900	**熱心な** □ zeal 名 熱意

数を表す形態素（3）

8	oct(a, o)-	octopus 名 タコ，八腕類動物
		octave 名 オクターブ，8度(音程)
9	ennea-	enneagon 名 9角形(nonagon とも言う)
	non(a)-	nonary 形 9進法の

be <u>compatible</u> with most computers	たいていのコンピューターと<u>互換性がある</u>
<u>ubiquitous</u> electronic devices	<u>どこにでもある</u>電子機器
a symbol of <u>divine</u> power	<u>神</u>の力の象徴
stay <u>sober</u> over the reception	歓迎会の間中<u>しらふ</u>でいる
be <u>zealous</u> in chasing my dreams	夢を追うことに<u>熱心である</u>

10	dec(a)-	decade 名 10 年間
	decem-	decemvirate 形 10 人委員会
多	multi-	multinational 形 多国籍の
	poly-	polyglot 形名 数か国語に通じた(人)
全	omn(i)-	omnibus 形 総括的な

INDEX

・太字は見出し単語，細字は派生語・関連語を示す。
・数字は単語の番号を示す。

A

- **abandon** 510
- abandonment 510
- **abide** 1807
- **abolish** 1318
- abolition 1318
- **abortion** 1167
- abortive 1167
- abound 1096
- **abrupt** 1683
- abruptly 1683
- **absolute** 1199
- absolutely 1199
- **absorb** 507
- absorption 507
- **abstract** 899
- abstraction 899
- **absurd** 1586
- absurdity 1586
- abundance 1096
- **abundant** 1096
- **abuse** 752
- **academic** 282
- academy 282
- **accelerate** 1104
- acceleration 1104
- accelerator 1104
- **access** 167
- accident 1389
- **accidental** 1389
- accidentally 1389
- **accommodate** 1403
- accommodating 1403
- accommodation 1403
- accompaniment 624
- **accompany** 624
- **accomplish** 740
- accomplishment 740
- **accord** 72

- **account** 75
- accountable 75
- **accumulate** 1003
- accumulation 1003
- accuracy 483
- **accurate** 483
- accusation 717
- **accuse** 717
- accused 717
- **accustom** 1005
- **ache** 1612
- achieve 344
- **achievement** 344
- **acid** 994
- acidity 994
- **acknowledge** 635
- acknowledgment 635
- acquaint 1257
- **acquaintance** 1257
- **acquire** 304
- acquired 304
- acquisition 304
- act 289
- action 289
- activate 289
- **active** 289
- activity 289
- **actual** 486
- actually 486
- **acute** 1682
- **adapt** 20
- adaptable 20
- adaptation 20
- **add** 15
- **addict** 1726
- addiction 1726
- addition 15
- additional 15
- **address** 213
- adequacy 980
- **adequate** 980
- **adjust** 503

- adjustment 503
- administer 757
- **administration** 757
- administrative 757
- administrator 757
- admirable 601
- admiration 601
- **admire** 601
- admirer 601
- admission 302
- **admit** 302
- adolescence 972
- **adolescent** 972
- **adopt** 305
- adoption 305
- **advance** 107
- advanced 107
- **advantage** 141
- advantageous 141
- **advent** 1770
- **advertise** 340
- advertisement 340
- advertising 340
- advocacy 916
- **advocate** 916
- **aesthetic** 1200
- aesthetics 1200
- **affect** 30
- affection 30
- affectionate 30
- affluence 1800
- **affluent** 1800
- **afford** 307
- affordable 307
- agency 562
- **agent** 562
- aggression 596
- **aggressive** 596
- agonize 1744
- **agony** 1744
- **agree** 13
- agreeable 13
- agreement 13

INDEX A

☐ agricultural	357	☐ annoyance	615	☐ **arbitrary**	**1884**
☐ **agriculture**	**357**	☐ **annual**	**599**	☐ archaeologist	1757
☐ aid	320	☐ annually	599	☐ **archaeology**	**1757**
☐ aim	242	☐ anonymity	1895	☐ architect	749
☐ aisle	1465	☐ **anonymous**	**1895**	☐ architectural	749
☐ alarm	461	☐ anthropologist	1477	☐ **architecture**	**749**
☐ **alert**	**984**	☐ **anthropology**	**1477**	☐ arctic	993
☐ **alien**	**987**	☐ **anticipate**	**1023**	☐ **argue**	**27**
☐ alienate	987	☐ anticipation	1023	☐ argument	27
☐ all	400	☐ anticipatory	1023	☐ **arise**	**424**
☐ **allege**	**1803**	☐ **antique**	**1596**	☐ **aristocracy**	**1737**
☐ allegedly	1803	☐ antiquity	1596	☐ aristocrat	1737
☐ **allow**	**9**	☐ **antithesis**	**1550**	☐ aristocratic	1737
☐ allowance	9	☐ anxiety	687	☐ **arithmetic**	**1665**
☐ **alter**	**505**	☐ **anxious**	**687**	☐ **arrange**	**504**
☐ alteration	505	☐ apathetic	1749	☐ arrangement	504
☐ **alternate**	**1490**	☐ **apathy**	**1749**	☐ **arrest**	**834**
☐ alternately	1490	☐ **apologize**	**634**	☐ **art**	**888**
☐ **altitude**	**1254**	☐ apology	634	☐ **article**	**57**
☐ **amateur**	**1471**	☐ **apparatus**	**1760**	☐ **artificial**	**799**
☐ **amaze**	**328**	☐ **apparent**	**894**	☐ artistic	888
☐ amazing	328	☐ apparently	894	☐ artistry	888
☐ **ambassador**	**1473**	☐ **appeal**	**317**	☐ **ascend**	**1728**
☐ ambiguity	1291	☐ appealing	317	☐ ascent	1728
☐ **ambiguous**	**1291**	☐ **appear**	**11**	☐ **ascribe**	**1804**
☐ **ambition**	**742**	☐ appearance	11	☐ **ashamed**	**1295**
☐ ambitious	742	☐ appellate	317	☐ **aspect**	**149**
☐ **amend**	**1634**	☐ **appetite**	**951**	☐ aspiration	1524
☐ **ample**	**1799**	☐ appetizer	951	☐ **aspire**	**1524**
☐ amplify	1799	☐ **applaud**	**1571**	☐ **assault**	**1724**
☐ **amuse**	**1108**	☐ **applause**	**1571**	☐ **assemble**	**1404**
☐ amusement	1108	☐ appliance	122	☐ assembly	1404
☐ amusing	1108	☐ applicant	122	☐ **assert**	**1203**
☐ analyze	363	☐ application	122	☐ assertion	1203
☐ analogous	1837	☐ **apply**	**122**	☐ **assess**	**1024**
☐ **analogy**	**1837**	☐ **appoint**	**1234**	☐ assessment	1024
☐ **analysis**	**363**	☐ appointment	1234	☐ **asset**	**1164**
☐ analyst	363	☐ **appreciate**	**301**	☐ **assign**	**1007**
☐ **ancestor**	**177**	☐ appreciation	301	☐ assignee	1007
☐ ancestral	177	☐ **approach**	**106**	☐ assignment	1007
☐ **ancient**	**189**	☐ **appropriate**	**181**	☐ **assist**	**823**
☐ anecdotal	1854	☐ approval	602	☐ assistance	823
☐ **anecdote**	**1854**	☐ **approve**	**602**	☐ assistant	823
☐ **anguish**	**1745**	☐ **approximate**	**1694**	☐ **associate**	**211**
☐ **anniversary**	**1048**	☐ approximately	1694	☐ association	211
☐ annoy	615	☐ arbitrarily	1884	☐ **assume**	**204**

A-B INDEX

- [ ] assumption 204
- [ ] assurance 1328
- [ ] **assure** 1328
- [ ] **asteroid** 653
- [ ] **astonish** 1028
- [ ] astonishing 1028
- [ ] astonishment 1028
- [ ] astray 1505
- [ ] astronomer 1763
- [ ] astronomical 1763
- [ ] **astronomy** 1763
- [ ] **atmosphere** 254
- [ ] atmospheric 254
- [ ] **attach** 705
- [ ] attachment 705
- [ ] **attain** 1240
- [ ] attainment 1240
- [ ] **attempt** 209
- [ ] **attend** 137
- [ ] attendance 137
- [ ] attention 137
- [ ] attentive 137
- [ ] **attitude** 145
- [ ] **attorney** 1847
- [ ] **attract** 225
- [ ] attraction 225
- [ ] attractive 225
- [ ] **attribute** 715
- [ ] attribution 715
- [ ] **audience** 172
- [ ] **authentic** 1872
- [ ] authenticity 1872
- [ ] **author** 45
- [ ] authoritative 271
- [ ] **authority** 271
- [ ] authorize 271
- [ ] autobiography 1638
- [ ] availability 82
- [ ] **available** 82
- [ ] avenge 1421
- [ ] avian 1764
- [ ] **aviation** 1764
- [ ] **avoid** 33
- [ ] avoidance 33
- [ ] **await** 1613
- [ ] **award** 518
- [ ] **aware** 280
- [ ] awareness 280
- [ ] awe 1293
- [ ] **awful** 1293
- [ ] awfully 1293
- [ ] **awkward** 1090
- [ ] awkwardly 1090

B

- [ ] **ban** 419
- [ ] **bankrupt** 1632
- [ ] **bare** 1288
- [ ] **bargain** 1468
- [ ] bargaining 1468
- [ ] **barrier** 456
- [ ] barrier-free 456
- [ ] **basin** 1368
- [ ] **bathe** 1335
- [ ] bathing 1335
- [ ] **bear** 131
- [ ] **beat** 731
- [ ] **beg** 1206
- [ ] **behave** 332
- [ ] behavior 332
- [ ] behavioral 332
- [ ] **bend** 830
- [ ] beneficial 42
- [ ] **benefit** 42
- [ ] **bet** 1204
- [ ] **betray** 1523
- [ ] betrayal 1523
- [ ] **beverage** 845
- [ ] **bias** 760
- [ ] **bilingual** 585
- [ ] **bill** 158
- [ ] **bind** 1627
- [ ] biodiversity 450
- [ ] biographical 1638
- [ ] **biography** 1638
- [ ] **biological** 695
- [ ] biologist 695
- [ ] biology 695
- [ ] **bitter** 1191
- [ ] bitterly 1191
- [ ] **blade** 873
- [ ] **blame** 330
- [ ] **blank** 193
- [ ] blankly 193
- [ ] **blaze** 672
- [ ] **bleed** 1336
- [ ] **blend** 1018
- [ ] **bless** 1735
- [ ] blessing 1735
- [ ] **blood** 1336
- [ ] **bloom** 1202
- [ ] **blossom** 840
- [ ] **boast** 1205
- [ ] **bold** 1380
- [ ] boldly 1380
- [ ] boldness 1380
- [ ] **bond** 644
- [ ] **boost** 1001
- [ ] booster 1001
- [ ] **bore** 1459
- [ ] bored 1459
- [ ] **boredom** 1459
- [ ] boring 1459
- [ ] botanical 1476
- [ ] **botany** 1476
- [ ] **both** 200
- [ ] **bother** 523
- [ ] bothersome 523
- [ ] **bounce** 1503
- [ ] **bound** 652
- [ ] **boundary** 652
- [ ] **bow** 721
- [ ] **brave** 1083
- [ ] bravery 1083
- [ ] **breakdown** 1559
- [ ] **breakthrough** 1671
- [ ] **breath** 534
- [ ] **breathe** 534
- [ ] breathing 534
- [ ] **breed** 536
- [ ] **bribe** 1754
- [ ] bribery 1754
- [ ] **brief** 783
- [ ] briefing 783
- [ ] briefly 783
- [ ] brilliance 1080
- [ ] **brilliant** 1080
- [ ] **bud** 1538

INDEX B-C

☐ budding 1538	☐ **cause** 76	☐ civilian 492
☐ **budget** 465	☐ **caution** 1261	☐ civility 492
☐ **bug** 1347	☐ cautious 1261	☐ civilization 492
☐ **bulk** 1644	☐ **cavity** 1753	☐ civilize 492
☐ bulky 1644	☐ **cease** 1033	☐ **claim** 37
☐ **bullet** 1553	☐ ceaseless 1033	☐ **clap** 1408
☐ **bully** 1210	☐ **celebrate** 515	☐ clarification 1416
☐ bullying 1210	☐ celebration 515	☐ **clarify** 1416
☐ **bump** 813	☐ **cell** 156	☐ classification 832
☐ bumper 813	☐ cellular 156	☐ classified 832
☐ bumpy 813	☐ censor 1866	☐ **classify** 832
☐ **burden** 565	☐ **censorship** 1866	☐ clay 173
☐ **bureau** 1362	☐ **census** 1072	☐ client 348
☐ bureaucracy 1362	☐ **cereal** 1149	☐ **cling** 1412
☐ burial 827	☐ **certain** 79	☐ **clog** 921
☐ **burst** 938	☐ certainly 79	☐ **clue** 875
☐ **bury** 827	☐ certainty 79	☐ **clumsy** 1584
	☐ certify 1636	☐ **cluster** 1554
C	☐ **certificate** 1636	☐ **code** 355
☐ **cabinet** 1662	☐ **challenge** 101	☐ **coerce** 1832
☐ **calculate** 712	☐ challenging 101	☐ coercion 1832
☐ calculation 712	☐ **chaos** 960	☐ cognition 481
☐ calculator 712	☐ chaotic 960	☐ **cognitive** 481
☐ **campaign** 353	☐ character 249	☐ **cohesion** 1859
☐ candidacy 758	☐ **characteristic** 249	☐ cohesive 1859
☐ **candidate** 758	☐ **charge** 159	☐ **coincide** 1727
☐ capability 579	☐ **charm** 843	☐ coincidence 1727
☐ **capable** 579	☐ charming 843	☐ **collapse** 618
☐ capacity 579	☐ **chase** 902	☐ **colleague** 276
☐ **capital** 347	☐ **cheat** 1110	☐ **collective** 1193
☐ capitalism 347	☐ **chemical** 287	☐ collectively 1193
☐ capitalist 347	☐ chemist 287	☐ collectivism 1193
☐ captive 609	☐ chemistry 287	☐ collide 1669
☐ captivity 609	☐ **cherish** 1601	☐ **collision** 1669
☐ **capture** 609	☐ **chew** 829	☐ colonial 546
☐ **carriage** 1652	☐ **choke** 1510	☐ colonize 546
☐ **carve** 1721	☐ chore 1148	☐ **colony** 546
☐ **cast** 1021	☐ **chronic** 1385	☐ **column** 1058
☐ **casual** 895	☐ **chuckle** 1509	☐ **combat** 1074
☐ casually 895	☐ circulate 971	☐ combative 1074
☐ casualty 895	☐ **circulation** 971	☐ combination 323
☐ **catastrophe** 1861	☐ **circumstance** 258	☐ **combine** 323
☐ catastrophic 1861	☐ circumstantial 258	☐ **comfort** 441
☐ categorize 448	☐ citation 935	☐ comfortable 441
☐ **category** 448	☐ **cite** 935	☐ **command** 527
☐ cattle 963	☐ **civil** 492	☐ **commerce** 1271

C — INDEX

Word	Page
commercial	1271
commission	435
commit	**435**
commitment	435
committee	435
commodity	**1163**
common	**87**
commonplace	**1491**
commute	**1116**
commuter	1116
companion	**645**
companionship	645
comparable	**21**
comparative	**21**
compare	**21**
comparison	21
compassion	**1275**
compassionate	1275
compatibility	1896
compatible	**1896**
compel	**1333**
compelling	1333
compensate	**1226**
compensation	1226
compete	**422**
competence	1079
competent	**1079**
competition	422
competitive	422
complain	**218**
complaint	218
complete	**40**
complex	**191**
complexity	191
compliance	1806
complicate	**412**
complicated	412
complication	412
compliment	**1047**
complimentary	1047
comply	**1806**
component	**655**
compose	**803**
composition	803
compound	**1227**
comprehend	**1340**
comprehensible	1340
comprehension	1340
comprehensive	1340
comprise	**1228**
compromise	**1207**
compulsion	1333, 1676
compulsive	1676
compulsory	1333, **1676**
conceal	**1112**
concealment	1112
conceit	**1840**
conceited	1840
conceive	**1704**
concentrate	**501**
concentration	501
conception	1704
concern	**6**
concerning	6
conclude	**440**
conclusion	440
conclusive	440
concrete	**1095**
condemn	**1816**
condemnation	1816
conduct	**236**
conductor	236
confer	360
conference	**360**
confess	**1417**
confession	1417
confide	343
confidence	**343**
confident	343
confidential	343
confine	**1111**
confined	1111
confinement	1111
confirm	**506**
confirmation	506
confirmed	506
conflict	**171**
conform	**1326**
conformity	**1326**
confront	**811**
confrontation	811
confuse	**329**
confused	329
confusing	329
confusion	329
congest	1766
congestion	**1766**
congratulate	**1635**
congratulation	1635
congress	**945**
congressman	945
connect	**136**
connection	136
conquer	**1039**
conqueror	1039
conquest	1039
conscience	**1746**
conscientious	1746
conscious	**480**
consciousness	480
consensual	1075
consensus	977, **1075**
consent	**977**
consequence	**264**
consequent	264
consequently	264
conservation	**678**
conservationist	678
conservatism	985
conservative	678, **985**
conserve	678
consider	**4**
considerable	4
considerate	4
consideration	4
consist	**438**
consistency	438
consistent	438
consolation	1330
console	**1330**
conspicuous	**1482**
constant	**495**

INDEX C-D

- constantly 495
- constituent 1035
- **constitute** 1035
- constitution 1035
- **construct** 540
- construction 540
- **consult** 812
- consultant 812
- **consume** 308
- consumer 308
- consumption 308
- **contain** 128
- container 128
- **contaminate** 1824
- contamination 1824
- **contemplate** 1701
- contemplation 1701
- **contemporary** 586
- **contempt** 1747
- contemptuous 1747
- **contend** 1438
- **content** 150
- contention 1438
- **context** 257
- contextual 257
- **contract** 469
- contractor 469
- **contradict** 1437
- contradiction 1437
- contradictory 1437
- **contrary** 594
- **contrast** 168
- **contribute** 238
- contribution 238
- **control** 29
- controversial 1073
- **controversy** 1073
- convenience 499
- **convenient** 499
- convention 587
- **conventional** 587
- conversation 1323
- **converse** 1323
- conversion 819
- **convert** 819
- convertible 819

- **convey** 709
- conveyance 709
- **convict** 1115
- conviction 1115
- **convince** 318
- convincing 318
- **cooperate** 777
- **cooperation** 777
- cooperative 777
- **cope** 631
- **core** 857
- corporate 346
- **corporation** 346
- **correct** 182
- correction 182
- **correspond** 1006
- correspondence 1006
- correspondent 1006
- **corrupt** 1823
- corruption 1823
- **cortex** 1277
- **cosmetic** 995
- **cost** 24
- **cottage** 1270
- **cough** 1030
- **council** 661
- **counterpart** 1156
- **county** 1269
- **courage** 642
- courageous 642
- **court** 354
- courteous 1142
- **courtesy** 1142
- **coward** 1547
- cowardly 1547
- **crack** 1060
- **craft** 1247
- **craftsman** 1247
- **cram** 1222
- **crash** 617
- **crawl** 1212
- **create** 379
- **creative** 379
- creativity 379
- creature 379

- **credit** 414
- **creed** 1740
- **creep** 1611
- **crime** 356
- **criminal** 356
- **crisis** 349
- **criterion** 1253
- critic 331
- critical 331, 349
- criticism 331
- **criticize** 331
- **crop** 178
- **crucial** 684
- **crude** 1693
- **cruel** 1185
- cruelly 1185
- cruelty 1185
- **cruise** 1337
- **crush** 1123
- crushing 1123
- **cue** 1146
- **cultivate** 918
- cultivation 918
- cultivator 918
- **cure** 431
- curiosity 688
- **curious** 688
- curiously 688
- **currency** 1165
- **current** 293
- currently 293
- **curse** 1544
- **curve** 1250
- **custom** 273
- customary 273
- **cynical** 1786
- cynicism 1786

D

- **damp** 1688
- dampen 1688
- **danger** 626
- **dare** 1103
- **deadline** 1070
- **deaf** 1187
- **deal** 38

491

D INDEX

Word	Page
debt	762
decade	162
decay	1263
deceit	924
deceive	**924**
decency	1180
decent	**1180**
decently	1180
deception	924
deceptive	924
decide	1591
decisive	**1591**
declaration	622
declare	**622**
decline	134
decorate	**1037**
decoration	1037
decorative	1037
decrease	**219**
dedicate	**1102**
dedicated	1102
dedication	1102
deed	**1651**
defeat	**732**
defect	**1264**
defective	1264
defend	**702**
defendant	702
defense	702
defensive	702
defiance	1817
deficiency	1470, 1886
deficient	1470, **1886**
deficit	**1470**
define	**206**
definition	206
deforest	1170
deforestation	**1170**
defy	**1817**
degradation	1821
degrade	**1821**
degree	**166**
deliberate	**1481**
deliberately	1481
deliberation	1481
delicacy	1290
delicate	**1290**
delight	**723**
delighted	723
delightful	723
delinquency	**1844**
deliver	**433**
delivery	433
demand	**36**
demanding	36
democracy	679
democrat	679
democratic	**679**
demonstrate	**315**
demonstration	315
denial	417
dense	**1099**
densely	1099
density	1099
deny	**417**
depart	**1422**
departure	1422
depend	**16**
dependence	16
dependent	16
depict	**1617**
depiction	1617
deposit	**1016**
depositary	1016
depress	551
depressed	551
depression	**551**
deprivation	1015
deprive	**1015**
deprived	1015
derivation	710
derivative	710
derive	**710**
descend	**1211**
descendant	1211
descent	1211
describe	**14**
description	14
descriptive	14
desert	**391**
deserted	391
deserve	**735**
designate	**1327**
designation	1327
desirable	239
desire	**239**
despair	**1273**
desperate	1273
desperation	1273
despise	**1521**
despite	**199**
destined	1045
destiny	**1045**
destroy	**231**
destruction	231
destructive	231
detail	**151**
detailed	151
detect	**714**
detectable	714
detection	714
detective	714
deteriorate	**1822**
deterioration	1822
determination	102
determine	**102**
determined	102
devastate	**1316**
devastating	1316
devastation	1316
device	**251**
devise	251
devote	**603**
devoted	603
devotion	603
diabetes	**1552**
diabetic	1552
diagnose	1349
diagnosis	**1349**
diagnostic	1349
dialect	**455**
diameter	**1448**
diametric	1448
dictate	**1620**
dictation	1620
differ	**533**

INDEX D-E

- difference 533
- different 533
- **digest** 1223
- digestion 1223
- digestive 1223
- dignify 978
- **dignity** 978
- diligence 1573
- **diligent** 1573
- **dim** 1489
- **dimension** 948
- dimensional 948
- **diminish** 1012
- **dip** 1122
- **diplomacy** 1869
- diplomat 1869
- diplomatic 1869
- **direct** 291
- direction 291
- director 291
- disability 1583
- **disabled** 1583
- **disappoint** 521
- disappointment 521
- disapprove 602
- **disaster** 263
- disastrous 263
- **discard** 1114
- **discern** 1802
- discerning 1802
- discernment 1802
- **discipline** 543
- **disclose** 1708
- disclosure 1708
- **discount** 745
- **discourage** 725
- discouragement 725
- **discourse** 1258
- **discreet** 1773
- discretion 1773
- discriminate 648
- **discrimination** 648
- disembark 1827
- **disguise** 1625
- **disgust** 1109
- disgusting 1109
- **dismay** 1742
- **dismiss** 926
- dismissal 926
- **display** 275
- disposal 1531
- **dispose** 1531
- **dispute** 814
- **disregard** 1522
- **disrupt** 1315
- disruption 1315
- disruptive 1315
- dissolution 1439
- **dissolve** 1439
- distance 591
- **distant** 591
- **distinct** 698
- distinction 698
- distinctive 698
- **distinguish** 411, 698
- **distort** 1314
- distortion 1314
- **distract** 922
- distraction 922
- **distress** 961
- distressful 961
- **distribute** 638
- distribution 638
- **district** 547
- **disturb** 628
- disturbance 628
- diverse 450
- diversion 1722
- **diversity** 450
- **divert** 1722
- **divide** 235
- **divine** 1898
- divinity 1898
- division 235
- **divorce** 868
- **dizzy** 1893
- **doctrine** 1868
- **document** 361
- documentation 361
- **domain** 1342
- **domestic** 590
- domesticate 590
- **dominance** 605
- **dominant** 605
- **dominate** 605
- domination 605
- donate 774
- donation 774
- donee 774
- **donor** 774
- **dormitory** 1051
- **dose** 1647
- **doubt** 215
- doubtful 215
- **draft** 1161
- **drag** 1308
- **drain** 1121
- drainage 1121
- **drastic** 1498
- drastically 1498
- **dread** 1616
- dreadful 1616
- **drift** 1032
- drifter 1032
- **drought** 671
- **drown** 1215
- **dubious** 1778
- **due** 190
- **dumb** 1581
- **dump** 1022
- dumper 1022
- **duty** 477
- **dye** 1431
- **dynamic** 1000
- dynamics 1000
- dynamism 1000

E

- **each** 100
- **eager** 882
- eagerly 882
- eagerness 882
- **earn** 228
- **earnest** 1574
- earnings 228
- **ease** 633
- **eclipse** 1762

493

E INDEX

- ecological 848
- ecologist 848
- **ecology** 848
- economic 63
- economical 63
- economics 63
- **economy** 63
- edit 569
- edition 569
- **editor** 569
- editorial 569
- **educate** 321
- education 321
- **effect** 50
- effective 50
- efficiency 383
- **efficient** 383
- **elaborate** 1189
- elaboration 1189
- **elect** 1127
- election 1127
- elective 1127
- element 598
- **elementary** 598
- **eliminate** 730
- elimination 730
- **elite** 446
- eloquence 1782
- **eloquent** 1782
- **emancipate** 1834
- emancipation 1834
- **embark** 1827
- embarkation 1827
- **embarrass** 522
- embarrassment 522
- embassy 1473
- embodiment 1405
- **embody** 1405
- **embrace** 802
- **emerge** 221
- emergence 221
- **emergency** 221, 460
- emergent 460
- **emigrate** 1506
- emigration 1506
- eminence 1673
- **eminent** 1673
- emission 1029
- **emit** 1029
- **emotion** 163
- emotional 163
- emperor 1299
- emphasis 408
- **emphasize** 408
- empire 1299
- **empirical** 1283
- empirically 1283
- **employ** 427
- employee 427
- employment 427
- **enable** 230
- enabling 230
- **enclose** 1426
- enclosure 1426
- encode 355
- **encounter** 333
- **encourage** 17, 642
- encouragement 17
- **encyclopedia** 1637
- encyclopedic 1637
- **endanger** 626
- endangered 626
- **endow** 1835
- endowment 1835
- endurance 810
- **endure** 810
- enduring 810
- **enforce** 34, 1236
- enforcement 1236
- **engage** 322
- engaged 322
- engagement 322
- **enhance** 632
- enhanced 632
- enhancement 632
- **enlarge** 1604
- enlargement 1604
- **enormous** 500
- **enrich** 1401
- enrichment 1401
- **enroll** 1622
- enrollment 1622
- **ensure** 517
- **enterprise** 877
- **entertain** 825
- entertainment 825
- **enthusiasm** 743
- enthusiast 743
- enthusiastic 743
- **entire** 386
- entirely 386
- **entitle** 1233
- **entity** 1870
- envious 1420
- **environment** 47
- environmental 47
- **envy** 1420
- **epidemic** 1173
- **epoch** 174
- epoch-making 174
- **equal** 577
- **equality** 577
- **equation** 973
- **equip** 1128
- equipment 1128
- **equivalent** 793
- **erase** 1410
- eraser 1410
- **erect** 1734
- erode 1452
- **erosion** 1452
- **erupt** 1430
- eruption 1430
- **essential** 279
- **establish** 118
- established 118
- establishment 118
- **estate** 1067
- **esteem** 822
- **estimate** 205
- estimated 205
- estimation 205
- **eternal** 1681
- eternity 1681
- ethical 849
- **ethics** 849
- **ethnic** 889

INDEX E-F

- ethnicity 889
- **evaluate** 716
- evaluation 716
- **evaporate** 1565, **1730**
- evaporation 1730
- **even** 95
- eventual 197
- **eventually** 197
- evidence 61
- evident 61
- evil 597
- evocation 1415
- **evoke** 1415
- evolution 336
- **evolve** 336
- **exact** 700
- exactly 700
- **exaggerate** 937
- exaggeration 937
- examination 212
- **examine** 212
- **exceed** 940, 1356
- exceedingly 940
- **excel** 1501
- excellence 1501
- except 676
- **exception** 676
- exceptional 676
- exceptionally 676
- **excess** 940, **1356**
- excessive 940, 1356
- **exclaim** 1710
- exclamation 1710
- **exclude** 1013
- exclusion 1013
- exclusive 1013
- exclusively 1013
- **execute** 1623
- execution 1623
- executive 1623
- **exert** 1320
- exertion 1320
- **exhaust** 627
- exhaustion 627
- **exhibit** 806
- exhibition 806
- **exile** 1756
- **exist** 18
- existence 18
- **exotic** 1194
- exoticism 1194
- **expand** 311
- expansion 311
- **expect** 402
- expectation 402
- **expedition** 764
- **expel** 1723
- expend 466
- **expense** 466
- expensive 466
- **experiment** 59
- expiration 1731
- **expire** 1731
- explain 164
- **explanation** 164
- **explicit** 1791
- **explode** 1124
- **exploit** 1126
- exploitation 1126
- exploration 313
- **explore** 313
- explorer 313
- explosion 1124
- explosive 1124
- **export** 639
- **expose** 508
- exposure 508
- **express** 108
- expression 108
- expressive 108
- expulsion 1723
- **extend** 312
- extended 312
- extension 312
- extensive 312
- extent 312
- **external** 789
- externally 789
- **extinct** 996
- extinction 996
- **extinguish** 996, **1633**
- extinguisher 1633
- **extract** 1231
- extraction 1231
- extraordinarily 693
- **extraordinary** 283, **693**
- extravagance 1892
- **extravagant** 1892
- **extreme** 388
- extremely 388

F

- **fabric** 1245
- fabricate 1245
- facilitate 442
- **facility** 442
- **faculty** 842
- fade 1118
- faint 1685
- fairy 778
- faith 741
- faithful 741
- faithfully 741
- fake 1624
- fallacy 1841
- false 488
- falsify 488
- fame 1278
- famed 1278
- **familiar** 284
- familiarity 284
- **famine** 959
- famous 1278
- **fancy** 953
- fantastic 1044
- **fantasy** 1044
- fare 746
- **fascinate** 407
- fascination 407
- **fatal** 674
- fatality 674
- **fate** 674
- **fatigue** 955
- **fault** 474

495

F-G INDEX

- favor 514
- favorable 514
- favorite 514
- **feast** 1367
- **feat** 1570
- **feature** 148
- **federal** 891
- **fee** 563
- **feminine** 1698
- feminism 1698
- feminist 1698
- **ferment** 1732
- fermentation 1732
- **fertile** 1496
- fertility 1496
- fertilize 1496
- fertilizer 1496
- **fetch** 1526
- **feudal** 1888
- feudalism 1888
- **fiber** 1150
- **fierce** 1497
- fiercely 1497
- **figure** 60
- finance 288
- **financial** 288
- financially 288
- **find** 31
- finding 31
- **fine** 160
- **fingerprint** 1252
- **fit** 127
- fitness 127
- **flame** 1450
- flammable 1450
- **flap** 1528
- **flavor** 1153
- **flaw** 1761
- flawless 1761
- **flee** 904
- **flesh** 1374
- flexibility 784
- **flexible** 784
- **float** 838
- floating 838
- **flock** 1158
- **flourish** 1135
- **flow** 335
- fluency 885
- **fluent** 885
- fluently 885
- **fluid** 1065
- **flush** 1428
- **focus** 69
- **fold** 737
- folder 737
- **folklore** 1853
- **footprint** 1252
- **forbid** 923
- **force** 34
- forcible 34
- **forecast** 914
- **foresee** 1614
- foreseeable 1614
- **forgive** 1113
- forgiving 1113
- **form** 855
- format 855
- **formation** 855
- **formula** 1162
- formulaic 1162
- formulate 1162
- formulation 1162
- fortunate 878
- **fortune** 878
- **fossil** 371
- **foster** 703
- **fraction** 1346
- fractional 1346
- **fragile** 1292
- fragility 1292
- **fragment** 1345
- fragmentary 1345
- **frame** 747
- **freeze** 337
- freezing 337
- frequency 787
- **frequent** 787
- frequently 787
- **friction** 1668
- fright 420
- **frighten** 420
- frightening 420
- **frontier** 1357
- **frown** 1511
- **frustrate** 726
- frustrating 726
- frustration 726
- **fuel** 157
- **fulfill** 1129
- fulfilled 1129
- fulfillment 1129
- **function** 147
- functional 147
- **fundamental** 496
- fundamentalism 496
- **funeral** 969
- **furious** 1783
- **furnish** 1605
- furnishing 1605
- **furniture** 1605
- **furthermore** 295
- fury 1783
- **fuse** 1670
- **fusion** 1670

G

- **gain** 126
- **galaxy** 863
- **gallery** 1052
- **garment** 1375
- **gaze** 912
- **gear** 1556
- **gender** 370
- **gene** 253
- **general** 88
- generally 88
- **generate** 425
- generation 425
- generator 425
- generosity 1082
- **generous** 1082
- generously 1082
- **genetic** 253, 385
- genetics 385
- genome 253
- **genuine** 981

INDEX — G-I

- geographer 756
- geographical 756
- **geography** 756
- geometric 1569
- **geometry** 1569
- **germ** 1348
- germicide 1348
- germinate 1348
- glacial 372
- **glacier** 372
- glance 559
- **glimpse** 1376
- global 650
- globalism 650
- globalization 650
- **globe** 650
- gloom 1594
- **gloomy** 1594
- glorify 1572
- glorious 1572
- **glory** 1572
- **glow** 1377
- glowing 1377
- **govern** 821
- governance 821
- government 821
- governor 821
- **grab** 910
- **grace** 1378
- graceful 1378
- gracefully 1378
- gracious 1378
- **gradual** 1386
- gradually 1386
- **graduate** 237
- graduation 237
- **grain** 463
- **grant** 519
- **grasp** 911
- **grateful** 1188, 1259
- **gratitude** 1188, 1259
- **grave** 1266
- graveyard 1266
- **gravity** 654
- **greed** 1458
- **greedy** 1458
- **greet** 929
- greeting 929
- **grief** 1543
- grieve 1543
- **grim** 1775
- **grind** 1630
- **grip** 909
- grocer 669
- **grocery** 669
- **gross** 1794
- **guarantee** 516
- **guard** 667
- guardian 667
- guilt 795
- **guilty** 795

H

- **habit** 155
- **habitat** 544
- habitation 544
- habitual 155
- **halt** 1432
- **handle** 429
- **harm** 350
- harmful 350
- **harsh** 1086
- **harvest** 462
- **haste** 1655
- hasten 1655
- **hatch** 1603
- **hate** 436
- hatred 436
- **haven** 854
- **hazard** 957
- hazardous 957
- **headline** 1447
- **heal** 934
- healer 934
- **heir** 1659
- **hemisphere** 651
- **hence** 300
- **herd** 775
- hereditary 1860
- **heredity** 1860
- **heritage** 944
- **hesitant** 906
- **hesitate** 906
- hesitation 906
- **hide** 224
- hiding 224
- hierarchical 1361
- **hierarchy** 1361
- **hinder** 1533
- hindrance 1533
- **hive** 1049
- **hollow** 1485
- **holy** 1395
- **homogeneous** 1878
- **honor** 744
- honorable 744
- **horrible** 1262
- **horrify** 1262
- **horror** 1262
- **hostage** 1845
- **hostile** 1493
- hostility 1493
- **human** 444
- humane 444
- humanitarian 444
- **humanity** 444
- **humble** 1182
- humbly 1182
- **humid** 1687
- humidity 1687
- **humiliate** 1814
- humiliation 1814
- humor 884
- **humorous** 884
- **hybrid** 574
- **hygiene** 1867
- hygienic 1867
- **hypocrisy** 1842
- hypocrite 1842
- **hypothesis** 364
- hypothetical 364

I

- **ideal** 384
- identical 202
- identification 202
- **identify** 202

497

☐ identity 202
☐ ideological 1478
☐ **ideology** **1478**
☐ **idle** **1580**
☐ ignorance 216
☐ ignorant 216
☐ **ignore** **216**
☐ **illegal** **489**
☐ **illuminate** **1615**
☐ illumination 1615
☐ **illusion** **954**
☐ illusory 954
☐ **illustrate** **620**
☐ illustration 620
☐ imaginable 341
☐ imaginary 341
☐ **imagination** **341**
☐ imaginative 341
☐ imagine 341
☐ **imitate** **804**
☐ imitation 804
☐ **immediate** **600**
☐ immediately 600
☐ **immense** **1499**
☐ immensely 1499
☐ immigrant 573
☐ immigrate 573, 1506
☐ **immigration** **573**
☐ imminence 1882
☐ **imminent** **1882**
☐ **immune** **1384**
☐ immunity 1384
☐ **impair** **1819**
☐ impairment 1819
☐ impatient 93
☐ **imperial** **1299**
☐ imperialism 1299
☐ **implement** **1237**
☐ implementation 1237
☐ implication 528
☐ **implicit** **1792**
☐ **imply** **528**
☐ **import** **428**
☐ importation 428
☐ **impose** **820**
☐ imposition 820
☐ impossible 80
☐ **impress** **807**
☐ impression 807
☐ impressive 807
☐ **improve** **1**
☐ improvement 1
☐ **impulse** **1043**
☐ impulsive 1043
☐ incense 1152
☐ **incentive** **1041**
☐ **incessant** **1880**
☐ **incident** **557**
☐ incidental 557
☐ incidentally 557
☐ inclination 1678
☐ **inclined** **1678**
☐ **include** **5**
☐ inclusion 5
☐ inclusive 5
☐ **income** **176**
☐ **incorporate** **1302**
☐ incorporated 1302
☐ **increase** **22**
☐ increasingly 22
☐ **incredible** **794**
☐ incredibly 794
☐ indebted 762
☐ independence 381
☐ **independent** **381**
☐ **index** **1343**
☐ **indicate** **207**
☐ indication 207
☐ indifference 986
☐ **indifferent** **986**
☐ **indigenous** **1393**
☐ **indispensable** **1392**
☐ **individual** **78**
☐ individualistic 78
☐ individuality 78
☐ **induce** **1331**
☐ inducement 1331
☐ induction 1331
☐ **indulge** **1606**
☐ indulgence 1606
☐ indulgent 1606
☐ industrial 62
☐ industrialization 62
☐ industrialize 62
☐ industrious 62
☐ **industry** **62**
☐ inevitability 1094
☐ **inevitable** **1094**
☐ inevitably 1094
☐ infancy 471
☐ **infant** **471**
☐ infect 958
☐ **infection** **958**
☐ infectious 958
☐ **infer** **1801**
☐ inference 1801
☐ **inferior** **1294**
☐ inferiority 1294
☐ **infinite** **1680**
☐ infinity 1680
☐ **inflict** **1820**
☐ infliction 1820
☐ **influence** **51**
☐ influential 51
☐ **inform** **525**
☐ **informal** **785**
☐ informally 785
☐ information 525
☐ informed 525
☐ **infrastructure** **947**
☐ **ingenious** **1876**
☐ ingenuity 1876
☐ **ingredient** **561**
☐ inhabit 550
☐ **inhabitant** **550**
☐ inherence 1875
☐ **inherent** **1875**
☐ **inherit** **1131**
☐ inheritance 1131
☐ **initial** **697**
☐ initiate 697
☐ initiative 697
☐ **injure** **511**
☐ injurious 511
☐ injury 511
☐ **innate** **1286**

INDEX I-L

- innately 1286
- innocence 1289
- **innocent** **1289**
- innocently 1289
- innovate 453
- **innovation** **453**
- innovative 453
- innumerable 680
- **inquire** **1208**
- inquiry 1208
- inquisitive 1208
- **insert** **1530**
- insertion 1530
- **insight** **542**
- insightful 542
- **insist** **316**
- insistence 316
- insistent 316
- **inspect** **1828**
- inspection 1828
- inspector 1828
- inspiration 406
- **inspire** **406**
- inspired 406
- **install** **1235**
- installation 1235
- **instead** **98**
- **instinct** **771**
- instinctive 771
- institute 272
- **institution** **272**
- instruct 568
- **instruction** **568**
- instructive 568
- instructor 568
- **instrument** **452**
- **insult** **1011**
- insulting 1011
- **insurance** **467**
- insure 467, 517
- **intake** **1151**
- **integrate** **1301**
- integrated 1301
- integration 1301
- **intellect** **1141**
- intellectual 1141

- **intelligence** 479
- **intelligent** **479**
- **intelligible** **1874**
- **intend** **403**
- **intense** **780**
- intensify 780
- intensity 780
- intensive 780
- intention 403
- intentional 403
- **interact** **532**
- interaction 532
- **interest** **74**
- interested 74
- interesting 74
- **interfere** **920**
- interference 920
- **interior** **1287**
- **intermediate** **1695**
- **internal** **790**
- internally 790
- **interpret** **530**
- interpretation 530
- interpreter 530
- **interrupt** **809**
- interruption 809
- **intervene** **1812**
- intervention 1812
- intimacy 983
- **intimate** **983**
- **intricate** **1877**
- **intrigue** **1810**
- intriguing 1810
- **intrude** **1725**
- intrusion 1725
- **intuition** **1042**
- intuitive 1042
- **invade** **1424**
- invader 1424
- invaluable 41
- invasion 1424
- **invest** **538**
- **investigate** **502**
- investigation 502
- investigator 502
- investment 538

- investor 538
- involuntary 1479
- **involve** **7**
- involvement 7
- ironical 1353
- **irony** **1353**
- irrelevance 1390
- **irrelevant** **1390**
- irrigate 1064
- **irrigation** **1064**
- irritate 1010
- irritating 1010
- irritation 1010
- **isolate** **623**
- isolated 623
- isolation 623
- **issue** **55**

J

- **jail** **872**
- **jealous** **1492**
- jealousy 1492
- **joint** **1055**
- **judge** **314**
- judgment 314
- juror 664
- **jury** **664**
- **justice** **641**
- justifiable 816
- justification 816
- **justify** 641, 816
- **juvenile** **1894**

K

- **keen** **1179**
- keenly 1179
- **kneel** **1608**
- **knit** **1221**
- **knot** **1561**

L

- **laboratory** **373**
- **lag** **1322**
- **lament** **1714**
- lamentable 1714
- **landmark** **1372**

499

L-M INDEX

- landscape 549
- latter 398
- **launch** 640
- launder 1466
- **laundry** 1466
- law-abiding 1807
- **lawsuit** 1846
- **lawyer** 447
- **layer** 566
- **league** 776
- **leak** 1427
- **lean** 1213
- **leap** 839
- **legacy** 1441
- **legal** 394
- legality 394
- **legislation** 394, **1661**
- legislative 1661
- legitimacy 1873
- **legitimate** 1873
- **lend** 610
- **lessen** 1306
- liability 1677
- **liable** 1677
- liberal 942
- liberate 942
- **liberty** 942
- **librarian** 1160
- **license** 668
- likelihood 81
- **likely** 81
- **likewise** 296
- **limb** 1540
- limit 860
- **limitation** 860
- linguist 583
- **linguistic** 583
- linguistics 583
- **liquid** 656
- **literal** 1790
- literally 1790
- **literary** 270, **798**
- literate 798
- **literature** 270, **798**
- **litter** 670
- **liver** 1463
- **load** 707
- **loan** 468
- **locate** 339
- location 339
- **log** 1130
- **logic** 660
- logical 660
- long-term 52
- **loyal** 1575
- loyalty 1575
- **lure** 1518
- luxurious 675
- **luxury** 675

M

- **magnify** 1300
- magnificence 1300
- **magnificent** 1300
- **maintain** 104
- maintenance 104
- **major** 266
- **majority** 266
- **male** 194
- malnutrition 844
- **mammal** 470
- mammalian 470
- **manage** 103
- management 103
- manager 103
- **manipulate** 1238
- manipulation 1238
- **mankind** 850
- **manner** 250
- **manual** 797
- **manufacture** 539
- manufacturer 539
- **manuscript** 1444
- **margin** 1059
- marginal 1059
- **marine** 692
- **marvel** 1599
- **marvelous** 1599
- **masculine** 1697
- masculinity 1697
- **mass** 267
- massive 267
- **masterpiece** 1639
- **match** 222
- **material** 66
- materialism 66
- **matter** 65
- **mature** 881
- maturity 881
- maximize 1355
- **maximum** 1355
- **meaningful** 998
- meaningless 998
- **means** 1641
- **meanwhile** 397
- mechanic 999
- **mechanical** 999
- mechanics 999
- **mechanism** 999
- medical 64
- **medicine** 64
- **medieval** 1296
- **meditate** 1703
- meditation 1703
- **medium** 143
- **melancholy** 1743
- **melt** 537
- memorize 70
- **memory** 70
- **mend** 1634
- **mental** 281
- mentality 281
- **mention** 119
- **merchandise** 1467
- merchandising 1467
- merchant 1467
- **merciful** 1546
- **mercury** 1666
- **mercy** 1546
- **mere** 897
- merely 897
- **merge** 1733
- merger 1733
- **merit** 841
- meritocracy 841
- **mess** 1061
- **metaphor** 975

INDEX — M-N

Word	Page
method	144
methodical	144
metropolis	1397
metropolitan	1397
microbe	1171
microbial	1171
migrant	903
migrate	573, 903
migration	903
migratory	903
mild	1181
military	491
mill	1053
millennium	773
mineral	768
minimal	772
minimum	772
minister	376
ministry	376
minor	681
minority	681
mischief	1653
mischievous	1653
miserable	1460
miserably	1460
misery	1460
mission	571
missionary	571
misunderstand	1516
misunderstanding	1516
mix	1154
mixture	1154
mobile	192
mobility	192
mock	1519
mode	748
moderate	990
moderation	990
modest	792
modesty	792
modification	936
modify	936
moist	1451
moisture	1451
moisturize	1451
mold	1642
molecular	847
molecule	847
monarch	1657
monarchy	1657
monetary	1891
monitor	738
monk	967
monopolize	1667
monopoly	1667
monotonous	1879
monotony	1879
monument	1373
monumental	1373
mood	646
moody	646
mortal	1890
mortality	1890
motivate	1145
motivation	1145
motive	1145
mount	1019
mourn	1712
mournful	1712
mourning	1712
multiply	991
multiple	991
murmur	1508
mutant	1551
mutate	1551
mutation	1551
mutter	1507
mutual	893
mutually	893
myth	457
mythology	457

N

Word	Page
naked	1383
narration	976
narrative	976
nasty	1588
nationalism	851
nationalist	851
nationality	851
nationalize	851
native	92
naughty	1589
navigate	1436
navigation	1436
navigator	1436
neat	1488
necessarily	180
necessary	180
necessity	180
negative	290
neglect	727
negligence	727
negligent	727
negotiable	815
negotiate	815
negotiation	815
neighbor	475
neighborhood	475
nerve	552
nervous	552
neutral	1091
neutralism	1091
neutralize	1091
nevertheless	298
nightmare	1351
nobility	1183
noble	1183
nobleman	1183
nod	930
nonverbal	584
norm	244
normal	244
notable	1674
note	1674
notice	32
noticeable	32
notion	365
notorious	1675
nourish	1602
nourishment	1602
novel	285
nowadays	395
nuclear	592
nucleus	592
nuisance	1843

501

N-P INDEX

- **numerous** 680
- nurse 1050
- **nursery** 1050
- **nurture** 1004
- nutrient 844
- **nutrition** 844
- nutritious 844

O

- obedience 931
- obedient 931
- **obese** 1582
- obesity 1582
- **obey** 931
- **object** 133
- objection 133
- objective 133
- obligation 1332
- obligatory 1332
- **oblige** 1332
- **obscure** 1595
- obscurity 1595
- observance 111
- observation 111
- **observe** 111
- obsess 1350
- **obsession** 1350
- obsessive 1350
- **obsolete** 1889
- **obstacle** 861
- **obtain** 426
- **obvious** 292
- **occasion** 375
- occasional 375
- occasionally 375
- occupation 607
- **occupy** 607
- **occur** 110
- occurrence 110
- **odd** 694
- odds 694
- **odor** 1649
- **offend** 1225
- offender 1225
- offense 1225
- offensive 1225

- **offer** 35
- office 187
- officer 187
- **official** 187
- **offspring** 1276
- omission 1629
- **omit** 1629
- **operate** 325
- operation 325
- **opponent** 575
- **opportunity** 43
- **oppose** 416
- opposed 416
- opposite 416
- opposition 416
- **oppress** 1825
- oppression 1825
- oppressive 1825
- **opt** 352
- optimism 1084
- optimist 1084
- **optimistic** 1084
- **option** 352
- **oral** 1089
- orally 1089
- **orbit** 657
- **ordeal** 1864
- **ordinary** 283
- **organ** 369
- organic 369
- organism 369
- organization 324
- **organize** 324
- **origin** 252
- original 252
- originate 252
- **ornament** 1759
- ornamental 1759
- **orphan** 1462
- orphanage 1462
- **otherwise** 198
- **outbreak** 1172
- **outcome** 576
- **outlet** 1175
- **outline** 1325
- **outlook** 1242

- **output** 1054
- **outstanding** 1400
- **overall** 588
- **overcome** 423
- **overlook** 925
- **overtake** 1423
- **overwhelm** 808
- overwhelming 808
- **owe** 828

P

- **pain** 259
- painful 259
- **panic** 870
- **pant** 1715
- **paradox** 1352
- paradoxical 1352
- **parallel** 1197
- **parasite** 1768
- parasitic 1768
- **pardon** 1660
- **parliament** 946
- **partial** 1487
- partially 1487
- participant 421
- **participate** 421
- participation 421
- **particle** 1057
- **particular** 89
- particularly 89
- **passion** 643
- passionate 643
- **passive** 1085
- passivity 1085
- **pastime** 1366
- **patch** 1157
- patchwork 1157
- **patent** 974
- patience 93
- **patient** 93
- patiently 93
- **peculiar** 1486
- peculiarity 1486
- **pedestrian** 1159
- **peer** 722
- penalize 1169

INDEX P

☐ penalty	1169	
☐ **penetrate**	1425	
☐ penetrating	1425	
☐ penetration	1425	
☐ **peninsula**	1453	
☐ peninsular	1453	
☐ **pension**	852	
☐ pensioner	852	
☐ **perceive**	401	
☐ perception	401	
☐ **perform**	125	
☐ performance	125	
☐ **perfume**	1176	
☐ **permanent**	782	
☐ permanently	782	
☐ permission	520	
☐ **permit**	520	
☐ **perpetual**	1881	
☐ perpetually	1881	
☐ **persecute**	1831	
☐ persecution	1831	
☐ **persist**	1040	
☐ persistence	1040	
☐ persistent	1040	
☐ personal	248	
☐ **personality**	248	
☐ **personnel**	1769	
☐ **perspective**	342	
☐ **persuade**	612	
☐ persuasion	612	
☐ persuasive	612	
☐ pessimism	1785	
☐ pessimist	1785	
☐ **pessimistic**	1785	
☐ pesticide	753	
☐ **phase**	1056	
☐ phenomenal	256	
☐ **phenomenon**	256	
☐ philosopher	359	
☐ philosophical	359	
☐ **philosophy**	359	
☐ **physical**	85	
☐ **physician**	665	
☐ physics	85	
☐ **pierce**	1720	
☐ piercing	1720	
☐ **pile**	704	
☐ **pilgrim**	1650	
☐ pilgrimage	1650	
☐ **pill**	1646	
☐ **pitch**	1020	
☐ **pity**	866	
☐ **plague**	1461	
☐ **plain**	791	
☐ plainly	791	
☐ **plastic**	185	
☐ **plausible**	1883	
☐ **plead**	1808	
☐ **pledge**	1709	
☐ **plight**	1862	
☐ **plot**	1068	
☐ **plug**	1313	
☐ **plunge**	1529	
☐ **polar**	992	
☐ policy	186	
☐ **polish**	801	
☐ **political**	186	
☐ politician	186	
☐ politics	186	
☐ **poll**	1071	
☐ **pollen**	754	
☐ pollinate	754	
☐ pollute	261	
☐ **pollution**	261	
☐ **ponder**	1702	
☐ ponderable	1702	
☐ **portion**	949	
☐ portrait	1027	
☐ **portray**	1027	
☐ portrayal	1027	
☐ **pose**	736	
☐ **positive**	184	
☐ **possess**	606	
☐ possession	606	
☐ possibility	80	
☐ **possible**	80	
☐ postgraduate	1472	
☐ **postpone**	907	
☐ postponement	907	
☐ **posture**	1143	
☐ **potential**	380	
☐ **pour**	706	
☐ **practical**	68	
☐ practically	68	
☐ **practice**	68	
☐ **prairie**	1066	
☐ **praise**	513	
☐ **pray**	1418	
☐ prayer	1418	
☐ **preach**	1809	
☐ **precede**	1321	
☐ precedence	1321	
☐ precedent	1321	
☐ **precious**	887	
☐ **precise**	779	
☐ precisely	779	
☐ precision	779	
☐ **predator**	964	
☐ predatory	964	
☐ **predecessor**	1548	
☐ **predict**	303	
☐ prediction	303	
☐ **prefecture**	755	
☐ **prefer**	121	
☐ preferable	121	
☐ preference	121	
☐ pregnancy	1495	
☐ **pregnant**	1495	
☐ **prehistoric**	1394	
☐ prehistory	1394	
☐ **prejudice**	647	
☐ prejudiced	647	
☐ **preliminary**	1885	
☐ **premise**	1243	
☐ **premium**	1772	
☐ preoccupy	1838	
☐ **preoccupation**	1838	
☐ preparation	130	
☐ **prepare**	130	
☐ **prescribe**	1805	
☐ prescription	1805	
☐ **presence**	377	
☐ present	377	
☐ preservation	229	
☐ **preserve**	229	
☐ **prestige**	1736	
☐ prestigious	1736	
☐ presumable	1706	

P-R INDEX

- presume 1706
- presumption 1706
- **pretend** 529
- pretense 529
- **prevail** 1140
- prevailing 1140
- prevalence 1140
- prevalent 1140
- **prevent** 132
- prevention 132
- preventive 132
- **previous** 393
- previously 393
- **prey** 1063
- **priest** 968
- primarily 497
- **primary** 497
- **prime** 886
- **primitive** 890
- **principal** 683
- **principle** 243
- prior 649
- **priority** 649
- **privacy** 188
- **private** 188
- **privilege** 941
- privileged 941
- **probability** 1198
- **probable** 1198
- probably 1198
- **probe** 1562
- **procedure** 572, 1201
- **proceed** 1201
- **process** 1201
- **proclaim** 1707
- proclamation 1707
- **produce** 8
- **product** 8
- **production** 8
- **productive** 8
- **profession** 662
- professional 662
- **profile** 1251
- profiling 1251
- **profit** 175

- profitable 175
- **profound** 1100
- profoundly 1100
- **progress** 247
- progressive 247
- **prohibit** 734
- prohibition 734
- **prolong** 1305
- prolonged 1305
- **prominence** 1098
- **prominent** 1098
- prominently 1098
- **promote** 226
- promotion 226
- **prompt** 982
- **pronounce** 1025
- pronunciation 1025
- **proof** 117
- **proper** 580
- property 580
- **proportion** 451
- proposal 410
- **propose** 410
- proposition 410
- prosaic 1446
- **prose** 1446
- **prospect** 763
- prospective 763
- prosper 943
- **prosperity** 943
- prosperous 943
- **protein** 472
- **protest** 621
- **protocol** 1341
- **prove** 117
- **proverb** 770
- proverbial 770
- **provide** 3
- **province** 862
- provincial 862
- provision 3
- **provocation** 1334
- **provocative** 1334
- **provoke** 1334
- psychiatric 1549

- **psychiatrist** 478, **1549**
- psychiatry 1549
- psychological 478
- psychologist 478
- **psychology** 478
- **public** 84
- publication 124
- publicity 84
- **publish** 124
- **punctual** 1585
- punctuality 1585
- **punish** 733
- punishment 733
- **purchase** 306
- **pure** 699
- purify 699
- purity 699
- **pursue** 604
- pursuit 604
- **puzzle** 629

Q

- **qualification** 919
- qualified 919
- qualifier 919
- **qualify** 919
- qualitative 44
- **quality** 44
- quantitative 464
- **quantity** 464
- **quest** 1241
- **questionnaire** 1767
- **queue** 876
- **quit** 630
- quotation 831
- **quote** 831

R

- **race** 696
- **racial** 696
- racism 696
- racist 696
- radiant 1563
- **radiation** 1563
- **radical** 1192

INDEX — R

Word	Page
radicalism	1192
radically	1192
radioactive	1563
rage	**1457**
ranch	**1267**
random	**988**
range	**152**
rare	**498**
rarely	498
rarity	498
rather	**97**
ratio	**1155**
rational	**686**
rationalism	686
rationalize	686
raw	**796**
ray	**560**
react	**531**
reaction	531
reality	28
realization	28
realize	**28**
realm	**1069**
rear	**933**
reason	582
reasonable	**582**
reassurance	1329
reassure	**1329**
reassuring	1329
rebel	**1365**
rebellion	1365
rebellious	1365
recall	**326**
recede	1272
receive	1177
recent	**94**
recently	94
reception	**1177**
receptionist	1177
recess	1272
recession	**1272**
recipe	**846**
recipient	**1178**
recitation	1621
recite	**1621**
reckless	**1780**
recognition	112
recognize	**112**
recommend	**409**
recommendation	409
reconcile	**1811**
reconciliation	1811
recover	**512**
recovery	512
recruit	**1232**
recruitment	1232
reduce	**19**
reduction	19
reef	**767**
refer	**105**
reference	105
refine	**1239**
refined	1239
refinement	1239
reflect	**203**
reflection	203
reflex	203
reform	**1038**
reformation	1038
refrain	**1219**
refuge	**1358**
refugee	1358
refusal	217
refuse	**217**
regain	**1319**
regard	**114**
region	**153**
regional	153
register	**915**
registration	915
registry	915
regret	**437**
regrettable	437
regular	1008
regularly	1008
regulate	**1008**
regulation	1008
reign	**1658**
reinforce	**1002**
reinforcement	1002
reject	**418**
rejection	418
relate	**2**
relation	2
relative	**2, 387**
relatively	387
relax	**240**
relaxation	240
relaxed	240
release	**338**
relevance	979
relevant	**979, 1390**
reliable	327
reliance	327
relief	724
relieve	**724**
religion	**358**
religious	358
reluctance	883
reluctant	**883**
reluctantly	883
rely	**327**
remark	**619**
remarkable	619
remedy	**1077**
remind	**405**
reminder	405
remote	**690**
removal	309
remove	**309**
render	**1718**
renew	**1133**
renewable	1133
renewal	1133
rent	**611**
rental	611
repair	**430**
replace	**135**
replacement	135
represent	**120**
representative	120
reproach	**1815**
reproduce	**1134**
reproduction	1134
republic	**1268**
republican	1268
reputation	**578**

☐ repute	578	
☐ **request**	**404**	
☐ **require**	**10**	
☐ requirement	10	
☐ **rescue**	**824**	
☐ resemblance	636	
☐ **resemble**	**636**	
☐ **resent**	**1713**	
☐ resentment	1713	
☐ reservation	415	
☐ **reserve**	**415**	
☐ reserved	415	
☐ reside	277	
☐ residence	277	
☐ **resident**	**277**	
☐ **resign**	**1413**	
☐ resignation	1413	
☐ **resist**	**728**	
☐ resistance	728	
☐ resistant	728	
☐ resolute	817	
☐ resolution	817	
☐ **resolve**	**817**	
☐ **resort**	**1036**	
☐ **resource**	**142**	
☐ resourceful	142	
☐ **respect**	**139**	
☐ respectful	139	
☐ respectively	139	
☐ **respond**	**210**	
☐ response	210	
☐ responsibility	210	
☐ responsible	210	
☐ restoration	837	
☐ **restore**	**837**	
☐ **restrain**	**1813**	
☐ restraint	1813	
☐ **restrict**	**729**	
☐ restriction	729	
☐ restrictive	729	
☐ **resume**	**1534**	
☐ resumption	1534	
☐ **retail**	**1396**	
☐ retailer	1396	
☐ **retain**	**836**	
☐ retainable	836	
☐ retention	836	
☐ **retire**	**719**	
☐ retiree	719	
☐ retirement	719	
☐ **retreat**	**871**	
☐ retrieval	1407	
☐ **retrieve**	**1407**	
☐ **retrospect**	**1839**	
☐ retrospective	1839	
☐ **reunion**	**1560**	
☐ **reveal**	**208**	
☐ revelation	208	
☐ **revenge**	**1421**	
☐ **revenue**	**1469**	
☐ **reverse**	**818**	
☐ reversible	818	
☐ **review**	**367**	
☐ reviewer	367	
☐ **revise**	**1304**	
☐ revision	1304	
☐ revival	1217	
☐ **revive**	**1217**	
☐ **revolt**	**1818**	
☐ **revolution**	**265**	
☐ revolutionary	265	
☐ revolve	265	
☐ **reward**	**345**	
☐ rewarding	345	
☐ **rhetoric**	**1855**	
☐ rhetorical	1855	
☐ **rhyme**	**1640**	
☐ ridicule	1186	
☐ **ridiculous**	**1186**	
☐ **right**	**71**	
☐ **rigid**	**1577**	
☐ rigidity	1577	
☐ rigorous	1577	
☐ **riot**	**1755**	
☐ **ripe**	**1494**	
☐ ripen	1494	
☐ rite	458	
☐ **ritual**	**458**	
☐ **roam**	**1504**	
☐ roar	1512	
☐ **rob**	**1014**	
☐ robber	1014	
☐ robbery	1014	
☐ rot	1689	
☐ **rotate**	**1719**	
☐ rotation	1719	
☐ **rotten**	**1689**	
☐ **rough**	**1190**	
☐ roughly	1190	
☐ **routine**	**459**	
☐ **row**	**567**	
☐ **royal**	**892**	
☐ royalty	892	
☐ **rub**	**1527**	
☐ **rubbish**	**759**	
☐ **rude**	**689**	
☐ **ruin**	**826**	
☐ **rumor**	**1442**	
☐ **rural**	**392**	
☐ **rush**	**434**	
☐ rustic	392	
☐ **ruthless**	**1781**	
☐ ruthlessly	1781	

S

☐ **sacred**	**1097**
☐ **sacrifice**	**564**
☐ **sanction**	**1851**
☐ satisfaction	227
☐ satisfactory	227
☐ satisfied	227
☐ **satisfy**	**227**
☐ **savage**	**1692**
☐ savagery	1692
☐ **scan**	**913**
☐ scanning	913
☐ **scarce**	**1387**
☐ scarcely	1387
☐ scarcity	1387
☐ **scare**	**616**
☐ scary	616
☐ **scatter**	**1138**
☐ scattered	1138
☐ scene	1370
☐ **scenery**	**1370**
☐ scenic	1370
☐ **scent**	**1152**
☐ **scheme**	**853**

INDEX S

Word	Page	Word	Page	Word	Page
☐ science	86	☐ **settle**	319	☐ **skeptical**	1777
☐ **scientific**	86	☐ settlement	319	☐ skepticism	1777
☐ scientist	86	☐ **severe**	485	☐ **skill**	53
☐ **scope**	1643	☐ severity	485	☐ skilled	53
☐ **scorn**	1748	☐ **sew**	1411	☐ skillful	53
☐ scornful	1748	☐ **sewage**	1369	☐ **slap**	1628
☐ **scratch**	1409	☐ sewing	1411	☐ **slaughter**	1654
☐ **script**	1445	☐ **shade**	966	☐ slave	1360
☐ **scrub**	1309	☐ **shallow**	1196	☐ **slavery**	1360
☐ scrutinize	1836	☐ **shame**	962	☐ slavish	1360
☐ **scrutiny**	1836	☐ shameful	962	☐ **slender**	1793
☐ sculptor	1248	☐ **share**	25	☐ **slight**	896
☐ **sculpture**	1248	☐ **shave**	1515	☐ slightly	896
☐ **seal**	833	☐ **shed**	1312	☐ **soak**	1717
☐ **search**	116	☐ **sheer**	1598	☐ **soar**	1338
☐ **secondary**	1284	☐ **shelter**	548	☐ **sober**	1899
☐ **secretary**	663	☐ **shield**	1555	☐ sobriety	1899
☐ **secure**	608	☐ **shiver**	1513	☐ **sociable**	83
☐ security	608	☐ shivery	1513	☐ **social**	83
☐ **seek**	123	☐ **shrink**	720	☐ socialize	83
☐ **segment**	1857	☐ shrinkage	720	☐ society	83
☐ **seize**	1525	☐ **sibling**	769	☐ sociological	1144
☐ seizure	1525	☐ **sigh**	1218	☐ sociologist	1144
☐ **seldom**	396	☐ **sight**	274	☐ **sociology**	1144
☐ **select**	334	☐ sign	1567	☐ **sole**	1597
☐ selection	334	☐ **signature**	1567	☐ **solemn**	1776
☐ self-evident	61	☐ significance	179	☐ solemnity	1776
☐ self-sufficiency	581	☐ **significant**		☐ **solid**	781
☐ **selfish**	1184		179, 1618	☐ solidify	781
☐ selfishness	1184	☐ **signify**	1618	☐ **solitary**	1863
☐ **semester**	766	☐ **similar**	90	☐ solitude	1863
☐ senate	1739	☐ similarity	90	☐ **solution**	165
☐ **senator**	1739	☐ similarly	90	☐ solve	165
☐ **sensation**	864	☐ simultaneous	99	☐ **soothe**	1517
☐ sensational	864	☐ **simultaneously**	99	☐ soothing	1517
☐ sense	1088	☐ **sin**	1455	☐ **sophisticated**	800
☐ sensibility	1081	☐ **sincere**	1379	☐ sophistication	800
☐ **sensible**	1081	☐ sincerely	1379	☐ **sore**	1691
☐ **sensitive**	482	☐ sincerity	1379	☐ **sorrow**	1354
☐ sensitivity	482	☐ sinful	1455	☐ sorrowful	1354
☐ **sensory**	1088	☐ **singular**	1788	☐ **sound**	77
☐ **sentiment**	1542	☐ singularity	1788	☐ **sour**	1690
☐ sentimental	1542	☐ situated	49	☐ **sovereign**	1871
☐ **sequence**	750	☐ **situation**	49	☐ sovereignty	1871
☐ sequential	750	☐ **skeleton**	856	☐ soy	1537
☐ **session**	765	☐ skeptic	1777	☐ **soybean**	1537

507

S   INDEX

☐ space	1796	☐ stain	1626	☐ **strict**	**484**
☐ **spacious**	**1798**	☐ stainless	1626	☐ strictly	484
☐ span	859	☐ stake	1256	☐ strife	1440
☐ spare	898	☐ stall	1856	☐ **strip**	**1310**
☐ sparkle	1429	☐ staple	1536	☐ **strive**	**1440**
☐ sparkling	1429	☐ **stare**	**535**	☐ **stroke**	**874**
☐ **spatial**	**1796**	☐ **startle**	**1414**	☐ structural	146
☐ specialist	739	☐ startling	1414	☐ **structure**	**146**
☐ **specialize**	**739**	☐ starvation	1119	☐ **struggle**	**260**
☐ specially	739	☐ **starve**	**1119**	☐ **stubborn**	**1576**
☐ specialty	739	☐ **state**	**58**	☐ **stuff**	**570**
☐ **species**	**67**	☐ **statement**	**58**	☐ **stumble**	**1609**
☐ **specific**	**286**	☐ statesman	1738	☐ subcategory	448
☐ specifically	286	☐ **static**	**1679**	☐ **subject**	**56**
☐ specification	286	☐ statistical	362	☐ subjective	56
☐ **specimen**	**1758**	☐ **statistics**	**362**	☐ submission	1132
☐ **spectacle**	**1672**	☐ **status**	**169**	☐ submissive	1132
☐ spectacular	1672	☐ steadily	880	☐ **submit**	**1132**
☐ **spectator**	**1062**	☐ steadiness	880	☐ **subordinate**	**1887**
☐ **speculate**	**1705**	☐ **steady**	**880**	☐ **subscribe**	**1711**
☐ speculation	1705	☐ **steep**	**1195**	☐ subscription	1711
☐ speculative	1705	☐ steeply	1195	☐ **subsequent**	**1285**
☐ **spell**	**1026**	☐ **steer**	**1435**	☐ subsequently	1285
☐ **sphere**	**1249**	☐ steering	1435	☐ **substance**	**378**
☐ spherical	1249	☐ **stem**	**858**	☐ substantial	378
☐ **spill**	**1137**	☐ **stereotype**	**366**	☐ **substitute**	**835**
☐ **spin**	**1214**	☐ stereotypical	366	☐ substitution	835
☐ spirit	997	☐ **stern**	**1297**	☐ **subtle**	**989**
☐ **spiritual**	**997**	☐ **stick**	**223**	☐ subtlety	989
☐ spiritually	997	☐ **stiff**	**1578**	☐ **suburb**	**294**
☐ **splendid**	**1600**	☐ **stimulate**	**614**	☐ suburban	294
☐ splendor	1600	☐ stimulus	614	☐ **succeed**	**201**
☐ **split**	**1216**	☐ **stir**	**1307**	☐ **success**	**201**
☐ **spoil**	**927**	☐ stirring	1307	☐ **successful**	**201**
☐ spoilage	927	☐ **stock**	**268**	☐ succession	201
☐ spontaneity	1480	☐ **store**	**39**	☐ successive	201
☐ **spontaneous**	**1480**	☐ **straightforward**		☐ **suck**	**1716**
☐ spontaneously	1480		1398	☐ **sue**	**718**
☐ **spouse**	**1364**	☐ **strain**	**1106**	☐ **suffer**	**233**
☐ **sprawl**	**1139**	☐ strategic	245	☐ suffering	233
☐ **spray**	**1274**	☐ **strategy**	**245**	☐ sufficiency	581
☐ **spread**	**109**	☐ **stray**	**1505**	☐ **sufficient**	**581**
☐ **squeeze**	**1311**	☐ **stress**	**956**	☐ **suggest**	**23**
☐ stability	879	☐ stressful	956	☐ suggestion	23
☐ stabilize	879	☐ **stretch**	**708**	☐ suggestive	23
☐ **stable**	**879**	☐ stretcher	708	☐ **suicide**	**1454**

INDEX S-T

- suit 310, 718
- suitable 310
- **sum** 677
- summarize 677
- summary 677
- **summon** 1829
- **superficial** 1484
- **superfluous** 1699
- **superior** 682
- superiority 682
- **superstition** 1852
- superstitious 1852
- supervise 1363
- supervision 1363
- **supervisor** 1363
- **supplement** 950
- supplementary 950
- **supply** 129
- **suppose** 113
- supposedly 113
- supposition 113
- **suppress** 1224
- suppression 1224
- suppressive 1224
- supremacy 1500
- **supreme** 1500
- **surface** 170
- **surge** 1729
- **surgeon** 666
- surgery 666
- surgical 666
- **surpass** 1434
- surpassing 1434
- **surplus** 1664
- **surrender** 1607
- **surround** 625
- surrounding 625
- **survey** 234
- survival 138
- **survive** 138
- **suspect** 713
- **suspend** 1433
- suspense 1433
- suspension 1433
- suspicion 713
- suspicious 713

- **sustain** 701
- sustainability 701
- sustainable 701
- **swallow** 637
- **swear** 1619
- **sweep** 1220
- **swell** 1502
- **swift** 1684
- **swing** 905
- symbol 1339
- symbolic 1339
- **symbolize** 1339
- symmetrical 1751
- **symmetry** 1751
- sympathetic 865
- sympathize 865
- **sympathy** 865
- **symptom** 554
- **syndrome** 1174
- **synthesis** 1858
- synthesize 1858

T

- **tablet** 1564
- **taboo** 1456
- **tackle** 1101
- tactical 1558
- **tactics** 1558
- **tame** 1381
- **tap** 711
- **target** 241
- **tear** 232
- **tease** 1520
- **technological** 46
- **technology** 46
- **temper** 952
- temperament 952
- **temperature** 161
- temporal 786
- temporarily 786
- **temporary** 786
- **tempt** 1107
- temptation 1107
- tempting 1107
- **tend** 12
- tendency 12

- **tender** 1686
- **tense** 1298
- tension 1298
- **term** 52
- terminal 52
- terminology 52
- **terrify** 1125
- terrifying 1125
- **territorial** 545
- **territory** 545
- terror 1125
- **testify** 1830
- **testimony** 1830, 1849
- **textile** 1750
- **theft** 869
- theoretical 54
- **theory** 54
- therapeutic 555
- therapist 555
- **therapy** 555
- **thereby** 299
- **therefore** 195
- **thermometer** 1566
- **thesis** 1550
- **thick** 593
- thicken 593
- thief 869
- **thirst** 1656
- thirsty 1656
- **thorough** 1281
- thoroughly 1281
- thoroughness 1281
- **though** 297
- **thought** 73
- thoughtful 73
- **thread** 1246
- **threat** 262
- threaten 262
- threatened 262
- threatening 262
- **thrill** 939
- thriller 939
- **thrive** 1136
- thriving 1136
- **thrust** 1826

509

T-V INDEX

- thus 196
- tidal 1166
- **tide** 1166
- **tidy** 1590
- **timber** 1359
- **timid** 1579
- timidity 1579
- **tiny** 390
- **tissue** 473
- **token** 1771
- tolerable 1419
- tolerance 1419
- tolerant 1419
- **tolerate** 1419
- **toll** 1168
- toll-free 1168
- **tomb** 1371
- tombstone 1371
- **torture** 1545
- **toxic** 1388
- toxicity 1388
- **trace** 658
- **track** 246
- **trade** 154
- trader 154
- **tragedy** 867
- tragic 867
- **trail** 1464
- **trait** 443
- **transaction** 1344
- **transfer** 509
- **transform** 413
- transformation 413
- **transition** 970
- transitional 970
- **translate** 439
- translation 439
- transmission 1105
- **transmit** 1105
- transmitter 1105
- transparency 1483
- **transparent** 1483
- **transplant** 1229
- transplantation 1229
- **transport** 432
- **trap** 673
- **treasure** 659
- treasury 659
- **treat** 115
- treatment 115
- **treaty** 1076
- **tremble** 1514
- **tremendous** 1282
- tremendously 1282
- **trend** 255
- **triangle** 1568
- tribal 445
- **tribe** 445
- **trifle** 1645
- **trigger** 917
- **triumph** 1078
- triumphant 1078
- trivia 1391
- **trivial** 1391
- triviality 1391
- **troop** 1265
- tropic 691
- **tropical** 691
- **trust** 214
- **tuition** 1255
- **twist** 1017
- **type** 493
- **typical** 493
- **tyranny** 1865
- tyrant 1865

U

- **ubiquitous** 1897
- ugliness 1087
- **ugly** 1087
- **ultimate** 900
- ultimately 900
- **ultraviolet** 1795
- unavailable 82
- uncertain 79
- **uncover** 1230
- **undergo** 932
- **undergraduate** 1472
- **underlie** 1034
- underlying 1034
- **undermine** 1631
- **undertake** 1402
- undertaking 1402
- undoubtedly 215
- unease 1587
- **uneasy** 1587
- unemployment 427
- unification 1535
- **unify** 1535
- union 1244
- unite 1244
- **unity** 1244
- **universal** 494
- universe 494
- **unleash** 1833
- **upright** 1592
- **upset** 524
- **urban** 294
- urbanization 294
- **urge** 613, 1093
- urgency 613, 1093
- **urgent** 613, 1093
- **usage** 751
- utilitarian 1147
- **utility** 1147, 1303
- utilization 1303
- **utilize** 1147, 1303
- **utmost** 1700
- **utter** 1324
- utterance 1324

V

- vacancy 1797
- **vacant** 1797
- **vacuum** 1449
- **vague** 1092
- vaguely 1092
- vagueness 1092
- **vain** 1779
- **valid** 1280
- validate 1280
- validity 1280
- **valuable** 41
- valuation 41
- **value** 41
- **vanish** 1120
- vanity 1779

INDEX V-Z

☐ **vapor**	1565	☐ visualize	487	☐ **wither**	1610
☐ **variation**	220	☐ **vital**	685	☐ **withstand**	1532
☐ **varied**	91, 220	☐ **vitality**	685	☐ **witness**	558
☐ **variety**	91	☐ **vitalize**	685	☐ **wonder**	26
☐ **various**	91	☐ **vivid**	1399	☐ wonderful	26
☐ **vary**	91, 220	☐ vividly	1399	☐ **worsen**	1317
☐ **vast**	389	☐ **vocabulary**	368	☐ worsening	1317
☐ **vastness**	389	☐ **vocation**	1696	☐ **worship**	1260
☐ vegetarian	1539	☐ **vocational**	1696	☐ **worth**	183
☐ **vegetation**	1539	☐ voluntarily	1479	☐ worthless	1279
☐ **vehicle**	278	☐ **voluntary**	1479	☐ **worthwhile**	1279
☐ **vein**	1648	☐ volunteer	1479	☐ worthy	183
☐ **velocity**	1765	☐ **vote**	476	☐ **wound**	553
☐ **venture**	901	☐ vulnerability	1382	☐ **wrinkle**	1541
☐ venturesome	901	☐ **vulnerable**	1382		
☐ **verbal**	584			## Y	
☐ verbally	584	## W			
☐ **verdict**	1850			☐ **yawn**	928
☐ **verge**	1752	☐ **wander**	1031	☐ **yell**	1209
☐ **verse**	1443	☐ wanderer	1031	☐ **yet**	96
☐ versify	1443	☐ **ward**	1663	☐ **yield**	805
☐ **version**	449	☐ **warfare**	1475		
☐ **versus**	399	☐ **warn**	526	## Z	
☐ **vertical**	1593	☐ warning	526		
☐ **vessel**	1557	☐ **warrant**	1848	☐ **zeal**	1900
☐ **vice**	761	☐ **warrior**	1474	☐ **zealous**	1900
☐ vicious	761	☐ **wary**	1774		
☐ **victim**	351	☐ **waste**	140		
☐ victimize	351	☐ wasteful	140		
☐ **view**	48	☐ **wealth**	269		
☐ **vigor**	1741	☐ wealthy	269		
☐ vigorous	1741	☐ **weapon**	454		
☐ **violate**	1009	☐ **weary**	1784		
☐ violation	1009	☐ **weave**	1406		
☐ violence	490	☐ **weird**	1789		
☐ **violent**	490	☐ **welfare**	556		
☐ viral	374	☐ **whisper**	1117		
☐ **virtual**	595	☐ **wicked**	1787		
☐ virtually	595	☐ **widespread**	589		
☐ **virtue**	1046	☐ wild	965		
☐ virtuous	1046	☐ **wilderness**	965		
☐ **virus**	374	☐ will	382		
☐ visibility	788	☐ **willing**	382		
☐ **visible**	788	☐ **wisdom**	541		
☐ vision	788	☐ wise	541		
☐ **visual**	487	☐ **withdraw**	908		
		☐ withdrawal	908		

宮川 幸久（みやかわ よしひさ）
お茶の水女子大学名誉教授

ターゲット編集部

宇佐美 光昭（うさみ みつあき）
元河合塾札幌校・國學院大短大部講師

ペーパーイラスト制作・撮影	AJIN
本文デザイン	牧野 剛士
編集協力	日本アイアール株式会社
校閲	大場 智彦
	志賀 伸一
英文校閲	Adrian Pinnington
	Lynne Parmenter
録音	株式会社巧芸創作
ナレーター	Carolyn Miller
	Josh Keller
	原田 桃子
組版所	幸和印刷株式会社
編集担当	藏谷 知江
	大塚 巖
	前原 千晶

〔英単語ターゲット 1900・5訂版〕   S8a010